복원치료의 발전과 기법

Advances and Techniques in Restoration Therapy

복원치료의 발전과 기법

상처 입은 개인, 관계, 세대 간 사랑과 신뢰의 복원

테리 D. 하그레이브, 니콜 E. 자소브스키, 미영 해머 지음
명화숙 옮김

圖書出版 하나醫學社

Advances and Techniques in Restoration Therapy

authored by © 2019 Terry D. Hargrave, Nicole E. Zasowski
and Miyoung Yoon Hammer

Authorized translation from the English language edition published by Routledge,
a member of Taylor & Francis Group LLC
KOREAN language edition published Hana Medical Publishing Copyright © 2023

나를 잘 가르쳐 준 학생들을 위해.

테리 D. 하그레이브

복원치료 공동체에게.

저는 여러분과 함께 배우고 성장하는 것을 사랑합니다.

니콜 E. 자소브스키

팀Tim과 내가 미국에서 좋은 삶을 살 수 있도록

많은 노고와 희생, 사랑을 주신

부모님 원길Won Kil과 춘자Choon Ja님께 바칩니다.

나에게 영감을 주고 모든 것이 가능할 수 있다는 믿음을 준

나의 사랑 남편 제프리, 우리 아이들 아셰르와 소피아

그리고 아이작에게 바칩니다.

나의 잔이 넘치나이다.

미영 해머

내가 사랑과 신뢰의 길을 가도록 양육해 주신 부모님께 감사 드리며
이 책을 번역합니다. 또한 사랑과 신뢰의 여정을 함께하며 그 길에서
방향을 잃지 않도록 아낌없는 지원과 지지를 해준 남편에게
깊은 감사의 마음을 선합니다.

명화숙

복원치료의 발전과 기법은 정신건강 전문가가 복원치료 모델의 실천적 요소에 초점을 맞추어 개인, 부부, 가족의 손상된 정체감과 안전감을 복원하고 치유와 기능적인 행동으로 나아갈 수 있도록 돕는다. 숙련된 임상가에 의해 풍부하게 묘사된 본 책의 임상 사례는 복원치료 공동체에게 새로운 통찰과 치료기법을 제공한다. 이 책은 혁신적이고 매우 필요한 단계별 안내서이다. 이 안내서는 결혼 및 가족 치료사와 상담사에게 내담자의 다양한 고통의 상황에 핵심적으로 개입할 수 있는 실용적인 방법을 제공하여 내담자가 기능적이고 통합적인 치료 해결책을 찾도록 도와준다.

이 책에 쏟아진 찬사

영감을 주고, 실용적이고, 인간적이며, 동시에 창의적인 책이 또 있을까? 체계 치료는 모든 인간 안에서 사랑, 안전, 고결한 진실을 밝히는 모델을 갈망해 왔다. 하그레이브와 동료들은 모든 페이지에 놀라움을 선사하고 있다. 아동, 아시아계 미국인, 장애가 있는 사람들을 위한 개입은 복원치료의 다양성을 보여 준다. 이러한 사려 깊은 질문과 축어록은 '마음챙김의 주기'가 어떻게 우리의 가족을 고통과 갈등으로부터 해방시키는지를 보여 준다.

– 수잔 한나, PhD, LMFT

히버트 기관 선임연구원 및 카펠라 대학교와 투로 대학교 월드와이드 강사

『가족치료의 실제: 모델 전반에 걸친 핵심 요소 제5판』 저자

이 탁월한 책은 신경 과학에 근거하여 개인적인 고통의 주기의 과정과 그것이 어떻게 다시 재현되는지를 잘 설명하고 있다. 또한 이 책은 치료사에게 다양한 도표, 사례, 다이얼로그를 통해 기법을 배우고 완성시켜 내담자가 '평온의 주기'로 이동할 수 있게 도와주는 가이드를 제공한다. 가족치료에 반영할 수 있는 모델을 갈망하는 초보자부터 경험이 풍부한 치료사까지, 모두가 이 책을 이해하고 적용하는 것이 쉬울 것이다.

– 린다 메트칼프, PhD, LMFT, LPC

텍사스 웨슬리언 대학교 상담프로그램 책임자

아직 복원치료를 잘 모른다면, 당신은 이 책을 통해 훌륭한 경험을 하게 될 것이다. 하그레이브와 동료들은 애착이론과 맥락적 치료의 지혜를 기반으로 현대모델을 만들었다. 이 책의 '자신에 대한 진실 규명과 치료에 대한 실질적 개입'은 복원치료 이론에 더 깊이 빠져들게 한다. 내담자뿐만 아니라 우리 자신의 내면 작업을 증진하기 위해서도 이 책을 강력히 추천한다.

– 잭키 L. 할스테드, PhD, LMFT
셀라 영성 형성 센터 대표

목차

이 책에 쏟아진 찬사 9

역자 서문 13

저자 서문 17

제1부

복원치료 모델

제1장 고통의 패턴에 대한 이해 25

제2장 진실의 발견과 평온의 주기 75

제2부

발전, 기법, 개입

제3장 조직화, 순서화, 구조화 123

제4장 진실 규명과 감정 조절 확장에 대한 개입 155

제5장 안전감에 대한 진실 213

제6장 실습, 마음챙김, 자기-통제 267

제3부

복원치료에 대한 고려사항

제7장 특수 집단과 상황에 대한 복원치료의 적용 319

제8장 복원치료에 대한 질의응답 371

참고문헌 392

찾아보기 399

역자 서문

인간생존과 인간관계의 필수적 공통 요소는 무엇일까? 2011년 처음 출간된 『복원치료 모델』(번역본 2016년 출간)에서는 그것이 사랑과 신뢰이며, 이것이 우리의 정체감과 안전감을 형성하는 근본 요소라는 점을 제시하였다.

이 모델은 이러한 정체감과 안전감이 결핍되었을 때 개인이 어떻게 정서적 고통을 깊이 경험하게 되는지, 어떤 자기-반응성의 파괴적 행동을 보이며 그 고통에 대처하는지를 폭넓게 보여 주며, 인간의 심리적 문제를 잘 설명하고 있다. 또한 이 모델은 인간이 타고난 내적 가치와 일치하는 개인의 진실을 규명하여 그 진실에 따른 행동을 선택하고 실행하는 과정을 통해 내적 고통을 조절하고 문제를 해결해 나갈 수 있는 인지지도를 제공한다.

이러한 핵심 개념들을 체계적으로 정립한 '복원치료 모델'이 처음으로 출간된 이후, 이 모델에 대한 많은 세미나와 컨퍼런스가 있었다. 또한 복원치료 접근 훈련과 인턴십 수련생들에 대한 슈퍼비전과 더불어 임상가들이 다양한 임상 장면에서 이를 적용하고 연구하여 이 모델에 대한 새로운 통찰을 더 했고 기술적인 발전을 이루었다. 그 결실로 2019년에는 복원치료의 최신판인 『복원치료의 발전과 기법』이 출간되었는데, 이제 이 책을 한국의 독자들에게도 소개하는 것이다.

독자(특히 복원치료를 처음 접하는)들은 이 책을 통하여 사랑, 신뢰, 정체감,

안전감, 고통, 진실, 그리고 마음챙김 실습에 담겨 있는 중요한 의미들을 통합하여 인간의 문제를 설명하고 그것을 치유하는 방법을 파악할 수 있을 것이다.

그와 더불어 첫 번째 복원치료 책에서 다소 '부족했던 영역', 즉 안전감 위반에 따른 고통, 안전감에 대한 진실, 감정을 조절하는 진실을 활용하여 내담자를 돕는 기법과 개입, 그리고 뇌의 변화를 강화하기 위한 실습과 마음챙김의 개념에 대하여 좀 더 확장된 상세한 정보도 얻을 수 있을 것이다.

이 책에서는 복원치료 모델이 다양한 집단과 특수 상황에 있는 내담자에게 활용되는 실제를 보여 주며, 복원치료와 관련한 일반적인 질문에 대한 답변을 통해 독자들이 복원치료 모델을 좀 더 명확하게 이해하도록 돕는다.

나는 내적 변화를 갈구하는 모든 사람이 이 책의 핵심 개념들을 적용하여 개개인의 문제가 품고 있는 내적 고통을 깊이 이해하고 공감하며 타인과 자신에 대한 진실을 발견하는 데 많은 도움이 되기를 바란다. 또한 치료사들이 책에서 소개하는 새로운 통찰과 기법들을 통해 내담자들의 다양한 고통에 핵심적으로 개입하여 효율적이고 효과적인 치료 방법을 찾을 수 있기를 바란다.

끝으로 번역한 문장들을 온 마음을 다해 아낌없는 수고로 잘 다듬어 주신 심리상담사 김미자 선생님, 번역의 동기를 더해준 동생 정재용 목사를 포함하여 나와 변화의 여정을 함께한 모든 내담자, 그리고 이 책의 출판을 맡아주신 하나의학사 임직원 분들께도 깊은 감사의 마음을 전한다.

2022년 9월

명화숙

저자 서문

복원치료Restoration Therapy는 하나의 독특한 역설을 지닌 치료모델이다. 사랑과 신뢰의 의미에 착안한 이 모델은 결혼 및 가족치료 작업에서 비교적 새로운 접근법 중 하나로 개인과 관계에 가능한 한 많은 사랑과 신뢰를 복원하는 데 주력한다. 어떤 의미에서 복원치료(이하 RT) 모델은 새롭다. 그러나 또 다른 의미에서 RT는 전혀 새롭지 않다. 사실 RT는 최근 연구에서 잘 알려진 이론과 기법을 활용한다. 물론 이 이론과 기법은 복원치료 모델에 맞게 조직되었지만, 현실적으로 RT를 처음 접하는 치료사는 RT가 말하고 있는 거의 모든 것에 어느 정도 친숙할 것이다. RT는 애착이론, 감정 조절의 효과와 이점, 뇌의 연구, 마음챙김의 실행 등 우리가 알고 있는 모든 것을 최선으로 독특하게 조합한 것이다. 이는 내담자를 변화의 지점으로 이끌기 위해 체계적이고 효율적인 새로운 접근법을 활용한 것이다.

기법적인 측면에서, 본 책은 단기적 효과뿐만 아니라 장기적 변화를 가져올 수 있는 모범 사례를 끌어내기 위해 결혼 및 가족치료로부터 실제 사례를 활용하고 적용하였다. RT는 이론적으로 새로운 것이 많지만, 이 중 대부분은 목적과 목표, 조직성, 명확성, 단순성, 내담자를 위한 RT 프로세스의 이해 가능성에서 비롯된다. RT를 처음 접하는 사람들이 우리와 함께 잠시 연구할 때면, 그들에게서 우리가 필연적으로 듣는 코멘트는 이 모델이 실제로 얼마나 단순하면서도 깊이가 있는지에 관한 것이다. 독자는 본 책, 『복원치료의 발전과 기법』을 접하면서 복원치료 모델에 담긴 역설을 직접 경험하게 될 것이다. 모든 접근 방식이 새롭지만 동시에 새로운 것이 없다. 접근 방식은 매우 단순하지만 동시에 매우 심오하다. 접근 방식은 통찰과 경험에 초점을 두는 동시에 기술과 행위적 마음챙김에 의해 주도된다. 우리 자신도 이러한 역설을 느끼고 있으며, 그것들이 모델의 타당성을 증명한다고 믿고 있다.

RT 접근 방식은 수십 년 동안 준비되어 왔지만, 새로운 모델로 확인된 것은 지난 12년뿐이다. 2008년, 우리는 결혼 인텐시브 치료 모델에 이 접근 방식을 실행하기 위해 치료사들을 양성하기 시작했다. 이 접근 방식에 대한 첫 번째 기사article는 2009년에 발표되었고 RT에 대한 최초의 포괄적인 책은 2011년에 출간되었다. 그해에 우리는 복원치료 모델에 관한 결혼 및 가족치료 수업을 진행했고, 이 접근 방식의 실습과 인턴십에서 학생들을 감독하기 시작했다. 이로써 지난 7년 동안 모델이 더욱 발전했다는 것을 알게 되었고, 우리의 생각과 기술의 적용에서 얻은 성과를 분명하게 설명하기 위해 RT의 최신판을 낼 때라는 것을 실감하게 되었다. 이 책은 지난 7년의 집중 실습에 관한 우리 연구의 결실이다.

RT의 목적은 결코 큰 영향을 미치는 것이 아니다. 상대적으로 실무자의 숫자 측면에서 보면 일종의 '우표 크기' 만한 이론이라 할 수 있다. 솔직히, 우리는 항상 '수백' 또는 '수천' 명보다 '하나'와 더 많이 작업한다고 보았기 때문에, 그런 방식을 좋아하는 경향이 있다. RT 공동체는 10년 이상의 실습 기간 동안 꾸준히 성장해 왔다. 우리는 현지, 지역, 전국 콘퍼런스에 이 모델을 설명하는 수백 건의 프레젠테이션을 했고, 30개 주와 15개의 국가에 실무자들이 있다. 현재 2년마다 개최하는 'RT Summit'이라는 콘퍼런스가 있는데, 그곳에서 세 번째 행사를 진행했다. 간단히 말해, 이 접근 방식은 내담자의 변화를 돕는 데 효과가 있기 때문에 우리는 숫자와 명성 면에서 꾸준히 성장하고 있다. 개인이 복원치료사가 되는 데 관심이 있든 혹은 이미 성공한 실무자로 접근 기법을 활용하기를 원하든 간에, RT는 내담자가 효율적인 방식으로 조직하고 자신의 오래된 문제를 해결할 뿐만 아니라, 행동 실천을 마음챙김 방식으로 계획하는 데 많은 도움을 준다.

다음은 본 책에 대한 몇 가지 유용한 안내이다. 본 책의 제1부 '복원치료 모델'은 RT를 접하는 새로운 독자들이 이 모델 이론의 흐름을 파악하는 데 도움이 되는 입문서가 되도록 구성하였다.

제1장 '고통의 패턴에 대한 이해'는 우리의 정체감과 안전감을 형성하는 데 대한 기본 이론과 사랑과 신뢰의 중요성을 설명한다. 또한 모델의 네 가지 목적과 목표를 살펴보고 우리가 '고통의 주기'라고 부르는 것을 작업하기 위해 어떻게 내담자의 이야기에 접근하는지를 독자가 이해할 수 있도록 돕는다.

제2장 '진실의 발견과 평온의 주기'는 내담자가 자기 자신에 대한 '진실'을 선언하면서 손상된 정체감과 안전감으로 인한 고통을 감정적으로 조절하는 작업을 돕는 방법을 제공한다. 이것은 더 나아가 '평온의

주기'라고 불리는 사랑과 신뢰의 또다른 인지지도를 그리는 단계를 설정한다. 또한 이 장에는 RT에서 사용하는 4단계 마음챙김 실습에 대한 간략한 개요가 포함되어 있다.

제2부 '발전, 기법, 그리고 개입'은 본 책의 핵심으로 독자에게 더 낫고, 효율적이고, 그리고 효과적인 접근 방식에 대한 자세한 정보를 제공한다.

제3장 '조직화, 순서화, 구조화'에서 독자는 RT의 틀에서 정체감과 안전감에 따라 질문하고 정보에 접근하는 방법을 배우게 된다. 또한 '고통과 평온의 주기'라는 내담자의 인지지도를 생성할 수 있는 구조를 만들기 위해 정보를 효율적으로 순서화sequencing하는 방법에 대해서도 알게 된다. 모든 장과 마찬가지로, 독자가 실제로 어떻게 실습할 수 있는지를 효과적으로 배우도록 심층 사례와 내러티브를 포함하는 데 특별한 주의를 기울였다.

제4장에서는 '진실 규명과 감정 조절 확장에 대한 개입'에 관해 자세히 논하였다. 첫 번째 RT 책에서는 감정을 조절하는 진실을 활용하여 내담자를 돕는 기법에 거의 관심을 기울이지 않았고, 그 과정의 중요성을 고려해 볼 때 부족함이 있었다. 이 장에서는 감정 조절이 어떻게 일어나고 치료에서 이것이 어떻게 성취되는지를 이해하는 데 도움이 되도록 한다.

제5장 '안전감에 대한 진실'에서 독자는 첫 번째 RT 책에서 소홀히

했던 또 다른 영역에 대하여 상세하게 알게 될 것이다. 우리는 치료사가 내담자 자신의 정체감에서 느끼는 고통에는 많은 관심을 쏟는 경향이 있지만, '안전감 위반'에 관련된 고통에는 거의 관심을 두지 않는 경향이 있다는 점을 수년에 걸쳐서 주목하게 되었다. 이 장에서는 그러한 정보를 교정하고 균형을 갖추게 한다.

제6장에서 우리는 '실습, 마음챙김, 자기-통제'에 대한 개념을 확장하게 된 것을 기쁘게 생각한다. 아마도 다른 어떤 영역보다도 신경심리학과 마음챙김의 진보는 우리에게 뇌를 이해하고 변화를 일으키기 위해 최선을 다하는 방법에 대한 새로운 도구를 제시하였다. 이 장에서는 다양한 기법과 아이디어를 보여 주며 실습, 습관화, 마음챙김을 확장하여 내담자가 원하는 변화를 끌어낼 수 있는 지렛대를 제공한다.

제3부 '복원치료에 대한 고려사항'에서는 복원치료가 어떻게 다양한 집단과 특수 상황에 활용되는지에 대한 개요와 실제 사례를 제시한다. 이에 대한 정보는 제7장 '특수 집단과 상황에 대한 복원치료의 적용'에 소개되어 있다. 제8장 '복원치료에 대한 질의응답'에서는 복원치료 접근 훈련과 슈퍼비전에서 자주 등장하는 일반적인 질문과 그에 대한 답변을 실었다.

그 어떠한 치료 모델도 진공 상태에서 작업이 이루어지지는 않는다. 내담자뿐만 아니라 자신을 위해서도 원리와 변화를 스스로 적용해 가며 RT를 배우기 위해 애써 준 많은 학생과 실무자에게 축복과 감사를 드린다. 우리는 'The Hideaway Experience'에서 복원치료를 전적으로 활용하여 결혼 인텐시브 형태로 실습하고 있는 치료사와 운영자에게 줄곧 신세를 지고 있다. 끝으로 우리와 함께 치료의 여정을 위해 노력해 온 많은 내담자에게 감사를 드린다. 치료 장면에 들어가 자기 자신과 관계 속에서 변화의 일을 하는 것은 언제나 용기 있는 행동이다. 내담자들은 이 용기 있는 노력에 있어서 영웅이고, 우리는 그들로부터 매일 배운다.

무엇보다도, 우리의 배우자와 가족 모두에게 깊은 사랑과 애정을 전한다. 우리의 손상된 정체감과 안전감을 복원하고 삶을 충만하고 의미 있게 만드는 데 도움을 주는 이들은 바로 당신들이다!

제1부

복원치료 모델

제1장

고통의 패턴에 대한 이해

복원치료는 1990년대 테리 하그레이브에 의해 처음 개발되었으며, 맥락적 가족치료를 위한 새로운 기법을 이해하고 발전시키는 작업을 통해 성장했다(Boszormenyi-Nagy & Krasner, 1986). 복원치료는 사랑과 신뢰의 결핍과 관련있는 고통의 반응성 규명(Hargrave, 1994), 시정과 반응성 이해(Hargrave 2000; Hargrave & Pfitzer, 2003), 결국 복원치료라고 불리는 치료과정의 사용(Hargrave 2010; Hargrave & Pfitzer, 2011)을 통해 결혼 인텐시브, 치료 지원 그룹, 개인과 부부를 위한 심리교육 그룹, 개인, 부부, 가족을 위한 일반적 치료 실습 등 여러 임상 실습의 이론적 토대가 되었다. 이 모델이 다양하게 적용되며 임상 인구 범위가 점점 넓어졌고, 모델 적용의 새로운 방식을 지속적으로 연구하고 있는 임상의와 연구자에게 성장 에너지를 불어넣어 주었다. 복원치료 공동체는 임상에서 발견된 결과로 큰 활력을 얻었으며 이 모델로 많은 사람의 삶이 변화되었다.

우리는 훌륭한 치료사가 되는 데 중요한 요소는 자신의 고통 속에서 자신을 아는 것이고 그 고통에서 자라나는 개인 내적 및 개인 간 패턴에 대해 인식하는 것이라고 믿고 있다. 또한 내담자와 함께 치료를 촉진하는 작업에 집중할 수 있도록 감독 상태를 유지할 수 있는 도구가 필요하다고 생각한다.

복원치료의 발전과 기법을 저술하게 된 목적은 모델의 적용을 확대하고 개념과 개입의 일부를 강조하여 치료 작업을 심화시키는 것이다. 그러나 중요한 것은 먼저, 이론의 기본으로 돌아가 그 기본 위에 발전된 작업을 구축하는 것이다. 이것은 모델에 익숙한 사용자가 모델의 작동 방식을 상기하고 조직과 집중을 촉진할 수 있게 만든다. 또한 복원치료를 처음 접하는 사람들이 이 모델의 접근법에 대한 기본 개념을 학습할 수 있는 지원을 통해 발전된 내용과 기법을 포착할 수 있게 한다.

본 장에서는 먼저 복원치료 모델의 개요와 네 가지 목표를 제시한다. 이후 모델의 첫 번째 목표인 내담자의 정서적 고통을 규명하는 작업에 관련된 심층적 토론을 이해하는 것으로 이동할 것이다. 마지막으로 임상 사례를 사용하여 모델의 시작 단계와 관련된 개념 및 실제 단계를 통해 고통을 규명하는 첫 번째 목표를 설명할 것이다.

복원치료 모델의 개요

가족치료 모델로서의 복원치료는 가족 체계 이론에 기반을 두고 내담자의 더 큰 사회 체계, 특히 가족 체계의 맥락 안에서 내담자의 호소 문제를 이해하는 데 중점을 둔다. 가족 체계 이론은 개인이 속한 가족이든 더 넓은 공동체이든 개인과 더 큰 체계 사이의 상호 영향력을 가정한다. 우리는 주변 사람들과의 경험을 통해 자신을 형성하므로(Hanna, 2014),

내담자들의 이야기와 호소 문제를 그들의 과거와 현재의 사회적 맥락 안에서 듣는다. 이런 이유로 우리는 애착이론(Bowlby, 1988)을 실질적으로 믿고 있으며, 일반적으로 원가족으로부터 기인하여 개인 발달에 영향을 미치는 초기 유대감과 애착 경험의 역동적인 영향력을 인정한다. 그러나 우리는 이러한 애착 틀을 사랑과 신뢰의 관계적 행위 맥락 안에서 명확히 한다. 초기 애착에서, 우리는 어떻게 개인이 사랑을 받았는지가 개인이 자신의 정체감에 대해 알고 있는 모든 것에 대해 가르쳐 준다고 믿고 있다. 그러나 관계 및 애착 발달에서 중요한 것은 신뢰감의 개념이다. 신뢰는 관계에서 필수적이다. 그것은 개인이 관계 안에서 공정하게justly 받는 것에 대한 균형과 공정하게 주는 능력 모두와 관련하여 개인에게 안전감의 개념을 가르치기 때문이다. 정체감과 안전감은 내담자의 일차적 감정을 이해하는 데 핵심적인 요소이다(Hargrave & Pfizer, 2011).

우리는 내담자들의 역사적 내러티브를 탐색할 뿐만 아니라 그들의 경험과 패턴을 그들의 개인적인 심리 및 관계 상태와 연결하도록 돕는다. 내담자들은 자신의 이야기를 차근차근 말하면서 어려움의 뿌리에 관한 통찰을 성취할 수 있는 능력을 갖춰야 한다. 그들은 정체감과 안전감을 다루는 일차적 감정뿐만 아니라 그들의 반응성의 행동과 대처 메커니즘에서도 복원의 경로를 찾을 수 있는 능력을 보유해야 한다. 우리는 내담자의 고통을 규명하기 위해서 내담자의 이야기에 의존할 수 있지만, 상담 작업의 핵심은 지금-여기의 현재 맥락에서 일어난다. 현재 맥락은 내담자의 현재 생활환경을 의미하지만, 상담 세션에서 일어나는 일도 포함한다. 다시 말해, 정체감과 안전감에 대한 내담자의 고통의 뿌리는 개인의 성장과 발달에서 원래의 상태로 남아 있다. 내담자 고통의 패턴은 과거뿐만 아니라 현재의 인간관계와 치료관계 속에서도 유사하거나 동일하게 일어날 것이다. 내담자의 정체감과 안전감 문제와 관련된 과거의 고통은 현재의 관계 및 경험에서 발생하는 정체감과 안전감 문제와 동일하다(Hargrave & Pfitzer, 2011). 사실 복원치료사는 진행 과정을 관찰하면서 내담자의 이야기를 듣는 작업과 치료실에서 다룰 필요가 있는 부분에 대해 반응하는 것의 균형을 잡으려고 노력한다. 또한 복원치료사는 사회적 맥락에서 형성된 개인 내intrapersonal 및 개인 간interpersonal 패턴에 특별한 주의를 기울인다. 우리는 생활이 발달하면서 패턴화된 방식으로 펼쳐진다고 믿는다. 인간이 인지적 과정을 발달시키고, 정서적 중요성을 부여하며, 행동을 수행하는 방식은 모두 패턴화되어 있다. 이러한 패턴과 패턴을 유발하는 일차적 감정을 다루는 것은 장기적이고 지속적인 이차적 변화로 이어질 것이다. 따라서 패턴을 규명하는 것은 내담자의 내적 역동과 그들이 대인관계를 형성하는 방식을 이해하는 중요한 첫 번째 단계가 된다.

복원치료의 네 가지 목표

복원치료의 치료과정에서 치료사는 네 가지 목표를 가진다. 첫 번째 목표는 내담자가 자신의 고통의 주기를 이해하고 규명하도록 돕는 것이다. 두 번째는 고통의 주기의 일차적 감정을 직접적으로 겨냥하여 내담자가 자신에 대한 '진실'의 메시지를 이해하고 규명하도록 돕는 것이다. 여기서 '진실'의 메시지는 고통스러운 일차적 감정을 조절한다. 우리는 애착이론이 내담자의 과거를 이해할 수 있는 훌륭한 수단이라고 생각한다. 그러나 내담자의 치유와 변화는 과거에 대한 통찰만으로는 불충분하며 감정 조절 과정, 즉 내담자의 패턴화된 파괴적 대처행위를 불러일으키는 고통스러운 감정을 조절하는 것(Baumeister & Tierney, 2011)이 필요하다고 믿고 있다. 또한 발달하는 아이를 양육하는 과정에서 정서적 공동-조절(Johnson, 2004)이 매우 적절하다고 믿고 있지만, 성인의 치료과정에서는 정서적 자기-조절self-regulation을 더 선호한다. 복원치료의 치료과정에서 세 번째 목표는 내담자가 스스로 자신의 '평온의 주기'를 이해하고 규명하도록 돕는 것이다. 이것은 두 번째 목표인 자신에 대한 진실 규명과 학습의 확장이기도 하고, 감정 진실emotional truth의 조절된 감정 상태로부터 자연히 흘러나오는 내담자의 행동 선택 결과에 대한 작업을 포함한다. 마지막으로 네 번째 목표는 내담자가 감정적으로 조절되지 않은 고통의 주기 상태에서 감정적으로 자기-조절이 되는 평온의 주기 상태로 이동하도록 훈련하는 것을 돕는 일이다. 우리는 이러한 감정 조절 과정이 마음챙김mindfulness 훈련에서 일어나고 있고, 또한 그 훈련에서 커다란 성과가 있다는 것을 인지한다. 복원치료에는 특정한 마음챙김 훈련이 있는데, 이것은 내담자의 고통 해결, 사랑과 신뢰가 없는 행동의 변화, 인간관계에 있어서 진실성의 경험적 훈련 등의 작업에 많은 도움이 된다.

첫 번째 목표: 고통의 주기

복원치료의 첫 번째 목표는 구체적으로 치료사가 내담자의 고통과 관련된 개인 내부의 패턴을 규명하고, 이것이 개인 간에 어떠한 영향력을 미치는지를 이해하는 데 초점을 둔다. 다시 말해 과거 애착 관계에서 내담자가 경험한 손상된 정체감과 안전감을 구체화한 후, 그것과 관련된 내담자의 특정한 반응성이나 대처 행위를 명확히 하는 것이다. 이것은 내담자 고통의 주기, 즉 일차적 감정과 반응성 사이의 연결을 보여 주는 인지 지도로, 근본적으로는 일차적 감정의 고통에 대한 내담자의 대처 방식을 나타낸다. 고통의 주기는 과거 사랑과 신뢰의 불완전함과 혼란이 어떻게 내담자 자신과 주변 세상에 대해 왜곡된 정체감과 안전감을 형성시켜 왔는지에 관한 내담자 내러티브의 출발점이다. 이 고통의 내러티브와 이것이 내담자 자신의 정체감 및 관계에 미치는 영향에 대해 체계적으로 인식하고 조명하는 것이 복원치료의 첫 번째 목표이며 주된 치료 목적 중 하나이다. 이 첫 번째 목표가 본 장의 주된 초점이 될 것이며, 나머지 세 가지 목표는 제2장에서 다루게 될 것이다.

두 번째 목표: 진실 규명

두 번째 목표는 내담자 자신에 대한 진실을 규명하고 고통의 주기의 일차적 감정에 관한 대안적 내러티브 개발의 토대를 마련하는 데 초점을 맞춘다. 자신에 대한 진실은 긍정적인 자기-해석self-construal을 촉진하는 메시지에서 비롯된 일차적 감정으로, 내담자 자신의 정체감과 안전감에서 경험한 고통에 대한 직접적이고 반대되는 반응이다. 이러한 두 번째 목표는 치료사가 내담자의 자산, 재능, 강점의 핵심 정체감을 확인하는 내러티브를 복원하기 위해 내담자와 함께 작업하는 것을 의미한다. 내담자가 자신의 긍정적인 자질을 인지하고 확인할 수 있을 때, 내담자는 이러한 진실의 삶을 살아가는 데 더 나은 위치에 놓이게 되고 반응성으로 현실에 반응하지 않는 감정 조절을 하게 된다. 나아가 치료사는 안전감 부족에서 오는 감정 조절 곤란(어려움)을 다루는 데 있어 권한 부여, 덕목 및 유대와 같은 조절 진실regulating truths을 규명하기 위해 내담자와 협력한다. 이러한 복원치료의 두 번째 목표는 반사적인 반응성의 패턴에서 의도적으로 벗어나 개인이 사랑과 신뢰의 행동을 좀 더 자유롭게 선택할 수 있는 감정 조절로 전환하는 것이다.

세 번째 목표: 평온의 주기

복원치료를 통해 얻을 수 있는 중요한 이점 중 하나는 내담자가 자신의 복잡한 내적 과정과 그 과정이 어떻게 관계에서 작동하는지를 명확하게 파악하고 이해할 수 있다는 것이다. 치료사는 실제로 고통의 주기 인지 지도를 그린 다음, 세 번째 목표의 과정에서는 '평온의 주기' 인지 지도를 그린다. 이 두 가지 인지 지도는 내담자의 내적 과정을 조직하고 명확하게 하며, 감정 조절에 관한 목표의 명료성을 분명히 한다. 우리가 복원치료 과정에서 "사람의 마음은 선하다", 사람은 단지 "나쁠 때만 나쁘다"라는 말을 즐겨하듯이 사람은 감정 조절이 어려워질 때 "나쁜"거나 자기 자신이 최악일 때의 상태로 행동한다. 평온의 주기에는 이전 목표에서 작업한 감정 조절과 진실이 포함되어 있다. 자신에 대한 진실이 규명될 때 이 진실에 기초한 새로운 행동 및 행동의 패턴이 만들어진다. 실제로 많은 방식에서, 평온의 주기는 내담자의 "좋은" 또는 최상의 상태를 반영하게 된다. 건강하고 확실한 정체감과 안전감이 보장되므로 내담자는 타인에 대한 사랑과 신뢰의 행위를 선택할 수 있는 평온의 감정과 자유를 갖게 된다. 내담자는 반응성을 일으키는 고통에 자신을 연결하는 대신, 반응성이 없는 반응 및 인력agency으로 이끄는 진실에 자신을 연결한다(Hargrave & Pfitzer, 2011).

네 번째 목표: 4단계의 훈련

복원치료 모델의 첫 세 가지 목표에서 내담자는 자신의 고통과 반응성의 깊은 뿌리에 관한 통찰을 얻었고, 상호 작용에서 평온, 사랑, 신뢰를 촉진하는 비반응성적 인력 반응을 지닌 개인의 진실을 실현하는 대안 패턴에 대해 배웠다. 평온의 주기는 고통의 주기를 온전히 제거해 주지는 않지만, 내담자에게 하나의 새로운 선택과 새로운 방식으로 살아갈 가능성을 제공해 준다.

복원치료 모델의 네 번째 목표에서 내담자는 자신에게 발생한 고통의 주기를 인식하는 실습, 자기-조절 진실로 고통의 일차적 감정을 조절하는 실습, 그리고 평온의 주기 행위를 선택하는 실습을 한다. 이러한 네 번째 목표 작업의 실습 부분은 기본적으로 [그림 1.1]에서 볼 수 있는 4단계라고 불리는 복원치료 마음챙김 실습 학습 도구에 의해 주로 관리된다. 4단계는 내담자 자신의 고통이 활성화되었을 때 감정 조절로 향하도록 도와주는 마음챙김에 기초한 개입이다. 4단계는 고통의 주기와 평온의 주기의 나레이션이며, 단계 1과 단계 2는 고통의 주기의 반복이다. 단계 1에서는 내담자가 느끼는 고통의 일차적 감정을 말함으

마음챙김 과정의 4단계

단계 1: 일차적 감정을 말하기
단계 2: 일반적으로 하는 행동을 말하기
단계 3: 진실을 말하기
단계 4: 다르게 할 행동을 말하기

[그림 1.1] 복원치료에서 사용하는 4단계

로써 개인의 고통을 인정하고 규명한다. 단계 2는 평소에 하는 행동을 말하게 함으로써 평상시에 개인의 고통을 어떻게 대처하고 다루는지에 대한 진술이다. 단계 3과 단계 4는 평온의 주기로 이동하는 과정에 대한 설명이다. 단계 3에서 내담자는 감정 조절을 하는 진실에 대해 말한다. 단계 4에서는 내담자 자신에 대한 진실과 일치하는 행동을 규명한다(Hargrave & Hargrave, 2015). 4단계의 반복적인 실습은 대안 패턴을 심화시키고 치료 효과를 유지하도록 하는 생명력이다.

네 번째 단계에서 명심해야 할 것은 4단계가 호소 문제를 해결하지는 못한다는 것이다. 왜냐하면 4단계는 내용content이 아니라 과정process의 수준에서 작동하는 하나의 도구일 뿐이기 때문이다. 즉, 내담자는 4단계를 사용하여 내적 경험에 대한 마음챙김을 인식하고, 그 인식을 통해 자신의 감정을 조절한다(과정). 그리하여 내담자는 자기-반응성에 휘말리지 않고 당면한 문제(내용)를 좀 더 효과적으로 다룰 수 있게 된다. 4단계는 내담자의 고통의 주기를 감소하고 감정 조절 곤란 및 반응성으로부터 발달하는 건강하지 않은 상호 작용의 연쇄적인 반응을 중지시키는 데 유익하다(Hargrave & Pfitzer, 2011).

고통을 이해하고 규명하기

내담자와 함께 내담자의 고통을 이해하고 규명하는 것이 치료 작업의 토대를 마련하는 첫 번째 목표이다. 우리는 고통을 우리 존재의 가장 깊은 구멍 속에 자리잡은 아궁이처럼 은밀히 퍼지는 존재로서 개념화한다. 그것은 우리 주변의 세계로부터 우리가 사랑받지 못하고 있으며 안전하지 못하다는 메시지의 영향을 꾸준히 받음으로써 항상 낮은 수준의 화상을 입게 한다. 우리는 반대되는 메시지를 받을 수도 있지만, 이러한 고통의 메시지는 종종 고통의 불꽃을 타오르게 하고 다른 메시지들보다 더 자주 울려 퍼지며 우리를 부여잡는다.

이것은 왜 그럴까? 신경과학에서는 두 가지의 두드러진 이유가 있다. 첫 번째 이유는, 뇌는 이미 알고 있는 것을 강력히 선호하는 경향이 있다(Hanna, 2014). 뇌는 습관의 창조물이다. 이러한 현실은 평균적인 사람이 지닌 어휘가 15,000~20,000 단어 범위이지만, 대부분 사람이 사용하는 서로 다른 단어는 하루에 750~1,000 단어뿐이라는 것을 통해 쉽게 확인할 수 있다. 사람들은 더 많은 단어를 알고 이해하지만 별로 많은 단어를 사용하지 않는다. 하지만 더 놀라운 것은 우리가 사용하는 언어의 80%가 120~150 단어로 제한되어 있다는 사실이다(Atkins, 2013). 활용하는 단어 대부분은 우리가 반복해서 사용하는 것들이다. 물론 이들 중 일부는 문법적인 단어이기도 하지만, 요점은 뇌는 이미 잘 알고 있는 단어와 사고에 끌리는 경향이 있다. 뇌는 정체감과 안전감의 발달에 있어서 매우 강력하고 형성적인 과정에 익숙해져 있다. 처음부터 존재해 온 불편한 감정과 그에 따른 반응성 및 대처 행동은 글자 그대로 수천 번에 걸쳐 느꼈고 실행됐던 것들이다. 고통스러운 메시지가 반대되는 새로운 메시지 앞에서도 유지되는 것은 지극히 정상적인 일이다.

하지만 정체감과 안전감에 대한 고통스러운 메시지가 계속해서 사람들을 괴롭히고 조절 곤란을 겪게 하는 또 다른 이유가 있다. 다른 모든 조건이 같다면 뇌는 긍정적인 것 대신에 부정적인 것에 머무는 것을 선택한다는 것이다(Hanna, 2014). 이것은 우리가 우리의 안녕well-being

에 대한 약탈적인 위협을 경계하는 행동을 배웠기 때문에 이에 대한 진화적인 이유가 있을 수 있다(Siegel, 2007). Hanson(2014)이 말했듯이, 부정적인 경험은 찍찍이velcro처럼 뇌에 달라붙는 경향이 있지만, 긍정적인 경험은 테플론teflon(잘 붙지 않는 특수 섬유)처럼 처리된다. 뇌는 실제로 긍정적인 것보다는 부정적인 메시지를 고수할 가능성이 두 배나 높다. 이러한 신경과학의 특성은 트라우마를 경험하는 사람을 비롯해 모든 사람에게 해당한다. 내담자 자신이 정체감과 안전감에 극적인 장애를 가지고 있든지 아니면 다소의 불안전함이 있든지, 반복되는 고통은 우리 뇌에 부정적인 메시지의 불길을 부추긴다.

우리의 작업은 고통으로 시작하는데, 개인적 · 관계적 어려움을 초래하는 모든 행동이 고통에 뿌리를 두고 있기 때문이다. 우리의 삶에 있어서 자기 자신뿐만 아니라 다른 이들과 의미 있게 교류할 수 있는 능력을 변실시키는 알코올, 포르노, 기타 물질을 사용하여 도피하든지, 또는 비판적이고 요구를 많이 하여 통제하든지, 고통은 그러한 행동들을 촉진한다. 치료사는 종종 이러한 행동들을 다루는데, 그 이유는 그러한 행동들이 가장 분명하고 즉각적인 결과로 나타나기 때문이다. 그러나 사실 행동은 고통의 전조harbingers이며 우리는 치료사로서 일차적 감정의 고통과 행동 문제의 근원 및 추동drive을 찾는 것이 더 효과적이다.

이전에 언급했듯이 복원치료 모델의 지속적인 가정은 고통이 사랑과 신뢰의 위반으로 비롯되어 발생한다는 것이다. 사랑과 신뢰는 두 쌍둥이 기둥으로 우리의 정체감과 안전감의 본질적인 요소다. [그림 1.2]에서 볼 수 있듯이, 사랑과 신뢰의 위반은 개인에게 고통을 주고 정체감과 안전감의 혼돈을 야기한다. 이러한 혼돈과 고통의 스트레스는 개인의 도전-도주 반응성을 촉발하여 비난, 수치심, 통제, 그리고 도피/혼란

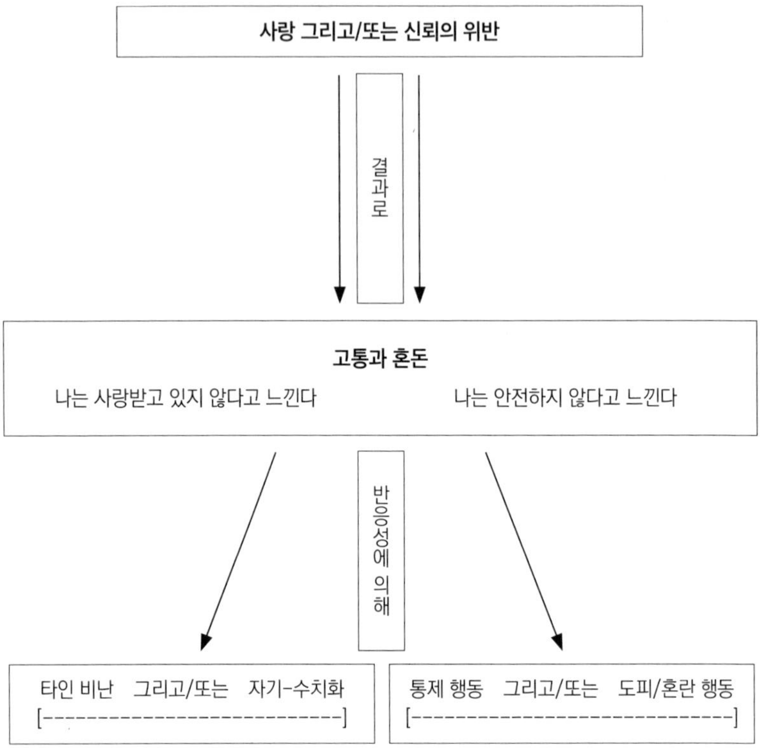

[그림 1.2] 고통과 반응성

의 4가지 대처 전략을 초래한다. 이러한 비난과 통제 행동은 일반적으로 개인의 도전fight 반응성을 나타내지만, 수치심과 도피/혼란 행동은 개인의 도주flight 반응성을 나타낸다. 개인이 자신의 고통에 대처하기 위해 도전과 도주 반응 전략을 모두 사용할 수 있다는 점을 인식하는 것이 중요하다.

개인은 양육자, 동료, 멘토, 교사, 코치뿐만 아니라 트라우마, 범죄와 같은 세상의 예기치 못한 사건들, 자연재해로부터 사랑과 신뢰의 위반을 경험하며 정체감과 안전감에 영향을 받는다. 여기에 정체감과 안전감에 대한 몇 가지 필수 정보를 요약하겠다.

정체감

우리가 말하는 정체감은 외부 환경으로부터 받는 메시지들, 대부분 우리의 주 양육자들로부터 받는 사랑의 메시지를 기반으로 우리 자신에 대해 가지고 있는 핵심 신념과 지각을 의미한다. 그러나 주 양육자뿐만 아니라 다른 사람들, 즉 형제자매, 친구, 교사, 멘토와 배우자도 우리가 사랑받는다는 감각을 형성하는 데 중요한 역할을 한다. 사랑은 치유와 변화를 위한 강력한 힘이며 주 양육자의 메시지가 전달되는 주요 수단으로 발달 전반에 걸쳐, 특히 인생 초기 단계에서 우리의 정체감을 형성한다. 여기서 우리는 이러한 사랑을 세 가지 형태로 구분하고 그 사랑이 발전하는 개인을 위해 무엇을 하는지를 살펴보기로 한다. 세 형태의 사랑은 각각 그 고유의 표현과 뉘앙스를 가지며 어떤 특정 관계에서 더 강하게 경험될 수 있다.

첫 번째 사랑의 형태는 이타적 사랑이다. 이타적 사랑은 희생적이고 조건 없이 주는 것을 특징으로 한다. 이 사랑은 우리의 소중함과 가치의 본질적인 깊이를 전달한다. 누군가가 나를 위해 자신의 안녕을 희생할 수 있다는 것은 내가 그 사람이 희생할 만한 가치 있는 존재라는 점을 말해 준다.

두 번째 사랑의 형태인 낭만적인 사랑은 열정적이고 황홀한 사랑의 측면이다. 에로틱erotic한 사랑 또는 로맨틱한 사랑은 낭만적이고 성적인 관계에 국한되어 성애와 자주 연관되지만,그렇게 편협하게 적용되어서는 안 된다. 예를 들어, 부모는 자녀에게 열정적인 사랑을 가질 수 있으며, 자녀의 흥미진진한 관심사나 성취에 대해 들뜨거나 흥분할 수 있다. 우리는 부모가 자녀가 상을 받거나 훌륭한 일을 성취했을 때 자녀에 대해 보이는 자부심에서 이런 반응을 종종 볼 수 있다. 그 순간 도출되는 일종의 흥분되고 열정적인 사랑은 개인이 고유하고 특별하다는 메시지를 보낸다. 이것은 소중함과 가치의 메시지를 보내는 이타적 사랑의 측면과는 뚜렷이 다르다.

마지막으로 세 번째 사랑의 형태는 우애적 사랑이다. 희생적 사랑과 열정적 사랑의 측면과는 달리 우애적 사랑은 동반자나 파트너십의 측면으로 정의된다. 이 우애적 사랑은 개인의 은사, 재능, 사고, 과정에 관심이 있으므로 사랑하는 사람과의 우정과 교제를 갈망하게 한다. 이런 종류의 사랑에서 소속감과 유대감의 메시지가 나온다. 희생과 열정을 표현하는 다른 사랑의 측면과는 달리, 우애적 사랑은 어깨를 나란히 하거나 여행에서 다른 사람과 함께하고 싶은 욕구를 표현한다. 이타적이고, 낭만적이며, 우애적인 사랑은 함께 어우러져 사랑을 완전하게 하고, 가치 있고, 고유하며, 소속되어 있다는 것을 가르쳐 사랑하는 사람의 정체감을 형성한다. 어떤 사람은 사랑의 한 형태만을 경험할 수 있어 그 측면에서만 이익을 얻을 수 있다. 그러나 사랑이 온전히 표현되고 자신의 정체감에 대한 입력들을 전체적으로 느끼기 위해서는 사랑의 세 가지 측면 모두를 경험하고 알아야 한다.

정체감에 대한 이 논의에서 신체적 특성, 사회적 관계 또는 삶의 경험을 설명하는 인구통계학적 범주는 언급되지 않고 있다. 이러한 범주는 우리의 발달하는 정체감을 형성하고 정체감에 대해 정보를 제공하지만, 우리는 문화, 성별, 건강 및 사회적 관계를 초월한 정체감을 이야기하고 있다. 우리는 모든 인간이 사랑받고, 알려지고, 소속되고, 가치 있는 감각을 가질 필요가 있으며 이러한 진실을 전달하는 메시지는 근본적으로 사랑에서 파생된다는 사실을 주장하고 있다. 즉, 세대, 문화, 성별, 사회경제적 지위, 교육 및 사람들 사이의 뉘앙스와 차이를 제공하는 기타 인구통계학적 변수를 초월하는 정체감과 안전감에 대한 객관적 진실이 있다고 믿는 것이다. 그 첫 번째 진실은 모든 사람은 번영하고 성장하기로 되어 있다는 것이다. 이 번영은 다음과 같은 진실이 현실이 될 때 가능하다. 모든 사람은 사랑받기로 되어 있다. 모든 사람은 가치 있고 소중하다. 모든 사람은 누군가에게 알려지게 된다. 모든 사람은 소속되어진다.

안전감

사랑이 필수적이라는 사실은 우리 사회에 잘 확립되어 있다. 관계의 관점에서 사랑과 마찬가지로 중요한 개념은 신뢰이다. 신뢰는 친밀감, 상호 돌봄, 지원 등에 대한 약속의 관계에서 개인이 안전하다는 것을 알려준다. 관계는 우리에게 가족의 행동과 참여를 가져다주는 메커니즘이며 본질적으로 가족의 한 구성원에서 다른 구성원으로 메시지가 전달되는 방식이다. 사랑만이 아니라 신뢰도 우리에게 이러한 메시지들이 전달되는 방식이나 과정에 대해 알려준다.

관계 맺는 과정을 신뢰할 수 있으려면 먼저 예측할 수 있어야 한다. 예측 가능성 또는 믿음성reliability은 본질적으로 상호 작용의 한 시점에서 다음 시점까지 같은 방식으로 행동하는 관계에 있어서 개인을 어느 정도의 신뢰도로 계산할 수 있다는 것을 의미한다. 이러한 신뢰의 요소가 없으면 개인은 관계 속 파트너의 불규칙한 행동을 포착하고 관계를 완전히 피하는 법을 배울 것이다(Hargrave & Pfitzer, 2011).

우리는 또한 관계가 공평하거나 공정하기를 기대한다. Boszormenyi-Nagy와 Krasner(1986)는 관계가 정의나 균형이라는 타고난 추동에 의해 좌우된다고 했다. 모든 관계에서, 우리는 관계의 선good을 위해 해야 할 의무가 있고, 우리가 준giving 결과로 관계 파트너로부터 혜택을 받을 권리가 있다는 것을 깨닫는다. 즉, 우리는 균형 있고 공정한 방식으로 관계 속에서 주고받을 자격이 있다는 것을 배운다. 만약 관계가 불공평하다면, 우리의 권리를 얻기 위해 위협과 조작으로 보복하거나 관계를 포기하고 단절하게 될 것이다. 수직적 부모-자녀 관계에서 균형은 본질적으로 관계에 대한 50:50의 상호 증여의 관계가 될 수 없다. 부모는 형제자매, 친구, 배우자, 파트너 등의 수평적 관계에서와 같은 동일한 기대 없이 자녀에게 줄 책임이 있다. 수직적 관계에서, 균형은 장기적인 관점을 갖는다. 아이는 성인이 되어서 자신의 부모가 그랬던 것처럼 서로 주고-받는 기대 없이 다음 세대에 돌봄과 사랑을 제공한다. 성인이 된 자녀는 현재 돌봄이 필요한 노부모에게 받을 기대 없이 줄 기회를 가진다(Hargrave & Pfitzer, 2003).

관계의 마지막 요소는 개방성이고 이것은 본질적으로 관계에서 신뢰할 수 있는 것이다. 왜냐하면 개방성은 예측 가능성이나 정의를 부정하는 비밀이 없다는 정보와 지식을 개인에게 제공하기 때문이다. 만약 개인들이 관계에서 개방적이고 정직하며 서로에게 투명하다면, 관계 과정은 "당신이 보는 것이 당신이 얻는 것"의 상호 작용이 된다. 관계가 개방적이지 않을 경우, 우리는 보호의 필요성에 의해 움직이게 되므로 서로의 상호 증여에서 멀어지게 된다(Hargrave & Zasowski, 2016).

본 장의 앞부분에서 설명한 바와 같이, 우리는 방종이 아니라 생존의 문제와 번영의 기회로써 다른 사람들과의 유대를 원하고 필요로 하는 관계적 존재이다. 생애 초기에 이러한 유대를 형성하기 위해서는 주 양육자들에게 의존하고, 그들이 주는 심리적 · 사회적 자양분을 통해 정체감의 기초를 다진다. 더불어, 상호 작용의 과정은 예측 가능하고, 균형이나 정의에 기반을 두어야 하며, 안전감을 얻기 위해 개방되어야 한다. 이러한 자양분과 과정은 사랑과 신뢰로부터 파생되며, 대부분 구체화된 다양한 형태로 나타난다. 즉, 상호 작용은 일관되고 공정하며, 개방적인 방식으로 돌봄을 받고, 가치롭게 여겨지며, 사랑받는다는 행동과 메시지뿐만 아니라 신체의 접촉과 영양을 통해 신체적으로 참여하는 방식의 형태로 나타난다. 우리에게 하는 말과 말의 어조는 소속감, 사랑, 양육자와 함께 안전하다는 메시지를 보낼 수 있다. 우리가 관심 속에 보살핌 받고 우리의 정서가 일치되게 적절히 반영될 때, 우리 존재가 알려져 있고, 소속되어 있으며, 안전하다는 메시지를 받는다.

이것들은 자신이 사랑받고 있으며, 결과적으로 누군가에게 알려지며 소속되고 가치가 있다고 믿는 초기 경험을 기반으로 정체감이 형성되기 시작하는 방법의 예시이다. 또한 시간이 지남에 따라 우리의 상호 작용은 관계가 믿을 만하고, 균형이 있으며, 공정하고, 정직하다는 안정적인 그림을 우리에게 제공한다. 우리는 안정과 신뢰감을 가지고 안전하다는 감각을 발달시킬 수 있다. 이러한 경험들은 개인 간interpersonal뿐만 아니라 개인 내부의 생물학적인 의미도 지닌다. 우리의 심장에 메시지가 전달될 뿐만 아니라, 뇌에서 신체적 · 정서적 · 정신적 행복감을 증가시키는 엔돌핀과 호르몬의 분비를 촉발하기도 한다(Siegel, 2007). 시간이 흐르면서, 우리가 받는 입력과 생리학적 반응 사이의 연관성은 뇌에서 이것이 우리의 건강한 성장과 발달에 기여하는 긍정적인 메시지라는 것을 확고히 한다.

우리가 성장하고 발달함에 따라, 형제자매, 친구, 멘토, 교사, 그리고 타인들이 우리의 삶에서 중요한 역할을 하기 시작하면서 우리의 정체감에 대한 영향력의 범위가 확장된다. 이러한 관계의 맥락에서 우리는 유대를 찾고 애착에 대해 배우며, 그러한 관계가 얼마나 건강한지 건강하지 않은지에 상관없이 우리의 정체감에 대한 메시지를 받는다. 게다가 정체감에 각인될 수 있는 메시지들은 미디어, 문화, 전통과 사회적 맥락을 통해서도 전달된다. 또한 우리의 기질, 질병, 장애와 같은 특별한 요소들이 우리가 받는 메시지와 그 메시지를 내면화하는 방식에 영향을 줄 수 있다. 우리의 정체감이 친밀한 관계에 있는 사람들로부터 받은 메시지에 의해 형성되든 아니면 제4장에 소개되는 '두 스크린 기법'의 스크린을 통해 옮겨진 언어와 이미지에 의해 형성되든 그 영향은 시간과 공간을 초월하며 성인기까지 오래 지속되는 결과를 가져올 수 있다(Hargrave & Hargrave, 2015).

사랑(정체감)과 신뢰(안전감)의 위반

위반은 우리의 정체감이나 안전감이 언어, 행동 또는 사건으로 인해 손상되거나 감소했을 때 발생한다. 종종 이러한 위반은 개인이 의존하는 양육자나 사람들이 인간으로서 불완전하여 항상 신뢰할 수 있는 방식으로 사랑하거나 행동하지 않는 관계의 맥락 안에서 발생한다(Hargrave & Pfitzer, 2011). 위반은 오래전 어린 시절에 발생했을 수도 있고, 최근에 발생한 것일 수도 있으며, 현재 치료 중인 관계 체계와 관련이 있을 수도 있다. 위반은 천재지변이나 부모의 해로운 발언과 같은 일회성 사건에서 발생하거나 학대적인 부모나 질책하는 코치 등의 반복적인 행동으로도 발생할 수 있다. 언제 위반이 발생하든, 위반 빈도와 상관없이 그 결과는 지속적인 영향을 미친다. 왜냐하면 우리의 핵심 정체감과 우리 세계에서 안전하다고 느끼기 위한 근본적인 욕구가 손상을 입었기 때문이다. 그 결과로 인한 고통에서 살아남기 위해 개인은 위반을 극복하는 데 효과적이라고 생각하는 대처 행동을 취하지만, 본질적으로 그것은 사랑이 없고 신뢰할 수 없는 행동이다. 고통에서 대처로 가는 길은 반복적으로 강화되면서 시간이 지남에 따라 뿌리를 내리게 된다. 결국 이 경로의 인지 지도가 형성되어(Yoon Hammer & Hargrave, 2016), 상황에 상관없이 개인의 고통이 촉발될 때마다 마치 처음인 것처럼 반사적으로 반응하게 된다.

이러한 메시지들은 명백하고 의식적일 수 있지만, 종종 잠재의식 수준에서 수신된다. 메신저는 자신이 전달하고 있는 메시지를 항상 사각하고 있지는 않으며, 종종 자신의 고통으로부터 메시지를 보내기 때문에 비극적인 사랑을 하거나 신뢰할 수 없는 행동을 한다(Hargrave & Pfitzer, 2003). 세대 간에 전달되는 역동성은 가족치료 세계에서 새로운 것이 아니다. 가족 체계 이론의 트레이드마크 중 하나는 원가족의 중요성이다. 내담자의 호소 문제가 어떻게 관계 패턴과 가족 내 주목할 만한 사건에서 비롯되는지를 이해하기 위해 내담자의 가족 구성원을 탐색하는 것은 가족 치료사로서는 흔한 일이다.

대처 행동은 알코올 중독, 학대, 방치와 같이 세대 간 전달될 수 있지만, 고통이 반드시 동일한 의미로 전달되는 것은 아니라는 점을 이해해야 한다. 예를 들어, 안전감 위반으로 인한 고통을 알코올로 도피해 대처하는 한 부모가 있다. 이 부모에게 안전감 위반은 대학 시절 성폭

행 사건을 경험했을 때 일어났지만, 부모는 그 사건의 심리적 영향을 전혀 다루지 않아서 계속 안전하지 못한 세상에서 살아가는 고통을 경험해 왔다. 몇 년 후, 이 부모의 자녀는 부모가 보여 준 알코올로 도피하는 대처 행동을 따라 배우고 동일한 대처 메커니즘이나 음주 행동의 사용을 시작할 수가 있다. 외부에서 보면, 가족 체계에서 알코올 중독이 세대 간에 일반적인 패턴으로 나타난 것처럼 보일 것이다. 그러나 행동 기저를 탐색한다면, 비록 부모와 성인 아이 양쪽 모두 알코올 중독으로 도피하는 유사한 대처 행동을 보여 주지만, 종종 고통의 메시지는 다른 근원에서 비롯된다는 것을 발견할 수 있다. 그 메시지는 곧 부모에게는 세상이 안전하지 못하다는 것이고, 성인 아이에게는 자신이 혼자이고 가치가 없다는 것이다. 정서적으로, 때로는 알코올 중독으로 인해 신체적으로 부재한 부모와 함께 자라면서 아이가 받은 메시지는 혼자이며 가치가 없다는 것이다. 성인 아이는 부모가 자신의 고통에 대한 역기능적 대처 행동의 결과로 반복적인 정체감의 위반을 경험했다.

내담자는 자신이 위반으로부터 느끼는 고통을 다양한 방법으로 묘사한다. 전반적인 내용은, 모든 고통은 사랑받지 못한다는 느낌(정체감의 반영)이나 안전하지 않다는 느낌(안전감의 반영)으로 요약될 수 있다. 즉, 내담자들의 다양한 일차적 감정이 아니라 자신들이 느끼는 고통에 대한 설명으로 사랑받지 못하고 안전하지 않다는 감정의 버전들이다. 여기서 주목해야 할 것은 내담자가 사랑의 위반이나 신뢰의 위반을 느낄 수 있고, 두 가지 모두에 대한 위반을 느낄 수도 있다는 것이다. 우리가 치료 장면에서 자주 듣는 내담자의 묘사는 〈표 1.1〉에서 찾아볼 수 있다.

우리는 고통에 대해 전체적인 관점을 가진다. 우리는 고통이 종종

〈표 1.1〉 사랑받지 못하고 안전하지 않다는 느낌에 대한 임상적 설명

정체감 위반을 경험했을 때 내담자가 사용하는 기술어	안전감 위반을 경험했을 때 내담자가 사용하는 기술어
사랑받지 못한, 쓸모없는, 중요치 않은, 혼자인, 무가치한, 평가절하된, 결손된, 거부당한, 수용될 수 없는, 환영받지 못한, 판단 받은, 감사받지 못한, 희망 없는	안전하지 않은, 불안정한, 불확실한, 이용당한, 불공평한, 죄스러운, 무력한, 무기력한, 통제할 수 없는, 통제당한, 취약한, 격리된, 실패한, 알 수 없는, 버림받은, 부적합한, 타당치 않은, 기대에 부응할 수 없는

관계적 맥락에서 태어나 개인의 심리적 · 신경학적 환경 내에서 지속되며, 신체적 불만과 의학적으로 설명할 수 없는 증상으로 신체를 통해 표현될 수 있다는 것을 이해한다. 관계 맥락에서 정체감이나 안전감 위반이 발생하든 아니든, 위반의 영향은 관계 속에 나타난다.

인간은 놀라울 정도로 복원력이 뛰어나며 가장 파괴적이고 위험한 상황에서도 살아남을 수 있는 선천적인 능력을 지니고 있다. 오늘날까지도 우리는 역사를 통해 자연재해로부터 생존한 이야기와 강제 수용소, 십난 학실, 진쟁과 같은 인간이 만든 심각한 재앙으로부터 살아 나온 이야기를 듣는다. 비록 생명과 존엄성의 상실은 언제나 어느 누구라도 견딜 수 없는 일이지만, 잿더미에서 솟아나는 그런 이야기들은 생존에 대한 희망이 현실이며 생명을 위협하는 것을 물리치려는 추진력이 승리할 만큼 강할 수 있다는 것을 일깨워 준다. 왜 어떤 사람들은 살아남지 못하고 어떤 사람들은 살아남을 수 있는가에 대한 명확한 답이 항상 있는 것은 아니지만, 반박할 수 없는 것은 인간이 생존할 수 있는 능력을 지니고 있다는 것이다.

대처와 반응성

위에서 위반이 의미하는 바를 정의할 때 설명한 바와 같이, 생존을 위한 이러한 추동이 사람들이 정서적 · 심리적 고통에 대처할 수 있도록 한다는 점에 주목했다. 이러한 대처는 사회적 · 생물학적 구성 요소를 가지고 있는데, 이를 사회적 상호 작용과 뇌의 의미 등록 사이의 상호 작용인 '적응적 생물 사회적 과정'(Hanna, 2014)이라고 한다. 예를 들어, 아이가 부모에게 자신의 욕구를 표현할 때, 부모가 보여 주는 반응은 그 욕구와 관련된 정서와 부모의 응답을 통해 전달되는 메시지 사이의 연관성을 확립하거나 강화한다. 그러면 욕구와 반응 사이의 연관성은 아이가 직감적인 수준에서 부모에 대한 의미, 자신에 대한 의미, 그리고 부모와의 관계에 대한 의미를 만드는 근거가 된다.

〈표 1.2〉 비난, 수치심, 통제, 도피/혼란과 관련된 행동에 대한 임상적 묘사

비난	수치심	통제	도피/혼란
타인 비난	부정적	완벽주의	무책임
분노	희망 없음	방어	격리된
냉소적 비꼬기	자신을 수치스러워함	판단	중독
오만	슬픔에 빠짐	고립된	회피
흠잡기	자기-비판	비판	무감각
냉혹한	우울한/불행한	통제	통제할 수 없는
짜증	자기중심적인	폐쇄적	도발적인
위협	파국으로 몰아감	요구적	비현실적
원한 품은	조종하는	요지부동	비밀스러운
보복	징징거림/궁핍	의심하는	충동적
벌주기 위한 철회	뿌루퉁하기 위한 철회	방어를 위한 철회	도피하기 위한 철회

복원치료 모델에서는 특히 아이가 자신에 대해 만들어 내는 의미에 초점을 맞춘다. 우리는 내담자들에게 그것을 '수신된 메시지'라고 묘사하고, 그러한 메시지, 특히 고통의 부분 메시지를 그들이 대처하는 방식과 연결한다. 〈표 1.2〉에서 보는 바와 같이, 네 가지 범주의 대처 또는 반응성 행동, 즉 비난, 수치심, 통제, 그리고 도피/혼란 행동을 규명할 수 있다. 종종 이러한 대처 행동은 정체감과 안전감, 모두의 위반에서 비롯될 수 있다. 그러나 더러는 정체감 위반에 대처하는 개인이 다른 사람을 비난하거나 자신을 수치스럽게 하는 경향이 있다는 것을 볼 수 있다. 안전감 위반은 다른 사람과 자신의 전반적인 환경을 통제하거나 자신을 고립시키거나 마비시키고, 혹은 도피와 혼란으로 대처하는 경향이 있다. 다시 말하지만, 어떤 사람들은 안전감 위반의 경험에 대해 수치심이나 비난으로 대처할 수 있고, 다른 사람들은 정체감 위반의 경험에 통제하거나 도피/혼란으로써 대처할 수 있다. 범주 간의 교차도 가능하고 정체감과 안전감 위반이 동시에 발생할 수도 있는데, 이러한 경우는 그렇지 않은 경우보다 더 자주 발생한다. 각 범주에는 내담자들 사이의 임상 환경에서 흔히 볼 수 있는 행동 유형을 묘사하는 단어가 있다.

복원치료 모델의 세 가지 특징

우리가 복원치료 모델에 있어서 매우 중요한 부분이라고 믿고 강조하고 싶은 세 가지 특징hallmarks은 다음과 같다. 1) 변화에 대한 이론은 이차적인 감정이나 행동에 반하여 일차적 감정에 변화의 초점을 둔다는 것 2) 부부와 작업할 때 공동-조절co-regulation이 아닌 자기-조절 및 건강한 관계에 초점을 둔다는 것 3) 신경생물학적 수준에서 변화를 다루기 위해 반복과 실습의 중요성을 강조한다는 것이다.

변화에 대한 이론

변화에 대한 우리의 가정은 변화의 중요한 지점이 일차적 감정에 있다는 것이다. 행동은 우리 자신을 표현하고 알리는 우리 감정의 가시적인 표현이다. 그러나 그러한 행동의 뿌리를 먼저 이해하지 않고 행동을 수정한다면 시간과 환경을 초월하지 않은 단면적인 변화를 초래할 것이다. 우리는 장기적으로 영향을 미치는 지속적인 결과를 가진 이차적 변화를 추구한다. 나무에 비유해 보자. 우리가 볼 수 있는 나무의 가지와 잎은 사실 흙 아래에 보이지 않는 뿌리의 건강 상태에 대한 증거를 제공한다. 다듬기와 가지치기가 열매를 맺게 할 수 있다 하더라도 뿌리를 얕게 내려 흙 속의 영양분을 잘 흡수할 수 없다면 나무는 살아남을 수 없다. 실제로 토양이 손상되거나 독성이 있는 경우(생태 맥락) 나무의 생사가 뿌리에 달려 있으므로 나무는 뿌리째 뽑아 다른 토양으로 이동해야만 한다. 뿌리(일차적 감정)를 돌보는 것에 의해 자연적으로 나오는 결과는 가지, 잎, 그리고 출현하는 모든 과일(행동)의 변화와 성장이 될 것이다. 따라서, 부부가 그들의 대화 기술을 해결하기 위해 치료실에 온 경우, 우리는 그들의 대화 방식을 수정하는 것을 도울지 아니면 그들이 왜 그런 의사소통을 하면서 결과적으로 거기에 갇혀 있는지에 대한 이유를 이해할 수 있도록 설명해 그들을 도울지에 대한 선택을 할 수 있다. 예를 들어, 감정적 수준에서 발생하는 어떠한 일이 그들로 하여금 단절이나 공격의 비생산적인 상호 작용을 하도록 만들고 있는 이유를 설명함으로써 문제의 근원에 도달할 수 있고, 따라서 지속 가능한 변화를 만들어 낼 수 있다. 뿌리 깊숙이 파고드는 이 작업은 도전적이긴 하지만 장기적으로 유의하고 지속 가능한 변화와 더 큰 만족감을 줄 것이다.

이러한 이차적 변화를 추구하기 위해 우리가 내담자들과 함께 하는 세 가지 작업이 있다. 첫째, 그들이 자신의 일차적 감정과 반응성 대처 행동을 야기하는 고통에 대한 인식을 발달시키도록 돕는다. 둘째, 그들의 일차적 감정의 근본 수준에서 계속 작업하며 내담자들이 자신들에 대한 건강하고 근거 있는 이해를 바탕으로 진실이라고 부르는 고통에 대한 대안적 내러티브를 규명할 수 있도록 돕는다. 셋째, 인력의 사용과 그들 고통의 내러티브보다 진실에 근거한 대안적인 내러티브을 선택하겠다는 헌신을 촉구한다. 여기서 내담자는 고통이 완전히 사라지지 않는다는 사실을 이해해야 한다. 종종 내담자들은 그들이 변했다면 더는 고통을 경험하지 않을 것이라고 믿는다. 그러나 이것은 불가능한 일이다. 만약 우리가 고통을 의인화한다면, 우리는 그놈이 우리 마음 깊은 곳을 덮치기 위해 항상 우리의 취약하고 나약한 순간을 기다리고 있다고 말할 것이다. 변화에 대한 이론에서, 우리는 그 변하가 고통의 존재 여부에 있는 것이 아니라, 진실에 근거하여 자기-조절된 방식으로 고통에 반응하는 내담자의 능력에 달려 있다고 가정한다. 그러고 나서 내담자는 자신과 타인과의 연결을 촉진하고 건강한 관계 상호 작용을 해 나가는 방식으로 행동할 수 있다.

자기-조절과 건강한 관계

인간은 관계에 대한 욕구를 타고났다(Buber, 1958). 우리는 관계 안에서 연결되고, 소속되고, 결과적으로 타인에게 자기 존재를 알리고 싶은 기본적 욕구를 충족한다. 생리적 · 심리적 · 사회적 · 영적으로 성장하는 우리의 능력은 우리 관계의 건강함에 달려 있다. 우리가 그러한 기본적 관계욕구를 박탈당한다면 우리는 성장하지 못한다. 관계와 다른 사람과 연결된 경험이 생존의 기본이고, 성장하고 발전하기 위해 더욱 그러하다면(Hanna, 2014), 우리는 타인이 우리의 정서적 안녕에 어느 정도 책임을 지고 있다고 추측할 수 있다. 누군가는 이 말에 동의할 수도 있겠지만, 우리는 그것에 동의하지 않는다. 부모-자녀 관계가 아닌 성인의 관계에서 타인은 우리의 정서적 안녕에 영향을 미치긴 하지만 그에 대한 책임은 없다고 믿는다. 이 구별은 단순한 의미가 아니다. 우리는 관계적 존재로서 서로에게 영향을 미친다는 것을 인식한다. 좋든 나쁘든, 우리는 우리의 경험과 우리가 관계하고 있는 사람들에 의해 형성된다.

하지만 공평성과 자유, 둘 모두의 문제로 우리 자신의 감정을 조절하는 것은 우리의 책임이다. 이것이 공평성의 문제인 이유는 우리가 자신의 행동에 대한 주도권을 가지고 있는 주체라는 점을 이해하면 타인에게 책임을 돌릴 가능성은 적어지고, 우리의 조절 곤란의 영향을 인식하고 적절한 위치에 우리의 시정 노력을 둘 가능성이 커지기 때문이다. 수직적 관계(Hargrave & Pfizer, 2003)의 세대 간 특성에서 설명된 바와 같이, 부모는 아이를 정서적으로 조절할 책임이 있다고 믿지만, 수평적 관계나 동등한 관계에서 관계의 각 파트너는 균형 잡힌 공정한 친밀감을 나눌 수 있도록 자기-조절을 해야 할 책임이 있다. 우리가 다른 누군가의 반응성에 대한 책임을 지고 싶지 않은 것처럼, 우리는 다른 사람이 우리를 위해 책임을 지는 것에 대한 후유증을 알고 있다. 우리는 이것을 자유의 문제로 인식한다. 왜냐하면 우리 자신의 감정 조절에 책임을 지는 것은 행위자의 행위, 즉 인력 행위이기 때문이다. 인력agency은 '행위나 권력 행사의 능력, 조건, 또는 상태'로 정의된다(Merriam-Webster, 2017). 우리는 인력을 '유익하거나 안전한 방식으로 권력을 확장하거나 사용하는 것'(Hargrave, 2001, p. 34)으로 생각한다. 인력은 착취가 아니라 선을 위한 수단으로 자신의 권력을 사용하는 것이다. 즉, 개인의 이익을 위해 자신의 권력을 사용하고 다른 사람을 희생시키는 착취와는 대조적으로 인력은 자신의 권력을 선을 위한 수단으로 사용하는 것이다. 우리는 감정을 조절하는 그러한 선택을 실현하기 위해 인력의 행위로 선택할 수 있는 자유가 있다.

반복과 실습의 중요성

"실습이 완벽을 만든다"라는 말이 있다. 그러나 사실은 당신이 실습하는 것이 무엇이든 간에 그것이 옳지 않거나 바람직하지 않은 것마저도 영구적으로 굳어질 것이다. 잘못 배운 피아노 곡을 반복적으로 실습하는 것은 오히려 완벽함에서 멀어지게 하고 영구적인 실수가 되게 할 뿐이다. 그러므로 무의미한 반복은 사물을 바르게 하는 것이 아니라 사물을 고착되게 만든다는 것이 우리가 복원치료 모델에서 고려하는 점이다. 여기에 신경 가소성의 개념과 생리학적 · 신경학적 수준에서 지속적인 영향을 미치는 새로운 패턴을 배울 수 있다는 놀라운 희소식을 적용한다.

고통의 주기 이해와 규명에 대한 사례 연구

부부치료를 받기 위해 치료실을 찾은 40대 부부는 지난 몇 개월 동안 관계가 악화되어 과거에 경험했던 것보다 더 높은 수준의 단절을 초래한 갈등을 해결하고자 왔다. 이들 부부 관계에는 과거 긴장된 상호 작용의 역사가 있었지만, 주목할 만한 것은 치료 7개월 전, 남편이 호텔 지배인 승진 인사 후보로 넘어가면서부터 시작되었다. 승진 가능성과 연결된 그의 업무 상황의 스트레스는 이들 부부에게 무거운 짐이 되었고, 최근 몇 달 동안 승진 실패의 실망으로 인한 배우자 사이의 긴장 수준은 더욱더 높아졌다. 또한 남편은 승진 실패 후 더 오랜 시간 동안 일을 해야 했고 이로 인하여 아내와 아이들과 함께하는 시간이 줄어들게 되었다. 전반적으로 남편은 가족과 친구들로부터 자신을 고립시켰다. 그가 직장에서 보내는 시간이 늘어난 결과, 고등학교 음악 교사인 아내가 집 안에서 더 많은 책임을 져야 했다. 함께 있을 때 그들은 끊임없이 논쟁했고 결국 자녀, 가구 구입, 사회 활동 등 일상적 생활에 대해 서로 의논하고 결정하는 것을 단절하기에 이르렀다. 부부가 치료를 받으러 왔을 때, 이들은 자신들이 전형적인 다가가는 자-거리두는 자pursuer-withdrawer 패턴의 상호 작용에 갇혀 있다는 것을 인정했다.

결혼한 지 19년이 된 부부는 초등학생 자녀 둘을 두었다. 남편은 멕시코계 미국인이고 아내는 아일랜드와 독일계 미국인이었다. 양가의 가족들은 이웃 마을에 살았으며 정기적으로 부부의 일상생활에 함께했다. 전에 부부는 자녀의 학교 등 지역 친교 단체에 참가해 부부로서 활발한 사회활동을 했었다. 하지만 최근, 이들 관계의 긴장으로 가족과 친구들뿐만 아니라 부부 서로가 고립되고 멀어지게 되었다.

고통에 참여하고 경청하기

첫 번째 세션에서 치료사는 부부와 합류하여 적극적 경청의 효과성과 공감 및 수용의 이점을 사용해 부부의 이야기를 경청한다(Rogers, 1961). 치료사는 호소 문제에 대한 사실과 정보를 수집하면서 내용을 듣는데, 처음에는 부부가 그들 이야기의 방향을 결정할 수 있도록 한다. 치료사는 또한 그들의 상호 작용 패턴, 신체 언어, 정서적 대화, 치료실의 전반적 분위기 등을 포함하는 비언어적 과정을 관찰한다. 치료사는 내담자와의 관계를 구축하고 임상적으로 중요한 자산 및 우려 사항을 평가하여 내담자가 제시하는 내용을 파악한다. 복원치료사로서 치료사는 내담자의 고통을 더 깊게 이해할 수 있는 이야기의 포인트를 확인하는 데 집중한다. 이 치료의 첫 번째 단계에서 주요 목표는 고통을 규명하는 것이다.

치료사가 경청하는 동안, 부부가 가능한 한 소파에서 서로 멀리 떨어져 앉는다는 것을 주목한다. 그들은 치료사가 눈을 마주치게 하거나 말을 하도록 제시할 때만 직접적으로 서로 교류한다. 결국 치료사는 구조적으로 그들이 수월하게 직접적으로 교류하도록 움직여 나갈 것이다(Minuchin & Fishman, 1981). 치료사는 무엇이 부부를 치료실까지 오게 하였는지 묻고, 그들은 둘 다 의사소통에 도움이 필요하다는 것에 동의한다. 남편은 아내가 항상 비판적이고 부정적이라고 묘사한다. 그는 가족을 위해 열심히 일하기 때문에 서로를 잘 보지 못한다고 말하면서 아내는 자신이 열심히 일한 것에 대해 감사하는 대신 그를 비난하고 잔소리한다고 말한다. 아내는 남편이 자신과 함께하지 않고 무관심하다고 묘사한다. 그녀는 예전보다 서로를 바라보는 시간이 훨씬 적어진 데 동의하지만, 그런 상황에서 남편은 그녀에게나 가족과 관련된 것에는 멀리 떨어져 있고 관심이 없는 것처럼 보인다고 말한다.

고통을 규명하기

치료사는 세션의 초점을 현재 치료실에서 무슨 일이 일어나고 있는지에 두고 내담자의 고통을 규명하는 것으로부터 시작하든지, 아니면 지난 회기에 그들이 갇혀 있다고 인정했던 대화 패턴의 그 상호 작용에 대한 한 예를 들도록 요청하는 것으로부터 시작할 수 있다. 치료사는 핵심적인 문제가 부부가 제시하고 있는 대화의 문제보다 훨씬 더 깊은 수준에 있다는 것을 알고 있다. 하지만 치료사는 부부와 치료적 관계를 구축하며 부부 문제에 대한 내러티브로 이동하기로 하고, 그 시나리오를 그들 문제의 근원을 더 깊이 파고들 수 있는 발판으로 삼기로 결정한다.

아내는 2주 전에 남편이 집에 들어온다던 시간보다 3시간 더 늦게 들어온 사건부터 이야기한다. 남편은 직원 중 하나가 가족에게 비상사태가 발생해 그가 직장에 머물러 모든 일을 처리해야 해서 집에 늦게 들어가게 될 것이라고 전화했다. 그는 아내에게 자신을 기다리지 말 것을 당부했다. 아내는 남편의 직위 때문에 때로는 그의 상황을 이해해야 했지만, 특히 남편을 위해 그날 저녁 친구들과 만날 계획을 취소했었기 때문에 불만이 많았다고 했다. 그때 아내가 가진 불만의 뿌리는 그녀가 남편의 직장을 위해 희생해야 했고 자신의 욕구가 남편에게는 차선이었다는 것이다. 그녀는 자신의 이러한 반응이 이성적이지 않다는 것, 즉 남편의 직장이 비상사태여서 그가 어쩔 수 없었다는 것을 인식하고 있었지만, 불만은 같았다.

이때 남편은 머리를 흔들면서 비언어적으로 짜증을 낸다. 마침내 그는 허공에 손을 번쩍 들고 "난 이길 수 없어!"라고 외친다. 치료사는 부부가 서로 공격적이고 방어적인 언어를 사용하면서 거의 눈 접촉을 하지 않고 있으므로 그들이 고통의 주기에 있다고 본다. 치료사는 남편을 바라보며 남편이 방금 한 말을 경청했다는 것을 비언어적으로 전달하는 동시에 아내와의 과정도 계속 진행한다. 치료사는 초점이 맞추어진 질문을 통해 아내와의 작업을 심화하고 아내가 일차적 감정과 연결되도록 돕는다. 치료사는 아내의 깊은 고통과 관련된 핵심 진술이라고 믿는 부분에서는, 아내에게 그 진술을 반복하면서 안정된 목소리와 몸을 약간 앞으로 기울이는 자세를 취하여 과정을 느리게 한다.

치료사 "당신은 남편의 일을 위해 자신을 희생해야 했고 당신 욕구는 그에게 널 중요한 것이 되었습니다." 이 진술을 들을 때 어떤 메시지를 받고 있습니까?

아내 (잠시 침묵. 눈에는 눈물이 고이면서 차분한 어조로) 저는 혼자이고 누군가가 저를 위해 희생할 만한 가치가 없다는 겁니다 (잠시 멈춤)

치료사 "당신은 혼자입니다. 당신은 누군가가 희생을 치를 만큼 가치가 없습니다." 그래요. 그것은 정말로 고통스러운 소리입니다. 언제 처음으로 이런 느낌을 느꼈는지 기억하시나요?

아내 제가 중학교에 입학하기 전 여름, 11살 때 아버지가 심장마비에 걸렸습니다. 얼마나 무서웠는지, 이 일이 우리 가족의 삶을 송두리째 바꾸어 놓은 것을 결코 잊지 못할 거예요. 아버지가 다시 일터로 돌아가실 수 있었지만, 다시 삶이 정상적으로 느껴지기까지는 2년이 걸렸습니다. 저에게 두 살 위인 오빠가 있었지만,

> 어머니는 집안일과 아버지를 돌보는 일을 모두 저에게 시켰습니다. 그해 제게는 너무도 중요했던 음악 수업을 멈출 수밖에 없었고, 친구들과 관계된 모든 과외 활동을 포기해야 했습니다. 어머니가 저를 차로 태워다 줄 시간이나 에너지가 없다는 것은 충분히 이해할 수 있었지만, 내 삶이 뒤집히고 있다는 사실에 절망했죠. (잠시 멈춤) 제 친구들은 이런 경험을 하지 않았기 때문에 저는 무척 외로웠습니다. 또한 저는 저에게 중요한 것이 다른 사람에게는 전혀 중요하지 않다는 생각이 들었습니다. (긴 침묵) 그러나 애초에 어머니에게 부담을 주고 싶지 않았고, 이런 것들을 생각하고 느끼는 것에 죄책감을 느꼈기 때문에 내 기분을 아무에게도 말하지 않았죠. 아버지는 거의 돌아가실 뻔하셨는데 그런 상황에서 제가 그런 마음을 갖는다는 것이 한심했어요. 그것은 사소한 것 같았지만, 그런데도, 정말 마음이 아팠어요.

아내는 지금 40대이지만 35년 전에 일어난 고통스러운 경험을 즉시 기억할 수 있었고 이것을 현재 느끼는 그녀의 정체감에 대한 고통과 연결했다. 2주 전 그녀가 설명한 남편과의 사건처럼, 그때는 통제할 수 없었던 상황이었다. 아버지의 건강 상태가 심각해졌던 위기 상황이라는 점을 고려할 때, 일시적으로 그녀의 욕구와 필요를 희생하라는 요구는 이해할 수 있을지 몰라도 그녀의 느낌이 중요하지 않다는 메시지는 여전히 남는 것이었다. 35년 전에 일어난 그녀의 정체감 위반은 심각한 것으로 여겨지지 않을 수도 있고 학대적이거나 사랑이 없는 부모의 결과로 간주되지 않을 수도 있다. 그런데도 그녀가 받아서 35년 동안 내면화한 메시지는 자신은 혼자이며 다른 사람들이 희생할 만큼 가치 있는 존재가 아니라는 것이었다. 그녀는 친구들로부터 고립된 느낌을 묘사했다. 친구들이 그녀를 염려하고 있다는 것을 알고 있었고 여전히 학교에서 그들을 보았지만, 그때 그녀는 중학교 1학년이었다. 그녀는 외부에서 자신 내부를 들여다보고 있는 것처럼 느꼈고, 인간으로서 결함이 있고, 부적합하고, 사회와 단절된 느낌을 가졌다. 자신의 기대가 비현실적이라는 것을 알면서도, 그 당시에는 친구들이 그녀와 함께하기 위해 그들의 활동 중 일부를 희생하기를 바랐다고 말했다. 그녀는 또한 어머니가 오빠의 활동을 더 희생하게 만들어 그녀가 그렇게 많은 것을 희생하지 않았기를 바랐었다. 그녀는 자신이 겪은 모든 상실감 속에서 혼자라고 느꼈다.

아내가 이러한 이야기를 하는 동안 남편은 자리에서 거의 움직이지 않았고, 아내를 간간이 바라보았다. 그는 조용했지만 경청하고 있었고, 치료사는 남편에 대한 상담 시간의 불균형을 인식하는 동시에 아내에게 계속 집중했다. 그러나 이 과정은 남편에게 이득이 되었다. 그는 아내와 그녀의 고통을 좀 더 이해하고 공감하는 기회를 얻게 된 것이다. 또한 아내의 고통을 규명하는 과정을 목격했기 때문에 자신의 고통을 더 효율적으로 규명할 수 있을 것이다. 이에 따라 치료사는 계속해서 아내에게 초점을 맞추고 그녀의 고통의 주기 시작점을 찾아내어 35년 전에 어떻게 그 고통에 대처했는지 물었다.

치료사 혼자라고 느꼈을 때 어떻게 하셨습니까?

아내 저는 친구들을 멀리하기 시작했죠. 저는 더 조용해졌고 혼자만의 시간을 가졌어요. 점심시간에도 친구들과 함께 앉아 있곤 했지만, 친구들은 제가 없이 하던 일을 계속했고, 저는 참여할 것이 없는 것 같아서 조용히 누군가가 저를 알아주기만을 기다렸습니다.

치료사 그들이 그랬나요?

아내 가끔은요. 하지만 제가 할 말이 별로 없을 때 그들은 계속 그들의 말을 이어 갔습니다. (잠시 멈춤) 그들은 제 아버지에 대해 결코 묻지 않았어요. 그들이 이미 제 아버지의 상태에 대해서 알았기 때문에 저는 크게 상처를 받았습니다. 제 인생에서 이런 중요한 일이 벌어지고 있었지만, 아무도 이런 상황에 관심이 없는 것 같았습니다. 집안일을 도와주는 것 때문에 제가 부모님에게 끌려가고 있었지만 아무도 알아차리지 못했죠. (잠시 멈춤) 제 친구들은 완전히 못되게 굴지는 않았지만, 마치 저를 두고 떠나는 것 같았습니다. (눈물을 글썽인다)

치료사 정말 고통스러우셨겠군요. (잠시 멈춤) 지금 그때를 묘사하고 있지만, 현재에도 여전히 당신에게 영향을 미치는 것 같군요.

아내 (잠시 멈춤) 맞아요. 그런 것 같습니다. 좀 놀라워요. 전에는 이런 얘기를 이렇게 한 번도 한 적이 없어요. 그래서 제가 영향을 받는 것 같아요.

치료사 네, 솔직하게 이야기해 주셔서 감사합니다. 제가 지금 하고 싶은 것은 우리가 고통의 주기라고 부르는 것을 그리는 것입니다. 고통의 주기는 우리의 고통과 그것에 대처하는 방식을 시각적으로 표현하는 것입니다. 예를 들면, 당신이 방금 공유한 것에 근거하면 당신이 혼자라고 느꼈을 때 당신은 멀리하는 것으로 대처했습니다. 제가 제대로 이해하고 있나요? (말하면서 그린다)

아내 맞는 것 같아요. 너무 오래전의 일이라 세부 사항은 기억나지 않지만 정말 혼자이고 소외된 느낌이 들면 결과적으로 멀리했던 기억이 납니다.

치료사 오늘날, 혼자라고 느꼈을 때 어떻게 하시나요?

아내 예전처럼 사람들을 멀리하죠.

치료사 그리고 당신이 멀리하면 다른 사람들은 어떻게 반응합니까?

아내 대부분의 경우 그들도 멀리합니다. 제 아이들은 예외일 수도 있지만요. 아이들은 저를 쫓는 것을 멈추지 않아요. 그러나 제가 멀리하면 아무도 제게 다가오지 않습니다. 예를 들어, 제가 남편을 멀리하면 그도 저를 멀리하며 멀어지죠.

아내의 이야기 속에서 11세 때 느낀 안전감과 정체감의 위반은 꽤 빠르게 드러난다. 치료사는 먼저 정체감의 위반을 탐색하였고(혼자이고 가치가 없다는 느낌) 그런 후에 안전감을 탐색하였다. 이 시점에서 그녀가 규명한 중요한 대처 반응은 "멀리하기"이다. 복원치료 관점에서, 이것은 하나의 수치스러워하는 행위이다. 본질적으로 아내는 다가오기를 바라는 욕구로 철회하지만, 그녀의 대처 행동은 상대의 동일한 철회 행동 반응에 직면하게 되어 혼자라는 고통을 더욱 확인시켜 주거나, 때로는 그녀를 고통의 주기의 다른 부분으로 몰아넣는다. 치료사에 의해 탐색된 아내에 대한 이러한 정보는 고통의 주기 [그림 1.3]에서 볼 수 있다.

치료사는 아내와 함께 그녀의 고통의 주기를 규명하는 작업을 하면서 지금까지 다음과 같은 세 가지 연관성을 확립했다. 1) 혼자라는 일차적 감정과 멀리하는 대처 반응 사이의 연관성 2) 과거 11세 때의 고통의 주기와 동일한 현재 고통의 주기와의 연관성 3) 그녀의 개인 내 고통의 주기와 개인 간 상호 작용(어떻게 다른 사람들이 반응하는지) 사이의 연관

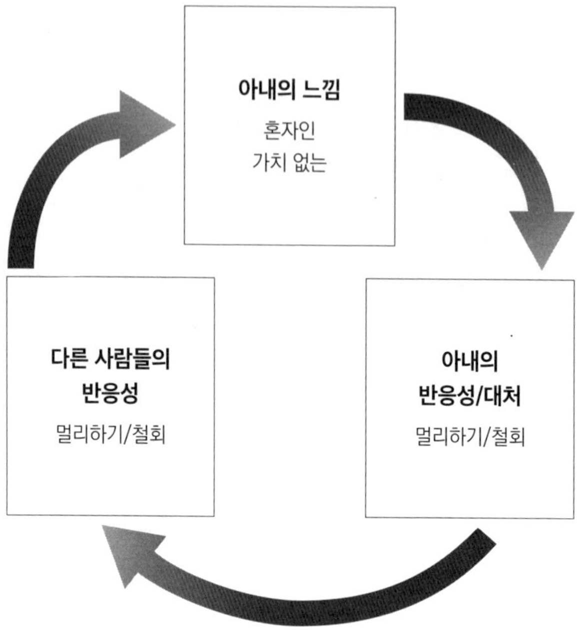

[그림 1.3] 부부 사례에서 진행 중인 고통의 주기

성. 치료사는 추후 과정에서 이런 연관성을 계속해서 밝히고 명확하게 하는 동시에 고통의 주기에 대한 새로운 요소들을 규명한다. 치료사가 특히 관심을 가져야 할 것은 아내가 가정에서 어떻게 대처하는지를 탐색하는 것이다.

아내 집에서 열심히 일했어요. 아버지가 심장마비를 일으켰을 때 어머니는 제정신이 아니셨기 때문에 제가 나서서 상황을 통제해야 했죠. 집 안 청소를 하고, 식료품 목록을 작성하고, 음식을 준비하고, 그리고 약물 복용을 포함해 아버지를 돌보고 관리해야 했습니다. 이 모든 일은 제가 다 직접 하지 않아도 되는 것이었지만, 가족들을 위해 일정을 만들었고 모두가 이것을 분명히 지키도록 했습니다.

치료사 와, 인상적이네요. 당신이 "모두가 이것을 분명히 지키도록 했다"라고 하셨는데, 모두가 분명히 지키게 하려고 어떻게 하셨습니까?

아내 저는 차트를 만들어 집 안 주위에 올려놓았습니다. 어머니와 오빠가 그 주간이나 그날 해야 할 일들을 상기시키는 메모를 붙여놓았습니다. 만약에 그들이 하지 않았다면 제가 직접 해야 했어요. 그러나 저는 그들이 맡은 일을 해내고 약속을 지키도록 하는 데 꽤 능숙했습니다. 당시 부모님은 제 일에 대해 박수를 치지 않으셨지만, 몇 년이 지난 후 저는 부모님이 다른 사람들에게 제가 없었다면 살아남지 못했을 것이라고 말하는 것을 듣게 되었습니다. 제가 한 일을 인정해 주는 걸 들으니 기분이 좋았습니다.

치료사는 아내가 자신 주변 상황이 예측할 수 없고 혼란스럽다는 느낌과 그것을 통제 행동으로 대처하는 것 사이의 연관성을 만들도록 돕는다. 다른 사람들이 그녀의 통제 행동에 어떻게 반응하는지를 토론할 때, 그녀는 최근의 경험을 언급하고, 다른 사람들이 자신에게 거리를 둔다고 설명하였다.

아내 사람들은 제 지시에 동의하거나 동의하지 않아도 제가 하라는 대로 하긴 하지만, 저에게 거리를 두는 것 같아요. (잠시 멈춤) 저도 동료나 가족, 친구들과 같이 함께 있었으면 하고 친밀감을 느끼진 않아요. 결국 프로젝트나 임무를 완수할 수 있었기에 약간의 보상이 있었을 뿐입니다.

여기서 아내는 다른 사람들에 대한 친밀감의 상실과 그녀가 통제할 때 얻는 성공 사이의 균형을 유지하고 있다. 아래의 사례 예시는 이러한 새로운 정보를 통해 고통의 주기가 어떻게 형성되었는지를 보여 준다.

치료사는 아내의 과거 이야기와 몇 주간의 치료 기간에 일어난 경험을 바탕으로 고통의 주기를 명확히 하고 공고히 하면서, 고통의 주기의 다른 부분들이 어떻게 상호 연결될 수 있는지를 논의한다. 여기서 치료사는 이것이 어떻게 일반적인 고통의 주기의 전형적인 패턴인지를 설명하는 것으로 시작하여 아내의 고통의 주기가 가지는 특수성에 초점을 맞춘다.

치료사 고통의 주기는 때로 여러 부분으로 이루어지며 상호 작용합니다. 예를 들면, (화이트보드에 그려진 고통의 주기를 가리키며) 우리가 볼 때 당신은 혼자이거나 누군가가 나를 위해 희생할 가치가 없다고 느껴질 때 멀리하는 것을 볼 수 있습니다. 당신이 멀리하면, 다른 사람들, 특히 남편이 당신을 멀리하는 것으로 반응합니다. 그것은 마치 당신의 어머니가 아버지의 심장마비로 인해 "정신이 혼미해지고 무질서하게" 됐을 때 일어난 일과 비슷하죠. 사실상, 당신의 어머니는 부모의 책임으로부터 멀어졌고, 결과적으로 당신은 당신의 가정생활이 예측 불가능하고 혼란스럽게 느껴졌습니다. 당신 주변 세상이 예측 불가능하고 혼란스럽다고 느꼈을 때 당신은 세상과 주변 사람들을 통제하는 것으로 대처했죠. 이것은 이해할 수 있는 행동이지만, 당신이 혼란스러운 감정에 대처하기 위해 지금도 여전히 하는 행동입니다. 당신은 통제합니다. 하지만 당신이 통제할 때 때로는 다른 사람들이 당신에게 거리를 두는 반응을 보이고, 그래서 당신은 결국 혼자라는 것을 더 느끼게 됩니다. 이제 당신은 자신의 고통의 주기가 시작되었던 바로 그 지점으로 다시 돌아간 것입니다.

처음으로 아내는 자신이 경험한 감정과 행동 대처가 어떻게 패턴화되어 있는지, 그리고 이러한 패턴과 타인의 반응 사이의 상호 작용이 어떻게 지속적인 고통의 주기를 만드는지를 [그림 1.4]에서 볼 수 있었다. 고통의 주기의 가장 유익한 측면 중 하나는 시각적 표현으로써 내담자

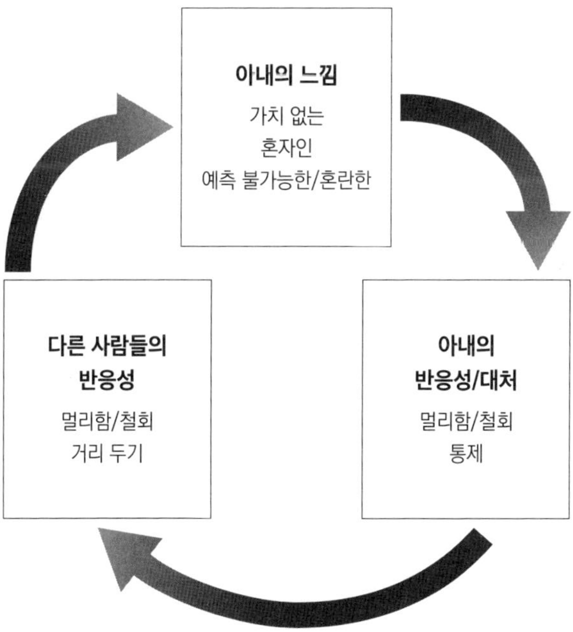

[그림 1.4] 부부 사례에서 진행 중인 고통의 주기

가 새로운 방식으로 자신의 패턴을 보고 통찰할 수 있다는 것이다. 우리는 이것을 가계도(McGoldrick, Gerson, & Petry, 2008)의 이점에 비유한다. 내담자들은 자신의 이야기와 가족 구성원에 대한 무수한 사실을 알고 있지만, 종종 이전에는 본 적 없는 방식으로 가족 이야기를 "보는" 경우가 많다. 기호 상징, 모양, 선으로 그려지는 세대 간 패턴과 관계의 역동성은 갑자기 내담자에게 새로운 의미를 부여한다. 거의 같은 방식으로, 고통의 주기는 내담자의 대인관계 패턴에 대한 새로운 방식으로 내담자를 조명한다. 이러한 인식은 마음챙김의 여정을 시작하고 궁극적으로는 평온과 건강한 관계를 증진하는 대안적 패턴을 만드는 데 이바지한다.

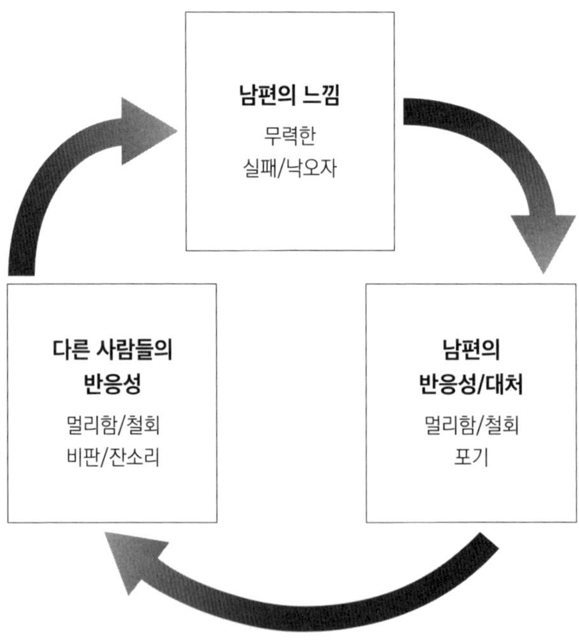

[그림 1.5] 부부 사례에서 진행 중인 고통의 주기

아내와 이 시점에 이르기까지 세 번의 세션이 있었고, 그 과정에는 아내와 남편이 번갈아 가며 이야기하는 것도 포함된다. 남편의 고통의 주기를 살펴볼 때, 우리는 위에서 언급한 아내의 깊은 이야기 부분 가운데 그가 개입했다는 것을 반복하고 싶다. 남편은 치료사와 직접 상담하지는 않았지만, 아내의 상담 작업을 목격하는 방식으로 그는 치료 과정의 일부가 되었다. 치료사와 아내가 협력하여 아내의 고통의 주기의 첫 번째 부분을 구성한 후, 치료사는 남편이 자신의 고통의 주기를 규명하도록 요청한다. [그림 1.5]는 그의 고통의 주기 과정이다.

치료사 인내심을 가지고 들어 주셔서 감사 드립니다. 지금 당신은 어떤 기분이 드는지 궁금합니다.

남편 모르겠습니다. 이러한 이야기는 전에 들어 본 적이 있어서 지금 제게 새롭지는 않습니다만, 아내가 이것으로 우는 것을 보니 새로운 것 같습니다.

치료사 그렇군요. 방금 아내의 말을 듣고 있을 때 새로운 내용을 들은 것은 아니시만, 그녀가 이떤 감정을 표현했기 때문에 그것은 달랐다는 말씀이시군요. 이것에 대해 지금, 이 순간에 당신의 느낌은 어떠십니까?

남편 (잠시 멈춤) 그녀가 안쓰럽게 느껴집니다. 그녀를 보호해야겠다는 느낌도 듭니다. 마치 제가 되돌아가서 11살짜리 아이를 돕고 싶은 것처럼요. 저는 그녀와 함께 붙어 있거나 적어도 그녀를 도울 방법을 모색해야 한다고 생각합니다. 저는 또한, 제가 할 수 있는 일이 아무것도 없는 것 같은 무력감도 느껴집니다. 마치 그녀가 11살로 되돌아갈 수 없는 것처럼 지금은 상황을 개선하기 위해 아무것도 할 수 없다는 느낌이 듭니다.

치료사 저에게 방금 말씀하신 "무력감"에 대하여 좀 더 말씀해 주실 수 있습니까?

남편 (잠시 멈춤) 글쎄요. 문제가 있다는 걸 알면서도 제가 할 수 있는 게 아무것도 없고, 그 문제에 대해 아무도 나를 비난하지 않는데, 저는 여전히 제가 그것을 해결할 수 있어야 한다고 느끼는 것 같아요.

치료사 (잠시 멈춤) 그 감정에 머무르면서 그런 식으로 처음 느꼈던 때를 말씀해 주세요.

남편 오, 자주 그렇게 느낍니다.

치료사 처음 그렇게 느꼈을 때를 기억하시는지요?

남편 (잠시 멈춤) 모르겠습니다. (긴 멈춤) 아마 고등학교에 다닐 즈음이었을 겁니다. 나의 아버지와 삼촌 중 한 분이 식당을 하고 있었는데, 그들은 식당 운영 비용을 마련하는 데 어려움을 겪고 있었어요. 그들이 스트레스를 많이 받았다는 걸 우리도 느낄 수 있었습니다. 그들은 오랫동안 일할 수밖에 없었고, 저는 정말로 학교를 그만두고 그들을 돕고 싶었지만, 그들이 허락하지 않았습니다. 저는 정말 나쁜 학생이었죠. 성적이 항상 좋지 않았고, 학교에는 별로 관심이 없었습니다. 저는 식당에서 가족을 도와주고 싶었습니다. 가족을 위해 무엇인가 하고 싶었습니다. 하지만 대신, 낙오자로서 학교에 온종일 갇혀 있어야 했습니다.

치료사 낙오자….

남편 그래요. 정말 낙오자 같은 느낌이어서 아무것도 잘할 수가 없었어요. 저는 집을 도와줄 수 없었고, 학교에서는 낙제생이었고,

가족의 사업은 계속 망해 가고 있었습니다.

치료사 당신이 낙오자라고 느꼈을 때 어떻게 하셨는지 기억하시나요?

남편 그냥 포기했어요. 제가 무엇을 할 수 있었겠습니까? 학교 성적이 좋지 않았지만 부모님은 일에만 몰두해 별로 관여하지 않았습니다. 결국 몇 과목을 낙제했지만, 고등학교는 마쳤습니다. 식당을 돕기 위해 학교를 그만두고 싶었는데, 부모님이 허락하지 않아서 포기했습니다. 늘 그랬듯이 부모님이 집에 있는 것을 거의 보지 못했죠. 그들이 제가 그들을 돕기 위해 학교를 그만두는 것을 허락하지 않으리라는 걸 깨달았을 때, 저는 그냥 포기했습니다. (잠시 멈춤) 그들이 나의 도움을 정말로 가치 있게 여기지 않는다고 느꼈죠. 비록 그들이 나에게 최선이라고 생각해서 제가 학교에 남기를 원한다고 분명히 말했지만, 저는 그들이 제 도움을 가치 있게 여기지 않는다고 확신했고 그래서 그냥 포기했던 거죠.

치료사 (잠시 멈춤) 정말 중요한 말씀을 해 주셔서 제가 제대로 들었는지 확인하겠습니다. 당신은 자신이 '무력'하고 '낙오자'와 '실패자'처럼 느끼는 감정에 관해 이야기했습니다. (잠시 멈춤) 이것들은 모두 당신이 당신 자신에 대해 받은 매우 강력한 메시지들입니다. (잠시 멈춤) 그리고 그런 감정들을 느꼈을 때 대처했던 방식은 '포기하는 것'이었습니다. 그 포기는 당신이 도움이 되기 위해 진지하게 노력한 후에 하게 된 것입니다. 하지만 결국에는 선택의 여지가 별로 없었기 때문에 포기하고 말았던 것입니다. 제가 맞게 이해했나요? (남편의 고통의 주기를 그리기 시작한다)

남편 네, 맞습니다. 그리고 학교의 일처럼 제가 잘하지 못할 때 포기하지만, 또한 제가 옳다는 것을 알면서도 할 수 있는 게 없을 때도 포기합니다. 지금까지도 그때 가족을 돕기 위해 학교를 그만두는 것이 옳았다고 믿고 있지만, 그들의 마음을 바꿀 방법이 없어서 돕고자 하는 마음이 사라지도록 내버려두고 돕겠다고 요구하는 것을 포기했습니다. (잠시 멈춤) 그래서 가끔은 아무리 노력해도 잘할 수 없을 것 같아서 포기하곤 해요. 하지만 어떤 때는 제가 뭔가를 할 수 있다는 것을 알면서도 상대방이 꿈쩍도 하지 않기 때문에 더는 시도할 가치가 없어서 포기해야 하는 경우도 있습니다.

치료사 이전에 느꼈던 느낌이 마치 허공에 두 손을 들고 "난 이길 수 없어!"라고 말할 때 느끼는 것과 같은 그런 느낌이셨습니까?

남편 네. 바로 그거죠. 종종 아내와 제가 평온을 유지하기 위해 또는 제가 단지 미쳐 가는 것을 막기 위해 포기해야 한다고 느낍니다!

치료사 그래서 아내를 "포기"할 때 아내는 어떻게 반응하나요?

남편 아내는 나를 멀리하고 혼자 지내거나, 비판과 잔소리의 횟수가 늘어나는 것 같아요.

치료사 그런 일이 일어났을 때, 자신에 대하여 어떤 메시지를 받습니까?

남편 근본적으로 아내는 제가 원하는 것이나, 제가 겪는 일에 관해 관심이 없고 신경을 쓰지 않는다는 것입니다.

치료사 네. 당신이 아내에게 보인 말이나 행동에 대해 아내가 멀리하거나 비판으로 대처할 때 자신에 대해 어떤 생각이 드시나요?

남편 (잠시 멈춤) 글쎄요. 저는 존중받지 못하는 기분이죠. 제가 무슨 말을 하고 뭘 하려고 하는지는 중요하지 않다는 느낌이 듭니다.

치료사 부모님이 가족을 돕기 위하여 학교를 그만두는 것을 허락하지 않았을 때 받았던 것과 같은 메시지입니까?

남편 네. 복잡합니다. (잠시 멈춤) 한편으로는 부모님이 집에 없을 때 아들로서 형제자매를 돌보고 집을 지키는 것이 제게 달려 있다고 말씀하셨고 그것이 나의 의무이자 책임이라고 하셨습니다. 하지만 제가 막상 가족을 도와주려 했고 책임을 다하려고 했을 때 부모님은 "아니, 우린 그렇게 생각하지 않는다"라고 말했습니다. 부모님은 제가 가족을 돌볼 줄 아는 자랑스럽고 존중할 만한 멕시코 남성으로 자라기를 원한다고 말했지만, 정작 제가 가족을 돌보아 주려고 할 때는 그들이 방해하고 나섰습니다.

치료사는 남편과는 아내와 함께했던 과정보다 더 빠르게 부부 상호작용 연쇄로 옮겨 가지만, 그의 고통을 다시 원가족 경험에 연결한다. 남편을 아내에 대한 과거와 현재, 감성과 행동, 그리고 그의 반응과 다른 사람들의 반응 등과 연결하는 것은 치료 작업의 중요한 부분이다. 이 사례의 경우 남편이 현재의 고통을 청소년기에 느꼈던 고통과 연관 지을 수 있게 되었을 때 그의 고통의 주기 패턴이 더욱 명확해졌고, 그것을 그의 가족이 집안의 남성에 대한 역할과 기대에 대해 지지했던 문화적 이야기에 연결할 수 있었다. 우리는 여기서 상세히는 설명하지 않겠지만, 치료과정 일부에서 문화적 성역할 기대에 대한 논의와 어떻게 이것이 남편의 가족에서 세대 간으로 수행되었는지, 즉 그의 아버지가 이것을 어떻게 모델로 삼게 되었는지에 대한 언급을 간단히 할 것이다.

남편은 탐색해야 할 중요한 또 다른 일차적 감정을 꺼냈다. 그는 '존중받지 못한' 느낌을 언급했고 '존중받지 못한' 느낌을 느낄 때, 비위를 맞추기 위한 수행을 한다고 말했다. 이 고통의 주기의 부분은 그의 직장 업무 환경에서 가장 두드러지게 나타났다. 특히 최근, 이러한 반응은 그가 업무 승진으로 넘겨지면서 고용주에게 왜 그들이 그를 선택해야 하는지를 증명하려는 과정에서 분명해졌다. 그는 더 열심히 더 많은 시간을 일했다. 그는 그에게 기대했던 것 이상으로 근무했다. 그는 고용주와 동료들로부터 높은 점수와 찬사를 받았지만 그의 지위는 바뀌지 않았고, 그에게 할당되는 일은 더욱 많아졌다. 이것은 지속 가능한 작업 상황이 아니었으며, 가정에서의 신체적 · 정서적 · 관계적 관계에 큰 피해를 주고 있었다.

남편의 고통의 주기를 분명히 하고 공고히 한 후, 부부는 몇 주 동안 세션 외부에서 발생한 사건을 통해 자신들의 고통의 주기를 명확히 할

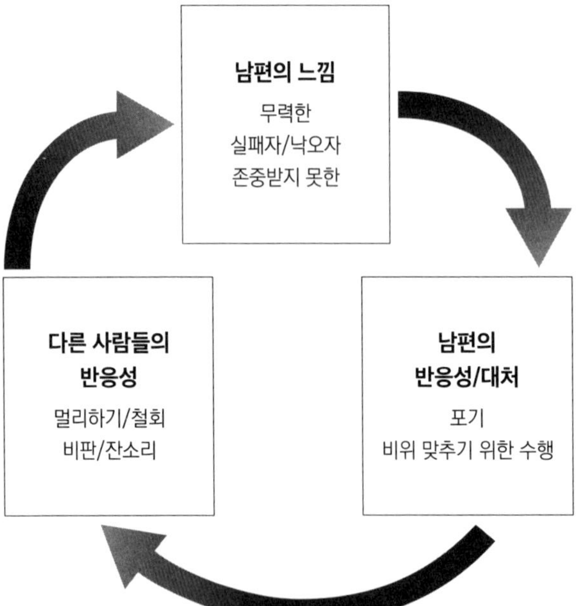

[그림 1.6] 부부 사례에서 진행 중인 고통의 주기

수 있었다. 치료사는 부부 각자의 고통의 주기를 결합하여 상호 작용하는 고통의 주기를 만들었다. 치료사가 부부 고통의 주기를 바로 먼저 하지 않은 이유는, 서로 독립적으로 자신들의 고통의 주기를 인식하는 데 집중하는 것이 도움이 되기 때문이다. 이것은 치료 단계에서 중요한 두 가지 메시지를 전달한다. 첫 번째 메시지는 부부 고통의 주기가 그들 자신의 개별적인 고통의 주기라는 것이다. 그들은 상대의 고통의 주기를 잘 알고 있을지 모르지만, 관심의 초점은 각자 자신의 고통의 주기를 인식하고, 이해하고, 인정하는 것이다. 일반적으로 내담자는 상대방 고통의 주기에 몰두하고, 상대에게 자신의 고통을 호소하고 싶은 유혹을 물리치지 못하는 경향이 있다. 이것은 비생산적이며 자신의 고통의 주기에 대한 개인적 책임성과 주인의식에 반하는 것이 될 수 있다. 치료사가 개인 고통의 주기를 시작으로 소통하는 두 번째 중요한 메시지는 그들의 고통이 부부의 상황을 포함하되 이에 제한되지 않고 모든 상황에서 나타날 것이라는 점이다. 내담자는 그들의 고통이 부부 관계에만 국한되어 나타나지 않는다는 것을 모든 맥락에서 더 잘 인식할수록 시간이 지남에 따라 인력 행동을 개발하는 데 더 효과적이라는 것을 이해해야 한다.

이 사례에서 부부의 상호 작용적 고통의 주기는 많은 노력 없이 이루어졌으며, 이는 [그림 1.7]에서 볼 수 있다. 부부는 서로가 그들의 행동이 어떻게 감정적으로 조절되지 않고 있는지, 얼마나 쉽게 고통을 증가시키는지, 어떻게 유대를 유지하기 위한 자원을 감소시키는 상호 작용 연쇄에 빠지는지를 빠르게 알 수 있었다. 남편이 계획했던 것보다 늦게 퇴근하는 것에 대한 세션의 예를 사용해, 치료사는 어떻게 그들 개인적 고통의 주기가 상호 작용하여 관계 안에서 사랑과 신뢰를 위반하는

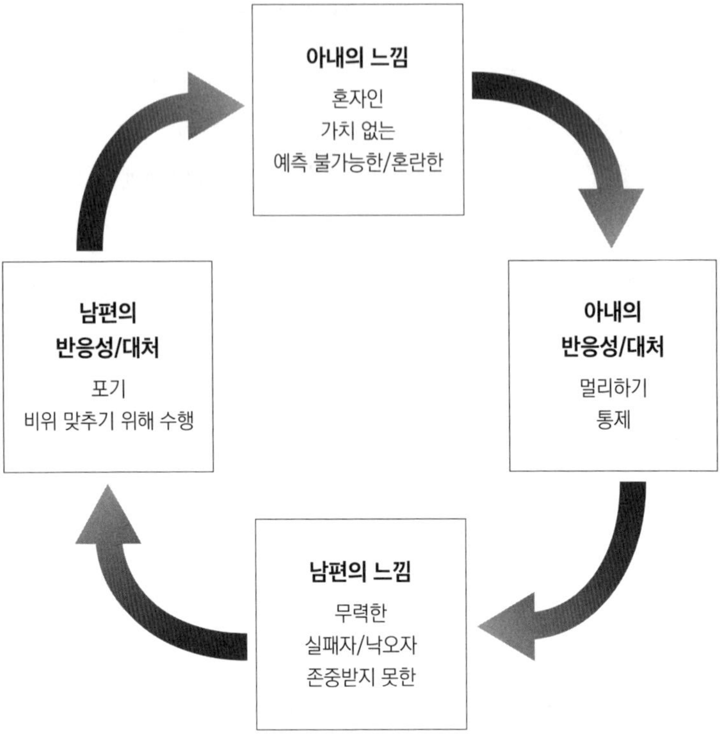

[그림 1.7] 사례의 남편과 아내 상호 작용적 고통의 주기

치명적인 상황을 만드는지 설명하였다. 남편이 늦게 집에 들어온다고 전화했을 때 혼자라고 느낀 아내의 고통이 활성화되었다. 혼자라고 느꼈을 때 아내는 멀리하는 것으로 대처하였다. 그래서 남편이 집에 돌아오면 그녀는 최소한의 반응으로 멀어져 버렸다. 아내는 남편이 그녀에게 다가올 것이라는 마음으로 멀리했으나, 남편은 무력감을 느끼게 되어 그녀에게 다가가지 않아 그녀를 실망시켰고 그때 자녀들이 개입하면서 그녀를 쫓아다녔고 남편은 그녀에게 다가가는 대신 포기했다. 이 시점에서 그들은 결국 만성적으로 거리를 두게 되었으므로 거리의 간

격을 해결하는 데 직장에서 긴 하루를 보낸 것보다 더 많은 에너지가 필요했을 것이다. 그다음에는 배우자 간의 거리가 혼란으로 발달하기 시작했다. 왜냐하면 그들은 서로 소통하지 않았고, 아내는 학교와 직장, 자녀들의 일로 혼란과 예측 불가능성을 체감하기 시작했기 때문이다. 그래서 그녀는 통제하기 시작했고, 남편에 대해 더 비판적인 태도를 보이기 시작했던 것이다. 그는 집에서는 계속 '포기'했지만, 직장에서는 자신의 업무 능력이 인정받는다고 느끼는 성과를 올렸다. 남편이 직장에서 더 쓸모가 있었을 때 가정에서는 더욱더 쓸모없게 되었고, 아내는 지속해서 혼자라는 느낌이 들게 되었다. 이 사례에서는 부부 상호 작용적 고통의 주기에 관한 이야기가 아내와 함께 시작되었지만, 그것은 남편과도 쉽게 시작될 수 있는 것이다. 치료사는 부부가 각자 자신의 고통의 주기에 대해 주인의식을 가져야 하며 그것에 대한 책임이 있다는 점을 분명히 하는 것이 매우 중요하다.

복원치료는 여러 면에서 원가족 단기 치료법과 같다. 이를 통해 치료사는 내담자의 이야기를 정확하고 의미 있게 경청하면서 이를 공감하고 반영하여 내담자의 정체감과 안전감에 미치는 관계의 영향력을 이해하도록 도와준다(Hargrave & Pfitzer, 2011). 복원치료에서 우리는 "그것에 대해 어떻게 느끼십니까?"라고 묻는 대신 정체감과 안전감에 관한 질문을 훨씬 더 구체화한다. 예를 들어, 치료사는 "그것이 당신 자신에 대해 어떻게 느끼게 하나요?", "그 행동이 당신에 대해 뭐라 말하고 있나요?", "그것이 그 관계에 대해 어떻게 느끼게 하나요?"라고 묻는다. 이러한 유형의 질문을 활용하여 치료사는 치료과정을 매우 신속하고 효율적인 방식으로 구성하며, 신뢰할 수 없고 사랑이 없는 행동을 유발하는 고통을 규명할 수 있다. 우리는 대부분 내담자들이 복원치료사가 자신들의 고통에 관한 이야기를 훨씬 더 효과적으로 공감하고 이해한다고 느끼고 있다는 것을 알고 있다. 또한 치료사가 그들 고통의 특정 이야기를 정확하게 추적할 때 그들은 통찰의 힘을 느낀다는 것을 발견한다. 치료사가 정체감과 안전감에 대한 개념과 내담자들이 자신의 정체감과 안전감의 경험을 설명하기 위해 사용하는 단어들에 대해 더 알게 될수록 고통을 추적하는 데 능숙해지고, 복원치료 모델을 구성하고 사용할 때 더 큰 효과를 발휘하게 된다.

제2장

진실의 발견과 평온의 주기

치료사는 내담자가 자신에 대한 통찰을 얻도록 돕는 것이 치유를 향한 본질적인 단계라는 것을 잘 알고 있다. 치료사가 내담자의 삶과 관계에서 발생한 사건들을 이해하고 내담자가 경험한 일차적 감정과 반응성을 명확히 규명하는 것은 일차적 감정을 목표로 내담자의 감정 조절 및 행동 변화로 이끌어 가는 것을 분명하게 한다. 하지만 복원치료사는 고통에 대한 통찰은 단지 내담자 삶의 변화를 촉구하기 위한 일부분일 뿐이라고 주장한다. 치료사는 내담자가 자신에 대한 진실을 발견하고 명명하도록 돕고 오래된 반응성의 행동을 변화시키는 책임을 지는 방향으로 이끌어야 한다. 고통을 이해하는 것 외에도 평온과 유대를 향해 나아가는 유일한 방법은 과거 학습된 느낌과 대처 패턴을 바꿀 수 있게 돕는 것이다.

제1장에서 우리는 치료사가 어떻게 내담자의 일차적 감정과 대처 행동을 지혜롭게 규명하도록 도울 수 있는지를 보았다. 이 과정을 통해 치료사는 내담자가 고통에 처해 있을 때 고통의 기저에 있는 일차적 감정과 파괴적 반응성을 설명하는 부부의 고통의 주기를 규명할 수 있

었다. 내담자 고통의 주기를 명확히 이해하는 것이 중요하지만, 내담자가 본질적으로 자신이 누구이며 평온의 주기에서 어떻게 행동해야 하는지에 대해 이해하는 것도 똑같이 중요하다. 고통의 주기가 우리가 어떻게 느끼고 행동해야 하는가에 관해 항상 설명해 주지는 못하기 때문이다. 평온의 주기를 규명하는 치료 작업은 내담자의 치유와 삶의 성장을 촉진하고 내담자에게 명확히 규명된, 앞으로의 경로를 제공해 주는 이점을 가지고 있다. 다시 말해, 우리는 내담자가 어떻게 해야 하는지, 무엇을 하지 말아야 하는지를 아는 것이 중요하다고 믿는다(Hargrave & Ptitzer, 2011).

감정 조절의 규명: 진실

변화가 시작되는 곳

내담자는 주로 특정 관계나 자신의 성장 영역에서 변화를 원하기 때문에 치료를 받고자 한다. 그런데 여기서 주목해야 할 것은 대부분 내담자가 자신의 문제가 무엇인지, 그리고 그 문제에 대해 무엇을 해야 하는지를 이미 알고 있다는 것이다. 그러므로 치료사가 초점의 틀 없이 내담자의 '문제가 포화된 이야기'(White & Epston, 1990)를 다루게 되면 내담자에게 아무런 이익을 주지 못할 가능성이 크다. 진정한 치료의 예술은 내담자가 자신이 무엇을 해야 하는지를 알고 있는 바로 그것을 어떤 이유에서인지 스스로 하지 못하고 있는 것을 하도록 돕는 것이다(Hargrave & Ptitzer, 2011). 복원치료 관점에서 대부분 내담자가 자신의 대처 행동을 멈추는 데 어려움을 겪는 이유는 원하지 않는 행동 기저의 감정 조절 곤란emotional dysregulation을 인식하거나 다루는 데 어려움을 겪기 때문이다. 여기서 어려운 작업은 내담자가 정체감과 안전감의 결핍에 갇힌 고통과 감정 조절 곤란에 대하여 책임을 지도록 하는 일이다. 치료사가 고통의 일차적 감정을 정확히 읽고 내담자가 자신의 감정 변화에 대한 책임을 지게 돕는다면, 내담자는 대부분 변화되기를 바라는 자신의 행동을 바꿀 수 있다(Hargrave & Pfitzer, 2011). 일부 내담자는 기분이 좋아지기 위해 자신의 주변 환경을 바꾸기를 원한다. 이런 내담자는 "만약 우리가 자식을 가질 수만 있다면 내가 이렇게 항상 부정적이지는 않게 될 거야" 또는 "더 넓은 집으로 이사하면 우리의 갈등은 저절로 해결될 수 있어"라고 말하기도 한다. 그러나 명심해야 할 것은 주변 상황은 확실히 정체감과 안전감과 관련된 일차적 감정을 수정하거나 변경시킬 수 없다는 것이다.

우리는 과거 고통스러운 메시지의 근원이었던 사람들에게서 과거 자신들이 듣고 싶었던 말을 듣기를 기다리고 있을지도 모른다. 예를 들어, 성상 과정에서 자신이 이룬 성과에 관해 항상 비판적인 아버지를 가졌던 사람은 아버지가 자신이 충분히 훌륭하고 가치가 있다고 말해 주기를 갈망할 수 있다. 부모는 자식의 원보호자이며 정체감과 안전감에 대한 최초의 프로그래머이므로 자식의 정체감과 안전감에 대한 진실을 말해 줄 수 있는 권력을 가지고 있을지도 모른다. 이것이 사실이라 하더라도 자식은 아버지가 전달하는 메시지에 충분히 개방되어 있어야 하며 자신에게 이미 프로그래밍 된 이전의 메시지보다 더 큰 가치를 부여할 책임이 있다. 아버지가 자신에 대한 진실을 말하더라도 그 진실을 믿거나 신뢰하는 책임은 여전히 자신에게 남아 있는 것이다. 일부 내담자는 자신이 믿고 있는 신이 자신의 감정이나 상황을 바로잡아주기를 바라기도 한다. 물론 이러한 욕구는 이해될 수 있지만, 외부 환경이나 관계의 변화 여부와 상관없이 진정한 변화는 우리에게 어떤 행동을 취하도록 요구하고 있다. 치료는 내담자에게 과거에 대한 이해를 활용하여 미래에 더 사랑스럽고 신뢰할 수 있는 사람이 될 기회를 제공한다. 우리가 원하는 삶의 변화는 우리 자신으로부터 시작된다. 치료사는 내담자 주변 환경이나 관계의 변화와 상관없이 내담자에게 자신의 평온과 감정 조절에 대한 책임을 지도록 촉구해야 한다. 따라서 치료사는 내담자에게 "지금 어려움이 시작된다면 당신은 어떤 삶을 선택하시겠습니까?"라는 중요한 질문을 하게 될 것이다.

다음은 38세의 중국계 미국인 여성의 상담 사례이다. 해당 여성은 수년 동안 불임의 고통을 겪고 있었고 2년 동안 네 번의 유산을 경험했다. 그녀는 상실의 아픔과 어머니가 되고자 하는 갈망을 가지고 치료실에 오게 되었다. 치료사는 그녀가 그러한 자신의 상황이 바뀌기를 간절히 원하고 있다는 것을 확실히 이해하였다. 초기 치료 세션에서 그녀는 자신 마음의 평온은 자신이 원하는 것을 얻는 것에 달려 있다고 믿고 있었다. 즉, 자식을 갖는 것 외에 자신의 평온이나 기쁨을 가져다줄 수 있는 것은 아무것도 없다고 확신하고 있었다. 그녀는 기분이 나아지기를 원했기 때문에 치료실에 왔지만, 처음에는 자신의 감정에 대한 책임을 지는 방법을 알 수 없었다. 이러한 상태에 처한 여성에게 치료사가 던진 질문은 "이 고통스러운 불임의 시기 속에서 당신은 어떻게 자신의 삶을 살기로 선택할 것인가?"였다. 상담 과정을 통해 여성은 안정감을 느끼고자 하는 욕구 충족에 의존해야 하는 취약한 위치에 갇혀 있기보다는 자신의 안정감을 책임질 수 있는 권한 부여된 위치empowered position

로 이동할 수 있었다. 어떻게 자신에게 이 권한을 부여하는 것이 가능했을까? 여성은 자신이 어머니가 되지 않고는 자신의 존재가 충분하지 않다는 느낌과 실패감을 정리하고 매듭지을 수 있었다. 그녀는 자식이 있든 없든 한 인간으로서 충분하고 자신의 정체감이 건전하기 위해 성공적인 임신을 할 필요는 없다는 것을 인식하는 강력한 위치를 취했다. 분명히 그녀는 슬펐고 유산으로 비탄에 잠겼지만, 불임으로부터 자신의 정체감을 분리할 수 있었다. 그녀는 자신이 달성한 성과나 수행에 기반한 퍼포먼스performance 정체감에 초점을 맞추는 대신 자신이 진실로 누구인지를 받아들이는 방향으로 이동하며 자신의 소질과 재능을 형성하는 데 초점을 맞추었다. 그녀의 정체감이 성공적인 임신에 달려 있지 않다는 것을 인식하고 결정해 슬픔 속에서도 잘 살아갈 수 있을 만큼 충분히 권한 부여가 된 자신을 발견할 수 있었다.

책임지기

제1장에서 논의한 바와 같이 우리는 모두 정체감과 안전감에 관한 자신만의 메시지와 개념을 가지고 있다. 대부분 가장 강력한 메시지는 초기 관계인 부모, 형제와 같은 가족 구성원에게서 오며 어떤 사람에게는 친구, 교사나 멘토와 같은 가족 외부로부터 올 때도 있다. 또한 이러한 메시지는 사랑하는 이의 죽음, 범죄나 자연재해로 인한 고통스러운 사건들이나 비극적인 상황으로부터 올 때도 있다(Hargrave & Hargrave. 2015).

정체감과 안전감에 대해 가지고 있는 고통스러운 메시지는 종종 중요한 사람이나 상황에 의해 인생 초기부터 발달하여 우리의 삶 내내 지속된다. 인생 초기에는 정체감과 안전감을 구축하는 데 어떤 메시지를 사용해야만 하는지에 대해 평가하고 결정해야 할 힘이 거의 또는 전혀 없어서 이러한 고통스러운 메시지가 실제로 사실이라고 가정하기 쉽다. 즉, 초기 발달 단계에서 아동은 건전한 정체감과 안전감의 청사진이 없으므로 다른 사람들의 메시지에 의해서 정체감과 안전감이 형성된다. 화이트(White, 1997)가 말했듯이, 정체감과 안전감의 전경landscape은 개인의 내러티브를 구성하는 재료이다. 정체감과 안전감에 대한 느낌을 자신이나 환경에 대한 신념으로 받아들인 개인은 자신이 느끼는 고통에서 살아남기 위해 파괴적인 행동으로 대처한다. 물론 이런 행동은 어떤 방식으로든 자신의 고통에 건설적이거나 도움이 되지 않으며, 단지 자신을 보호하기 위해 사용하도록 배운 반응성일 뿐이다(Hargrave & Pfitzer, 2011). 실제적으로 이러한 감정의 고통이 자신에게 존재하는 것이 사실이지만, 고통이 우리의 정체감과 안전감에 대한 진실을 말해 주는 것은 아니다. 희망적인 소식은 인간이 발달하고 성인으로 성장해 감에 따라, 인력을 선택할 수 있는 권력과 두뇌가 발달하며, 자신의 정체감과 세상에서 자신의 안전감에 대한 진실을 분명히 말할 수 있는 능력을 갖추게 된다는 것이다.

많은 내담자는 결코 그들의 정체감과 안전감에 대한 진실을 그들 자신이 직접 말할 수 있는 권력이 있다고 생각해 본 적이 없다. 그들은 관계적 파트너가 자신들의 정체감과 안전감을 지속해서 형성시켜 주는 것이 관계의 근본적인 요구 사항이라고 믿게 될 것이다. 왜냐하면 그것이 그들의 삶 가운데서 경험한 모든 것이기 때문이다. 다시 말해, 우리는 우리 자신의 계획 없이 오로지 다른 사람들로부터 이 형성을 경험했기 때문에, 지금 자신에 대해 믿는 것과 관계의 세계에서 살고 협상하는 방법을 선택할 수 있는 권력이 우리 자신에게 있다는 사실을 고려하지 않는다. 개인 자신이 쉽게 받아들인 고통스러운 메시지가 사실은 거짓이 될 수도 있다는 사실을 고려하는 권력을 인정하는 것이 이상한 것으로 느껴진다. 진정한 치료 작업은 내담자가 타인에 의해 습득되고 형성된 거짓에 직면하도록 자신에게 권한을 부여하고 자신이 선택한 진실을 수용할 때 시작될 수 있다.

다음의 사례에서 28세 백인 남성은 직장에서 주어진 시간에 업무를 잘 완수하지 못해 치료실에 왔다. 그는 매우 영리하고 유능한 청년이었지만 자신에게 할당된 중요한 프로젝트에서 진전을 이루는 데 어려움을 겪고 있었다. 치료사가 어떻게 이 청년이 자신의 고통에 대한 책임을 받아들이고 자신의 인력을 인식하도록 돕는지 주목하기를 바란다.

남성 어떻게 해야 할지 모르겠어요. (잠시 멈춤) 마감일이 다가오는데 아무것도 할 수 없어요. (잠시 멈춤) 생각할 수도 없고 어떤 진전도 없습니다.

치료사 당신이 프로젝트를 완수할 수 없을 때 사람들은 당신에게 어떻게 반응하나요?

남성 상사는 보통 눈을 부라리며 한숨을 쉬는 편이에요. (잠시 멈춤) 보통 더 큰 프로젝트를 완수하지 못할 때는 소리를 지릅니다. 한 번은 "당신을 내가 왜 고용했는지 모르겠어!"라고 소리쳤습니다.

치료사 (잠시 멈춤) 듣기에 참 고통스러웠겠습니다. (잠시 멈춤) 상사가 "당신을 내가 왜 고용했는지 모르겠어!"라고 소리쳤을 때 어떤 느낌이 드셨나요?

남성 완전히 무가치하고 상사의 기대에 부응하기 위해 내가 할 수 있는 일이 아무것도 없다고 느꼈습니다.

치료사 무가치하고 기대에 부응할 수 없다는 느낌을 느끼신다는 말씀이시군요. (남성은 고개를 끄덕인다)

남성 (잠시 멈춤) 그리고 혼자라는, 오로지 혼자라는 느낌이 듭니다.

치료사 (긴 멈춤) 무가치하고 기대에 부응할 수 없고 혼자라는 느낌을 처음으로 느꼈을 때를 말씀해 주시겠어요?

남성 중학교 때 저는 진단되지 않은 학습장애였어요. 그것은 초등학교에서는 눈에 잘 띄지 않았지만, 중학교 때는 학습량이 증가하고 학업 수준이 높아지자 어려움이 생겼습니다. (잠시 멈춤) 성적이 크게 떨어졌고 결국 고등학교 3학년에 이르러 전문의가 제가 난독증이라는 사실을 밝혀냈어요.

치료사 (고개를 끄덕이면서 잠시 침묵) 그 시절을 생각할 때 특별히 떠오르는 고통스러운 이야기를 말씀해 보세요.

남성 8학년 때 들었던 영어 수업은 최악이었어요. 전체 반원들이 한 번에 한 단락을 돌아가면서 읽고 그 단락을 분석했습니다. 제 차례가 되어 저는 그냥 통과하기를 요청했는데, 그때 선생님은 눈을 부릅뜨면서 "뭐가 문제야! 읽는 법을 잊어버렸단 말이야?" 하며 비꼬듯이 말했습니다.

치료사 (잠시 멈춤) 선생님의 그 말이 당신의 상황에 대해서 당신에게 전달한 것은 무엇이었나요?

남성 저는 제가 할 수 없는 일을 강요당하고 있었어요. 반에서 선생님과 아이들의 기대에 도저히 부응할 수가 없었습니다. (잠시 멈춤) 노력해 보았지만 모든 단어가 완전히 혀에 묶여 버려 단어들이 잘못되어 나왔습니다. 선생님은 결국 "그만해!"라고 중지시켰고, 반 전체가 웃음바다가 되어 버렸습니다.

치료사 그 순간이 정말 고통스러웠겠네요. 이 사건이 당신에게 준 메시지는 무엇이었나요?

남성 (잠시 멈춤) 저는 제가 다른 사람들만큼 가치가 없다고 느꼈습니다. 아무 쓸모가 없으며, 저는 정말 선생님의 기대에 완전히 부응할 수 없다고 느꼈습니다. 최악은 선생님이 내게 너무 냉정하다고 느꼈던 부분입니다. 선생님이 나의 상태를 이해해 주시를 간절히 원했죠. (잠시 멈춤) 지금 선생님과 말할 수 있었으면 좋겠어요.

치료사 (긴 멈춤) 선생님과의 대화에서 무슨 말을 듣고 싶으세요?

남성 선생님이 내게 잘못했다고 하는 말을 들었으면 좋겠습니다. 그리고 선생님이 내가 가진 재능을 인정하고, 내가 학습장애에도 불구하고 성취할 수 있는 모든 것들을 보기를 원할 것입니다.

치료사 선생님의 그런 인정과 말씀을 듣고 싶다는 당신의 소망은 확실히 이해합니다. (잠시 멈춤) 하지만, 저는 그 인정과 말씀이 당신이 가지고 있는 무가치하고 혼사이고 기대에 부응할 수 없는 감정들을 변화시킬 만큼 강력하지 않다고 생각합니다. (잠시 멈춤) 당신은 어떻게 8학년 때는 갖지 못했던, 긍정하는 선생님이 자신에게 되고 싶습니까?

남성 (잠시 멈춤) 일어났던 일을 바꿀 수는 없겠죠.

치료사 맞습니다. 8학년 때 일어난 사건을 바꿀 수는 없습니다. 하지만 현재 당신은 자신에게 자신의 가치와 능력에 대해 어떤 메시지를 줄 수 있는지는 분명히 선택할 수 있습니다.

남성 (긴 멈춤) 솔직히 몇 년 전에 선생님이 제게 주신 메시지에 대해 제가 무언가를 할 수 있다는 생각은 전혀 하지 못했었습니다. 그러나 지금 저는 저 자신을 격려하고 싶습니다. (긴 멈춤) 저는 선생님으로부터 그런 기회를 얻지 못할 거라는 걸 잘 알고 있는 것 같아요. (잠시 멈춤) 그래서 다른 사람들에게 그가 틀렸다고 말해 달라고 요청하고 있는지도 몰라요. 그것은 매우 미묘하고 파악하기 힘든 것이라서 그렇게 하고 있는 저를 지금까지는 보지 못했죠. 그것은 마치 현재의 제 상사에게 저의 8학년 때 선생님이 제게 주신 메시지를 수정해 달라고 요청하고 있는 것과 같습니다.

치료사 그것은 당신을 어디로 이끌어 갑니까?

남성 (잠시 멈춤) 보통 그것은 제가 가치 없고 기대에 못 미치고 혼자인 느낌으로 다시 돌아가게 합니다.

치료사 (긴 멈춤) 당신이 자신을 격려하고 스스로 용기를 낸다면, 그것은 어떤 모습일까요?

남성 그것은 상사가 저에게 말해 주기를 계속 기다리고 있는 것들을 상사에게 제가 직접 기꺼이 요청하는 겁니다.

이 사례에서 남성은 도전받는 느낌을 느끼는 상황에서 그의 정체감과 기대에 부응하는 능력에 관해 강한 부정적 메시지를 전달받았다는 것을 알 수 있다. 치료사는 이러한 남성의 경험과 다른 긍정적 메시지를 듣고자 하는 열망을 공감하면서 그의 인력을 명확히 하였다. 남성은 자신의 정체감에 대해 받은 잘못된 메시지에 대응할 수 있는 가능성을 전혀 생각해 본 적이 없었다. 여기서 치료사는 남성 자신이 무가치하고 기대에 부응하지 못하는 감정과 연결하여 자신이 그것들을 바로잡도록 하는 책임을 질 수 있는 권한이 부여된 위치를 취하도록 격려하였다. 그는 이제 자신의 정체감과 안전감에 대해 자신에게 주고 싶은 메시지를 선택할 수 있는 권한이 부여된 위치에 있다.

남성이 자신의 삶에서 처음 정체감과 안전감에 대한 고통스러운 메시지를 받았을 때, 그에게는 그 거짓을 반박하거나 파괴적인 관계의 역동을 멈추기 위한 의미 있는 행동을 취할 인력이 없었을 것이다. 그러나 지금 그가 지닌 인력을 인식하였을 때 그것은 커다란 치료적 가능성이 된다. 그는 자신의 고통을 규명한 상태에서 감정 조절 곤란 메시지를 계속해서 받아들일 것인지, 아니면 고통에 대한 책임을 지고 자신의 정체감과 안전감에 대한 감정 조절 진실을 형성하는, 힘들지만 가치 있는 작업을 할지를 선택할 수 있다.

진실의 원천

인간 존재로서 우리는 선택권을 가지고 있다. 우리는 학습된 자신의 감정을 믿고 그 감정에 의한 파괴적 반응성을 선택할 수 있고, 반면에 자신에 대한 진실 감정을 선언하고 평온의 삶과 다른 이들과 함께 건설적으로 연결하는 방향의 행동을 선택할 수도 있다. 선택은 단순하지만 쉽지 않다. 복원치료사가 어떻게 이러한 쉽지 않은 작업에 접근하는지 논의하기 전에, 내담자가 자신에 대한 진실을 발견하고 규명하는 작업에 도움이 될 수 있는 세 가지 원천에 대해 알아보자.

타인들 내담자가 감정 조절을 하는 자신에 대한 진실을 규명하는 도움을 구할 때 사용할 수 있는 유용한 질문은 "내담자들의 삶에서 그들의 정체감이나 안전감에 관해 말할 수 있을 만큼 강력한 사람은 누구인가?"이다. 내담자의 삶에서 적어도 이런 권력의 일부를 가진 사람들은 부모와 원양육자들이 될 것이다. 결국 대부분, 사랑과 신뢰의 가치와 관련될 때 이 사람들이 내담자 뇌의 최초 프로그래머였다. 물론 이들이 추가로 프로그래밍을 하거나 재프로그래밍을 하는 권력을 가졌다고 해서 그들이 반드시 권력을 좋게 사용할 것이라는 의미는 아니다. 현실적으로 부모와 양육자 중 다수가 사랑과 신뢰의 메시지에 해를 끼치고 있으며 현재에도 여전히 해를 끼치고 있다. 그런데도 내담자의 삶에서 그들만큼 내담자의 감정을 조절하는 진실에 대해 잠재적으로 말할 수 있는 많은 권력을 지닌 사람은 거의 없다(Hargrave, 2001).

최초의 프로그래머들이 내담자의 정체감과 안전감의 인식을 재형성할 수 있는 경우, 치료사는 내담자와 협력하여 내담자가 다른 메시지를 받을 가능성이 있는지를 반드시 확인해야 한다. 최초의 양육자와 부모가 성장하고 발전해 감에 따라 그들은 더 지혜로워져서 어떻게 사랑과 신뢰에 대한 자신들의 노력이 부족했었는지를 분명히 보게 될 수도 있다. 이러한 양육자와 부모 중 다수는 성인 자녀와 관련된 문제를 해결하고 자신들이 잘못 양육한 것에 대한 책임을 질 기회를 진심으로 원한다. 치료사는 그들이 내담자에 대한 진실에 초점을 맞추어 그러한 상호 작용을 가능하게 하는 데 도움이 되는 자원이 될 수 있다. 근본적으로 치료사의 역할은 내담자와 내담자의 초기 프로그래머가 정체감과 안전감을 다시 쓰도록 돕는 것이다(Hargrave & Pfitzer, 2001).

일부 내담자는 다른 사람들의 이러한 노력을 재빨리 거부한다. 특히 이전에 손상을 입힌 부모가 노력을 기울일 때 그렇다. 왜냐하면 내담자가 그들의 사랑과 신뢰의 위반에 대한 자신의 파괴적인 반응성에 사로잡혀 있기 때문이다. 결과적으로 일차적 감정에 대한 자신의 조절되지 않은 반응성으로 인해 다른 사람들의 정체감과 안전감을 손상시킨다. 피해자들은 거의 항상 한때 가해자가 된다(Hargrave & Zasowski, 2016). 치료사는 내담자가 자신의 이러한 반응성과 파괴적인 패턴을 볼 수 있도록 도와줄 수 있다. 이에 따라 내담자는 전에 피해를 준 사람들에게 정체감과 안전감에 대한 손상을 바로 잡을 수 있는 충분한 권력을 가진 사람들의 노력을 더욱 개방적으로 받아들일 수 있다(Hargrave & Pfitser, 2011).

또한 부모와 양육자만이 정체감과 안전감을 형성할 수 있는 권력을 가지고 있는 것이 아니라는 인식도 매우 중요하다. 일반적으로 원가족 구성원보다는 의미가 덜하더라도, 내담자의 삶에서 중요하고 의미 있는 사람이 내담자의 정체감과 안전감에 대해 강력하게 말할 수 있다. 많은 내담자가 자신의 정체감이나 자신의 권한 부여에 대한 관점을 바꾸는 데 도움이 되는 감정 조절 진실을 들은 순간들을 보고할 것이다. 친한 친구, 교사, 코치 등은 단지 개인의 정체감과 안전감에 깊은 영향을 줄 수 있는 사람의 몇 가지 예일 뿐이다. 분명히 인간관계는 강력한 방식으로 우리의 정체감과 안전감을 재형성할 수 있다.

영적 자원 영적 자원은 자신의 정체감과 안정감에 대한 의미 있는 진실의 원천이 될 수 있다. 물론 모든 내담자가 가치나 힘을 나타내는 영적인 믿음이나 자원을 가지고 있는 것은 아니지만, 불행히도 영성을 언급하고 이러한 자원을 치료 수단으로 사용하는 것은 치료 과정에서 거의 금기 사항이 되었다(Walsh, 2009). Doherty(1996)는 많은 치료사가 내담자와 멀어지는 위험을 감수하지 않기 위해 도덕적으로 중립적인 방식으로 영성에 접근한다고 설명한다. 우리는 치료사가 정체감과 안전감을 형성할 수 있는 잠재적인 힘을 지닌 내담자의 신념에 모든 차원에서 접근할 필요가 있다고 믿기 때문에 그러한 입장을 유익한 치료, 특히 복원치료에 방해가 되는 것으로 본다. 만일 내담자의 삶 가운데 영성이 중요하다고 생각된다면 치료사는 사랑, 신뢰, 정체감, 그리고 안전감을 재형성하도록 돕는 데 적극적으로 이 자원을 포함시켜야 한다(Hargrave & Pfitzer, 2011). 예를 들어, 많은 내담자는 하느님과의 관계가 큰 지혜와 위안을 제공하며 기도와 성경을 읽는 것이 그들의 고통을 평온으로 옮기는 의미 있는 도구라고 말한다. 우리는 많은 내담자가 성경, 기도, 독서에 관한 다양한 저널링 연습journaling exercises을 통해 그들의 정체감과 안전감에 대한 진실을 통합하는 것을 돕는 방식으로 희망과 위안을 찾도록 했다. Hargrave와 Ffitzer(2011)가 지적했듯이, 치료사는 그러한 자원이 유용하도록 하기 위해 영성이나 종교에 대한 전문가일 필요는 없다. 만일 치료사가 다문화 상황에서 요구되는 민감성과 유사하게 기꺼이 호기심과 관심을 가지려고 한다면, 내담자는 영성이 어떻게 자신에게 개인적으로 자원이 될 수 있는지 정확히 알리거나 드러낼 것이다. 내담자에게 가장 도움이 되는 영적 자원은 권한 부여, 사랑, 평화, 명예, 평정, 신뢰, 정의, 공동체 등을 지향한다. 이러한 이상들ideals은 내담자 자신이 사랑받고 있다는 느낌이 들도록 도와주고, 자신의 주변에는 구원적이고 신뢰할 수 있는 방식으로 기능할 수 있는 공동체가 있다는 것을 느끼는 데 효과적으로 사용될 수 있다(Hargrave & Pfitzer, 2003).

자신 마지막으로, 감정 조절 곤란의 메시지를 믿을지 아니면 감정 조절 진실을 믿을지에 관한 선택의 결정은 궁극적으로 내담자 자신의 몫이므로, 자신은 가장 강력한 진실의 원천이 될 수 있다. 내담자들은 타인과 영적 자원으로부터 자신이 사랑스럽고, 중요하고, 가치 있다는 자신에 대한 진실을 몇 번이고 들을 수 있다. 그러나 그러한 진실은 그들이 기꺼이 그것을 참된 것으로 간주하는 정도까지만 수용될 수 있다. 정체감과 안전감을 받아들이거나 거부할 수 있는 능력은 자기 자신을 정서 조절의 진실에 대한 가장 강력한 자원이 되도록 한다. 내담자 스스로 자신에 대한 진실을 선언할 수 있을 때까지 다른 진실에 대한 자원은 기껏해야 일시적인 영향을 미칠 뿐이다. 내담자가 자신의 정체감이나 안전감에 대해 선언하는 권한이 부여된 이 자세를 취하게 될 때, 그것은 실제로 매우 강력해질 수 있다.

이 진실의 적용에 대하여 제4장에서 구체적인 사항을 더 논의하기로 하고, 여기서는 인지적으로 사람이 성장하고 발달하면서 대부분 추상적 사고를 할 수 있게 된다는 사실에 주목하기로 한다. 많은 경우, 추상적으로 생각하는 능력은 "생각에 대해 생각하는 능력"으로 묘사된다. 즉, 인지적으로 성숙한 사람은 자신의 사고 과정을 분석하고, 이 과정에 호기심을 갖고, 심지어 도전할 수도 있다. 만일 내담자가 이런 인지적 능력을 갖추고 있다면 실제로 자신의 정체감과 안전감을 스스로 재형성할 수 있을 정도로 강해진다(Hargrave & Pfitxer, 2011). 내담자들은 수년 동안 부모와 타인의 영향을 받아 왔다. 심지어 그들은 자신의 정체감과 안전감에 관한 신념을 형성하는 영성까지도 영향을 받아 왔다. 궁극적으로 치료사가 내담자에게 "당신을 무엇이라고 말하는가?"라고 묻는 것은 필수적이라고 생각한다. 내담자는 자신의 정체감과 안전감에 대해서 뭐라고 말하는가? 내담자는 자신의 선택 능력에 있어서 가장 강력한 인물이며, 감정을 조절하는 진실에 관해서는 자신이 공공연하게 이러한 선택을 해야 한다.

이전 장에서 언급했듯이, 복원치료사로서 우리는 자기-조절 대 공동-조절 능력이 자신 및 타인과의 관계에서 성장과 번영할 수 있는 능력에 매우 중요하다고 믿고 있다. 정체감과 안전감의 결핍에 대한 고통을 치료하기 위해 단순히 외부 자원에 의존하는 것은 내담자들의 성장에 제한적인 영향을 미치고 그들의 관계에서 파괴적인 역동을 만들어 낼 수 있다. 예를 들어, 한 남편과 아내가 부부치료를 받으러 왔다. 지난 몇 번의 세션에서, 치료사는 부부와 함께 그들의 고통의 주기를 규명하는 작업을 했다. 남편의 일차적 감정은 부적합함, 혼자임, 버림받음이었다. 아내는 안전하지 않고, 부서지기 쉽고, 통제할 수 없는 느낌으로 고생했다. 치료사는 아내의 삶 가운데 남편이 매우 중요한 사람이라는 것을 알고 있었으므로, 아내 자신에 대한 진실을 규명하는 것을 도울 때 남편을 자원으로 사용하고 싶은 유혹이 있을 수도 있었다. 그래서 남편에게 아내가 자신에게 얼마나 중요하며 어떤 의미를 지니고 있는지 말할 기회를 주거나 아내가 자신이 보호되고 안전한 느낌을 느낄 방법이 무엇인지 말할 기회를 제공할 수도 있었을 것이다. 그러나 복원치료사는 이러한 작업을 하는 데 있어서 내담자가 다른 사람들을 의존하는 대신 자신의 감정과 행동에 책임을 지는 것이 절대 필수적이라는 점을 명심해야 한다. 사랑하는 사람으로부터 자신에 대한 진실에 관해 전해 들을 때 확실히 큰 유익이 있다. 그 유익은 일단 받는 사람이 자신의 감정에 책임을 지고 자기-조절이 되면 훨씬 더 강력해질 것이다(Hargrave & Pfitzer, 2011). 이로써 내담자는 자신의 필요에 대해 타인에게 요구하고 의존하는 위치가 아니라, 타인이 베푸는 것을 친밀감과 애정의 표현으로 받아들일 수 있는, 더 나은, 그리고 더 감정적으로 조절된 위치에 놓이게 된다(Hargrave & Pfitzer, 2011).

진실을 받아들이기

복원치료사가 내담자의 건강한 정체감과 안전감을 형성하는 것을 돕는 데 기초가 되는 두 가지 보편적인 진실이 있다. 1) 인간의 존재는 가치 있고 중요하다(Rogers, 1961). 2) 관계는 필수적이며 인간의 성장을 촉진해야 한다(Buber, 1958).

우리는 인간이 지구상의 다른 종들과 독특하게 구별되기 때문에 가치가 있다고 믿는다. 또한 관계를 떠나서는 자신을 알게 되는 방법이 없다고 믿는다. 즉, 관계는 세상사가 작동하는 방법을 배우는 데 있어서 강력한 교사이다. 우리는 관계 없이는 성공적으로 발달하거나 번영하거나 심지어 살아남을 수 없다(Hargrave & Ptitzer, 2003). 이러한 가정에 비추어서 치료사는 내담자가 자신의 정체감과 안전감에 대한 그릇된 메시지를 받은 경험에 식변해 자신의 고통을 말하도록 도와 성장하고 치유하도록 하는 임무를 가지고 있다. 과거 고통의 메시지에 동의하기를 선택하면 내담자는 고통의 주기를 계속해서 사용할 것이다. 만일 내담자가 진정 다른 방식으로 교류하기를 바란다면 내담자는 감정 조절의 진실을 반드시 수용해야 한다. 치료사는 경험적 개입을 통해 진실 체현embodiment을 촉진하는 데 적극적이며 중요한 역할을 할 수 있다. 여기서 치료사는 내담자의 정체감과 안전감에 대한 진실을 경험하고 규명하는 도움을 주는 개입 방법을 선택할 수 있다. 제4장에서 이러한 선택 사항들을 좀 더 깊게 탐색해 보겠지만, 치료사가 어떤 개입을 선택하든지 이것들은 모두 몇 가지 필수적인 공통 요소들을 포함한다.

개입의 필수적 요소

우선, 치료 과정의 현시점에서 우리가 제안하는 대부분의 개입은 본성적으로 경험적이다. 우리는 개입이 효과적이기 위해서는 내담자가 권한이 부여된empowered 자세를 취하고, 정서적으로 고통과 연결하고, 자신에게 감정 조절 진실을 말할 수 있는 권한이 부여된 선택을 해야 한다고 생각한다. 이러한 과정은 종종 시각화를 통해서 이루어지는데, 내담자는 여기서 자신의 어린 자아나 미래 또는 원하는 변화를 통합한 최상의 자아를 볼 수 있게 된다. 우리가 단순히 말을 되풀이해서 우리 감정이나 행동에 영향을 미칠 것이라고 기대할 수 없다는 사실을 고려한다면 개입을 경험적으로 만드는 것은 필수적이다.

또한 개입이 효과적이기 위해서는 내담자가 말하는 진실이 고통의 주기에서 규명된 특정 고통을 반드시 직접적으로 다루어야만 한다. 이론적으로 내담자가 말할 수 있었던 대부분의 진실은 모든 인간 존재에 관한 실재이다. 모든 인간 존재는 고유하고, 사랑스럽고, 권한을 부여받았고, 선택할 수 있는 능력이 있다. 따라서 내담자가 규명하는 진실이 자신이 경험하는 고통의 핵심에 대해 구체적으로 말하는 진술이어야 하는 것은 매우 중요하다. 단순히 사실일 뿐 자신의 가장 깊은 고통에는 커다란 영향을 미치지 않는 진술이 아니라 감정을 조절하는 진실의 진술이어야 한다. 진실이 의미 있게 고통을 다루지 않는 한, 그 진실은 미래에 고통의 경험에 직면했을 때 감정을 조절하는 진술이 되지 않을 것이다(Hargrave, 2015).

치료사가 어떤 개입을 선택하든, 내담자에게 자신의 진실을 큰 소리로 말하게 하는 것이 중요하다. 여기에는 몇 가지 이유가 있다. 첫째, 뇌는 단순히 진술을 생각하기보다는 진술을 들을 때 그 진실을 다르게 처리한다. 두 번째, 진실을 큰 소리로 말하게 하면 내담자는 집중하게 된다. 우리는 한순간에 많은 것을 생각할 수 있지만, 한 번에 한 가지만 말할 수 있다. 내담자가 단순히 진실에 대해 생각하기만 할 때, 마음은 쉽게 헤매게 되고 정서적 경험에서 벗어날 가능성이 크다. 마지막으로, 진실을 큰 소리로 말하는 것은 실습의 경험적 요소를 심화시킨다. 많은 사람에게 경험의 힘은 그들이 실제로 진실을 말할 때 온다. 단순히 진실을 생각하기만 하면 개입의 힘은 약해질 수 있다.

치료사의 역할

치료사는 개입 자체의 요소 외에도 치료사 자신의 목소리 톤vocal tone, 속도, 크기, 반복 등을 포함하는 지시injunctions를 사용하여 개입에서 핵심적인 역할을 한다. 음성의 사용은 치료사가 단순히 일상적인 대화 톤을 사용하는 것보다 더 효과적으로 내담자가 자신의 정서와 연결하는 데 도움이 된다. 속도에 있어서는 치료사가 진실 규명의 목표에 개입할 때 천천히 말하는 것이 필수적이다. 내담자가 개입의 매 순간을 소화할 수 있도록 속도를 느리게 하고, 적절한 시기에 잠시 멈추며, 필요한 경우 정서적으로 연결할 수 있게 한다. 적절한 시간에 음성의 크기를 높이거나 낮추면 개입 중에 이미지와 연결할 수 있는 내담자의 능력 향상에 도움이 되고 순간의 강도를 높일 수 있다. 끝으로 내담자에게 자신의 정체감과 안전감의 진실에 대한 의미 있는 진술을 반복하게 하면 이러한 진술을 자신의 것으로 만드는 데 도움이 된다. 치료사는 진실이 단지 좋은 진술일 뿐만 아니라 구체화된 조절 진실이라는 것을 확실히 하기 위해 과정을 늦추면서 내담자에게 이러한 진술을 서너 번 반복하게 할 수 있다. 만일 치료사가 긴장하거나 개입의 영향력에 확신을 갖지 못하면 지시의 요소들은 종종 빠르게 사라진다. 우리는 내담자가 개입에 어떻게 반응하는지를 정확히 통제할 수는 없지만, 위에서 상세히 설명한 음성 요소들을 사용하는 지시는 치료사가 가능한 효과적으로 개입할 수 있도록 돕는 가장 강력한 도구 중 하나이다.

진실 규명하기

복원치료사가 되는 기술의 일부는 정체감, 안전감, 사랑 및 신뢰의 언어를 다루는 데 익숙하고 그 언어를 잘 활용하는 것이다. 내담자의 진실 규명 작업을 도울 때, 치료사는 어떤 진실이 내담자가 느끼는 고통뿐만 아니라 정체감과 안전감과 관련된 정서적 진실에 해당하는지를 알아야 한다. 〈표 2.1〉에는 감정 조절의 진실에 관련된 일반적인 표현의 목록이 나열되어 있다. 주로 내담자들이 개발한 이 언어들은 고통스러운 느낌 대신 평온한 느낌을 반영한다.

〈표 2.1〉 정체감과 안전감에 관련된 감정 조절 느낌의 임상적 묘사

정체감의 평온과 관련된 진실을 반영할 때 사용하는 기술어	안전감의 평온과 관련된 진실을 반영할 때 사용하는 기술어
사랑받는, 쓸모있는, 중요한, 혼자가 아닌, 소중한, 가치 있는, 귀중한, 괜찮은, 수용된, 환영받는, 고맙게 여기는, 희망 있는, 자유로운	안전한, 안정된, 적합한(적절한), 확실한, 충족된, 능력 있는, 권위 부여된, 통제할 수 있는, 보호된, 연결된, 친밀한, 유능한, 타당한, 충분한

앞에서 언급하였듯이, 치료사는 내담자의 진실을 규명하도록 돕는 과정에서 선택할 수 있는 많은 개입 기법을 가지고 있다. 이 특정 사례에서 치료사가 선택한 개입 방법은 '재양육'이다. 이 고전적인 복원치료 기법은 내담자가 자신의 고통과 연결하도록 돕고, 자신에게 감정 조절 진실의 메시지를 줄 수 있는 권한이 부여된 위치를 취하도록 하는 데 매우 효과적이다. 이러한 개입의 초점은 주로 심상을 사용하여 내담자가 자신의 정체감에 관련해 다른 선택을 할 수 있도록 돕고, 자신이 부모의 위치가 되어 자신에게 안전감을 제공해 주는 권력을 갖도록 한다. 다음 사례는 이전 사례의 연장으로써 남성이 시간 내에 업무를 완료하는 데 어려움을 겪고 있는 부분을 다룬 것이다.

치료사 (매우 천천히 말함) 눈을 감고 천천히 심호흡합니다. (내담자가 심호흡을 한 후) 자, 이제 선생님이 상처를 준 발언을 했던 그날을 떠올립니다. 8학년 때의 영어 수업을 정확히 시각화해 주시기 바랍니다.

(잠시 멈춤) 어떻게 책상이 배열되어 있는지 (잠시 멈춤) 친구들이 어디에 앉아 있고… 당신은 어디에 앉아 있는지… 그리고 선생님이 어디에 서 계시는지를 주목합니다. (잠시 멈춤) 무엇이 보이나요?

남성 교실 맨 앞에 앉아 있는 8학년 때의 제 모습이 보이고, 바로 앞에는 선생님이 서 계시고 친구들은 그 뒤에 앉아서 웃고 있습니다. 저는 이 세상에서 혼자라고 느끼고 있습니다….

치료사 (잠시 멈춤) 지금 당신이 보고 있는 교실 맨 앞에 있는 8학년의 그 소년 안으로 들어가실 수 있나요?

남성 네, 지금도 제 얼굴이 뜨거워지고, 심장은 뱃속 어딘가에 있는 듯한 느낌입니다. 쓸모없다는 느낌이 뒤에서 나를 쓸어 버리는 것 같아요. (잠시 멈춤) 또한 기대에 부응하기 위해 할 수 있는 일이 없어서 갇혀 버린 느낌이 듭니다.

치료사 (잠시 멈춤) 이제 저는 어른이 된 당신이 교실 안으로 들어오는 모습을 보기를 원합니다. (잠시 멈춤) 그리고 8학년의 당신을 보세요. 그는 쓸모없다고 느끼고 있습니다. 그는 기대에 부응할 수 없습니다. 그는 자신이 이 세상에서 혼자라고 느낍니다. 그리고 당신은 이러한 그의 느낌에 대해 말할 수 있는 권력이 있다는 것을 알고 있습니다. (잠시 멈춤) 그에게 어떤 메시지를 전해 주고 싶습니까?

남성 (잠시 멈춤) 제가 말하려고 하는….

치료사 아이에게 직접 말해 주세요.

남성 (긴 멈춤) 너는 괜찮아질 거야. 지금은 힘들지만, 좋아질 거야.

치료사 당신이 하는 말을 아이가 들었을 때 아이가 어떻게 느끼고 있나요?

남성 (잠시 멈춤) 그는 어떤 느낌도 나아지지 않았습니다. 그는 충고를 원하지 않는 것 같아요.

치료사 (잠시 멈춤) 네. 그렇습니다. 당신이 그가 혼자이고 쓸모없고, 결코 기대에 부응할 수 없다는 그의 느낌을 알고 있다고 그에게 말해 주기를 바랍니다. 그리고 그가 누구인지 그가 어떻게 권한을 부여받았는지에 대해 그가 알기를 원한다고 말해 주세요.

남성 (눈물을 흘리며) 너는 쓸모가 있어. 넌 소중해. 그리고 넌 매우 유능해…. 그리고 어려운 일이 있을 때, 너에게는 그것을 해결해 낼 수 있도록 부여된 권한이 있어.

치료사 (잠시 멈춤) 그는 소중합니다. (잠시 멈춤) 그는 유능하고 어려운 일을 해결해 낼 수 있는 부여된 권한이 있습니다. (잠시 멈춤) 그리고 당신이 그가 혼자라고 느끼는 것에 대해 뭐라고 말하고 싶습니까?

남성 (잠시 멈춤) 그의 눈높이에 맞추어서 그의 눈을 보고 그가 소속되어 있다고 말하고 싶어요.

치료사 (긴 침묵, 조용한 부드러운 음성) 지금 그것을 직접 그에게 말해 주세요.

남성 (소파에서 내려와 울면서 바닥에 웅크리고 앉는다) 아이야, 넌 소속되어 있단다.

치료사 (잠시 멈춤) 다시 한번 말해 주세요.

남성 (잠시 멈춘 후 깊은 심호흡을 한다) 너는 소속되어 있어.

치료사 다시 한번, 천천히… 말해 주세요.

남성 (긴 멈춤) 너는 소속되어 있어.

치료사 그래요. 그는 소중합니다. 그는 유능하고, 그에게는 부여된 권한이 있습니다. 그리고 소속되어 있습니다. 이 말들을 다시 한번 그에게 말해 주세요.

남성 (잠시 멈춤) 너는 소중해, 너는 유능해, 부여된 권한이 있어, 그리고 너는 소속되어 있어.

이 사례에서 우리는 내담자가 권한이 부여된 책임감 있는 위치에서 자신의 감정에 대한 진실을 말하는 것을 볼 수 있다. 물론, 매번 이러한 성공적인 개입을 보장할 수는 없다. 그러나 이 사례가 개입에 성공할 수 있었던 것은 치료사가 내담자에게 자신의 아이에게 직접 말하도록 끈기를 가지고 지시했기 때문이다. 또한 쓸모없고, 기대에 부응할 수 없으며, 혼자라는 느낌을 구체적으로 다룰 수 있는 정체감과 안전감에 대한 감정 조절의 진실 메시지를 자신에게 주도록 다소 압박했기 때문이다. 주목할 점은 치료사가 잠시 멈추기, 톤의 변화, 그리고 반복을 충분히 사용하였다는 것이다. 이러한 중요한 요소들이 개입의 성공을 지원하기 위해 함께 작용한다. 또한 치료사는 개입이 어떻게 진행될지에 대한 계획을 세울 수 있지만, 현재 순간에 머무르고 치료사 자신을 조율하여 내담자에게 맞추도록 하는 것이 매우 중요하다. 예를 들어, 치료사는 내담자가 조각 연습sculpting exercise에 참여하도록 계획하지 않았어도, 웅크린 자세로 바닥에 엎드려 8학년의 자신에게 말하는, 이 자연스럽게 일어난 행동은 조각 연습을 연출한 것과 같게 된 것이다. 치료사가 현재에 머물러 잠재적인 기회에 주의를 기울였기 때문에, 내담자가 자신의 아이디어를 치료과정에 도입한 순간 치료사는 그 아이디어를 생생하게 활용함으로써 좀 더 강력하게 개입할 수 있었다.

재양육 개입은 일반적으로 내담자가 연속적인 대상, 즉 어린 자신으로부터 시작하여 현재 자신에게 진실을 말할 수 있도록 한다. 때로는 내담자가 자신을 어린 자신과 연결하는 데 어려움을 겪을 수도 있다. 그럴 때 치료사는 어린 자신으로 이동하기에 앞서, 내담자의 삶에서 특히 밀접한 관계를 맺고 있는 한 아이에 대한 재양육으로 개입 방향을 설정할 수 있다. 이 사례에서 치료사는 내담자가 8학년인 어린 자신에게 직접 말하게 함으로써 그가 자신의 진실을 주장하는 과정을 시작하는 선택을 했다. 이 선택의 주된 이유는 그가 일상적으로 경험하는 고통을 느낀 8학년 때의 생생한 순간을 이미 묘사했기 때문이다. 그 묘사에서, 개입 과정 동안 이 남성이 8학년 때의 자신과 정서적으로 연결할 수 있을 것이 분명했다.

대부분 우리는 어린 자신의 이미지와 정서적으로 연결될 수 있으며 자신의 정체감과 안전감에 대해 신뢰 있는 메시지를 스스로 주기 위하여 기꺼이 권한이 부여된 위치를 취하게 된다. 그러나 내담자가 이런 메시지를 성인이 된 자신에게 전달하게 될 때 상담은 종종 어려워진다. 내담자들은 자주 머뭇거리며 "난 이제 더 잘 알아야 해" 또는 "그때는 그저 어린아이였지만, 그 이후로 난 너무 많은 실수를 저질러 왔어"와 같은 진술을 할 것이다. 여기에서 치료사는 내담자가 지금 바로 권한이 부여된 위치에 서도록 도전해 성인인 자신에게도 진실의 메시지를 주는 경험을 하도록 도와야 한다. 이것은 내담자가 거울을 보거나 최근 사진을 보게 하는 등 다양한 단순한 방법을 통해서도 이루어질 수 있다. 다음 사례에서 치료사는 내담자가 8학년 때의 자신에게 진실을 말하는 것에서 현재 자신에게 말하는 것으로 내담자를 이동시킨다.

치료사 당신은 8학년 이후로 여러 면에서 발달하고 성장했지만, 지금도 여전히 혼자이고 가치 없으며 기대에 부응할 수 없다는 동일한 감정을 지니고 있다는 것을 확인할 수 있었습니다. 일어서서 거울 앞에서 자신의 모습을 보시길 바랍니다. (내담자는 상담실 벽에 걸린 거울 앞에 선다) (잠시 멈춤) 당신이 응시하고 있는 남성은 종종 혼자이고 쓸모없고, 기대에 부응할 수 없다고 느낍니다. 이러한 감정에 대해서 그에게 전해 주고 싶은 메시지는 무엇입니까?

남성 (잠시 멈춤) 8학년 때 저에 대해 사실이었던 그 감정은 지금도 사실입니다. 늘 그런 느낌은 아니지만, 그런 것들이 제게 사실이라는 점은 잘 알고 있습니다.

치료사 (잠시 멈춤) 거울 속에 있는 남성에게 진실을 말씀하십시오.

남성	넌 소중해. 넌 유능하고 부여된 권한이 있어. 넌 소속되어 있어.
치료사	(잠시 멈춤) (목소리를 낮추고 느리게) 심호흡하십시오. 이것을 천천히 다시 말씀하십시오.
남성	(잠시 멈추고 심호흡을 한 후) 너는 소중해. (잠시 멈춤) 너는 유능해. 그리고 부여된 권한이 있어. (잠시 멈춤) 너는 소속되어 있어.
치료사	지금 저를 향하여 자신에 대하여 말해 보세요.
남성	(잠시 멈춘 후에 미소를 지우며) 저는 소중해요. 저는 유능하고 부여된 권한이 있어요. 저는 소속되어 있습니다.
치료사	이전 세션에서 당신의 얼굴은 뜨거워지고 심장이 배 속 어딘가에 있는 것처럼 느껴졌다고 말씀하셨습니다. 지금 당신의 느낌은 어떠십니까?
남성	(잠시 멈춤) 저는 지금 완전히 편안합니다. 숨을 쉴 수 있고, 그냥 편하게 느껴집니다.
치료사	(잠시 멈춤) 좋습니다. 당신의 몸은 당신에게 뭐라고 말하고 있습니까?
남성	"넌 소중하다. 넌 유능하고 부여된 권한이 있고, 그리고 넌 소속해 있다"라고 말하고 있습니다.

지금-여기의 현재 상황에서 진실을 말하는 것은 매우 도전적인 일이지만, 고통스러운 상황에서 내담자가 자신에게 진실을 선언할 수 있도록 돕는 중요한 일이다. 많은 내담자는 어린 자아에 대해 갖는 만큼 성인 자아에 대해 열정을 갖는 것이 어려울 것이다. 하지만 치료사는 내담자가 자신의 고통과 연결하고 진실을 선언할 수 있도록 지시적이고 지속적으로 개입해야 한다.

행동을 취하고 평온의 주기로 나아가기

치료사는 내담자가 자신의 정체감과 안전감에 대한 진실로 자신을 강화한 후, 이 진실에 비추어 어떻게 다르게 살기를 원하는지 내담자에게 반드시 물어보아야 한다. 진실로 안정된 내담자에게는 자신의 행동에 대한 새로운 가능성이 열리기 시작한다. 내담자는 자신의 고통에 대해 자신에 대한 진실로 응답할 때 휴식과 충족감을 경험할 수 있게 된다. '샬롬'이라는 히브리어처럼, 진정한 평온을 경험할 수 있게 되는 것이다. 개인이 평온할 때 절실한 욕구가 없이 충족감과 휴식이 있다. 개인이 고통 가운데 있을 때 개인의 행동은 도전하거나 도주하는 반응을 보이게 된다. 감정 조절의 결과로 인한 평온은 휴식을 취하게 한다. 정체감과 안전감이 위협받지 않기 때문에 반응성이 필요 없다. 개인은 자신의 행동을 합리적이고 지향적으로 선택할 수 있다. 고통으로 인한 스트레스가 있을 때 중뇌가 운전석에 앉는 대신 전전두엽 피질이 운전하여 건설적이고 사랑스럽고 신뢰할 수 있는 행동을 선택할 수 있는 자유를 갖게 된다(Hargrave & Pfitzer, 2011). 내담자가 정서적으로 조절하고 진실을 체현embodiment, 즉 몸으로 실현할 수 있을 때 타인을 양육하고, 자신을 가치 있게 여기며, 주고-받는 균형을 이루는 관계에 참여하고, 믿을 만한 관계를 맺는 행동을 취할 수 있는 인력을 행사할 수 있다. 조절되지 않은 정체감과 안전감이 어떻게 개인으로 하여금 사랑과 신뢰를 위반하는 반응성 또는 대처 행동을 취하는지의 흐름을 묘사하는 고통 차트가 있는 것처럼, 이에 상응하여 평온의 정체감이 어떻게 인력 행동을 유발하는지를 보여 주는 평온 차트도 있다. [그림 2.1]에 평온 차트가 설명되어 있다.

이 차트가 제1장에 제시된 차트와 어떻게 대조되는지 주목하라([그림 1.1]과 [그림 1.2] 참고). 내담자의 삶에서 내담자가 선천적으로 나쁜 사람이기 때문에 비난, 수치심, 통제, 도피가 일어나는 것은 아니다. 이러한 반응성은 자신과 관련된 정체감과 안전감의 고통으로부터 자신을 보호하고 생존하기 위한 시도에서 일어난다. 인간이 고통을 느낄 때, 그들은 고통스러운 방식으로 반응하지 않고 단지 파괴적으로 반응한다. 그것은 인간이 자신의 고통에서 살아남기 위해 파괴적이 되고자 하는 욕망desire 또는 의도가 있기 때문이다. 그리고 개인의 뇌는 이러한 특정한 방

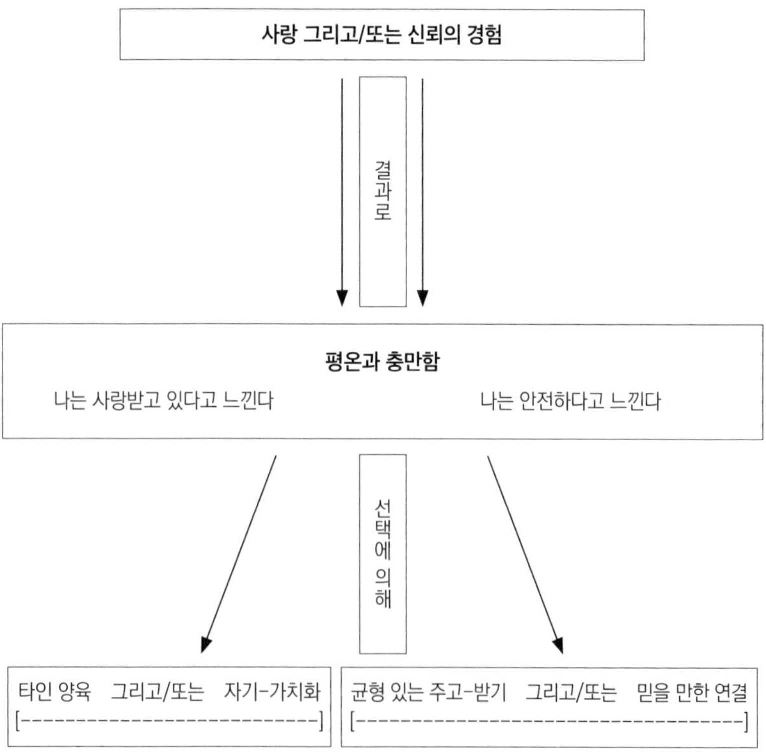

[그림 2.1] 평온과 인력 행위

식으로 대처하는 데 익숙해져 있다. 하지만 우리는 사람들이 나쁘고 의도적으로 파괴적이라고 믿지는 않지만, 그럼에도 불구하고 고통으로부터 오는 반응성은 개인의 정체감과 안전감, 개인과 관계된 정체감과 안전감에 파괴적이라는 점을 명심해야 한다. 사랑과 신뢰에 대한 위반(침해)은 개인의 배경과 그에 따른 정체감과 안정감을 감안할 때, 이를 아무리 이해할 수 있다 하더라도 그것은 관계에서 자신과 타인을 손상시킨다(Hargrave & Zasowski, 2016). 이것은 힘든 현실이지만, 치료사와 내담자로서 우리가 세대 간 관계의 교류에서 내담자의 책임을 면제하려는 유혹을 받을 때 직면해야 하는 현실이다(Hargrave & Pfitzer, 2003).

하지만 [그림 2.1] 평온의 차트에서는 다른 옵션을 제공해 주고 있다. 내담자가 자신이 사랑받고, 소중하고, 고유하다는 진실을 선언할 수 있을 때 자신이 안전하고 권한이 부여된 것을 인정할 수 있으며, 자신의 행농에서 나른 선택을 힐 수 있다. 어기서 내담자는 자유롭게 타인을 양육하고 자신을 가치 있게 여기며 관계에서 균형 잡힌 주고-받기를 하여 다른 사람과 믿을 만한 친밀한 관계를 맺을 수 있다. 고통과 마찬가지로, 내남사는 다양한 표현들로 타인 양육, 자기-가치화, 균형 있는 주고-받기, 믿을 만한 연결을 묘사한다. 이러한 행동의 표현들은 〈표 2.2〉에서 발견할 수 있다.

우리는 변화가 쉽지 않다는 것을 명심해야 한다. 다른 삶을 선택하는 것은 노력이 필요한 결정이며, 내담자가 갑자기 하고 싶어서 하는 선택이 아니다. 하지만 자신에 대한 진실을 알게 되면, 내담자는 행동뿐만 아니라 일차적인 감정에 있어서 변화를 통합하는 방향으로 나아가는 건설적인 결정을 내릴 수 있다. 실습을 통해 한 번에 하나씩 결정하면 이 선택은 더 쉬운 결정이 될 것이다.

〈표 2.2〉 양육, 자기-가치화, 균형 있는 주고-받기, 믿을 만한 연결과 관련된 행동의 임상적 묘사

양육	자기-가치화	균형 있는 주고-받기	믿을 만한 연결
사랑하는	자신을 가치있게 여김	균형 있는 증여	책임 있는
격려하는	자기 존중	균형 있는 받기	믿을 만한
수용하는	긍정적	취약해질 수 있는	자제하는
지원하는	겸손한	개방적	연결된
포용하는	낙천적	참여하는	친밀한
친절한	희망적인	감사하는	착실한
경청하는	자기-자각	불완전함을 수용	다가가는
인내하는	확신하는	이완된	문제 해결
온정적인	즐거워하는	자발적인	계획하는
		놓기	솔직한

타인 양육

내담자가 고통 가운데 있을 때, 위에 나열된 한두 가지, 세 가지 또는 네 가지 방식 모두로 대처하는 경향이 있다. 어떤 내담자는 상황과 다른 사람들에게 공격적이거나 보복적인 태도를 보이고 처벌하는 방식으로 대응하는 타인 비난의 경향이 있을 것이다. 하지만 내담자들이 자신의 고통에 대하여 진실을 선언할 수 있을 때 그들은 평온으로 반응할 수 있게 된다. 고통의 주기에서 비난으로 대처하는 대신 타인 양육의 행동을 하는 것이다. 분명 양육은 유대 관계를 맺게 하는 수많은 행동을 수반할 수 있지만, 내담자가 양육으로 나아갈 수 있는 방식을 고려할 때 세 가지 실천적인 행동에 초점을 두는 경향이 있다.

첫째, 양육을 선택한다는 것은 다른 사람의 생각과 감정을 고려하

고 경청하는 시간을 갖는 것을 의미한다. 이러한 행동은 상대방이 우선순위이며 상대방이 경청할 만한 가치가 있는 아이디어와 감정이 있다는 것을 내포한다. 경청은 또한 상대방이 자신을 더 잘 이해할 기회를 제공한다는 점에서 상대방에게 선물을 제공하는 것이다(Kieffer. 1977). 이러한 행동은 새로운 아이디어가 형성될 수 있는 환경을 조성하고, 두 사람이 한 팀이 되어 문제를 논의함으로써 문제가 더욱 명확해질 수 있다. 문제가 해결되지 않고 문제의 명확한 지점에 도달하지 못하더라도, 경청자는 단순히 상대방에게 경청의 기회를 제공함으로써 양육 방식으로 행동하고 있다. 물론 경청하는 것은 다른 행동도 포함되어 있다. 예를 들어, 경청은 동시에 몇 가지 일을 하는 행위가 아니다. 경청자의 시간은 오로지 상대방에게만 집중된다. 또한 눈을 맞추는 것은 경청자가 대화에 집중하고 있다는 것을 상대방에게 확신시켜 준다(Hargrave & Pfitzer, 2011).

양육에 포함되는 또 다른 실천적 행동은 격려하는 것이다. 격려는 다양한 형태를 취할 수 있다. 격려는 종종 누군가 가장 하고 싶어 하는 바로 그것을 확언해 주기도 한다. 예를 들어, 예배 후 한 신자가 목사에게 다가와 그의 은혜로운 설교에 감사하면서 설교가 자신이 직면하고 있는 어려운 상황에 큰 도움이 되었다고 말했다고 하자. 이런 격려의 말은 내담자가 해야 한다고 느끼는 일을 계속하도록 확언해 주고 동기를 부여해 준다(Hargrave & Hargrave, 2015). 또한 내담자가 누군가의 정체감에 대하여 진실을 말할 수 있을 때 그것은 똑같이 격려하는 것이다(Hargrave & Hargrave, 2015). 즉, "당신은 나의 인생의 선물이야!", "나는 다시 태어나도 당신을 선택할 거야!"와 같은 말들은, 격려받는 존재로서 자신이 누구이며 다른 사람의 삶에서 자신이 지닌 가치에 대하여 많은 것을 말해 준다.

양육의 세 번째 실천적 행동은 수용하는 것이다. 수용은 “나는 너를 알고 있고, 너와 함께 있다”라는 메시지를 전달한다. 다른 사람을 수용한다는 것은 어떤 고통이 발생했든, 어떤 행동을 취하지 않았든, 그를 이해하고 그것을 함께 견디고 해결하겠다는 헌신과 약속이다.

여기서 수용은 승인과 같지 않다는 것을 명심해야 한다. 수용은 우리가 매력적이지 않고 단절된 방식으로 반응하는 행동을 승인하는 것은 아니다. 그 행동이 인정받을 가치가 없더라도, 수용은 상대방에 대한 인내, 연민, 충성을 전달한다. 수용은 개인의 정체감 형성과 양육에 핵심이다.

자기-가치화

고통에 대한 모든 반응성과 마찬가지로, 수치심과 비난은 개인이 느끼는 것보다 개인이 하는 것을 더 많이 나타낸다(Hargrave & Pfitzer, 2011). 비록 수치심과 비난이 이차적 감정의 특징을 가진다 해도 이 감정들은 생리적으로 느껴질 수 있고 관찰될 수 있다. 그것들은 정체감과 안전감에서 비롯된 일차적 감정에 대한 반응성이며 일차적 감정은 아니다. 그러므로 치료사는 항상 일차적 감정으로부터 이러한 반응성의 감정들을 분리하는 것이 중요하다. 치료사는 항상 “내가 관찰하고 있는 이 감정에 원동력이 되거나 연료가 되는 것은 무엇인가?”라고 묻는 것이 현명하다. 예를 들어, 어떤 사람이 자기-수치화를 할 때 일반적으로 이 반응성은 일반적으로 사랑받지 못하고, 능력이 없거나, 혼자라는 느낌의 연료를 공급받고 있다. 수치화 반응성은 일차적 감정에 의해서 일어난다

(Hargrave & Ptitzer, 2011).

정체감이나 안전감을 정서적으로 조절하지 못하고 자기-수치화로 반응하는 사람은 자기 가치의 가능성을 보는 데 큰 어려움을 겪는다. 수치화 행동은 그들을 절망과 무력감에 갇혀 버리게 만든다. 수치심은 개인의 정체감에 대한 고통스러운 거짓을 확증하기 때문에 특히 독성적인 반응이다. 실수가 개인의 무능함으로 느껴질 때, 자기-수치화로 반응하거나 부적합하거나 심지어 쓸모없다고 말하기 쉽다. 결국 이 사람은 자신의 고통에 책임을 질 수 없다. 사랑받는 느낌을 타인에게서 이루어지기를 갈망할 때, 타인이 자신을 인정하지 않거나 혹은 자신의 기분을 좋게 만드는 정확한 말을 하지 않을 때마다 사랑받지 못한다는 느낌이 강화된다. 만일 개인이 자신의 정체감과 안전감에 대한 진실을 선언할 수 있다면 개인은 의미 있게 자기를 가치화하고 자신의 환경에서 긍정적이고 권한이 부여된 자세를 취할 책임을 지는 가능성을 창조하기 시작할 것이다.

자신이 얼마나 부적합하고 무가치하며 사랑받을 수 없는지에 대해 다른 사람들에게 공개적으로 말하는 사람은 거의 없다. 하지만 수치자shamer는 하루종일 언어적 · 비언어적으로 일관되게 자신에게 고통스러운 메시지를 주는 것을 주저하지 않는다.

그러므로 자신을 가치 있게 여기기 위해 취할 수 있는 첫 번째 단계는 다른 사람 앞에서는 하지 않을 말을 자신에게도 하지 않기로 결심하는 것이다. 또한 수치자는 생각과 마음에서 연출하는 부정적인 메시지와 일치하는 피드백만 들으려고 하는 경향이 있다. 자신을 가치 있게 여기는 핵심 요소는 타인으로부터 긍정을 받아들이기를 선택하는 것이다. 그리고 개인이 자신에게 진실을 말하는 데 책임을 져야 하는 것처럼, 인력은 자기-가치화에 있어서 중요한 요소이다.

자기-가치화를 하려는 내담자는 자신을 양육하기 위해 의도적인 단계를 밟아야 한다. 이것은 자신의 은사와 재능을 규명하고 개인의 장점을 기꺼이 보는 것을 포함한다. 내담자가 자기-가치화를 하기로 결정했을 때, 시간을 보내는 방법, 적절한 영양 공급, 운동 및 수면 습관을 통하여 자신을 돌보는 방법 등 자신의 필요를 우선시할 용의가 있어야 한다. 자신을 가치 있게 여기는 것은 생명을 주는 활동을 위한 시간을 만드는 것이지, 단순히 타인의 요구나 더 나은 삶을 위해 더 많은 일을 하거나 더 열심히 노력해야 한다는 압력에 의해 추진되는 일이 아니다. 자기-가치화는 성장의 영역에 눈이 먼 것을 의미하지 않는다. 사실 자신을 가치 있게 여길 수 있는 사람은 자신의 성장 영역을 보고 건설적인 비판을 들을 수 있지만, 그 비판을 가지고 자신의 정체감과 가치감을 공격할 기회로 삼지는 않는다.

주고-받기의 균형

일반적으로 자신의 고통을 다스려 개인이 평화로울 때, 관계에 주고-받는 균형을 제공할 수 있다. 통제 행동의 반응성을 채택한 사람은 근본적으로 자기-의존과 독행獨行, 즉 독립된 행동에 전념한다. 고통 속에서, 통제자들은 그들의 운명을 다른 사람들의 행동이나 평판에 맡기는 것을 절대적으로 꺼린다. 통제 반응성은 본질적으로 “아무도 믿을 수 없어 혼자 사는 것이 훨씬 낫다”라고 말하는 것과 같다. 타인에게 의지할 수밖에 없는 경우, 통제자는 자신의 뜻과 욕망에 따라 다른 사람의 결정과 행동을 관리할 것이다. 따라서 통제자는 고통 가운데 있을 때 취약할 수 없으며 상호 의존적 관계에 참여하는 것을 거부한다(Hargrave & Pfitzer, 2003).

반면 자신의 정체감과 안전감에 대한 진실을 선언한 사람은 주고-받는 균형으로 반응할 수 있다. 여기에서 개인은 자신이 관계에서 모든 것을 다 할 수 없다는 것을 인정하고 취약해질 수 있고, 다른 사람들에게 의존할 수 있다. 또한 개인은 관계 파트너들이 그들의 역할을 할 수 있도록 기꺼이 공간을 마련하며 자신의 생각이 항상 최상의 것이 아닐 수 있고, 다른 사람들의 생각이 자신의 생각에 수용될 만한 가치가 있다는 사실을 인정한다(Hargrave & Hargrave, 2015).

통제로부터 주고-받는 균형으로 옮겨 갈 때, 반드시 인식해야 하는 사실은 인간이 번영하고 심지어 생존하기 위해서 다른 사람이 필요하다는 것이다. 인간은 관계적 파트너로부터 분리되어 완전히 독립적으로 건전하게 기능할 수 없다. 통제자는 자신의 위험을 최소화하기 위해 혼자 감당하려고 노력하겠지만, 그것은 매우 불충분하고 외로운 삶의 방식일 뿐이다. 주고-받기의 균형을 추구하는 것은 다른 사람들의 은사와 재능을 인정하고 이들의 장점에 의지할 기회를 제공해 준다(Hargrave & Stoever 2010).

주고-받기의 균형은 또한 내담자가 통제하고 싶은 것 대신에 자신이 할 수 있는 권한의 부여에 집중할 기회를 준다. 통제자는 종종 원치 않는 상황으로부터 자신을 보호하기 위해 완벽주의를 사용한다. 하지만 그들 자신이 할 수 있는 권한 부여는 제한적이고, 심지어 최선의 노력에도 불구하고 완벽은 불가능하다. 당연히 치료사들은 최선을 다해 노력하는 내담자를 옹호하겠지만, 그런 노력에도 불구하고 열악하고, 예측할 수 없는 상황은 발생하게 될 것이다(Hargrave & Pfitzer, 2011).

주고-받기의 균형을 추구하기 위해 취할 수 있는 실제적인 단계는 다른 사람들의 생각을 경청하고 그들의 조언과 욕구를 실제로 따르는 것이다. 이것은 아마도 개인의 선호나 일상을 벗어난 무언가를 하는 것을 의미할 것이다. 상황이 어떻게 진전될지는 보장할 수 없다. 하지만 이런 실제적인 단계를 취하는 것은 내담자의 관계 안에서 주고-받기의 균형을 사용하는 새로운 행동에 참여하는 훌륭한 훈련이 될 수 있다.

믿을 만한 연결

인간이 경험하는 것 중 하나는 도전이나 고통 없이 인생을 살아가는 사람은 없다는 사실이다. 언젠가는 누구나 고통에 직면하게 될 것이다. 어떤 경우에는 이런 고통에 대한 자연스러운 반응으로 어떻게든 그것에서 벗어나려고 문제 상황이나 관계로부터 도피한다. 개인이 '스트레스를 받을 수 없다', '휴식이 필요하다', '아무도 연결과 책임에서 도피하려는 나의 선택으로 인해 해를 입지 않을 것이다'라고 스스로를 설득하는 것은 쉬운 일일 수 있다.

다른 고통의 반응성과 마찬가지로 도피는 확실히 이해할 수 있는 것이지만, 이는 결코 도움이 되지 않고 오히려 자신과 관계에 파괴적이다. 개인은 종종 "내가 그 상황에 있었다면 폭발해 버렸을 것이니, 다른 모든 사람의 유익을 위해 내가 거기를 떠나는 것이 더 좋을 거라고 생각했죠"라고 말하는 것으로 이러한 반응성을 정당화할 것이다. 또한 "내가 술을 몇 잔 마시고 힘든 하루에서 벗어날 때 나는 아무에게도 상처를 입히지 않을 수 있어"라고 말할 수도 있다. 그러나 내담자가 이와 같은 말을 할 때, 치료사는 도피가 파괴적인 대처 행동이 아니라는 가정에 도전할 준비가 되어 있어야 한다. 도피는 고통을 감정 조절하는 방향으로 이끄는 것이 아니라 단순히 무책임한 방식으로 고통을 잊으려 하는 것일 뿐이다(Hargrave & Pfitzer, 2011).

도피와 관련된 대처 반응에는 세 가지 주요 문제가 있다. 첫째, 도피 혹은 철회는 빠르게 습관이 되고 중독이 될 수 있다. 술을 마시면 고통은 확실히 줄어들겠지만 신체적 중독이 되기 쉽다. 스마트폰, 사회적 미디어, 비디오 포르노, 게임과 같은 활동들은 자신과 타인과의 관계에 해를 미치게 하는 강력한 심리적 중독을 만들 수 있다. 도피의 두 번째 문제는 이러한 방식으로 고통을 대처하는 사람은 믿음직하지 않다는 것이다. 관계에 대한 신뢰를 구축하려면 안정성과 예측성이 필요하다. 다시 말해, 인간으로서 우리는 어떤 개인을 신뢰하기 위해서는 그 개인이 우리에게 10번 중 8~9번의 안정성과 예측 가능성을 보여 주어야 한다(Hargrave & Pfitzer, 2011). 고통 속에서 단절을 선택하면 관계에 있어서 신뢰의 필수 구성 요소가 제대로 구축되지 않는다. 끝으로, 도피하고 철회하는 것은 삶에 대하여 수동적인 접근 방식을 불러일으키며, 자신의 인생 결정에 대한 책임을 지고 자신의 인생 경로를 정하는 것을 거의 불가능하게 만든다. 이러한 행동은 일반적으로 혼란을 초래하여 자신과 개인의 관계에 해로운 영향을 준다.

따라서 도피를 통해 고통에 대처하는 내담자에 관한 질문은 "가장 고통스러운 상황에서도 어떤 식으로 참여하고 연결되어 있습니까?"가 된다. 개인이 평온한 상태에서 믿을 만한 연결로 반응할 수 있을 때, 그는 자신이 문제를 끝까지 보게 될 것이고 결국에는 해결책이 있을 것이라는 확신의 선물을 자기 자신에게 준다. 고통 속에서 도피하기를 선택한 사람은 일시적으로 완화되는 느낌을 받는다. 처음에는 연결 상태를 유지하는 것이 어려울 수 있지만, 궁극적으로는 이슈와 문제가 해결되기 때문에 더 큰 평온을 얻는다. 연결 상태를 유지하고 문제를 해결하는 데 전념하면 신뢰성과 믿음성을 통해 성품이 형성된다.

문제를 회피하려는 시도는 아무것도 해결하지 못하며 도피를 선택한 개인에게 덕목은 발달하지 않는다. 삶은 힘들 수도 있지만 중요한 성장, 성숙, 그리고 덕목은 연결에 대한 전념의 결과로 그것을 얻을 수 있다는 사실에 큰 위안을 받는다(Hargrave & Hargrave, 2015). 고통은 사람들에게 환영받는 방문자는 아니지만, 그것은 불가피하며 개인이 믿을 만한 연결을 유지하고자 할 때 개인을 성장시키고 가르칠 기회를 제공한다. 본 장에서 살펴본 사례에서, 남성 내담자는 자신이 소중하고, 유능하고, 권한이 부여되어 있고, 소속해 있다는 자신에 대한 진실을 규명했다. 이곳에서 치료사는 이러한 그의 진실을 활용하여 평온의 주기를 구성하게 될 인력 행동을 완성하게 된다.

치료사 당신은 당신의 고통의 주기에서 혼자이고, 쓸모없고, 부응할 수 없다는 느낌의 고통에 대해 자기-수치화와 도피로 대처한다는 것을 규명하였습니다. (내담자가 끄덕임) 또한 당신은 소중하고, 능력이 있고, 부여된 권한이 있으며, 소속해 있다는 진실을 자신에게 선언할 수 있었습니다. 이제 자신에 대한 이러한 진실을 알고 있는 상태에서 당신이 다르게 하고 싶은 행동이 무엇입니까?

남성 (잠시 멈춤) 제가 저를 수치화할 때, 저는 정말로 궁핍해지는 것 같습니다. 저는 다른 모든 사람이 저를 비난하거나 어떤 말도 하지 않을 때 매우 실망하고 저를 수치화합니다. 그러면서 그들이, 특히 상사가 제가 듣고 싶어 하는 말을 저에게 말해 주기를 간절히 기대하죠. 그러나 이제 저는 다른 사람들이 저에게 주었으면 하고 바라는 메시지를 저 자신에게 스스로 줄 수 있다는 것을 깨달았습니다. 제가 마음의 문을 닫으면 문제는 사라지지 않고 쌓이기만 하죠. 저는 이제 문제가 해결될 때까지 그 문제를 피하지 않고 더 잘 대처하고 싶어요.

치료사 당신은 어떤 방식으로 자신에게 가치 있는 메시지를 전달해 주고 문제에 충실할 수 있는 권한을 부여하시겠습니까?

남성 저는 상사에게 직접 인정받는 것보다 저 자신을 사랑하고 스스로 돌볼 수 있는 권한을 제게 부여하겠습니다. 그리고 저 자신을 증명하기 위해 밤을 지새우고 식사를 거르는 일을 멈추고, 저를 더 잘 돌볼 힘도 부여하고요. 또한 계속해서 그 프로젝트에 참여할 수 있고, 마음의 문을 닫고 그것이 사라지기를 바라는 대신에 도움이 필요할 때 질문을 하겠습니다.

치료사 (잠시 멈춤) 이번 주 직장에서 보여 줄 이러한 행동은 어떤 모습일까요?

남성 만일 실수하거나 상사에게 시정을 요구받더라도, 저는 소중하고, 유능하며, 부여된 권한이 있고, 제가 소속되어 있다고 자신에게 말할 것입니다. 과거에 선생님이 저에게 주셨으면 했던 메시지를 저 자신에게 전할 것입니다. 또한 저는 제가 할 수 있는 일을 하고, 필요할 때 질문을 하고, 도움을 요청할 것입니다.

치료사 이번 주에는 어떻게 믿을 만한 연결을 하고 "문제에 충실"할 것입니까?

남성 벌써 현재의 프로젝트를 완료하기 위해 동료에게 물어봐야 할 문제를 생각해 낼 수가 있네요. 그런데 저는 줄곧 보내야 할 이메일 발송을 피하고 있었습니다. 준비가 다 됐으니 보내도 되는데 아직 보내지 않았어요.

치료사 지금 바로 그 이메일을 보내는 것을 생각할 때 어떤 느낌이 드십니까?

남성 (잠시 멈춤) 솔직히 말해서 저는 제가 누군가에게 질문할 만큼 쓸모가 있다고 느끼지 않으며, 이 직장에 내가 속해 있는지 아닌지 의문이 듭니다. 저는 혼자라는 느낌이 듭니다.

치료사 평소에 자신이 쓸모없고 혼자라고 느낄 때 어떤 일을 합니까?

남성 자신을 수치화하면서 도피하기 위해 철회합니다.

치료사 지금 바로 그 감정에 대하여 자신에게 전하고 싶은 메시지는 무엇입니까?

남성 (잠시 멈춤) "넌 소중해. 그리고 너는 속해 있어."

치료사 어떠한 일이 있어도 당신에 관한 이 진술이 진실이라는 것을 알고 있다면, 자신을 수치화하고 도피하기 위하여 철회하는 것 대신에 무엇을 하고 싶습니까?

남성 저는 저 자신에게 진실을 상기시키고 이메일을 보낼 것입니다.

치료사 (잠시 멈춤) 지금 바로 그것을 하시겠습니까?

남성 이곳에서 지금이요?

치료사 네!

남성 좋습니다. (내담자는 자신의 핸드폰을 꺼내어 이메일을 보낸다)

치료사 느낌이 어떠십니까?

남성 (잠시 멈춤) 여전히 저는 그런 감정들을 느끼고는 있지만, 무슨 일이 일어난다고 해도 제가 소중하고 소속해 있다는 것을 알고 있습니다. 그런 감정에 귀 기울이고 있는 것이 좋게 느껴집니다.

위의 사례에서 치료사는 내담자의 진실과 새로운 행동을 규명하고 실행하도록 돕는다. 치료사는 내담자가 치료실의 지금-여기에서 새로운 행동을 실행하도록 해 세션 밖에서도 내담자 자신이 하고자 하는 행동을 실행할 수 있게 한다. 치료사는 내담자가 세션 후에 할 수 있는 일에 대하여 단순히 말하는 것이 아니라, 내담자가 순간 가지고 있는 감정을 조절하도록 돕고 결국에는 세션에서 이메일을 보내는 행동을 실행하게 했다. 내담자는 고통의 주기에서 평온의 주기로 이동하는 과정을 명확히 하는 언어를 가지고 있지 않지만, 치료사는 내담자가 고통의 주기를 규명하고 평온의 주기에서 다른 행동을 선택하도록 안내했다. 내담자를 위한 4단계 마음챙김 훈련을 제공한 것이다.

평온의 주기

자신의 정체감과 안전감에 대한 진실을 선언하고, 새로운 행동을 규명한 내담자는 이제 자신의 평온의 주기 인지 지도를 만드는 데 필요한 것을 갖게 되었다. 다시 한번 강조하지만, 내담자의 새로운 행동은 자신이 효과적으로 공감할 수 있는 언어로 표현돼야 한다. 내담자는 자신이 앞으로 다르게 할 행동에 대하여 자신의 언어를 만들어 낼 수 있다. 그러나 치료사가 추측을 사용하여 내담자가 새로운 행동을 명명하도록 돕는 경우, 내담자는 그 언어를 자신의 언어로 소유해야 한다. 종종 새로운 행동은 단순히 양육, 자기-가치화, 균형 있는 주고-받기, 믿을 만한 연결과 심지어 〈표 2.2〉에서 설명된 행동의 언어로 표현되지 않는다. 대신 내담자는 "나의 장점을 축하하자", "협력한다"라는 문구를 사용할 수 있다. 이러한 경우 치료사는 특정 단어에 얽매이지 말고 진술의 진실성과 새로운 행동의 정확성을 관찰하고 추론하는 데 실용적이어야 한다(Hargrave & Pfitzer, 2011).

고통의 주기와 마찬가지로, 평온의 주기는 내담자 앞에서 기록하고, 세션과 세션 사이에 반복 언급하는 것이 매우 중요하다. 제3장에서 논의하듯이, 고통과 평온의 주기는 변화를 위한 가능성을 조직화하고, 순서화하고, 요약하고, 구조화하는 과정에서 필수적이다. 치료사는 치료 세션을 위해 고통 및 평온의 주기에 대한 유인물을 보관하거나 세션 중에 참고하기 위해 화이트보드나 게시판에 작성할 수 있다. 위의 사례에서 [그림 2.2]의 남성 평온의 주기는 모든 후속 세션에서 그의 고통의 주기 옆에 배치되도록 구조화되고 기록되었다. 평온의 주기는 내담자

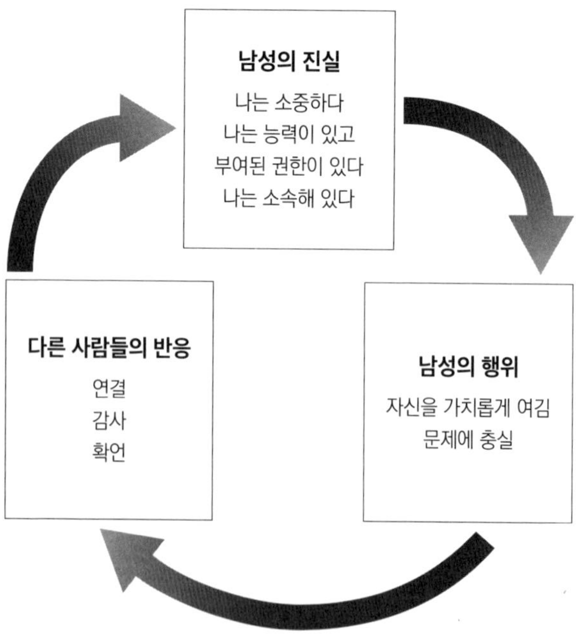

[그림 2.2] 남성의 평온의 주기

가 평온할 때 어떻게 느끼고 행동하는지를 묘사하기 위한 것이며 앞으로 나아갈 길에 대한 지도 역할을 한다. 이제 내담자는 자신의 고유한 고통의 주기를 인식할 수 있을 뿐만 아니라 평온의 주기 인지 지도를 통하여 변화에 대한 책임을 지게 된다.

4단계 실습에 대한 요약

제6장에서는 4단계에 대한 연구 발견과 작업에 전념하지만, 복원치료 접근을 처음으로 접하는 독자를 위해 이 맥락에서 복원치료에서 우리가 하는 4가지 작업을 언급할 필요가 있다. 우리는 제1장에서 말했듯이 첫 번째로 고통의 주기를 규명한다. 본 장에서는 감정을 조절하는 진실을 규명하는 개념을 충분히 논의했고, 이제 그 진실을 인력의 행동과 함께 내담자의 평온의 주기를 규명하는 것으로 이동했다. 치료사가 이러한 두 대조적인 인지 지도를 갖고 있을 때, 내담자와 함께 마음을 다하여 4단계를 실습하는 복원 과정의 네 번째 목표가 준비된다.

4단계의 배후에 있는 목표는 내담자에게 마음챙김의 도구를 사용할 수 있도록 하여, 감정 조절 곤란이 있는 상황에서도 고통의 주기에서 평온의 주기로 이동할 수 있도록 돕는 것이다. 상기해야 할 네 단계는 1) 일차적 감정을 말하기 2) 일반적으로 하는 행동을 말하기 3) 자신에 대한 진실을 말하기 4) 새로운 행동을 선택하기이다. 많은 마음챙김 훈련과 마찬가지로 이 4단계가 분명하고 단순해 보인다는 것을 인정해야 한다. 그러나 우리는 임상적으로 이 4단계가 내담자들이 감정을 조절하는 데 필요한 지렛대를 얻고, 사랑이 없고 신뢰할 수 없는 행동을 멈추도록 그들을 움직이는 데 얼마나 효과적인지 몇 번이고 확인하게 된다. 하지만 이러한 4단계를 내담자의 행동적인 변화 안에 성공적으로 접목하는 데는 많은 시간이 걸린다는 것을 인식해야 한다. 위의 사례와 같이, 4단계는 치료실에서 치료사가 내담자가 4단계의 각 지시에 응답하도록 돕는 가운데 시작된다. 예를 들어 "지금 바로 그 이메일을 보내는 것을 생각할 때 어떤 느낌이 드십니까?"와 같은 것이다. 결국 치료사는 내담자가 자신을 위해 4단계를 배우고 세션 작업 사이의 맥락에서 이것들을 활용하도록 도와줄 것이다. 더욱이 내담자가 자신의 감정 조절 곤란을 인지하는데 더 익숙해지게 됨으로써 결국 고통의 주기의 느낌과 반응성 행동을 평온의 주기와 인력 행동으로 전환할 수 있도록 한다 (Hargrave & Hargrave, 2015). 요점은 4단계로부터 오는 마음챙김은 통합하는 데 시간이 걸리는 과정이라는 것이다(Hargrave & Hargrave, 2015).

4단계의 마음챙김 과정에서 첫 번째 단계는 내담자가 고통의 주기에서 실제로 느끼고 있는 것을 큰 소리로 말하는 것이다. 종종 내담자는 "화가 나는 것 같아", "좌절한 듯해", "떠나가 버리는 것 같아" 등과 같이 반응하는 것으로 진술한다. 치료사는 이러한 유형의 진술이 내담자가 무엇을 하고 있는지 또는 어떻게 반응하고 있는지를 나타내는 것이라는 점을 인식해야 한다. 이것은 내담자가 화난 것이 사실일 수 있지만, 실제적인 것은, 일차적 감정에 의하여 일어난 이차적 감정과 반응성이다. 첫 번째 단계에서 조절 곤란 변화를 조직화하기 위해 내담자가 일차적 감정에서 실제로 일어나고 있는 것을 명명하는 것이 중요하다 (hargrave & Hargrave, 2015). 사실 첫 번째 단계는 정체감과 안전감과 관련된 감정을 실현화하거나 내담자가 인지적으로 인식하게 하는 것이다 (Hargrave & Pfitzer, 2011).

두 번째 단계에서, 내담자는 자신이 규명한 고통을 평소에 느낄 때 하는 행동을 다룬다. 현실적으로 자신의 행동에 대하여 예측하는 것이다. 즉, 평소에 어떤 일을 하느냐를 말하는 것이다. 내담자가 자신의 일차적 감정에 대처하는 행동을 명명하는 것은, 만일 선택하지 않고 자신을 내버려 둔다면 실제로 어떤 행동을 할지 예측하는 것이다. 내담자는 자신의 반응성에 의해 야기되는 문제와 혼란을 잘 알고 있으며 실제로 자신의 파괴적인 경향을 명명한다. 파괴적인 경향을 크게 소리 내어 명명할 때, 내담자는 실제로 사랑이 없고 신뢰할 수 없는 행동을 반복할 기회를 줄이게 된다. 그것은 더는 반자동 반응성이 아니며, 그들의 마음챙김으로 행동의 잠재적 결과를 인식하는 반응이다(Hargrave & Pfitzer, 2011).

세 번째 단계는 진실을 말하는 것이다. 본 장에서 잘 설명하였듯이, 내담자가 능동적으로 정체감과 안전감에 관한 조절되지 않은 감정과 신념을 거부하고 정체감과 안전감의 긍정적인 측면에 초점을 맞추게 될 때, 그들은 뇌에 침투하여 반자동 반응성에 대응하고 잘못된 믿음과 감정을 조절할 수 있게 한다(Hargrave & Hargrave, 2015). 앞서 말했듯이 진실을 분명히 하는 것은 고통의 주기의 존재를 부정하는 것이 아니다. 그것은 단순히 내담자가 더 건설적이고 유익한 대안을 찾는 데 있어서 인지적이고 권한이 부여된 위치에 자신을 놓는 것을 의미한다(Hargrave & Hargrave, 2015).

끝으로 마음챙김 실천의 네 번째 단계에서, 치료사는 내담자가 일차적 감정이나 자기 조절로 분명해진 진실을 바탕으로 인력의 행동을 명명하도록 돕는다. 결과적으로 이제 내담자는 명명된 행동을 실천할 수 있다. 이러한 내담자의 행동들은 사랑스럽고 신뢰할 수 있어서 감정 조절의 진실을 강화한다. 앞서 언급했듯이, 치료사는 지금-여기에서 이러한 해결 방법들을 찾고 실제로 용기를 주어 내담자가 4단계의 힘을 활용하는 데 좀 더 효율적이고 능숙해지도록 돕는다.

제2부

발전, 기법, 개입

제3장

조직화, 순서화, 구조화

우리는 모두 내담자들이 그들의 성격, 복잡한 관계, 또는 문제에 갇혀 있다는 것을 알고 있다. 때로는 내담자가 자신이 느끼는 감정을 효과적으로 말로 표현할 수 없거나 자신의 상황과 행동을 스스로 이해할 수 없을 때도 있는데, 이때 내담자는 자신에게 답답함과 좌절감을 느낀다. 또한 치료사가 길을 잃거나 곤경에 처하는 것도 흔한 일이다. 그것은 아마도 치료사가 내담자들이 이해할 수 있는 질문을 할 수 없기 때문에, 내담자들이 한 말이나 행동에 의해 감정이 조절되지 않기 때문에, 내담자들이 능숙한 언어로 너무 빠르게 말해서 내용을 따라가지 못하고 한마디도 끼어들 수 없기 때문에, 내담자가 너무 많이 결석하거나 세션에서 거의 아무 반응도 하지 않고 침울해하거나 헤매는 느낌이 들기 때문에, 또는 사실상 내담자가 처음에 치료를 받으러 온 원인과 거의 또는 아무 관계가 없는 내용의 어떤 것을 말하기 때문에 등과 같은 이유로 일어날 것이다.

치료사로서, 우리는 종종 길을 잃는다. 왜냐하면 우리가 도우려는 내담자의 배경, 고통, 상황에 대해 충분히 알지 못하거나 이해하지 못하기 때문이다. 우리는 너무나 많은 트라우마나 정서적인 혼란, 심지어 내담자가 가진 문제의 복잡성에 압도당한다. 이러한 문제는 단순히 해결할 수 없는 것처럼 보이기도 하고, 심지어 희망이나 답이 보일 때도 내담자가 변화와 문제 해결을 위한 간단한 조치조차도 행할 수 없다는 사실에 당황하게 된다. 확실히 치료사는 어떤 이유로 내담자의 이야기와 과정에서 길을 잃기 쉽고, 또한 모든 치료사는 이런 경험을 한 번쯤은 한다. 그러나 문제는 "우리가 치료 장면에서 어떻게 길을 잃었는가?" 하는 것이 아니라, "우리가 어떻게 다시 정상 궤도로 돌아갈 것인가?"이다.

우리는 정상 궤도로 다시 돌아가기 위해 첫째, 우리가 종종 길을 잃거나 곤경에 빠지는 이유가 내담자가 곤경에 빠지거나 길을 잃은 이유와 정확히 같다는 것을 기억해야 한다. 다른 사람의 감정을 이해하기는 쉬워 보일지 모르지만, 때때로 우리가 우리 자신을 이해하기는 매우 어렵다. 우리는 모두 내담자들에게 하지 말라고 하거나 피하지 말라고 말할 때 정확히 그런 경험을 해 왔다. 우리는 모두 우리의 이슈와 문제에 압도당하는 상황에 부딪혀 왔다. 요컨대 내담자가 인간인 것처럼 치료사인 우리도 인간이다. 내담자의 인간성과 접촉하기 위해서는 우리 자신의 인간성과 필수적으로 접촉해야 한다. 우리의 감정을 관리하고, 행동의 건설적인 변화를 만들고, 자신에 대해 최고라고 믿는 것이 실제로 얼마나 어려운지에 대한 인식은 내담자에게서 이와 같은 문제의 전제 조건이다. 우리 자신의 인간성과 접촉할 때, 우리는 인내하고, 이해하고, 공감하고, 내담자의 인간성과 연결하는 것이 훨씬 더 쉬워진다는 것을 알게 될 것이다. 우리는 여전히 때때로 내용에 갇힐 수 있지만, 우리가 돕고자 하는 사람들과 함께하고 그들에게 도움을 줄 수 있을 것이다 (Hargrave & Pitzer, 2011).

둘째, 길을 잃거나 곤경에 빠진 상태에서 다시 정상 궤도로 돌아가려면 우리는 치료의 자연스러운 리듬을 찾아야만 한다. 우리는 내담자들이 그들의 정체감과 안전감에 대한 신념과 행동 사이에서 자연스럽게 갈팡질팡 방황한다고 믿는다. 우리가 치료사로서 자신에 대한 그러한 과정을 이해할 수 있고, 내담자들이 그것을 이해할 수 있도록 만들려면, 내담자 이야기의 고통과 연결하고, 그 고통이 어떻게 반응성과 대처로 흘러 들어가는가를 보고 이해할 수 있는 능력을 갖추어야 한다. Hargrave와 Pfitzer(2011)가 말했듯이, 일반적으로 훌륭한 치료법, 특히 복원치료법의 짜임새는 타원의 양쪽 끝 사이를 이동할 수 있는 능력이다. 한쪽 끝에서는 치료사가 항상 내담자들의 이야기와 그들의 고통에 연결돼 있어야 하고, 다른 한쪽 끝에서는 치료사가 이 고통이 내담자의 행동(파괴적이든, 반응성적이든, 건설적이든, 인력적이든)을 통해 삶 속에서 어떻게 전개되는지를 인식해야 한다. 치료시가 길을 잃은 후에 정상 궤도로 다시 돌아가려면 이러한 타원의 양쪽 끝을 반복적으로 탐색해야 한다. 치료사는 내담자가 이 두 가지 진동하는 극단에 연결되고 이를 탐색할 수 있도록 적극적으로 도와주면서, 내담자가 통찰과 변화의 이동을 얻을 수 있도록 도울 것이다.

내담자 이야기

많은 치료사는 일단 내담자의 이야기를 이해하면 치료 작업이 시작될 수 있다고 믿는다. 복원치료사들은 내담자의 이야기를 배우는 것이 이후의 치료 작업에 필수적인 정보를 제공할 수 있다는 데 동의한다. 그러나 우리는 또한 내담자의 이야기를 이해하는 과정에서부터 실제로 개입이 시작된다고 믿는다. 다시 말해서, 치료의 초기 단계에서 우리가 내담자를 경청하고 내담자에게 참여하는 방식은 우리가 나중에 사용할 수 있는 개입만큼이나 치료적일 수 있다. 치료사가 내담자의 이야기를 이해하려고 할 때 현명한 개입을 활용하는 것은 치료 과정의 강력한 기반을 구축하는 데 중요하다. 우리는 위에서 언급한 것처럼 타원의 한쪽 끝에서 다른 쪽 끝으로 진동해 나갈 때, 이 과정은 조직화, 순서화, 구조화를 통해 가장 잘 수행된다는 것을 깨닫게 되었다.

내담자가 치료사와 연결되고 치료 과정에 적절히 참여하기 위해서는 자신의 이야기가 경청되고 이해되고 있다는 것을 느껴야 한다. 그러나 복원치료사로서 우리는 내담자의 이야기가 확실히 중요하긴 하지만 그것이 내담자를 이해하는 데 가장 중요한 요소는 아니라고 생각한다. 우리는 내담자에 대한 이해의 대부분은 내담자의 정체감과 안전감, 일차적 감정에서 살아남기 위해 채택한 행동, 그리고 관계에서 상호 작용할 때의 행동 특성 등에 대해 내담자가 내면화시킨 특정한 메시지로부터 얻어진다고 믿고 있다. 내담자의 이야기 내용이 다양한 종류의 개입을 설정하는 데 분명히 유용할 수는 있지만, 현명한 치료사는 내용보다는 과정에 집중하기 위해 조직화, 순서화, 구조화를 사용해야 한다.

조직화

내담자의 이야기를 들을 때 이야기의 내용을 공감하고 반영할 뿐만 아니라 내담자의 정체감과 안전감에 대한 메시지 측면에서 이야기를 조직화하는 것이 중요하다. 분명히 이것은 내담자와 치료사 모두에게 이익이 된다. 치료사가 내담자의 이야기를 조직화organizing하는 훈련이 됐을 때, 치료사는 내담자가 자신의 관계와 삶의 사건들 속에서 무슨 일이 일어났는지를 이해하고, 자신의 정체감과 환경에서의 안전감에 대해 내면화된 메시지에 대해 통찰을 얻도록 도울 수 있다. 조직화를 위해 고안된 질문들은 일차적 감정의 경청을 목표로 한다. 여기서 내담자는 자신의 삶에서 어떤 사건이 일어났는지, 고통스러운 사건의 결과로 자신이 지니게 된 감정들이 무엇인지를 이해하기 시작한다. 정체감과 안전감에 대한 이러한 조직화 질문의 이점은 내담자들이 실제로 질문을 경험하고 공감적 연결로 듣는다는 것이다. 즉, 이러한 질문들은 심문이나 인터뷰의 맥락 대신 공감적으로 듣는 치료사의 맥락 안에 놓인다. 질문은 내담자 자신의 진술과 더 깊고 의미 있는 관계를 맺는 하나의 방식이 된다. 그러나 가장 중요한 것은, 그 조직화가 내담자에게 내담자의 이야기가 자신의 삶에 미치는 영향력에 대한 더 명확한 이해를 제공한다는 것이다. 조직화에 대한 이러한 형태의 질문 목록은 〈표 3.1〉에 나와 있다. 이 목록은 완벽하지는 않지만, 치료사에게 많은 도움이 된다. 치료사는 과거 또는 현재의 관계에 관한 이야기를 듣고 공감하는 맥락에서 이러한 형태의 질문을 활용할 수 있다.

조직화는 치료사에게 자신이 있어야 할 자리로 방향을 잡아 주고, 내담자 이야기의 세부적인 부분에서 길을 잃지 않도록 보호해 주기 때문에 도움이 된다. 조직화는 치료사가 내담자의 고통을 적절하게 추적하는 데 집중할 수 있게 만든다. 내담자가 자신의 삶에서 고통스러운 관계의 역동과 상황을 공유하면 현명한 치료사는 내담자가 정체감과 안전감의 관점에서 사건을 어떻게 처리했는지 이해하는 데 주의를 기울

〈표 3.1〉 내담자 내러티브 조직화에 도움이 되는 질문

• 이것(위반, 침해)은 당신에 대해 뭐라고 말합니까? • 당신이 자란 가정에서 당신이 사랑받는다는 것을 어떻게 알았습니까? • 당신이 자란 가정에서 당신이 안전하다는 것을 어떻게 알았습니까? • 이것(위반, 침해)이 당신 자신에 대해 어떻게 느끼게 했나요? • 이 위반/침해는 관계에 대해 뭐라고 말합니까? 또는 이 위반/침해는 당신이 관계에서 어떻게 행동해야 한다고 말합니까? • 어린 시절 아이로서 자신의 안전을 위해 무엇을 해야 했습니까? • 부모님으로부터 남자(여자)가 되는 것에 대해 뭐라고 배웠습니까? • 부모님이 당신을 옹호하거나 정서적으로 돌봐 주던 때를 기억할 수 있나요? • 관계를 잘 하기 위해 당신이 지킨 규칙은 무엇이었나요?

인다. 내담자의 일차적 감정을 구체적이고 명확하게 규명하기 위해, 치료사는 전략적으로 질문해야 한다. "그것이 당신을 어떻게 느끼게 합니까?"와 같은 비특정non-specific 언어로 표현된 질문에서도 내담자의 구체적인 일차적 감정을 얻을 수도 있으나, 대부분은 '나쁘다' 또는 '좋지 않다'와 같은 일반적인 대답을 듣게 될 것이다. 이는 치료사에게 내담자가 정체감과 안전감의 측면에서 어떻게 사건을 경험했는지에 대한 통찰을 제공하지 못한다. 반면 정체감과 안전감 문제에 대한 내담자의 이야기를 명확히 하기 위해 사용되는 특정 질문은 내담자의 이야기를 적절히 조직화하는 데 도움을 주는 구체적인 일차적 감정을 끌어낼 가능성이 더 크다.

다음 예시를 생각해 보자. 심한 불안감에 시달린 38세 여성이 치료를 받으라는 권유를 받았다. 치료 초기에, 치료사는 그 여성이 알코올 중독자인 아버지 밑에서 자랐고 뚜렷한 이유 없이, 예측할 수 없이 종종 맹목적인 분노에 빠지는 것을 알게 되었다. 치료사가 초기 세션 중에 조직화를 활용하는 것에 주목하자.

치료사 지난 세션에서 당신은 어떠한 환경, 심지어 당신이 아주 익숙한 장소에서도 "안전감"을 느끼기가 어렵다고 말했습니다. 당신이 자란 가정에서 당신이 안전하다는 것을 어떻게 알았습니까?

여성 안전이요? 전 절대 안전하지 않았어요. 적어도 그렇게 느껴지진 않았어요. 아버지는 제가 자랄 때 알코올 중독자였고, 여동생과 저는 아버지가 막 귀가하셨을 때 앞으로 우리에게 어떤 일이 일어나게 될지 전혀 몰랐습니다. 아버지가 화가 나서 폭발하거나 물건을 던지거나, 아니면 혼자 아무 말도 없이 침울하게 계시거나, 우리는 우리에게 무슨 일이 일어날지 정말 예측할 수가 없었어요.

치료사 그런 상황이 당신에게 얼마나 고통스러웠을지 상상이 갑니다. (잠시 멈춤) 아버지의 분노와 예측 불가능했던 그런 상황에 대한 경험은 관계나 상황에 대해서 무엇을 가르쳐 주었나요?

여성 집안 환경에 영향을 주기 위해 내가 할 수 있는 일은 아무것도 없고, 집이 두꺼운 돌로 지어졌다고 하더라도 안전하지 않게 되는 것은 시간문제라는 것을 알게 되었죠.

치료사 그런 상황에 있었을 때 당신이 누구인지, 또는 당신의 환경에 대해 어떤 메시지를 받았습니까?

여성 내가 할 수 있는 건 아무것도 없고, 상황이 언제 불안정해질지 모르며, 저는 너무 큰 위험에 노출되어 있다고 느꼈어요.

치료사 자신이 할 수 있는 건 아무것도 없고, 언제 상황이 불안정해질지 모르며, 자신이 큰 위험에 노출되었다고 느꼈던 그 상황이, 자신이 무력하고 취약하다고 가르쳐 준 것처럼 들리는데, 제 말이 맞나요?

여성 네, 정확해요.

치료사 그런 관계를 잘 해내기 위해 당신이 지킨 규칙은 무엇이었나요?

여성 상황이 진정되었을 때, 더는 문제를 일으키지 않기 위해서 아무것도 하지 않았어요. 전 최대한 조용하고 완벽하게 있었죠. 상황이 난폭해지면 논쟁하지 않고 그냥 내 방으로 사라지는 것이 최우선이었죠.

치료사 그래서 당신은 혼돈을 피하고자 비위 맞추는 법을 배웠고, 상황을 악화시킬까 봐 절대 논쟁하거나 자신의 의견을 말하지 않았군요. 그리고 부득이하게 상황이 악화되었을 때는, 제일 먼저 방으로 도피했군요.

여성 (고개를 끄덕이며) 네. 맞아요.

치료사 이 사진에서 어머니는 어디에 계신가요?

여성 (아래를 내려다보고 잠시 침묵) 어머니는 그냥 거기에 서 계셨을 거예요. 어머니는 아버지를 말리지도 않았고, 우리가 그런 불길을 벗어났는지 확인하는 노력조차 하지 않았어요. 어머니의 행동은 무척 부족했죠.

치료사 어머니의 행동 부족은 당신 자신에 대해 어떤 메시지를 주었나요?

여성 저는 더 취약해진 느낌이었어요. (잠시 멈춤) 또한 어머니가 자신의 안전을 희생할 만큼 제가 그녀에게 중요하지 않은 것처럼, 저도 저 자신을 옹호할 만큼 제가 중요하지 않다고 느꼈어요.

치료사 어머니의 행동 부족이 당신이 취약하고 중요하지 않다는 메시지를 주었다는 거지요?

여성 (내담자는 눈물을 흘리며 고개를 끄덕였다)

치료사 당신이 저와 함께 나눈 이야기들과 당신이 묘사한 가족들과의 관계 역동성을 볼 때, 당신이 지니게 된 메시지는 당신이 무력하고 취약하며 중요하지 않다는 것 같습니다.

여성 네, 그런 것 같아요, 이런 식으로 생각해 본 적은 처음이에요. 제 어린 시절을 생각하면 언제나 하나의 커다란 고통스러운 혼돈처럼 느껴졌지만, 저는 그것이 당연하다고 여겼어요. 그것은 제가 그때 가지고 다녔던 주된 감정들이고, 그것들은 사실 지금 제가 가장 자주 느끼는 것들이에요.

이 사례에서 여성은 그녀가 자라면서 경험했던 가족 상황에 대해서 더 자세히 알려준다. 치료사는 아버지의 예측 불가능성과 어머니의 부족한 대처 행동에 대해 느꼈던 고통에 대한 많은 이야기 속에서 길을 잃기 쉬웠을지도 모른다. 그러나 치료사는 그녀의 이야기에 공감할 뿐만 아니라 그녀의 이야기를 정체감과 안전감의 측면에서 조직화하는 데 있어서 훈련된 자세를 유지했다. "당신이 그런 상황에 있었을 때 당신이 누구인지 또는 당신의 환경에 대해 어떤 메시지를 받았습니까?"와 "그런 관계를 잘 하기 위해 당신이 지킨 규칙은 무엇이었나요?"와 같은 질문들은 구체적으로 일차적 감정을 목표로 하여 내담자와 치료사 모두가 기반을 다지는 데 도움을 준다.

또한 상담사가 질문에 집중하기 위해 여성이 사용한 구절을 의도적으로 반복했다는 것을 주목하기 바란다. 예를 들어, 치료사가 여성의 어머니 행동이 그녀에게 정서적으로 어떤 영향을 주었는지를 물었을 때,

치료사는 단순히 "어머니가 행동하지 않은 것에 대해 어떻게 느꼈습니까?"라고 묻기보다는 "어머니의 행동 부족은 당신 자신에 대해 어떤 메시지를 주었나요?"라고 물었다. 그 차이는 미묘할 수 있지만, 구체적인 언어는 내담자와 치료사 모두가 내용보다는 과정에 집중할 수 있도록 돕는다.

이러한 질문들은 각각 내담자가 자신의 정체감과 안전감에 대해 내면화된 메시지를 이해하기 위한 것이라는 점을 알 수 있다. 또한 이러한 모든 질문은 치료사에게 "그것이 당신을 어떻게 느끼게 합니까?"와 같은 일반적인 질문보다는 내담자의 일차적 감정을 이해할 수 있는 훨씬 더 나은 기회를 제공할 것이다.

추측의 사용

내담자가 일차적 감정을 명명하는 언어를 찾는 데 어려움을 겪고 있을 때 치료사는 이를 돕기 위해 추측conjecture을 사용할 때가 있다. 그러나 치료사는 추측을 사용하는 시기와 방법에 대해 매우 신중해야 한다. 위의 사례에서, 우리는 치료사가 여성이 할 수 있는 일이 아무것도 없었고 언제 상황이 불안정해질지 알 수 없는 것에 대해 이야기를 나눌 때 추측을 사용하는 것을 볼 수 있다. 여기서 치료사는 '무력'과 '취약함'을 내담자가 느꼈을 수 있는 일차적 감정으로 명명할 수 있는 충분한 구체적 정보를 가지고 있었다. 치료사는 내담자가 사용한 말을 반복하면서, 추측을 사용하여 일차적 감정을 명명하고, 명명한 단어가 그 순간에 그녀가 느낀 감정을 가장 잘 묘사했는지를 내담자에게 묻는다. 만약 치료사가 맞지 않는 추측을 사용하여 내담자의 일차적 감정을 명명한다면, 내담자는 동의하지 않거나, 조용히 있거나, 확신 없이 수동적으로 동의할 것이다. 이러한 일이 발생하면 치료사는 내담자가 느끼는 일차적 감정을 고려할 때 내담자에게 더 많은 시간과 공간을 제공해야 한다.

위의 사례에서 치료사의 추측은 내담자에게 도움이 됐다. 그러나 치료사는 이러한 개입을 어떻게, 언제 활용해야 할지 신중해야 한다. 치료사의 목적이 내담자의 정체감과 안전감에 관련된 일차적 감정을 규명하는 것일 때, 내담자가 자신의 고통을 표현하는 데 곤란을 겪는다면 치료사는 불안해하거나 좌절하기 쉽다. 그때 치료사는 짐작guessing하여 부적절한 추측을 사용하려는 유혹을 받게 될 것이다. 추측과 짐작 사이에는 미세한 차이가 있으나 그 차이는 매우 중요하다. 치료적 추측은 내담자가 특정한 감정을 경험하고 있을지도 모른다는 내러티브에서 드러난 합리적인 증거에 근거하여 일차 감정을 단순화하고 명명하려고 한다. 짐작은 대개 내담자가 자신의 감정을 분명하게 표현할 수 없을 때 일어나며, 치료사는 다양한 감정을 말하기 시작하면서 그중 하나가 공감될 수 있기를 바란다. 이런 습관은 때때로 유혹적이지만 내담자의 이야기를 조직하는 데 도움이 되지 않고 치료 작업의 후기에 어려움을 초래할 수 있다. 올바른 조직은 치료사와 내담자가 내담자의 독특한 고통의 주기를 규명할 수 있는 강력한 토대를 마련하고, 나머지 치료 작업이 적절한 고통을 목표로 하고 조절하는 것을 확보하는 데 도움이 되는 기법으로 작용한다.

순서화

치료사는 사랑과 신뢰의 위반으로 경험하는 일차적 감정의 관점에서 내담자의 이야기를 조직화하는 것에 더하여 사건, 감정, 그리고 그러한 감정에 대한 반응성을 순서화해야 한다. 즉, 치료사는 내담자의 정체감과 안전감에 대해 내면화한 메시지와 함께 고통에서 벗어나기 위해 사용하는 내담자의 반응성 행동도 이해해야 한다. 순서화할 때 치료사는 발생한 사건, 그로 인한 감정, 내담자가 이에 대처하기 위해 사용하는 반응성 행동, 그리고 내담자의 반응성 행동에 대한 다른 관계 파트너의 반응성을 이해하는 데 내담자와 협력한다. 이 순서를 이해하면 내담자와 치료사 모두 내담자가 고통을 경험할 때 발생하는 주기적 패턴을 추적하는 데 도움이 된다.

순서화는 확실히 내담자가 공감하고 자신의 행동의 기본적인 패턴에 대한 통찰을 얻기 때문에 이익이 된다. 종종 많은 내담자가 이러한 형태의 순서화sequencing를 하는 동안 처음으로 자신을 새로운 수준에서 이해하는 경험을 한다고 보고한다. 내담자는 자신의 행동에 어떤 유형의 패턴이 있다는 것을 알고 있지만, 일반적으로 이러한 행동을 일차적 감정으로 추적할 수는 없다. 내담자는 치료사가 내담자의 일차적 감정뿐만 아니라 반응성 행동 및 관계적 파트너의 반응성을 정확하게 순서화하는 것을 들을 때, 이전에 정확히 표현하지 못했던 패턴에 대한 통찰과 마음챙김을 얻는다. 또한 치료사가 순서화를 활용하면 내담자의 이야기 내용에서 길을 잃는 것을 방지할 수 있다. 이 시점에서 치료사는 속도를 늦추고, 내담자를 멈추게 하고, 내담자가 공유한 내용의 요소를 반복하고 필요한 경우 설명을 요청하는 것을 주저하지 말아야 한다. 이

〈표 3.2〉 내담자의 감정과 반응성 대처를 순서화하는 데 도움이 되는 질문

● 그런 행동을 하는 자신을 발견할 때 어떤 느낌이 그런 행동을 하게 만듭니까?
● 자신이나 관계에 대해 그런 느낌이 들면 평소에 무엇을 합니까?
● 당신이 그런 방식으로 반응할 때 다른 사람들은 당신에게 어떻게 반응합니까?
● 다른 사람들이 그런 방식으로 반응할 때 당신은 자신(관계)에 대해 어떻게 느낍니까?

것은 "제가 이해하고 있는지 확인하기 위해 약간의 속도를 늦추겠습니다" 또는 "제가 맞는지 확인하기 위해 이것을 다시 반복하겠습니다"와 같은 진술을 통해 수행할 수 있다. 이러한 진술을 통해 치료사는 속도를 조절할 수 있으며 내용이 아닌 과정을 유지하는 데 도움이 된다. 내담자의 감정, 반응성 대처, 그리고 내담자에 대한 다른 사람들의 반응성 방식을 순서화하는 데 치료사에게 도움이 되는 몇 가지 질문이 〈표 3.2〉에 나와 있다.

다음은 순서화가 어떻게 이루어지는지에 대한 사례이다. 내담자는 대학 3학년의 젊은 여성으로, 공학 분야에서 엄격한 학업을 수행하고 있다. 여성은 대학에서 그녀를 괴롭힌 불안과 우울증의 경험 때문에 치료사를 찾아왔고, 다음 예시는 네 번째 세션에 관한 것이다.

여성 이번 주는 정말 안 좋았어요. 일이 끝나도 일을 멈출 수가 없었어요. 불필요한 밤샘이 반복되고, 대부분의 사람들이 "재미있다"라고 생각하는 일들을 하면 죄책감이 들어요. 어제는 시험 전에 너무나 불안했고 시험을 치를 만큼 충분히 진정할 수가 없었어요.

치료사 (잠시 멈춤) 정말 힘든 주간이셨던 것 같네요. (잠시 멈춤) 밤새도록 필요 이상으로 일하고 불안해하는 자신을 발견할 때, 어떤 감정이 그런 행동을 하게 만듭니까?

여성 저는 실망감을 느끼는 것이 너무 싫어요. 제가 실망감을 느낄 때는 자동적으로 저 자신이 충분하지 않고 실패자 같이 느껴져요. 제가 엔지니어가 되기 위해 필요한 것을 가지고 있지 않다고 느껴져요.

치료사 당신은 실망을 경험할 때 실패자같이 느껴지고 자신이 충분하지 않다고 느낍니다. (내담자가 고개를 끄덕이고 치료사는 잠시 침묵한다) 처음으로 그런 기분을 느꼈던 때가 언제였는지 말씀해 주시겠습니까?

여성 (잠시 멈춤) 저는 6학년 때 웅변대회에 참가했었습니다. 저는 제 연설문을 쓰고 암기하기 위해 정말 열심히 노력했습니다. 제가 무대에 오르기 직전에 코치님이 저를 잡아당기면서 "우린 이겨야 해. 우리를 실망시키지 마!"라고 말했어요.

치료사 (잠시 멈춤) 그 말은 당신의 상황과 당신이 누구인지에 대하여 어떤 메시지를 전달했나요?

여성 (긴 멈춤) 제가 들은 메시지는 제가 충분한 사람이 되려면 완벽하게 수행해야 하고, 그렇지 않으면 실패자가 될 것이라는 메시지였습니다. 그런 메시지는 그 관계에서 지속되었습니다.

치료사 (잠시 멈춤) 당신의 그런 감정을 이해할 수 있습니다. (잠시 멈춤) 자신이 충분하지 않거나 실패자가 될 것 같은 두려움을 느낄 때, 당신은 무엇을 했나요?

여성 저는 절대적으로 완벽하기 위해 모든 노력을 다 기울였습니다. 그러나 감정 없이 임했고, 제가 청중들과 잘 연결되지 않는 것 같았습니다. 그 연설은 잘 진행되지 않았고, 결국 저는 충분하지 않다는 느낌과 실패감을 느꼈습니다.

치료사 (잠시 멈춤) 그리고 당신은 그 느낌들로 무엇을 하고 있었습니까?

여성 그냥 코치님한테 대놓고 자책했어요. (잠시 멈춤) 제가 저 자신을 구박하면, 코치님이 잘해 주실 것 같은 그런 부분이 내 마음 안에 있었던 것 같아요.

치료사 (잠시 멈춤) 그래서 당신이 자신을 스스로 구박하고 당신의 수행에 대해 자신을 수치화할 때, 코치가 이 행동에 어떻게 반응했습니까?

여성 제가 바라던 대로는 아니었어요. 그는 정말 조용했어요.

치료사 그는 침묵으로 반응했네요. 그때 자신에 대해 어떻게 느끼셨나요?

여성 (잠시 멈춤) 다시 말하지만, 제가 충분하지 않고 실패자 같았어요. 그의 침묵은 제가 저 자신에게 하고 있는 수치화에 동의하는 것처럼 느껴졌어요.

치료사 (잠시 멈춤) 제가 잘 이해하고 있는지 확인하기 위해, 이것을 당신에게 다시 반복하겠습니다. 자신이 충분하지 않다는 것을 두려워할 때, 당신은 수행하고 완벽주의자가 되려고 합니다. (내담자가 고개를 끄덕임) 그리고 이 수행 반응성 행동을 할 때 다른 사람들과 연결되는 데 어려움을 가지게 됩니다. 이 반응을 경험할 때, 당신은 실패자처럼 느껴지며 일반적으로 자신을 구박하고 수치화합니다. (내담자가 고개를 끄덕임) 그리고 당신이 자신을 수치화할 때, 당신은 일반적으로 본인이 원하는 긍정 반응을 얻지 못합니다. 이것은 당신이 처음에 피하려고 했던 바로 그 감정, 즉 당신이 충분하지 않고 실패자라는 느낌을 확인시켜 줍니다.

(잠시 멈춤) 제 말이 맞나요?

여성 네, 맞아요.

치료사 (끄덕임) 실패자처럼 느껴지고 충분하지 않다고 느낄 때, 오늘날 자신이 하는 행동은 무엇입니까?

여성 거의 똑같은 행동입니다. 저는 완벽하게 수행하려고 합니다.

치료사 (잠시 멈춤) 당신이 그런 행동을 할 때 사람들은 일반적으로 어떻게 반응합니까?

여성 그들은 보통 대화를 아주 빨리 끝내거나 멍하니 저를 쳐다봅니다. 그리고 그들은자신들의 삶에 대해 어떤 것도 공유하고 싶어 하지 않는 것 같아요.

치료사 (잠시 멈춤) 그들이 그런 식으로 당신에게 반응할 때, 당신은 그러한 관계에 대해 어떻게 느끼십니까?

여성 (긴 멈춤) 저는 실패자처럼 느끼고, 자신을 더 구박합니다.

치료사 그래서 당신이 충분하지 않다고 느낄 때, 당신은 더 수행하고 완벽주의로 대처합니다. 이것이 잘 진행되지 않거나 다른 사람들이 당신에게 연결을 끊는 것으로 반응할 때, 당신은 실패자 같고 자신을 수치화합니다. 그리고 다른 사람의 침묵은 일반적으로 당신이 충분하지 않다는 것을 확신시킵니다. 맞나요?

여성 (잠시 멈춤) 네, 저는 그 패턴이 저한테 반복해서 일어난다고 생각합니다.

치료사는 순서화를 통해 정체감과 안전감 문제에 대한 내담자의 이야기를 조직화하는 질문을 할 뿐만 아니라, 일차적 감정에 대한 내담자의 행동 경향성과 다른 사람들이 내담자의 행동에 어떻게 반응하는지를 이해하기 시작한다. 이 질문들은 내담자가 자신의 파괴적 패턴을 이해하는 데 도움이 되고 치료사가 내담자의 이야기 내용에서 길을 잃지 않도록 돕는다. 즉, 순서화는 치료사가 패턴의 기저에 초점을 맞추도록 한다.

위의 사례에서 주목해야 할 또 다른 요소는 치료사가 어떻게 내담자를 순서화하고 내담자의 말을 일관되게 요약하는가이다. 우리는 이 기법을 정서중심치료emotional focused therapy 치료사들 사이에서 발견했다. 특히 내담자들의 이차적 반응성 감정이 고조될 때 그들을 잘 경청하고 있다는 것을 그들에게 확신시키기 위해 치료사가 자주 요약하는 방식에서 알게 된 것이다(Johnsons, 2004). 정서중심치료는 이 기법을 사용하여 고조된 내담자에 대해 "안전하고 공감적인" 형태를 제공하지만, '요약'은 내담자를 정확하게 추적하고 치료사를 조직화하게 하고 요점을 유지하게 하는 추가 이점이 있다는 것을 알게 되었다. 이것은 순서화와 유사하지만, 지료사에 의한 빈번한 요약이 치료사와 내담자가 모두 당면한 작업에 초점을 맞출 수 있는 무대를 설정한다. 작업 중 치료사가 혼란스럽거나 확실하지 않다는 것을 발견하면, 치료사는 이미 알고 있는 요약과 순서화를 역추적하면서 종종 자신을 다시 정상 궤도에 올려놓는다. 정서중심치료 트레이너인 우리 동료 중 한 명은 '요약은 치료사의 가장 친한 친구'라고 말한다. 명확성과 세션 추적 측면에서 우리는 그 말에 전적으로 동의한다.

순방향, 역방향 작업

순서화를 할 때, 치료사는 감정과 행동의 순서를 이해하기 위해 앞뒤로 작동하는 질문을 할 수 있다. 위의 사례에서처럼 내담자는 행동을 유발하는 일차적 감정에 대해 이야기하기 전에 종종 자신의 행동을 보고한다. 여기서 치료사는 내담자가 보고하는 것을 활용하여 역방향으로 작업해서 행동의 기저에 있는 일차적 감정을 이해한다. 위의 사례에서 여성 대학생은 그녀가 자신의 불안한 느낌을 해결하는 데 파괴적이고 도움이 되지 않는다고 인식한 행동에 관해 이야기하면서 세션을 시작했다. 치료사는 그 행동을 그녀에게 다시 반복하고 역방향으로 작업하여 그 행동을 유발하는 감정에 관해 물어보았다. 이 사례의 후반부에서는 치료사가 그녀가 충분하지 않다고 느끼거나 그녀가 실패자 같이 느꼈을 때 어떻게 대처했는지 이해하기 위해 순방향으로 작업했다. 치료사가 역방향이나 순방향 중 어느 방향으로 작업하든 순서화를 하는 데 도움이 될 수 있다.

속도 늦추기

순서화를 사용할 때 치료사는 내담자의 말을 경청하면서 세션 내내 적극적으로 사건, 감정, 반응성이 순서화되었는지 확인해야 한다. 위 여성의 사례에서 치료사는 정확하게 내담자의 일차적 감정, 대처 행동, 그 행동에 대한 다른 사람들의 반응의 순서를 정확히 이해하고 있는지 확인하기 위해 내담자를 주저하지 않고 멈추게 하고 있다는 것에 주목하기를 바란다. 이 특정 세션에서 치료사는 질문을 잠시 멈추고 내담자에게 다시 순서화를 반영하여 내담자가 경청되고 이해받았다고 느끼도록 도와 이를 달성했다. 이를 통해 치료사는 내담자가 주기적으로 참여하는 느낌을 느끼고 대처 패턴을 이해하도록 도왔다. 이 과정에서 치료사는 자신이 맞게 이해했다는 것을 내담자로부터 확인받았고, 필요한 경우 내담자가 수정할 기회와 공감받고 이해받는다는 느낌을 느낄 충분한 기회의 여지를 남겼다.

그리고 내담자가 매우 불안하여 세션 초반에 매우 빠르게 말하는 것을 인식하는 것이 중요하다. 우리는 내담자가 말하는 동안 끼어들지 않으려고 하거나 기분 상하게 할까 봐 요점을 제시하는 것을 꺼리도록 훈련받는다. 그러나 그렇게만 한다면 치료사는 듣기만 하게 된다는 문제가 발생한다. 더욱 안 좋은 것은 내담자가 한 이야기와 상황에서 다음 이야기와 상황으로, 다음 이야기로, 다음 이야기로, 계속 달려갈 수 있다는 것이다. 대부분 치료사가 기억할 수 없게 되어 내담자가 표현한 복잡한 순서를 프로세스 하지 못하는 경우가 발생한다. 우리는 종종 훈련생에게 말한다. "내담자가 말한 것을 2~3분마다 순서화하거나 요약하지 않는다면, 당신은 절망적으로 길을 잃게 될 것이고 내담자는 더 혼란스러워질 것이다." 따라서 치료사가 논의되고 있는 이야기를 이해하고 내담자가 조직적으로 유지되는 것을 보장하기 위해서는 치료사가 종종 내담자를 멈추게 해야 한다. 내담자를 느리게 하는 것은 내담자의 뇌에 좋다(Hanna, 2014). 〈표 3.3〉은 적절한 요약 및 순서화가 잘 이루어지기 위해 과정을 늦추는 데 도움이 되는 진술과 질문의 목록이다.

또한 치료사는 감정과 행동을 패턴으로 확립하기 위해 내담자의 과

〈표 3.3〉 내담자의 감정과 반응성 대처 순서화에 도움 되는 질문/진술

- 제가 이해했는지 확인하기 위해 속도를 조금 늦추어 주십시오.
- 제가 이해했는지 확인하기 위해 당신에게 다시 반복하겠습니다.
- 지금까지 제가 이해한 내용은…
- 제가 이해한 것이 맞습니까?

거 사례뿐만 아니라 현재 삶의 사례도 모두 사용했다는 것에 주목하기 바란다. 이것은 내담자가 기본적으로 자신의 감정과 행동이 주기적이고 여러 가지 고통스러운 상황에서 일관된다는 사실을 볼 수 있게 도와준다. 순서화는 내담자가 자신의 고통에 대해 선택을 할 때 자신의 인력을 인식할 수 있는 기초를 마련하는 개입이다. 종종 내담자는 어렸을 때는 선택 권한이 부여되지 않았다. 그러나 현재 상황에서 내담자는 선택과 변화를 이룰 수 있는 절대적인 권한을 부여받았다. 순서화는 내담자와 치료사가 치료 작업의 후반부에 내담자가 선택할 패턴을 규명하는 데 도움이 된다.

구조화

마지막으로, 복원치료 모델의 치료사는 정체감과 안전감의 관점에서 내담자의 이야기를 조직화하고, 내담자의 감정과 대처 패턴을 순서화하는 것뿐만 아니라 내담자가 자신의 일차적 감정과 대처 패턴을 인식할 수 있도록 구조화하는 것이 중요하다. 구조화는 내담자의 일차적인 감정과 그 감정의 고통 속에서 무엇을 하는지를 묘사하는 대처 또는 반응성을 기록하는 것을 포함한다. 이러한 구조화는 우리가 이미 이전 장에서 보았던 '고통의 주기'라고 부르는 것이다. 이것은 다음과 같은 이유로 내담자와 치료사 모두가 치료 과정 전반에 걸쳐 참조할 수 있는 실질적이고 필수적인 도구로 기능한다. 1) 구조화는 내담자와 치료사 모두에게 조직 도구를 제공한다. 2) 구조화는 내담자와 치료사 모두에게 현재 내러티브나 상황을 이해할 수 있는 쉬운 참조를 제공한다. 3) 구조화는 내담자에 대한 통찰, 대조, 이해를 가능하게 하는 인지 지도를 제공한다. 개인에게 형성된 고통의 주기는 시간 경과에 따라 지속되는 경향이 있으며, 내담자가 정서적으로 조절이 안 되는 상황에서 내담자의 감정과 대처 행동을 특징짓는다는 것을 기억해야 한다.

다음 사례는 구조화가 어떻게 내담자의 조직화와 순서화를 공고히 할 수 있는지를 보여 준다. 내담자는 42세의 백인 남성으로 군인 가족 속에서 자랐으며, 그의 아버지는 가족이 대략 2년마다 이사할 것을 요구했다. 여기서 치료사가 치료의 초기 세션에 이 남성과의 작업에서 조직화, 순서화 및 구조화를 어떻게 사용하는지 주목하기를 바란다.

치료사 지난 시간에 당신은 이사를 많이 다녔다고 말했었지요.

남성 네, 저희 아버지는 여러 지역의 군대에서 일하셨어요.

치료사 (끄덕임) 아버지 직업의 이런 요소가 당신 자신이나 상황에 대해 어떻게 느끼게 했나요?

남성 음, 항상 새로운 아이여야 해서 정말 힘들었어요. 아무도 나를 아는 사람이 없는 것 같았어요. (잠시 멈춤) 저는 겉돌았고 어디에든 속할 방법을 끊임없이 찾고 있었죠.

치료사 당신이 아무에게도 알려지지 않은 것 같은 느낌이 어떤지 이해할 수 있을 것 같아요. 당신이 어디에든 소속하지 못했을 때 자신이나 상황에 대해 어떻게 느끼셨나요?

남성 (잠시 후 눈물을 보이면서) 전 제가 절대 어디에 속해 있지 않은 것 같았어요. 다른 아이들이 대부분 친절하지 않았던 것은 아니에요. 그러나 끊임없이 새로운 아이가 되어 다른 아이들이 그동안 공유한 것에 맞는 우정을 키우려고 노력하는 것은 정말 힘들었어요.

치료사 이해가 돼요. 그러니까 자라면서 느꼈던 감정은 알려지지 않은 느낌과 소속하지 않은 느낌이었네요. 이러한 감정에 대해 어떻게 행동하셨나요?

남성 전 계속해서 집단에 소속하고 연결되어 있는지 살피고 있었어요. 가능한 한 빨리 연결되었다고 느낄 수 있도록 다른 아이들의 비위를 맞추려고 필사적으로 노력했어요. 저는 연결되지 않은 것처럼 느껴졌어요. (잠시 멈춤) 이상한 것은 한편으로는 새로운 환경에 있는 사람들과의 연결이 절실했지만, 또 한편으로는, 우리 가족이 언제 다시 이사할지 몰랐기 때문에 인간관계에서 결코 연결감과 안전감을 느끼지 못했어요. 가끔 저는 자신에게 묻곤 했어요. "이렇게 소속하려고 노력하는 게 무슨 소용이야?"

치료사 당신이 알려지지 않았다고 느꼈을 때, 그리고 당신이 소속하지 않았다고 느꼈을 때, 당신은 빨리 연결되기를 바라면서 비위를 맞추는 법을 배웠군요.

남성 (내담자가 고개를 끄덕인다) 네. (주저하면서) 그것이 최선이었다고 말할 수는 없어요.

치료사 당신이 비위를 맞추려고 할 때 아이들은 어떻게 반응했나요?

남성 그들 중 대부분은 친절했지만, 많은 아이가 제가 그렇게 비위 맞추는 모드에 있을 때, 열심히 비위 맞추는 저를 어떻게 해야 할지 몰라서 그냥 저를 피했다고 말할 수 있어요.

치료사 그렇군요. 다른 아이들이 당신을 피했을 때, 당신의 정체감과 환경에 대해 어떤 메시지를 받았나요?

남성 전 매우 거부당한 것 같았어요.

치료사 (잠시 멈춤) 그 느낌이 어떠했을지 쉽게 이해가 되네요. 당신은 그 감정에서 살아남기 위해 무엇을 했나요?

남성 (잠시 멈춤) 저 자신을 많이 고립시켰어요.

치료사 고립시킬 때 뭘 찾고 있었나요?

남성 (잠시 멈춤) 정확히는 모르겠지만, 저 자신을 정말 혹독하게 괴롭히고 심하게 구박했던 기억이 나요. 저도 누군가가 저를 찾고 저에게 다가오기를 바라는 부분이 있었던 것 같아요. 나는 사람들이 나에게 와서 말을 걸게 하고 싶어서 뿌루퉁해 있었어요. 제가 그걸 잘 인식하고 있었던 것은 아니지만 지금 돌이켜보면 제가 하고 있던 일이 바로 그런 것이었다는 걸 알 수 있어요.

치료사 거부당한 느낌을 느꼈을 때 당신을 수치화하고 뿌루퉁하기 위해 철회한 것처럼 들리네요.

남성 네, 그게 맞아요.

치료사 당신이 철회하고 자신을 수치스럽게 했을 때 다른 사람들이 당신에게 어떻게 반응했나요?

남성 가끔 누군가가 와서 저에게 말하려고 했지만, 대부분 그들은 저를 그냥 내버려 두었어요.

치료사 (잠시 침묵) 그리고 다른 사람들이 당신을 그냥 내버려 둘 때 당신의 정체감과 안전감에 대해 어떤 메시지를 받았나요?

남성 제가 시작했던 바로 그 자리죠. 제가 소속되어 있지 않고 전혀 알려지지 않았다는 것이요.

치료사 여기서 잠시 멈추고 제가 제대로 이해했는지 확인 좀 해 볼게요. (종이 한 장과 펜을 꺼내어 내담자 앞에서 고통의 주기를 그린다. 이 고통의 주기는 [그림 3.1]에 나타나 있다.) 당신이 알려지지 않았고 소속되지 않았다고 느꼈을 때, 당신은 비위를 맞췄습니다. 그리고 이런 비위를 맞추는 행동은 종종 다른 사람들이 당신을 피하게 하여 당신이 거부당한 느낌을 느끼게 합니다. 당신이 거부당했다고 느낄 때, 당신은 뿌루퉁해져서 자신을 수치화했어요. 그러한 당신을 다른 사람들이 내버려 둘 때, 그것은 당신이 알려지지 않았고 소속하지 않았다고 느끼는 감정을 강화시켜 주었어요. 제 말이 맞나요?

남성 (치료사가 남성 앞에서 그렸던 고통의 주기를 보면서) 네. 맞아요. 제 어린 시절을 한마디로 간략하게 묘사하셨네요. 전에는 그것에 대해 말해 본 적이 없었지만, 내 또래들과의 관계에서 항상 일어났었던 일이에요.

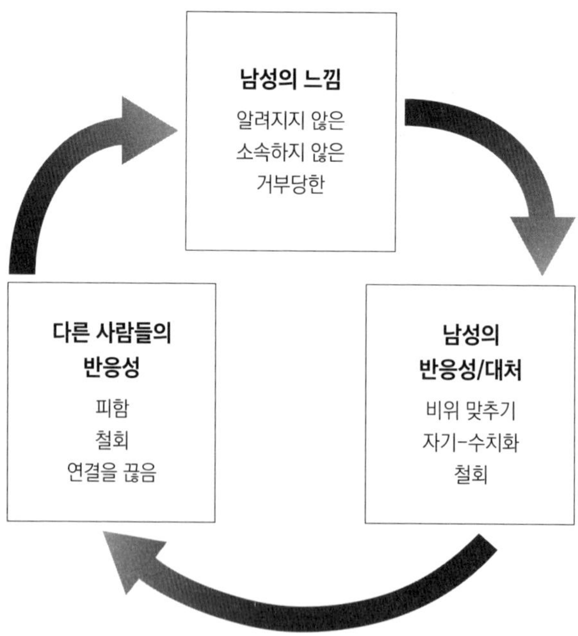

[그림 3.1] 남성의 고통의 주기

치료사 현재 당신의 삶 속에서 이 고통의 주기가 어떻게 진행되고 있는지 말씀해 주세요.

남성 (잠시 침묵) 저는 아내와 아이들과 정말 좋은 관계를 맺고 있어서 이런 일이 자주 일어난다고는 말할 수 없지만, 우리가 갈등이나 고통스러운 상황을 겪을 때 제가 이 주기에 빠져 있다는 것을 알 수가 있었어요.

치료사 가족과의 관계에서 이 주기를 마지막으로 인식한 때에 대해 말해 주세요.

남성 전 가끔 직장 일로 출장을 가요. 그리고 2주 전에는 5일 동안 외출했어요. 저는 매일 밤 가족 모두에게 전화를 걸지만, 그들은 제가 출장 가 있을 때 저 없이 자기들끼리 시간을 갖고 자신들의 경험을 함께 나눴어요. 지금 이 자리에 앉아 있는 저는 이것이 사실이 아니라는 것을 알지만, 전화기 저편에서 모두가 웃는 소리를 듣는 그 순간에는 가끔 제가 소속해 있지 않은 것 같은 기분이 들 때가 있어요. 또한 그들은 내가 하루 종일 하는 일에 대해 잘 모르고 있고, 제가 설명하기도 어려우므로 제가 그들에게 알려지지 않은 느낌이 들었죠.

치료사 그래서 그 상황은 알려지지 않았고 소속되어 있지 않은 감정을 건드렸네요. (내담자는 고개를 끄덕임) 이러한 감정에 대처하기 위해 무엇을 하는 자신을 발견했나요?

남성 (잠시 멈춤) 저는 전화 통화에서 슈퍼 아빠가 되었어요! 저는 아내와 상의도 없이 백만 가지 질문을 하면서 모든 재미있는 계획을 짜고 있었어요. 지금 생각해 보면 이 고통의 주기처럼(고통의 주기 그림을 가리키며) 제가 완전히 비위를 맞추는 상태에 있었다는 것을 알 수 있어요.

치료사 당신이 "비위를 맞추는 상태"에 있을 때 당신의 가족은 당신에게 어떻게 반응했나요?

남성 애들은 입을 다물었고, 아내로부터는 단절감을 느꼈어요. 그건 이해가 되는데, 왜냐하면 제가 무작위로 모든 사람의 비위를 맞추려고 했던 그 모든 계획에 그녀는 포함되어 있지 않았거든요.

치료사 아내와 아이들이 철회하고 연결하지 않는 것으로 반응했을 때, 당신 자신에 대해 어떻게 느끼셨나요?

남성 전 분명히 거부당한 느낌을 느꼈어요.

치료사 그 느낌으로 뭘 하고 있었나요?

남성 전 재빨리 전화기를 내려놓고, 제 아내가 전화하기를 바라면서 호텔 방을 돌아다니면서, 출장이 없는 직업을 갖지 못한 것에 대해 스스로에게 미안함을 느끼며 자신을 비난했어요.

치료사 (끄덕임) 가족들은 어떤 반응을 보였나요?

남성 (잠시 침묵) 그들은 전화하지 않았어요.

치료사 (잠시 침묵) 그리고 당신이 누구인지에 대해 내면화한 메시지는 무엇인가요?

남성 그건 바로 제가 알려지지 않았고 소속하지 않았다는 거죠.

치료사 (내담자의 고통의 주기를 가리키며) 당신이 알려지지 않았고 소속하지 않았다고 느낄 때, 당신은 다른 사람들의 비위를 맞춤으로써 대처합니다. 이런 행동은 다른 사람들이 어떤 식으로든 당신과의 연결을 끊게 하고 당신을 거부당한 것처럼 느끼게 하는 경향이 있습니다. 그리고 거부당했다고 느낄 때, 당신은 뿌루퉁하고 자신을 수치스럽게 하기 위해 철회하는 경향이 있습니다. 이렇게 하면 다른 사람들은 그냥 포기하고 당신을 내버려 두곤 하는데, 이는 자신이 소속하지 않았고 알려지지 않은 느낌을 강화합니다. 제 말이 맞나요?

남성 네, 맞아요.

평온의 주기 구조화

복원치료의 치료 과정에서 내담자의 고통을 구조화하는 것은 필수적이고, 치료 과정 중에 일어나는 치유 작업과 성장을 구조화하는 것도 똑같이 중요하다. 즉, 내담자가 고통스러워할 때와 평온할 때 내담자의 주기 패턴을 구조화하는 것은 중요하다. 다음은 치료사가 위의 사례의 남성과 함께한 작업의 일부분이다. 이 사례에서 치료사가 어떻게 평온의 주기를 구조화하는지 이해하도록 하자.

치료사 우리는 그동안 알려지지 않고 소속감이 없고 거부당한 당신의 감정이 어떻게 다른 사람의 비위를 맞추고, 철회하고, 자신을 수치스럽게 만들었는지에 대해 많은 이야기를 해 왔습니다. 그 감정으로 뭔가 다른 행동을 할 수 있었던 때에 대해 말해 보세요. 마치 당신이 당신 밖에 있는 것 같은 느낌 속에서 굴하지 않고 인내하며 먼저 손을 내밀 수 있었던 때요.

남성 (잠시 멈춤) 중학교 때, 점심시간에는 소외감을 느껴 특히 끔찍했어요. 대부분 아이들은 유치원 때부터 함께 학교에 다녔으므로 매일 같은 아이들과 같은 테이블에 앉아 있었어요. 우리 가족은

11월에 그 마을로 이사를 했기 때문에 저는 1년 중 3개월 동안 그 학교에 다녔는데, 그 기간은 도움이 되지 않았죠.

치료사 전 그것이 당신에게 힘들었고 당신의 고통의 주기에 있는 모든 감정을 촉발시켰다고 예상할 수 있어요. (남성이 끄덕임) 당신은 어떤 다른 행동을 했습니까?

남성 제가 점심 식사에 조금 늦었던 어느 날, 모두 이미 식탁에 앉아 있었어요. 무슨 일이 생겼는지 모르지만, 갑자기 저는 이미 함께 앉아 있는 11명의 아이들 테이블로 걸어 올라갈 용기가 생겼고 그들과 함께 할 수 있냐고 물었어요.

치료사 당신은 고통 속에서 스스로 철회하고 자신을 수치화하는 경향이 있는 사람으로서, 그것은 정말 다른 느낌이었을 거예요.

남성 네, 그랬어요. 마치 갑자기 제가 소속될 가치가 있다고 결정을 했고, 그렇게 행동하니 다른 누군가가 저를 위해 그렇게 해 주기를 바라며 기다리는 대신 제가 먼저 손을 내밀고 먼저 연결할 수 있는 자신감이 생겼어요.

이 시점에서 치료사는 '더 강인하고, 더 현명하고, 최고의 자아'라는 개입을 사용했는데, 이 개입에 대해서는 제4장에서 더 자세히 살펴볼 것이다. 본 장에서는 내담자가 그 개입의 결과로 인식할 수 있었던 진실과 새로운 행동을 규명하는 것에 초점을 두기로 한다. 알려져 있지 않고, 소속되어 있지 않으며, 거부당한 느낌의 고통을 다루면서 내담자는 자신이 알려져 있고 소속될 가치가 있으며 포용되어 있다는 진실을 선언할 수 있었다. 이러한 진실을 규명한 내담자는 긴장을 이완하고, 참여하며, 자신을 가치화하는 것을 포함하는 새로운 행동들을 명명할 수 있었다. 일단 이러한 진실과 새로운 행동이 규명되면, 치료사는 내담자 평온의 주기에 대한 아이디어를 공고히 하기 위해 반복과 요약, 구조화를 사용할 수 있는 위치에 있게 된다.

치료사 그래서, 당신이 알려져 있고, 소속할 가치가 있다는 진실을 선언할 수 있을 때, 당신은 비위 맞추는 모드로 들어가는 대신 긴장을 이완할 수 있었어요. 그렇지 않나요?

남성 (끄덕임) 네.

치료사 당신이 더 이완되고 자기 자신이 될 수 있을 때 다른 사람들은 어떻게 반응했나요?

남성 그들도 더 편해진 것 같았어요. 저는 더 접근하기 쉬워졌고, 그게 다른 사람들을 더 편하게 하는 것 같아요. 또한 그들이 손을 내밀고 더 포용적으로 되는 경향이 있다고 생각해요.

치료사 (끄덕임) 다른 사람들이 당신 주위에서 편안해할 때, 그것이 당신의 정체감과 안전감의 측면에서 당신에게 주는 메시지는 무엇인가요?

남성 제가 포용되고 있다는 것이지요.

치료사 그리고 당신이 포용되고 있다는 것을 알았을 때, 당신은 뿌루퉁하거나 자신을 수치스럽게 만드는 대신 무엇을 다르게 할 수 있나요?

남성 (잠시 멈춤) 저는 어떤 대화나 활동이 진행되든 계속 참여하고, 저 자신을 가치 있는 사람으로 대할 수 있었어요.

치료사 당신이 포용되고 있다는 것을 알았을 때, 당신은 참여하고 자신을 가치 있게 생각했다는 말씀이시죠?

남성 네, 맞아요.

치료사 당신이 대화에 참여하고 당신을 가치 있게 했을 때 다른 사람들이 당신에게 어떻게 반응했나요?

남성 그들은 제가 해야 할 말에 더 관심을 두는 경향이 있어요. 그들은 저에게 제 삶에 대해 더 많은 질문을 던져요. 그것은 저를 알려주고 소속감을 가질 가치가 있다고 느끼게 해요.

치료사 네, 그럴 거로 생각해요! 만약 어떤 이유에서인지 다른 사람들이 당신을 포용하거나 당신을 알아가는 데 관심을 가지지 않는다면, 당신 자신에 대한 진실은 무엇인가요?

남성 (잠시 멈춤) 상처가 되긴 하겠지만, 그러나 다른 사람들의 태도 때문에 저에 대한 진실이 바뀌지는 않겠죠.

치료사 당신에 대한 진실이라는 것은?

남성 알려져 있고, 소속할 가치가 있고, 포용되는 것이죠.

치료사 이것이 진실이라는 것을 알게 되면, 무슨 행동을 선택할 것인가요?

남성 긴장을 이완하고, 참여하며, 저 자신을 가치 있게 생각할 거예요.

치료사 (내담자 앞에서 평온의 주기를 그린다. 이 평온의 주기는 [그림 3.2]에서 확인할 수 있다.) 우리가 그것을 명확히 알고 있는지 확인하기 위해 다시 한번 당신에게 반복해 볼게요. 당신이 알려져 있고 소속할 가치가 있다는 진실을 선언할 수 있을 때, 당신은 긴장을 이완하기를 선택합니다. 여기서, 다른 사람들은 일반적으로 당신과 함께 있을 때 더 편안하게 반응하는데, 이것은 당신이 포용되는 진실을 쉽게 선언할 수 있게 합니다. 이 진실로 당신은 참여하고, 자기 가치를 유지하는 행동을 선택합니다. 당신이 이런 행동을 선택할 때, 당신은 종종 사람들이 당신을 알아가는 것에 관심이 있다는 것을 발견하게 됩니다. 그래서 다시 당신이 알려져 있고 소속할 가치가 있다는 진실로 돌아가게 됩니다. (평온의 주기 그림을 가리키면서) 이것이 당신이 평온할 때의 당신과 당신의 상호 작용을 정확하게 그린 그림처럼 보이나요?

남성 네, 맞아요.

세션의 마지막 부분에서 치료사는 다른 사람과 상호 작용하는 남성의 패턴을 강조하기 위해 다른 사람의 반응을 순서화에 포함시켰다는 점에 주목하라. 하지만 치료사는 그 남성이 다른 사람들이 무엇을 하든 상관없이 스스로 진실을 말하고 새로운 행동을 선택하는 것에 대한 책

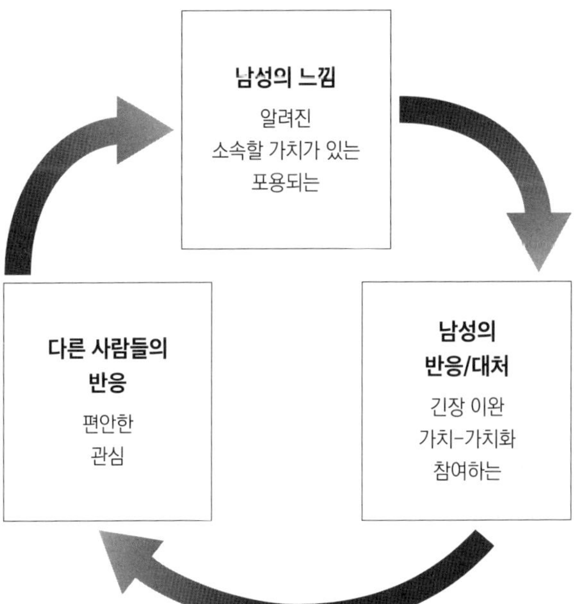

[그림 3.2] 남성의 평온의 주기

임을 지도록 도전하는 것으로 이동한다. 복원치료사로서, 우리는 항상 사람들이 자기-조절을 향하도록 도전하는 것을 추구하고 있다. 자신의 진실을 선언하고 새로운 행동을 선택하는 내담자의 능력은 다른 사람들로부터 원하는 응답을 받는 것에 의존하지 않는다는 점을 인식해야 한다. 그렇다 하더라도 개인이 자신의 평온의 주기에 살고 있을 때, 개인은 다른 사람들로부터 더 많은 연결적인 반응을 받을 가능성이 실제로 더 크다.

평온의 주기는 치료 과정 전반에 걸쳐 참조할 수 있는 구조로 작용한다. 우리는 내담자들이 고통스러울 때 어떻게 느끼고 행동하는지 시각적 자원을 제공할 뿐만 아니라, 그들이 선언하고자 하는 진실과 그에 따라 선택한 행동에 대한 시각적 정보도 제공한다. 즉, 보다 평온하고 연결적인 생활 방식으로 나아가는 길을 보여 주는 지도도 중요한 것이다.

앞에서 언급했듯이, 치료적 개입은 내담자의 이야기를 모으는 과정에서 시작된다, 조직화, 순서화, 구조화는 이러한 치료적 개입에 대한 복원치료사의 기본적 기본 구성 요소이다. 정체감과 안전감의 문제에 관한 내담자의 이야기를 조직화하고, 감정과 대처 패턴을 순서화하며, 이 정보를 가지고 고통과 평온의 주기로 구조화하는 것은 치료 관계 전반에 걸쳐 내담자와 치료사 모두에게 도움이 될 것이다. 고인이 된 시인이자 친구인 b. f. maiz는 종종 치료사에게 이렇게 말하곤 했다. "모든 훌륭한 시는 치료적이다. 그러므로 모든 훌륭한 치료도 시적이어야 한다." 치료사가 일차적 감정을 행동으로 엮어 내고 다시 뒤로 엮을 수 있는 기술을 습득하게 되면, 그것은 내담자의 정체감과 안전감은 물론 그 둘 모두의 잠재력에 대한 아름답고 시적인 태피스트리로 변하게 된다.

제4장

진실 규명과 감정 조절 확장에 대한 개입

나, 테리Terry는 실제로 내가 나쁜 운전자라고 인정하는 용기 있는 사람이다! 내가 젊었을 때는, 나에 대해, "아니, 나는 정말 훌륭한 운전자야. 난 단지 길 위에서 운이 좋지 않은 브레이크를 가졌던 거지"라고 자주 생각하곤 했다. 하지만 증거가 늘어나면서, 나는 명백한 사실들을 받아들여야 했다. 13건의 교통사고와 차량 접촉 사고는 전적으로 내가 책임져야 했다. 운전 중 14번 교통 위반을 했고, 보험 회사에 두 번이나 방문해야 했었고, 적색 신호등, 정시 신호를 무시하고 달리거나 도로에 대한 부주의로 또 다른 충돌을 간신히 면하였다. 결국 25년 전, 나는 내가 나쁜 운전자라는 사실을 직면하게 되었다. 나는 왜 내가 나쁜 운전자였는지 깊게 살피고 몇 가지 결론을 내리게 되었다. 그 결론은 내 운전 속도가 너무 빨랐고 다른 차량에 너무 가까이 갔다는 것이다. 지금도 나는 여전히 운전석에서 다소 부주의한 경향이 있으므로 내가 아주 좋은 운전자라고 말할 수는 없을 것이다. 그러나 내가 속도를 충분히 늦추고 다른 차량과의 거리를 좀 더 많이 둔 후에는 그렇게 말할 수 있을 것이다. 나는 25년 전에, 내가 나쁜 운전자라는 사실을 직면하고 나 자신을 조절한 후 한 번도 교통사고를 내지는 않았다. 나는 나의 문제를 확실히 인식했고 결국 그에 대한 필요한 책임을 졌다. 하지만 가장 중요한 것은, 내가 운전하는 버릇에 대해 수정한 것들을 습관화했고 근본적인 해결책으로 운전 문제의 원인을 조절했던 것이다.

복원치료 모델의 두 번째 목표는 내담자가 느끼는 고통을 조절하는 감정을 경험하고 규명하도록 돕는 것이다. 복원치료에서, 우리는 이것을 '감정 조절 진실'이라고 부른다. 우리가 진실을 말할 때, 이것은 우리가 내담자를 설득하려고 노력하려는 경직된 타당성에 따른 어떤 객관적인 관점이나 특정한 철학이 아니라, 오히려 내담자가 오랜 세월 동안 붙잡고 살아 왔던 고통스러운 일차적 감정에 대해 유용한 대안을 갖기 위해 우리가 내담자와 함께 구성construct하는 것이다. 거의 모든 내담자와 치료사가 고통에 관한 이야기나 내러티브를 듣고 그 고통을 감정과 내담자의 반응성을 이해하는 일관되고 조직적인 지도를 만드는 데 심혈을 기울이는 것에 감사한다. 그러나 감정을 조절하는 데 좀 더 초점을 맞추는 것이 미래의 내담자 행동에 대한 변화와 책임의 관점에서 매우 중요하다. 이것은 기본적으로 어려운 작업이어서 고통을 이해하는 것만큼 인기가 없다. 왜 이런 것인가? 이 접근법을 치료적으로 실행하는 우리 대부분은 우리가 내담자에게 기술과 노력이 필요한 무언가를 하도록 요구하고 있다는 것을 인식하고 있다. 다시 말해서, 단순히 내담자를 치료적으로 이해하는 것이 아니라, 내담자 자신과 내담자와 우리가 관계 맺고 있는 사람들의 삶에 변화를 줄 수 있는 위치에 내담자를 놓이게 한다는 것이다.

다른 관점

여러 해 동안 복원치료를 실행한 동료들과 나는 고통에 대한 조절 감정으로서의 이런 진실의 요소가 가장 어려운 치료 목표라는 것을 절감한다. 이것이 어려운 데에는 몇 가지 이유가 있다. 그 첫 번째 이유는 내담자 대부분이 자신의 기본적인 정체감과 안전감을 학습할 수 있는 권력을 인식하지 못하기 때문이다. 내담자들에게 강력한 사람들은 그들의 사랑과 신뢰의 방식으로 생애 초기부터 내담자를 프로그래밍했다. 유아와 어린 아동으로서, 내담자는 단순히 자신의 정체감과 안전감이 초기 양육자에 의해 어떻게 형성되고 있는지를 인지하는 전전두엽prefrontal 피질 통찰력을 가지고 있지 못했다. 양육자들은 대부분 사랑과 신뢰를 주는 데 자신들이 할 수 있는 최선의 노력을 다하려고 하였다. 그러나 최고의 양육자들조차도 다소 자신의 정체감과 안전감의 결핍으로 인한 그들의 반응성에 의해 사랑과 신뢰로 다른 인간을 형성하고 프로그래밍할 수 있는 최고의 양육과 환경을 제공할 수는 없었다. 이러한 최초 프로그래밍의 경우, 개인은 단순히 자신의 정체감과 안전감을 결정하거나 영향을 줄 수 있는 선택권이 없었다. 단지 개인은 자신이 학습하고 경험한 것으로 정체감에 관련된 고유성, 가치성, 바람직성에 관한 질문에 대해 최종 응답을 가져야 했었다. 또한 이들은 자신의 안전감에 관련된 예측 가능성(믿음성), 개방성, 공평성에 관한 질문에 대해 그들 양육자의 관점에 도전할 수 있는 인지 능력을 가지고 있지 않았다. 그들은 그들의 정체감과 안전감에 대한 최초의 프로그래밍이 사실이라고 생각했기 때문에 자신들의 고통에 대하여 타인 비난, 자기-수치화, 상황이나 관계 통제, 도피/혼란 행동 등의 자기-반응성(대처 스킬)을 발달시켰다.

하지만 내담자에게 이런 형태의 프로그래밍을 한 것은 양육자뿐만 이 아니다. 아동이나 청소년인 개인은 친구, 교사, 코치, 멘토 등으로 간주되는 사람들에게서 영향을 받아 형성되었다. 우리가 만난 많은 내담자는 양육자와 가족이 정체감과 안전감에 대해 완전하지 않은 프로그래밍을 했는데도 실제로 매우 괜찮았다. 최초의 양육자만큼이나 또래 집단, 교사, 코치, 멘토의 영향력은 정체감과 안전감에 영향을 줄 수 있다. 더욱더 잘하기를 요구하고 매번 우승을 해야 한다고 말하는 코치나 경연이나 경쟁에서 어떤 곡을 연주할 때 절대적인 완벽을 고집하는 음악 교사를 상상해 보라. 내담자가 강력하다고 추정한 사람들로부터 이러한 형태의 기대가 어떻게 정체감과 안전감에 쉽게 영향을 미칠 수 있는지를 보는 것은 어렵지 않다. 내담자가 성인이 되고 인지력이 발달했을지라도, 이런 잘못된 권력 행사의 영향력이 내담자에게서 쉽게 확인되지 않고 묻혀 버리는 것은 전혀 이상한 일이 아니다. 대부분의 경우, 내담자는 단순히 이 사람들에 맞서지 않고 그들이 자신의 정체감과 안전감에 대해 말할 권리가 있다고 가정한 것이다. 결과적으로 내담자가 강력하다고 생각한 사람들에 의해 주어진 건강하지 못한 프로그래밍은 자신뿐만 아니라 자신의 관계에도 손상을 초래하는 동일한 형태의 대처와 반응성으로 이어진다. 우리는 섭식 장애로 치료를 받고자 한 28세 내담자와의 다음 세션에서 이러한 현상을 발견할 수 있다.

여성 사실, 저는 제가 어렸을 때 부모님으로부터 충분히 사랑받고 자랐습니다. 저는 항상 그들의 삶에서 가장 중요한 사람이었고, 제가 가치 있고 소중한 사람이라고 느꼈습니다. 그 시절 어린아이로서 정말 행복했습니다.

치료사 당신의 부모님은 당신이 잘 양육되고 사랑을 받았다는 것을 확실히 하기 위해 노력을 다하신 것 같네요. 그것은 건강한 정체감을 형성하게 하지요. 그런데 이러한 것들이 언제부터 변화하기 시작했나요?

여성 (긴 침묵) 6학년 때부터 일이 꼬이기 시작했어요. 저는 어떤 '못된 여자아이들' 그룹의 표적이 됐어요. (긴 멈춤) 이들 중 하나는 제가 입은 옷, 몸매, 제 운동 능력, 심지어 점심 먹는 것까지도 트집을 잡곤 했죠. (긴 침묵 후 눈물을 흘리기 시작한다) 그들은 제 주위에 있을 때나 제게 관심이 쏠릴 때마다 돼지처럼 코를 킁킁거리는 소리를 내곤 했습니다. 그것은 정말 끔찍했습니다.

치료사 그것이 얼마나 끔찍했을지 이해가 돼요. 표적의 대상이 되어 그러한 괴롭힘을 경험했다면 당신이 가치 있고 소중하다는 느낌이 무너져 버렸을 것이고, 분명히 안전하지 않다고 느꼈을 것 같네요.

여성 (끄덕임)

치료사 (긴 멈춤) 입은 옷, 몸매, 먹는 음식에 대하여 그렇게 많은 부정적 피드백을 받으면서 어떻게 살아남았습니까?

여성 오랫동안 저는 조용히 사라지고 눈에 띄지 않으려고 노력했습니다. 하지만 약 일 년 후에 이것이 불가능하다는 것을 알았습니다. 그래서 저는 그들처럼 옷을 입었고, 운동에 재능이 없는 것처럼 행동했고, 먹는 것을 멈추어 버렸습니다.

치료사 옷 치장, 당신의 능력을 억누르고, 거의 먹지 않는 등, 이런 조절을 하였다는 것은 마치 당신이 그들처럼 되어 가며 당신 자체는 사라져 버린 것처럼 들리네요.

여성 (고개를 숙인 채로 긴 침묵) 바로 그랬습니다. 저는 그것에 너무 익숙해져서 18개월 후 정말 그들 그룹의 일부가 되어 버렸습니다.

치료사 당신 자신을 보호하기 위해서는 어떠한 일도 감수했을 거라는 점이 크게 공감됩니다.

여성 나 자신을 보호했지만, 또한 나 자신을 잃었습니다. 뒤돌아보면, 그해 이전이 제가 마지막으로 안전하다고 느꼈고 내가 누구인지를 알았던 때였습니다.

우리의 정체감과 안전감을 프로그래밍할 수 있을 만큼 충분히 강력한 가능성이 있는 또 다른 것이 바로 트라우마의 영향력이다. 우리는 상호 작용이나 관계의 심각성이 트라우마인지를 결정하는 사람이 치료사가 아니라는 점을 명심해야 한다. 이는 사건 발생이나 상호 작용에 대한 내담자의 인식, 특히 트라우마의 여부를 결정하는 정체감이나 안전감에 미치는 사건의 영향력이다(Hargrave & Zasowski, 2016). 트라우마가 내담자의 정상적인 기능에 장애를 초래한다는 것은 명백하며, 이러한 장애는 정보가 없는 도전이지만, 내담자가 도전에 대해 어찌할 수 없는 정체감이나 안전감이 결합된 것으로 해석될 수 있다. 트라우마는 정체감과 안전감을 형성하는 강력한 힘이 될 수 있다. 다음 장에서 우리는 이러한 트라우마에 대하여 더 많이 살펴보게 될 것이다.

정체감과 안전감의 고통에 대한 진실이나 조절 감정을 치료 장면에서 달성하기 어려운 두 번째 이유가 있다. 많은 내담자는 정체감과 안전감에 대한 조절 결핍은 누군가가 자신에게 사랑이나 신뢰의 방식으로 행동해 그들의 고통을 조절해 주는 것에 의해서만 달성될 수 있다고 믿는다. 이러한 인식은 가장 일반적으로 애착이론(Bowlby, 1988)에서 비롯되는데, 애착이론에 따르면 아이는 애착 대상을 보면서 사랑과 신뢰의 방식으로 두려움, 슬픔, 부당함을 조절한다. 대부분의 복원치료사는 애착이론에 크게 감사하고, 양육자들이 아이에게 정체감과 안전감을 형성하는 데 어떻게 사랑과 신뢰를 제공하는지를 확실히 볼 수 있다. 그러나 많은 내담자는 이러한 필요성을 성인 관계에까지 확장하여, 정체감이나 안전감에 대한 고통이 있을 때 중요한 다른 사람들이 자신들에게 정서적으로 조절하는 사랑과 신뢰를 제공해야 한다고 믿는다. 물론 성인이 성인을 양육하는 것이 적절한 때가 있다.

하지만 복원치료 모델에서 우리는 내담자, 특히 성인이 정서적으로 자기-조절을 할 수 있도록 도와야 한다. 대부분 내담자의 삶 속에 자신의 정체감과 안전감에 대해 말할 수 있는 강력한 사람들이 있다는 것은 사실이다. 그러나 우리는 치료 전문가로서, 이들 대부분이 어린 시절의 양육, 청소년 때의 영향력, 또는 트라우마 경험으로부터의 정체감과 안전감을 둘러싼 고통스러운 메시지들을 상쇄할 수 있을 만큼 충분히 강력하지 못하다는 것을 발견한다(Hargrave & Pfitzer, 2011).

이 모든 권력의 부족이 관계의 성격이나 위치 때문만은 아니지만, 치료상 배우자가 다른 배우자에게 내담자의 어린 시절에 결핍이 된 사랑과 신뢰를 주는 것이 어렵다는 것은 명백하다(Hargave & Pfitzer, 2011). 배우자는 부모가 아닌 파트너의 위치에 있다. 이것은 특히 자녀가 부모의 손상된 정체감과 안전감을 충족시키려고 할 때 사실이다. 배우자처럼, 위치적으로 자녀는 단순히 부모의 안전감과 정체감을 형성할 수 있는 능력이나 권력을 가지고 있지 않다.

기본적으로 다른 사람들은 고통스러운 정체감과 안전감에 영향을 미칠 수 있는 능력이 제한되어 있다. 왜냐하면 우리가 위협을 느낄 때마다 그들을 곁에 두는 것이 어렵기 때문이다. 이러한 현실은 종종 많은 사람이 문화에서 배우는 것과 정반대되는 것이다. 우리가 우울하고, 곤혹스럽고, 사랑받지 못하고, 혼자 있고, 혼란스럽고, 위협받거나 두려워할 때, 우리는 자신이나 상황에 대해 좀 더 나은 느낌을 받기 위해 중요한 다른 사람들이 우리를 위로하거나 안심시키거나 우리와 접촉하는 것에 의지하게 되었다(Johnson, 2004). 애착 관점에서 이러한 틀은 애착 대상이나 안전 피난처 관계의 필요성으로 내담자를 보게 한다(Jonson, 2004). 간단히 말해서, 자기-조절의 태도를 유지하는 대신에 종종 공동-조절을 갈망하고 간절히 원하게 된다. 이전에 언급했듯이 때때로 이러한 종류의 다른 사람들이 정서적 필요를 충족시키는 것은 적절하다. 하지만 개인의 자족성, 역량, 자율성의 문화적 기대가 있을 때 공동-조절의 효능성을 상상하기는 더 어렵다. 예를 들어, 내담자가 매우 비판적이고, 비난적이며 냉담한 상사와 일을 하고 있다면, 내담자는 궁핍하고, 두렵고, 상처를 받는 위험에 처하게 될 것이다. 내담자가 상사에게 가서 상황을 설명하고, 기대치를 명확히 하며, 내담자의 감정을 상사와 함께 공동-조절하도록 하는 것은 비현실적일 것이다. 동시에 배우자나 다른 안전 피난처 관계가 상사의 진술과 판단을 상쇄하기 위해 충분히 빨리 나타날 수 있도록 하는 것도 비현실적일 수 있다. 왜냐하면 공동-조절하는 배우자는 지속적인 지원을 제공하는 데 제한된 시간이나 맥락을 가지기 때문이다. 직장 문화와 성인 문화에서 내담자는 합리적인 시간 내에 업무에 복귀하거나 상사의 기대에 부응하거나 상황을 떠나 다른 일자리를 찾을 수 있을 만큼 충분히 자신을 조절할 수 있을 것으로 기대된다.

우리가 제안하는 진실 또는 자기-조절 감정은 즉각적인 가용성availability과 우리에게 지속적인 지원을 제공할 만큼 강력하다. 우리는 종종 공동-조절이 내담자에게 지원과 편안함을 제공하는 데 어느 정도 강점을 가지고 있으며, 확실히 위협의 상황이나 외로움이나 무능감으로부터 해방시킬 수 있다고 말한다. 그러나 개인이 자기-자원을 통해 두려움, 정체감과 안전감에 대한 신념을 조절할 수 있어야 하는 심오한 필요성이 있다. 이러한 종류의 진실이나 자기-조절 감정이 존재하지 않는다면, 내담자들은 성인으로서 더 완전하게 행동하기를 기대하는 사회의 문화적 한계에 부딪힐 것이고, 따라서 그들은 무능감 때문에 조절되지 않을 것이다. 개인이 정체감과 안전감과 관련된 진실에 대한 자신의 감각에 깊이 익숙해질 수 있어야만 자신과 상황에 유능하고 자신감을 느끼는 데 필요한 지렛대를 마음챙김으로 실습할 수 있다. 공동-조절과 안전 피난처 관계와의 연결은 좋고 훌륭한 것이다. 그러나 그것은 성인기에 대한 복원치료 분석에서, 정체감과 안전감에 대한 상실 또는 위협으로부터 보호하기 위한 실질적인 닻을 올리기에는 대부분 충분하지 않다.

권력과 권위의 위치

정체감과 안전감이 형성되어 프로그래밍되고 공식화되는 어린 시절에 아이에게 사랑과 신뢰를 불어넣을 권력과 책임을 모두 가진 양육자에게 초점을 맞추는 것은 매우 일리 있는 일이다. 양육자는 아이들에게 말하고 행동할 수 있으며, 생물학적 삶의 거의 모든 부분에서 우리를 구별 짓는 인간 요소들의 측면과 연결될 수 있게 하는 놀라운 권력과 권위를 가지고 있다. 부모와 양육자는 유년기를 지나 후기 성인기에 이르기까지 자녀의 정체감과 안전감에 대해 말할 수 있는 권력과 권위 일부를 유지한다(Hargrave & Pfitzer, 2003). 부모와 양육자의 위치에는 분명히 사랑과 신뢰의 프로그래밍을 자녀의 전 생애에 걸쳐 적용할 수 있게 하는 무언가가 있다. 그러나 개인이 어느 나이에 이런 권력과 권위를 얻어 자신의 정체감과 안정감을 지휘하고 프로그램하기 시작할까?

우리는 사랑과 신뢰가 관계적 요소이며, 관계에서 표현되고, 경험되고, 반응된다고 믿는다. 그와 같이 정체감과 안전감은 관계적에서 의존적이다. 인간의 인지 발달은 아동기와 청소년기를 지나며 일어나기 때문에 개인에게는 다른 사람들의 지각과 사고가 자신의 마음속에 분명히 주입된다(Jung & Long, 2018). 다시 말해, 우리가 관계에서 사랑과 신뢰에 노출되면서 인지적으로 강력한 관계의 경험, 연결, 상호 작용에서 보는 것에 따라 정체감과 안전감에 대한 우리 자신의 심리가 구성되기 시작한다. 양육자는 긍정적이든 부정적이든 개인을 위한 심리적 주입introject을 형성할 때 대체로 권력의 전형으로 기능하지만, 동료나 멘토뿐만 아니라 상황의 측면에서 심리적 주입에 영향을 미치는 다른 강력한 관계가 있다.

복원치료에서 우리는 형식적 조작기(Singer & Revenson, 1996)의 인지 발달 단계를 따라 사춘기 및 성인기에 접어들면서 추상적으로 생각하기 시작하고, 자신의 사고 과정에 대해 생각할 수 있는 능력이 발달한다는 점을 유지할 것이다. 개인은 자신의 관점 일부로서 자아감, 정체감 등의 개념을 분석할 수 있고 더는 특정적이거나 배타적으로 다른 사람들과의 구체적concrete 관계에 얽매이지 않을 수 있다. 간단히 말해, 개인은 한 사람으로서 자신과 관련되거나 자신과 관계를 가질 수 있는 능력을 갖추게 된다. 자신과의 이러한 관계는 개인이 자신의 정체감과 안전감을 인식하고 사랑과 신뢰의 행동에 대한 중요한 문제를 인지적으로 인식할 수 있는 권력을 얻으며 자신에게 긍정적인 영향과 부정적인 영향을 모두 미칠 수 있다.

물론 여기서 주목해야 할 것은 사람들이 서로 다른 연령대에서 형식적 조작기 발달 단계에 들어간다는 것이다. 일부 조숙 아동들은 형식적 조작기의 초기 징조를 보이지만, 다른 사람들에게 이런 특징은 10대 후반에서 20대 사이에 나타나기도 한다. 그러나 연구는 30세가 되는 성인의 대다수가 추상적 사고나 적어도 형식적 조작기의 일부 중요한 측면을 보인다고 말한다. 요점은 대부분 성인은 사랑스럽고 신뢰할 수 있는 방식으로 그들 자신의 정체감과 안전감에 관련되는 권력을 갖기 시작한다는 것이다.

자신과 상황에 대해 생각하는 방식은 과거에 프로그램된 것과 주입(내사)을 통해 배운 것에 의해 통제될 뿐만 아니라 지금 이 순간에 자신에 대해 생각하고 자신과 관계를 맺는 방식에 따라 틀이 잡히고 바뀔 수 있다. 우리는 성인으로서 정체감과 안전감을 저울질할 수 있는 권력을 가지고 있나. 사랑과 신뢰의 현재 상태를 지시하는 것은 과거의 주 양육자, 친구, 교사, 멘토가 아니며, 심지어 우리가 경험한 상황도 아니다. 성인은 자신과 관계를 맺고 자신의 정체감과 안전감에 대한 진실을 형성할 수 있는 권력을 가지고 있다. 그러나 권력을 휘두르는 것과 권위를 가지고 자신과 관계를 맺는 것은 매우 다르다.

예를 들어, 나의 성인 자녀들은 내가 특히 그들을 사랑하고, 그들의 인격에 관심을 갖고, 신체적으로나 정서적으로 안전한 환경을 제공하는 영역에서 좋은 아버지였다고 말한다. 나는 육아를 완벽하게 하지는 못했지만, 내가 잘못한 것보다 "아버지"의 위치에서 훨씬 더 잘했다는 것은 내 두 자녀 모두에게나 나에게나 분명하다. 사실, 나는 양육의 초기 단계에 그들의 정체감과 안전감에 대해 그들 마음에 끼치는 지속적인 영향력이 얼마나 중요한지를 알고 있었으므로 아버지 역할에 대해 매우 지향적이었다. 나는 그들이 고유하고 바람직하며 가치가 있다는 믿음을 그들 삶에 심어 줄 모든 기회를 잡으려고 노력했다. 또한 나는 내 행동을 예측할 수 있도록 하고, 그들의 정의에 대한 경험에서 균형을 이루며, 비밀 없이 개방하려고 노력했다. 이러한 것들을 불완전하게 한 것과는 별개로, 나는 내가 하려고 했던 많은 것이 그들 프로그래밍에 성공적으로 안착했고, 그들은 명확한 정체감과 안전감의 많은 이점을 경험한다는 것을 안다. 이 모든 것을 나 자신의 소중함과 가치에 대해 엄청난 부적합감을 느끼면서, 상당 시간 관계의 임무를 다소 미흡하게 한다고 믿으면서도 두 아이 모두에게 나는 아버지로서 할 역할을 했다. 나는 내가 절실히 필요로 하는 것들을 그들에게 주었다.

내가 어떻게 아버지 역할을 잘했을까? 나는 그 과정에서 그 역할을 하기에 충분한 모델과 지식을 지니고 있었고, 그 과정이 습관화되면서 사랑하고 신뢰할 수 있는 능력을 갖추게 되었다. 하지만 더 큰 질문은 왜 내가 내 모델, 지식, 그리고 경험에 의한 성장을 나 자신의 정체감과 안전감을 위해 사용하지 않는가 하는 것이다. 이것이 바로 고통의 주기에 존재하는 정체감과 안전감에 관한 조절 곤란 감정의 어려움이다. 우리는 잘못된 정체감과 안전감의 결핍 과정에 너무 익숙해지고 훈련되어 있어서 우리 자신에 대한 사랑과 신뢰의 권력을 사용하는 권위의 위치를 취하는 것을 거부한다. 내 아이들은 내가 그들의 정체감과 안전감을 형성하기 위해 이 권력과 권위를 사용했다는 살아 있는 예들이지만, 나는 나 자신을 위해 이 위치를 취할 정도로 의지가 없거나 모르고 있었다. 나는 우리 내담자들도 그들이 자신을 사랑하고 신뢰할 수 있는 방식으로 자신을 대할 수 있는 권력과 권위를 지니고 있다는 것을 모르는 경우가 많다고 생각한다. 그들은 자기-조절하는 다른 무언가를 할 수 있는 권력과 권위를 가지고 있다는 것을 모르기 때문에 과거 고통의 주기에서 계속 살고 있다.

우리가 사회적으로 자신의 잘못된 정체감이나 안전감에 대한 결핍으로 인한 고통의 감정을 누군가가 다가와서 자신과 함께 공동으로 조절하기를 바라는 데 희망을 걸었다는 것이 놀랍지 않은가? 일부 진정으로 우리를 사랑하는 사람들은 자주 우리와 함께하면서 우리가 고유하고, 가치 있고, 혼자가 아니라는 우리 자신에 대한 진실을 알려준다. 그러나 그것은 우리가 잘못된 정체감과 안전감에 대한 고통스러운 메시지를 반복하는 것만큼 빈번하지는 않다. 만약 우리가 진실로 자신의 고통의 주기를 정서적으로 조절하려고 한다면, 우리는 반드시 우리 자신의 권위에 의해 권한을 부여받아 자신에게 사랑과 신뢰에 관한 진실을 말해야 한다.

부모들은 그들이 우리의 정체감과 안전감에 대한 최초의 프로그래머라는 점에서 강력하다. 다른 사람들은 그들이 우리 삶에서 발휘한 멘토십, 친근감, 소속감, 영향력에 있어서 강력하다. 우리의 영성조차도 우리의 정체감과 안전감에 대한 가치를 전달하는 데 강력하다. 그러나 사춘기 후반부와 성인기에 접어들면서, 우리는 개인으로서 우리의 정체감과 안전감의 가장 강력한 공급자가 된다. 이것은 다른 사람들이 약하거나 우리를 사랑하거나 신뢰할 수 없기 때문이 아니라, 오히려 자신이 현재의 정신이나 스키마에 맞지 않는 메시지를 적극적으로 거부할 수 있기 때문이다. 이러한 현실은 과거에 주입된 정서적 · 인지적 결합과 현재 관계에서의 경험의 반복적인 영향과 연관되어 있다. 우리는 자신과 인간관계에 대한 낡은 관점과 고통스러운 관점에 익숙하므로 우리의 정체감과 안전감에 대한 이전의 이러한 편견을 증명할 수 있는, 사랑하지 않거나 믿을 수 없는 행동을 찾는 데 민감하다(Hanna, 2014). 우리가 무엇을 찾든지, 우리는 가장 친한 친구와 동료라도 완벽하지 않다는 것을 종종 발견할 것이고, 그들이 우리의 정체감과 안전감에 대한 우리의 뿌리 깊은 신념을 증명하는 일을 행하고 말할 것이다. 이와 관련된 예로써, 업무 상황을 논의 하고 있는 41세 남성에 관한 다음 사례를 살펴보도록 하자.

남성 저는 어떤 직장 업무 상황에서도 제가 잘할 수 없고 부족하다고 느낍니다. 저는 제 한계 이상으로 열심히 일했지만, 그들은 계속해서 저에게 점점 더 많은 것을 요구했습니다. 저는 결코 앞으로 나아갈 수 없고 조금만 뒤로 물러서면 상사에게 곤욕을 치르게 될 것입니다.

치료사 당신은 일하고, 일하고, 또한 당신이 하는 일에 출중하지만, 그것은 아무것도 중요하지 않고 사실 더 많은 일과 더 많은 기대를 낳는 것 같아요. 당신이 자신을 느슨하게 할 때, 당신은 비판당할 것이고요. 제가 맞게 이해했나요?

남성 네, 맞아요.

치료사 매우 안전하지 않은 환경인 것 같군요. (긴 멈춤) 상사에게서 받은 피드백과 그가 한 말을 저에게 말씀해 주시겠어요?

남성 그는 실제로 제가 최고로 유능한 그의 부하 직원 중 한 명이라는 것을 알고 있고, 또 그렇게 말도 했어요. 그는 저에게 상을 주긴

하지만, 제가 더 잘할수록 더 많은 일을 시키지요. 그리고 제가 그가 원하는 대로 하지 않을 때, 그는 항상 제가 무엇을 해야 했는지 말합니다.

치료사 (잠시 멈춤) 그래서 긍정적인 피드백을 많이 받는 것처럼 들리지만, 긍정적인 피드백조차도 더 높은 기대치를 낳는다는 거지요. 그리고 그의 기대에 어긋난 행동을 할 때, 부정적인 피드백을 받게 되는군요.

남성 부정적인 피드백이라기보다는 그가 염두에 두고 있는 것에 맞추기 위한 수정인 셈이죠.

치료사 네, 알겠습니다. 당신이 상사로부터 받는, 긍정에서 부정까지의 피드백 비율이 어떻게 되나요?

남성 대략 98에서 2요.

치료사 하지만 긍정적인 피드백은 당신에게 더 많은 것을 수행해야 할 입장에 처하게 하므로 상사의 메시지에 상관없이, 당신은 그의 기대에 충분히 부응할 수 없다고 느꼈을 것 같아요.

남성 맞아요. 겉으로만 보면 이 모든 것에서 긍정적인 피드백을 얻는 것처럼 보이지만, 그것은 항상 내가 더 해야 한다는 것과 결코 기대에 부응할 수 없다는 느낌을 남깁니다.

여기서 우리는 남성의 현재 관계의 난관을 볼 수 있다. 사실 이 남성은 칭찬과 보상의 방식으로 많은 것을 받고, 사람들은 추가적인 책임을 그의 훌륭한 일에 대한 인정으로 해석할 것이다. 그러나 이 남성은 학교, 운동, 직업에서 완벽을 요구하며 좀처럼 수그러들지 않는 아버지를 둔 가정에서 자랐다. 그는 여전히 그의 정신과 스키마에 아버지의 메시지와 프로그래밍을 담고 있다. 상사가 압도적으로 긍정적인 메시지를 주려고 해도 남성은 관계에 대한 자신의 기존 믿음을 확인하는 행동이나 상황을 꾸준히 찾는다. 즉, 그가 결코 충족시킬 수 없는 기대가 있고, 상사의 수정은 그가 실패했다는 판단이라는 것이 주된 내용이다. 상사는 남성의 아버지와 같지만, 남성이 기대에 부응할 수 없고, 상황이 안전하지 못하고 불공평하다고 느끼고 있다는 사실을 상사가 알게 되면 매우 놀랄 것이다. 그는 상사의 언어적인 찬사와 긍정적인 피드백은 거부하고, 대신 관계에서 자신의 정체감과 안전감에 대한 자신의 고통을 확인시켜 주는 메시지와 행동을 찾는다.

우리는 성인이 되면 자아가 정체감과 안전감에 대한 메시지를 받아들이거나 거부하는 가장 중요한 목소리라고 믿는다. 결과적으로, 성인 또는 곧 성인이 되는 자아는 정체감과 안전감에 관한 사랑스럽고 신뢰할 수 있는 행동을 공식화할 수 있는 독특한 위치에 있다. 우리가 이러한 감정 조절을 '진실'이라고 말하는 이유는 그것이 내담자에게 고통의 주기에 존재하는 감정과 대조되는 선택의 명확성을 제공하기 때문이다. 결과적으로, 정체감과 안전감에 대한 개인의 선택인 진실을 말함으로써 내담자는 가장 강력한 방법으로 오래된 정신과 스키마에 직접적으로 도전하고 있다. 더 나아가, 인간은 단지 의미나 행동의 사회적 구성물 이상인 존재로 내적인 가치를 지니고 있다고 믿는다. 즉, 인간은 그 자체로 가치를 지니고 있어서 사랑스럽고 가치로우며 소속할 자격이 있다(Buber, 1958; Rogers, 1961). 또한 우리는 관계의 자연스러운 주고-받기를 지배하는 인간 상태에 존재하는 타고난 정의감 또는 균형 감각이 있다고 믿는다(Boszormenyi-Nagy & Krasner, 1986). 비록 그것이 포스트모던post-modern이나 구성주의자constructivist의 이데올로기와 배치될 수 있지만, 우리는 헌신적인 인간이 실제로 타고난 가치를 지니고 있으며 관계에서 사랑과 일관된 안전감을 누릴 자격이 있다고 생각한다. 인간은 인간이기 때문에 사랑과 신뢰를 경험해야 한다(Hargrave & Pfitzer, 2011).

따라서 우리가 내담자들을 감정 조절의 진실을 선택하는 위치에 둘 때, 우리는 단순히 그들에게 자아와 안전에 대해 구성된 감각을 형성하라고 요구하는 것 이상의 일을 하고 있다. 의도적이든 아니든 간에, 우리는 그들에게 자신의 정신에 프로그램된 정체감과 안전감에 대한 거짓말의 명제에 도전하기 위해 인간성humanness의 타고난 부분과 접촉하도록 요구한다. 인간이 사랑스럽고 안전과 보호를 받을 자격이 있다는 것은 타고난 진리이다. 복원치료가 내담자에게 과거의 거짓말과 잘못된 스키마에 묻혀 있는 것을 재발견하거나 발견하도록 요청하는 것이 현실이다. 어떤 의미에서, 우리는 사랑 받고 안전해지려는 이러한 욕구를 내담자들과 일반 인간들 사이에서 가장 본질적인 갈망으로 본다. 내담자에게 정체감이나 안전감에 관한 오래된 프로그래밍에 도전할 것을 제안하는 데 있어서, 복원치료사는 내담자가 고통의 주기 패턴에 성공적으로 도전할 수 있고, 자신감, 자유, 사랑, 신뢰가 자신의 정체감과 안전감으로부터 흘러나오는 평온의 장소에 성공적으로 도달할 수 있도록 돕는다.

치료사가 내담자 고통의 주기를 인지하고 조직하는 것은 내담자가 자신의 정체감과 안전감에서 잘못된 선fault lines을 알아차리고 인식하도록 돕는 데 강력한 첫 단계이다. 그러나 고통의 주기는 강력한 패턴으로 수년, 심지어 수십 년 동안 내담자의 사고와 반응을 지배할 수 있다. 인간으로서 우리의 뇌와 사고는 우리가 이미 잘 알고 있고, 실행해 왔던 것을 더 선호한다(Siegel, 2007). 이러한 현실을 고려해 볼 때, 내담자가 오랫동안 실행한 고통의 주기는 내담자의 사고와 행동에서 매우 장기간 지속될 것이다. 그러므로 치료사로서 할 수 있는 일은 진실이 고통의 주기에 영향을 미칠 수 있도록 가능한 한 강력하게 만드는 것이다. 복원치료를 시행한 첫 10년 동안, 우리는 진실이나 감정 조절이 내담자에게 미칠 수 있는 영향력을 공고히 하기 위해 기존 기법을 개발하고 수정해 왔다. 감정을 조절하는 데 사용한 이러한 기법들에 대한 검토가 본 장의 나머지를 채울 것이다.

재양육 심상

재양육 심상의 초점은 내담자의 정체감과 안전감에 대한 자신의 관점을 결정할 때 내담자를 경험적으로 권력과 권위의 위치에 놓이게 하는 것이다. 본질적으로 치료사는 내담자가 자신의 정체감과 안전감에 대한 과거의 메시지에 도전하면서 자신에게 좋은 양육 모델을 제공하는 위치에 놓이도록 돕는다. 이 기법은 형태 치료(Perls, Heff erline, & Goodman, 1951)의 작업에서 널리 사용되는 빈 의자 기법을 수정한 것이다.

심상의 첫 번째 대상

세션 중에 우리는 일반적으로 내담자 앞에 빈 의자를 놓고 세 연속적인 대상 또는 이미지를 사용하여 상호 작용을 수행하는 것을 목표로 한다.

첫 번째 대상 또는 이미지에서, 우리의 목표는 정체감과 안전감에 대한 내담자의 고통을 드러내는 빈 의자에 앉아 있는 가상의 비정형 아이non-descript child에게 주목하는 것이다. 물론 첫 번째 대상이나 이미지에서 경험이 있는 치료사는 빈 의자에 있는 아이의 고통이 내담자 고통의 주기에 있는 감정과 매우 가깝거나 동일하다는 논의를 하게 될 것이다. 이 첫 번째 대상에 대한 핵심 아이디어는 내담자에게 내담자와 직접적인 관계나 연결이 거의 없거나 전혀 없는 아이를 대상으로 진실을 좀 더 쉽게 규명할 기회를 제공하는 것이다. 다음은 외설물을 과도하게 사용하는 데 어려움을 겪고 있는 30세 남성과 함께 이러한 첫 번째 대상의 비정형 아이를 활용한 재양육 실습의 사례이다.

치료사 당신 앞에 있는 의자에 10세 정도의 아이가 앉아 있다고 상상해 보시길 바랍니다. 그 아이는 당신이 아는 아이가 아니어도 됩니다. 당신 머릿속에 지금 떠오르는 상상의 아이일 수도 있고, 또는 당신 자녀이거나 친구, 친척의 아이일 수도 있습니다. (잠시 멈춤) 잠시, 의자에 앉아 있는 이 아이를 바라보십시오.

남성 (잠시 멈춤) 네, 아이를 바라보고 있어요.

치료사 (잠시 멈춤) 아이의 눈… (잠시 멈춤) 머리… (잠시 멈춤) 입고 있는 옷…. (잠시 멈춤) 그것들의 색깔은 무엇인가요?

남성 푸른 눈과 금발 머리를 가지고 있어요. 빨간 셔츠와 반바지를 입고….

치료사 네…. (긴 멈춤) 이제 정서적으로 매우 고통 속에 있는 이 아이가 당신을 바라봅니다. (잠시 멈춤) 푸른 눈을 가진 이 아이가 당신을 바라보며, "내 인생에서 아무도 나를 봐 주지 않아요"라고 말합니다. (긴 멈춤) "모든 사람-내 동생-내 아버지-나의 선생님-내 친구들-그들은 단지 내가 더 잘하는 것에만 관심이 있죠. (잠시 멈춤) 더 나은 성적, 더 나은 행동, 모든 것에서 더 나은 것…. (긴 멈춤) 나는 쓸모가 없고 아무에게도 보이지 않으며(관심 밖에 있으며), 그 누구의 기대에도 부응할 수가 없습니다." (긴 침묵 후 남성의 옆으로 다가서서) 당신은 이 아이와 같은 느낌을 느꼈기 때문에 아이가 어떻게 느끼는지 잘 알고 있습니다. 쓸모없고-관심 밖이며 기대에 부응할 수 없다고 느끼는, 빨간 셔츠를 입은 파란 눈의 금발 머리 아이에게 뭐라고 말하겠습니까?

남성 (긴 멈춤) 나는 그에게 말할 것입니다.

치료사 (저지) 의자에 앉아 있는 아이를 보고 아이에게 직접 말씀해 주세요. 쓸모없고, 관심 밖이며, 기대에 부응할 수 없다고 느끼는 이 아이에게….

남성 (잠시 멈춤) 넌 괜찮아. 네가 기대에 부응하는 것은 중요하지 않아. 성공하든 실패하든, 넌 괜찮아.

치료사 (잠시 침묵) 넌 괜찮아. 나는 너를 보고 있어. 난 너를 이해해. 네가 괜찮기 때문에 너의 성공이나 실패는 중요하지 않아. (잠시 멈춤) 아이의 얼굴을 볼 때, 아이의 얼굴은 당신에게 뭐라고 말합니까?

남성 (잠시 멈춤) 그는 기분이 좋아졌지만, 여전히 쓸모없다고 느낍니다.

치료사 (잠시 멈춤) 여전히 쓸모없는 느낌…. 당신은 이 아이에게 뭐라고 말하겠습니까?

남성 (잠시 멈춤) 넌 중요하고 소중해. 성공하든 실패하든 괜찮아.

치료사 (긴 멈춤) 넌 중요하고 소중해. 성공하든 실패하든 괜찮아. (긴 멈춤) 아이의 얼굴은 지금 당신에게 뭐라고 말합니까?

남성 (잠시 멈춤) 아이와 더 많이 연결됩니다. 단지 그가 원하는 것은 그가 중요하다는 것과 그가 괜찮다는 것을 아는 것입니다.

위의 사례는 재양육의 첫 번째 대상 작업의 고전적 사례이다. 치료사는 아이의 이미지와 남성을 연결하기 위해 이전 치료에서 확인된 남성 고통의 주기에 매우 가까운 고통과 느낌의 단어를 활용한다. 또한 치료사가 어떻게 느리게 작업을 진행하여 이 내담자를 심상에 더 끌어들이는지, 그리고 치료사가 진실이나 감정 조절 단어들을 고통의 주기의 단어들과 대조하기 위해 자주 사용되는 단어들을 어떻게 반복하는지 주목하기를 바란다.

이 초기 재양육 대상에서는 일반적으로 진실에 초점을 맞추고 조직하기 때문에 정서적이지는 않다. 이 사례의 남성은 변화를 만들기 위해 그가 투사한 어린 소년이 들을 필요가 있는 단어들을 규명하고 선명하게 할 수 있었다. 그는 그가 듣고 싶어 하는 진실과 감정 조절의 말들을 규명했을 때, 10세 아이가 그의 말로 위로받는 것을 상상할 수 있다. 여기에서 심상은 강력하지만, 의자에 앉아 있는 아이가 이 시점에서 실제 자기 자신을 대표하지는 않기 때문에 일반적으로 감정을 덜 갖게 된다. 이것은 실제로 치료사가 모든 아이는 중요하고 소중하며 성과(수행)와는 별개로, 마땅히 보일 자격이 있다는 내담자의 타고난 신념에 의지하고 있다는 점에서 재양육의 첫 번째 대상으로서 내담자의 성공을 돕는다. 재양육 심상의 첫 번째 대상으로 조절 진실을 성공적으로 규명하면 치료사는 재양육의 다음 대상으로 진행할 준비가 되어 있다.

심상의 두 번째 대상

재양육 심상의 두 번째 대상은 여전히 빈 의자를 사용하지만, 이번에 의자에 앉게 될 아이는 어린 시절의 내담자가 될 것이다. 이것은 내담자가 이 아이의 내부와 외부를 분명히 알고 있기 때문에 재양육의 정서적인 부분에 있어 극적인 변화가 수반된다. 즉, 심상의 정서적 영향을 훨씬 더 강렬하고 더 극적으로 만든다. 이 대상에서 내담자는 의미 있는 진실 단어를 규명할 뿐만 아니라 현재 자신이 부모가 되고자 하는 방식으로 실제로 아이를 양육하는 책임을 맡고 있다. 위의 사례 세션 후반부인 다음 예시에서 이 정서적인 영향이 어떻게 더 깊어질 수 있는지를 볼 수 있다.

치료사 좋아요. 10세, 파란 눈의 아이에게 변화를 줄 수 있는 요소들을 규명한 것이 정말 좋네요. (일시 중지) 중요하고, 소중하고, 성공하든 실패하든 상관없이 괜찮다는 것…. (잠시 멈춤) 이제 의자를 다시 한번 바라봐 주세요. 이번에 의자에 앉은 아이는 그냥 아이가 아니라 10세 소년 시절의 당신입니다. (긴 멈춤) 10세인 당신 자신을 바라보는 것입니다. (잠시 멈춤) 아이의 생김새… 입은 옷… 눈… 머리카락… 표정…을 봅니다.

남성 (긴 멈춤) 제가 볼 수 있는 것은 4학년 때 찍은 학교 사진뿐입니다. 제 머리는 거의 어깨까지 내려올 정도로 길어요. 멍하고 공허한 눈빛을 하고 있는데 웃음이 전혀 없네요. 사실, 저는 마음속으로 그 사진을 수천 번 보았어요.

치료사 (잠시 멈춤) 어깨까지 내려오는 머리에 멍하고 공허한 눈빛을 하고 있는 그를 지금 여기서 보면, 그는 무엇을 느끼고 있었을까요?

남성 (잠시 멈춤) 그는 길을 잃고 몹시 방황하고 있어요. 어울리지도 못하고 소속하지도 못하고…. 그가 하는 일은 실패와 실망뿐입니다.

치료사 (긴 멈춤) 길을 잃고, 소속하지 못하고, 실패하고, 실망하고…. (잠시 멈춤) 그가 그렇게 느꼈을 때, 그는 그런 끔찍한 감정에 대처하기 위해 무엇을 했나요? (잠시 멈춤)

남성 (긴 멈춤) 그냥 차단하고 뭔가를 시도하지 않았어요. 비디오 게임을 할 수 있을 때까지 최소한의 활동만 했습니다.

치료사 (긴 멈춤) 길을 잃고, 소속하지 않고. 실패하고 실망한다…. 당신은 그 감정들을 잘 알고 있습니다. (잠시 멈춤) 이 10세인 당신이 성인인 당신에게서 들어야 할 말은 무엇입니까?

남성 (잠시 멈춘 다음, 고개를 흔들며 감정이 격해진다) 모르겠어요. 그가 나에게서 무엇을 들어야 하는지 모르겠어요. 사실대로 말하면, 나는 그에게 줄 것이 없어요.

치료사 (잠시 멈춘 후 내담자 옆으로 다가선다) 나는 당신의 이야기를 듣고 있어요. 지금 같은 감정을 가지고 있기 때문에 그에게 줄 것이 있는지 없는지 정말 확신할 수 없다는 것은 말이 됩니다. (잠시 멈춤) 쓸모가 없고 보이지 않으며 기대에 부응할 수 없어도 진실은 있어요. (빈 의자를 가리키면서) 그는 당신에게서 뭔가를 들을 필요가 있어요. 비록 당신이 그에게 줄 것이 아무 것도 없다고 말할지라도… 당신이 그에게 길을 잃었고, 어디에도 소속하지 않았으며, 실패하고 실망스럽다고 말할지라도…. 당신은 적어도 그에게 뭔가를 말할 기회는 가질 필요가 있습니다.

남성 (긴 멈춤. 눈물이 흐른다. 의자를 보며) 난 네 느낌을 알아. (긴 멈춤) 난 네가 살아남을 거라고 말할 수 있어. 그리고 모든 사람에게서 듣는 말은 네가 누구인지보다는 그들과 더 관련이 있는 것들이야.

치료사 (잠시 멈춤) 당신은 그가 어떻게 느끼는지 알고 있고 그에게 하는 당신의 충고는 진심입니다. 하지만 제 질문은, 그 조언이 그가 느끼는 쓸모없음이 나의 실패에 대해 더 좋게 느끼게 하는 것일까요? (긴 멈춤) 그가 쓸모없고-보이지 않고 혼자이고-실패자인 자신의 감정을 다루기 위해 당신에게서 무슨 말을 들어야 할까요?

남성 (눈물을 흘리며 긴 침묵) 믿기 힘들겠지만, 너는 나에게 소중한 존재야. (잠시 멈춤) 다른 사람들이 뭐라고 하든 넌 실패자가 아니야. 넌 그냥 너고 네 모습 그대로 괜찮아.

치료사 (긴 멈춤) 소중하고… (잠시 멈춤) 성공하든 실패하든 넌 괜찮아…. (잠시 멈춤) 다시 한번 그에게 말해 보세요.

남성 (잠시 멈춤) 넌 내게 소중한 존재야. 네가 성공하든 실패하든 넌 괜찮아. (긴 멈춤) 그의 표정이 조금 달라진 것 같아요.

치료사 (긴 멈춤) 그는 아마도 당신이 그에 관해 말하는 것들을 믿고 있다는 걸 알고 있을 거예요.

남성 (고개를 끄덕인다)

이 두 번째 대상에 대한 사례에는 우리가 주의를 기울여야 하는 몇 가지 측면이 있다. 첫째, 치료사가 속도와 반복과 같은 기법을 사용하여 이미지의 과정을 늦추고 동시에 치료실의 감정을 강화하는 것을 주목하라. Johnson(2004)은 정서중심치료에서 유사한 기법을 사용하며 이러한 감정 고조를 이끌어 낸다. 둘째, 빈 의자에 앉아 있는 아이가 자신을 대표할 때 남성이 감정의 강도 차이를 알아차리는 것을 주목하라. 어른으로서 남성과 아이로서의 남성 사이에는 공통적인 유대감이 있다. 왜냐하면 둘 다 같은 양의 강도로 같은 것을 느끼기 때문이다. 남성이 아이에게 "길을 잃은"이라고 보고했을 때, 그 또한 길을 잃었다고 느낀다. 내담자가 연결된다면, 경험적 요소는 내담자가 빈 의자에 앉아 있는 아이의 감정을 자신이 느끼는 감정으로부터 분리할 가능성이 매우 낮다. 비록 강렬하지만, 감정적인 연결은 진실이 역동적으로 영향을 미칠 수 있다는 전망을 추가한다. 단순히 단어를 규명하는 것이 아니라 고통과 진실이 유발하는 느낌과 깊은 정서적 접촉을 하는 것이다.

셋째, 남성이 아이인 자신의 감정을 올바르게 규명한 뒤, 아이에게 "아무것도 줄 것이 없다"라고 선언한다는 것을 주목하라. 이것은 전혀 놀랍지 않다. 위의 사례 초기에 치료사는 길을 잃고, 소속하지 않고, 실패하고, 실망한 느낌이 들 때 아이로서의 남성이 어떻게 했는지 묻는다. 그는 "그냥 차단하고 시도하지 않았다"라고 보고한다. 여기서 그는 어린 자신에게 양육을 제공해야 한다는 책임감에 압도되어, 차단하고 시도하지 않는 것으로 자신의 고통의 주기에 대처하는 것을 반복하고 있다. 치료사가 남성이 이러한 차단을 시도하는 것에 응답해 감정적인 수위emotional stakes를 높인다는 것을 주목하라. 치료사는 의자를 가리키며 아이가 "당신에게서 뭔가를 들을 필요가 있다"라고 말한다. 비록 그 "뭔가"가 부정적이거나 심지어 다른 사람들이 아이에게 말해 온 것을 긍정하는 것일지라도 말이다. 여기서 치료사는 많은 시간 동안 개인이 이러한 고통스러운 메시지를 전달하지 않고 대신 건설적인 방식으로 아이의 고통에 대해 말하는 데 성실한 노력을 기울일 것이라는 점을 알고 있다. 그러나 만일 이 재양육 심상에서 개인이 대상인 아이에게 파괴적인 메시지를 말한다면, 그것은 개인이 자신의 고통의 주기 결과로 느끼는 강렬한 고통의 결과일 가능성이 크다. 이러한 경우 치료사는 내담자가 파괴적인 행동을 취하는 이유를 이해하고 공감하기 위해 내담자의 고통에 대해 더 많은 이야기를 듣고 역추적할 필요가 있다.

마지막으로, 어린 시절 자신에게 말을 걸기 위한 내담자의 첫 번째 노력이 조언의 형태를 취한다는 것을 주목하라. 여기서 치료사는 내담자의 공감과 노력을 당연히 높이 평가하지만, 더 중요한 것은 내담자가 진실을 규명하는 언어로 말하게 하는 것이다. 많은 경우, 재양육 심상의 두 번째 대상에 있는 내담자들은 대부분 어린 자신에게 조언할 것이다. 이 조언은 비록 좋은 의미이지만, 고통을 감정적으로 조절할 힘이 거의 없기 때문에 치료사는 내담자의 주의력을 고통으로 돌리고 진실을 말할 수 있는 또 다른 기회를 주어 내담자가 다시 집중할 수 있도록 돕는다. 이러한 형태의 선명화, 명확화 및 형성화는 내담자가 자신과 깊게 연결하고, 감정 조절 진실을 개발하도록 치료사가 돕는 과정에서 매우 일반적이다.

심상의 세 번째 대상

복원치료 기법을 배우는 수련자들은 재양육 심상에 관해 종종 다음과 같은 질문을 한다. "재양육 심상은 정체감과 안전감에 대한 내담자의 진실을 규명하는 데 얼마나 성공적인가?" 임상적 관찰을 통해 우리는 재양육 심상의 첫 번째 대상에서 약 75%의 성공률을 관찰한다. 이 수치가 높은 이유는 내담자에게 정서적 유대가 거의 없거나 아예 없는 아이들과 진실을 규명하도록 요청하고 있어 더욱 인지적인 경험이 되기 때문이다. 그것은 마치 우리가 내담자에게 고통을 가진 아이와 철학적으로 연결하고 연민을 갖도록 요구하는 것과 같다. 모든 아이가 사랑받을 자격이 있고 안전하고 보호받을 자격이 있다는 근본적 믿음 때문에 내담자에게는 진실에 대한 답변과 노력이 적절해 보인다. 그러나 재양육 심상의 두 번째 대상에서는 감정 수치가 올라가고, 내담자에게 철학적 의미를 부여하는 것은 그들이 어렸을 때의 자기 자신을 알고 있고 관련되어 있으므로 더는 의미가 없다. 빈 의자에 앉아 있는 어린 자신을 나타내는 아이에게 말하는 내담자의 초기 노력에 대한 성공은 일반적으로 45~50%이다. 앞선 예시에서 쉽게 알 수 있듯이, 치료사가 남성이 어린 자신에게 진실을 말하도록 하려는 초기 노력에서 그쳤다면 두 번째 대상에 대한 재양육 심상은 성공하지 못했을 것이다. 그러나 위의 경우 능숙한 치료사는 명확하게 위로하며 남성이 어린 자신과 직면하도록 하는 작업을 계속한다. 두 번째 대상에서 이런 종류의 조직화 노력으로 치료사는 대략 70%의 성공적인 진실 규명과 진실과의 접촉 및 연결을 만들 수 있다. 내담자가 보통 두 번째 대상 작업에서 성공했을 때, 세 번째 대상에서 내담자는 일반적으로 작업의 정서적 강도에 더욱 순응한다. 따라서 만약 내담자가 처음 두 대상에서 정서적 연결로 진실을 규명하고 말할 수 있다면, 재양육 심상의 세 번째 대상 작업에서 약 65~70%로 진실을 말하고 연결할 수 있다.

또한 심상 작업을 사용할 때 타이밍을 고려하는 것도 도움이 된다. 임상적으로 내담자는 치료 중에 약 3회 정도의 경험적 심상과 가장 잘 연결된다는 것을 발견했다. 3회 이상 사용하면 과정이 예측 가능해지거나 심지어 궤멸하여 내담자의 반응이 점점 더 정서적으로 연결되지 않는다. 따라서 우리는 전체 치료 과정에서 내담자의 심상 작업을 약 3회로 제한하는 것이 현명하다는 것을 알게 되었다. 그리고 심상 작업에 대한 이러한 '3회' 가이드는 심상을 별도의 세션에서 사용할 때만 유효하다는 것을 발견했다. 종종 재양육 심상에서 치료사는 약 10~12분 동안 첫 번째 대상을 작업할 수 있다. 치료사는 같은 세션에서 약 15분 동안 두 번째 대상을 직접 진행하여 작업한다. 이것은 종종 치료사가 약 20~25분 정도 시간을 두고 세 번째 대상을 모두 같은 세션 내에서 달성하게 한다. 세 대상의 심상은 확실히 함께 연결되어 있으며 한 세션에서 모든 작업이 수행되는 경우 연결 및 규명을 설립하는 데 가장 효과적이다. 그러나 여기서 주목해야 할 것은 한 세션에서 세 대상을 달성하는 것이 요구 사항은 아니며, 두 번 또는 세 번의 세션에 걸쳐서 종종 분산되리라는 것이다. 치료사가 각 세션에서 얼마나 많은 강도와 작업이 내담자에게 유용하고 도움이 되는지에 대해 치료적 직관을 사용하는 것이 중요하다. 한 세션에서 재양육 심상의 세 대상을 모두 수행하는 데는 이점이 있다. 그 중 하나는 한 대상에서 다음 대상으로 진실을 공고히 하는 데 극적인 고조와 영향력이다. 또 다른 하나는 내담자가 한 세션에 집중되어 있을 때 그 심상에 거의 지치지 않는다는 것이다. 우리는 종종 치료사가 한 세션에서 모든 대상에 대한 재양육 심상을 할 때, 내담자가 한 세션의 심상 작업으로 경험한다고 말한다. 따라서 내담자는 치료 과정에서 한두 번 더 다른 심상 실습에 쉽게 반응하고 영향을 받을 수 있다.

첫 번째 대상의 심상 발판을 통해, 내담자와 치료사는 고통의 주기의 고통을 조절하는 데 권력을 가질 수 있는 진실을 규명했다. 두 번째 대상의 심상 발판은 내담자가 부모의 위치를 취하여 더 어리고 더 취약한 자아와 연결하는 동안 경험적으로 감정 조절의 진실과 연결되도록 내담자를 정서적인 맥락에 놓이게 한다. 재양육 심상의 세 번째 대상은 빈 의자를 사용하여 내담자가 현재의 자신을 보고 감정 조절 진실을 자신에게 말할 수 있게 하는 것이다. 다음 예시는 위에서 논의한 사례에서 재양육 심상의 세 번째 대상에 관한 작업이다. 세 대상 모두 한 세션에 걸쳐 수행되었다.

치료사 당신은 10세인 당신이 소중하며, 성공하든 실패하든 괜찮다는 진실을 규명하고 연결했습니다. 이제 한 걸음 더 나아가셨으면 합니다. 먼저 당신 앞에 있는 이 빈 의자에 앉으세요. 나는 당신이 오늘처럼 잠시 당신 자신이 되기를 바랍니다. (잠시 멈춤) 지난 한 주를 다시 생각해 보면서 최근에 당신이 고통의 주기에 묶여 있었던 때를 생각해 보세요. 그리고 저에게 그때에 대해 말해 주실 수 있나요?

남성 전 그게 언제였는지 정확히 알아요. 직장에서 정말 안 좋은 하루를 보냈고, 포르노를 보면서 어떻게 쉴 수 있을지 계획하고 있었어요. 저는 계획을 세우고 있는 저 자신이 혐오스러워지기 시작했고 점점 더 절망감을 느끼게 되었습니다. 아내에게 이런 상황을 말하고 싶었지만, 제가 말하면 아내가 더 화를 낼까 봐 두려웠습니다. 그 후 저는 더 저 자신을 구박하기 시작했고, 탈출구를 찾을 수 없을 것 같아서 그냥 충동에 굴복하고 말았습니다.

치료사 직장에서 안 좋은 하루를 보냈고, 그래서 포르노를 보면서 도피하고 싶은 생각이 들게 됐죠. 도피 계획을 세우면서 자기-혐오감을 느끼기 시작했고, 절망감을 느꼈어요. 이러한 패턴을 깨기 위해 솔직하게 아내에게 이런 상황을 말하고 싶었지만, 아내를 더 화나게 할까 봐 두려웠습니다. 그 뒤, 당신은 자신을 구박하고 포르노를 이용해 도피하는 것에 굴복할 만큼 절망감을 느꼈습니다. 제가 제대로 이해했나요?

남성 네, 맞아요. 그동안, 저는 회사에서 아무것도 하지 않았어요.

치료사 (잠시 멈춤) 직장에서 힘들었던 날, 그날 무슨 일이 있었던 거죠?

남성 꼭 해야 할 연락과 전화가 몇 통 있었지만, 전화를 걸 수 있는 정보에 대해서 준비가 되어 있지 않았어요. 전 정체되어 있었어요.

치료사 (잠시 멈춤) 준비가 안 되어 있고 정체됐을 때 어떤 느낌이었나요? (치료사는 내담자의 고통의 주기를 가리킨다)

남성 (잠시 멈춤) 실패자처럼 느껴졌고, 기대에 부응할 수가 없다고 느꼈어요.

치료사 그리고 당신이 자신을 스스로 혐오하고 아내를 화나게 할까 봐 두려웠을 때, 어떤 감정이 자기-수치화를 하도록 만들었나요?

남성 다시 말하지만, 기대에 부응할 수 없고, 쓸모없고, 혼자라는 느낌입니다.

치료사 (잠시 침묵) 당신은 지금도 여전히 그것을 느끼는군요.

남성 (긴 멈춤) 네. 그것은 여전히 거기에 있고 제가 항상 싸우고 있는 것입니다.

치료사 네…. 이제 빈 의자에서 일어나서 (남성이 빈 의자에서 일어난다) 당신이 앉아 있던 빈 의자를 바라보세요. 조금 전 그 자리에 앉아 있었던 당신처럼 앉아 있는 당신 자신을 바라보세요. (긴 침묵) 당신이 그의 안 좋은 날에 관해 이야기했던 내용을 기억하시길 바랍니다. "난 실패자가 된 느낌이야." (잠시 멈춤) "나는 쓸모없고 혼자야. 난 기대에 부응할 수가 없어"라고 그가 말하는 것을 경청하시기를 바랍니다. "난 실패자 된 느낌이고, (잠시 멈춤) 난 쓸모없고, 혼자이고 (잠시 멈춤) 나는 기대에 부응할 수 없어." 이렇게 말하는 그에게 무슨 말씀을 하시겠습니까?

남성 (긴 멈춤) 모르겠어요. (잠시 멈춤) 그런 것들이 사실인 것 같습니다.

치료사 (잠시 멈춤) 당신이 그렇게 느낀다는 것은 이해합니다. 하지만 조금 전 당신이 10세의 당신에 대해 부모가 될 용기가 있었던 것처럼, 지금 성인인 당신은 그가 누구인지에 대해 똑같은 진실을 당신에게서 들을 필요가 있습니다.

남성 (잠시 멈춤) 그 10세에 관해 믿기는 훨씬 쉬웠죠. 여기는 엉망진창인 여러 겹의 실수들이 있어서 힘드네요.

치료사 (잠시 멈춤) 의자에 앉아 있는 자신을 보세요. 여전히 당신입니다. 그래도 자신을 아끼고 이해해 주는 사람으로부터 자신에 대한 진실을 들어야 합니다.

남성 (잠시 멈춤) 넌 중요하고 소중해. 성공하든 실패하든 넌 괜찮아.

치료사 (잠시 멈춤) 그에게 다시 말해 보세요.

남성 (긴 침묵 후 훨씬 더 정서적인 느낌으로) 넌 중요하고 소중해. 성공하든 실패하든 넌 괜찮아.

치료사 (잠시 멈춤) 한 번만 더 말해 보세요.

남성 (심호흡한다) 넌 중요하고 소중해. 성공하든 실패하든 넌 괜찮아.

치료사 (잠시 침묵한 후 빈 의자에게 말한다) 만약 그가 정말 중요하고 소중하고, 무슨 일이 있어도 괜찮다는 말을 정말로 들을 수 있다면, (잠시 멈춤) 안 좋은 날에 그가 무엇을 했을 것이라고 생각하세요?

남성 (잠시 침묵한 후 심호흡을 하며) 명세서를 살펴보고 전화를 걸었을 거예요. (잠시 멈춤) 그는 아내에게 전화해서 자신이 어떻게 지내는지 보고했을 거예요.

재양육 심상의 세 번째 대상에서 논의해야 할 몇 가지가 있다. 첫째, 치료사가 남성을 빈 의자의 자리에 앉게 하고 그의 고통에 대한 최근의 이야기를 들려 달라고 했던 것을 주목하라. 이것은 필수적이다. 왜냐하면 내담자는 이제 과거의 느낌과 신념에 대한 먼 기억이 아니라, 지금 그의 삶에 매우 밀접하게 많은 영향을 미치는 것을 다루고 있기 때문이다. 둘째, 치료사는 이전 세션에서 작업한 고통의 주기를 사용하여 내담자가 말하는 대처 행동을 규명할 수 있게 도와주고, 또한 그러한 대처 행동을 촉진하는 감정적 고통을 추적한다. 셋째, 내담자가 자신의 성장한 모습에 대해 조절 진실을 말하거나 믿을 수 있는지에 대해 의문스러워할 때, 치료사는 이전 심상에서 나온 발판을 사용하여 10세 소년을 자신의 내면에 여전히 존재하는 고통의 감정에 연결한다. 넷째, 남성이 빈 의자에서 자신에게 감정 조절 진실을 말하면 치료사는 그 말을 두 번 더 반복하게 해 정서적 경험을 더욱 연결하고 심화시킨다. 이것은 심상의 정서적 영향을 더 넓게 만들 뿐만 아니라, 이러한 근본적인 조절 진실을 쉽게 잊히지 않을 남성의 기억 속으로 집어넣는다. 마지막으로, 치료사가 내담자가 말했던 조절 진실이 실제로 쓸모없고, 혼자이고, 기대에 부응할 수 없고, 실패자처럼 느끼는 고통을 정서적으로 조절하는지 알아보기 위해 작업을 점검한다는 것을 주목하라. "안 좋은 날에 그가 무엇을 했을 것으로 생각하세요?"라고 묻는 치료사의 질문에 도피, 수치화, 포기를 반영하지 않는 대처 행동에 대한 남성의 분명한 반응은 그가 건설적인 선택을 할 만큼 정서적으로 조절된다고 느끼는 분명한 신호다.

재양육 심상 작업은 강력하고 깊지만, 여전히 내담자 자신을 정서적으로 조절하는 데 적응할 수 있도록 돕는 시작점일 뿐이다. 내담자들은 자주 "진실을 말할 수는 있지만 믿기는 어렵다"라고 말한다. 이는 고통의 주기 안에 있는 지속된 과거 메시지와 프로그램에 직면하게 될 때 충분히 이해될 수 있는 말이다. 사실, 즉각적인 믿음은 심상 실습에 있어서 그렇게 필수적이지는 않다. 이 단계에서 훨씬 더 필수적인 것은 조절 진실과의 친숙함과 효과적인 대응으로 고통의 주기의 오래된 습관과 대결할 수 있는 능력이다. 작업이 진행되며 내담자가 조절 진실에 친숙해지면, 치료 작업은 내담자가 고통의 주기에 직면하는 실습을 통해 이러한 진실에 계속 의지하게 되면서 진실이 정체감과 안전감에 있어 더욱 기초가 될 것이라는 믿음에 더 중점을 둔다. 친숙함과 충실함의 실습으로 내담자는 정체감과 안전감에 관련된 조절 진실이 내담자가 자신에게 통합하기를 원하는 실제적이고 강력한 메시지라고 수용하고 믿기 시작할 것이다. 그것은 아이를 가진 부모와 같다. 부모는 다른 인간의 소중한 은사gift에 친숙해질 때, 자기 자녀의 정체감에 대해 확언, 격려, 수용을 구축하는 데 충실해진다. 부모가 이러한 충실함을 실천하면 부모가 말하는 것의 힘은 아이의 정체감과 안전감에 뿌리를 내리고 현실이 된다. 이것은 기본적으로 내담자가 재양육의 심상 작업을 할 때 취하는 위치다.

재양육 심상은 모든 내담자를 위한 것은 아니다. 심상은 종종 감정적으로 충전되고 과거와 깊이 연결되어 있기 때문에 과거의 트라우마, 특히 트라우마 후 스트레스 장애가 있는 내담자는 이러한 유형의 심상 작업에 좋은 대상이 아닐 수도 있다. 항상 그렇듯이, 치료사는 내담자의 트라우마 기록을 세심하게 평가하고 내담자와 심상 작업 중에 어떤 종류의 플래시백flashbacks이나 해리 사례를 경험할지 측정해야 한다. 일반적으로 내담자의 트라우마 강도가 높은 경우, 우리는 일반적으로 재양육 심상 기법을 사용하지 않는다.

심상 기법에서 타이밍, 음성 및 반복의 사용

위의 재양육 심상에 사용된 사례에서 내담자와 치료 작업은 모두 경험적 활동의 정서적 영향을 증가시키는 치료사로부터 분명히 큰 이익을 얻고 있다. 우리는 이미 Johnson(2004)의 작업과 정서중심치료에서 내담자의 정서적 반응을 명확히 하고 향상시키는 수단으로서 정서적 고조heightening의 작업을 언급했다. 여기서 특히 심상 기법의 타이밍, 음성, 반복의 사용이 최면 유도hypnotic induction 및 최면 지시hypnotic injunction와 유사하다는 점을 주목한다. 최면에서 사용되는 유도는 최면사가 진행하는 장소, 환경, 영향력에 따라 대상이 쉽게 협력하고 최면사의 지시나 방향/안내direction/instruction에 따라서 협조하거나 변화할 가능성을 높이기 위한 것이다(Burrows, Stanley, & Bloom, 2009). 복원치료를 사용할 때 치료사는 속도, 음성, 반복을 사용하여 내담자를 심상과 감정 경험으로 더 끌어들인다.

심상 작업에서 정서 경험에 영향을 미치기 위해 우리가 사용하는 첫 번째 기법은 언어화 및 방향의 타이밍이나 전개 속도를 늦추는 것이다. 속도는 최면에서 상당히 다른 의미를 갖지만, 복원치료에서는 치료사가 단어의 타이밍과 속도를 변경할 때 내담자는 일반적으로 집중하고 다음 단어나 안내에 개방적으로 반응한다는 것을 발견했다. 다음 사례에서 치료사는 타이밍과 속도를 사용해 매우 구체적인 방식으로 초점을 한데 모아서 내담자가 다른 모든 상충되는 생각을 차단할 수 있도록 한다.

치료사 당신이 아이를 바라보면서-아이의-마음을-직접-볼 때, 당신은-아이가 느끼는-고통을-분명히-압니다. 아이는 고통을 명명할 수 없습니다. 오직-당신만이-아이를 위해-그 고통을-명명하기 위해-여기 있습니다. 아이의. 고통은. 무엇. 입니까?

내담자가 자신의 임상 작업에서 타이밍과 속도를 활용하는 치료사를 통해 정서적으로 접촉되지 않고 심상에 효과적으로 반응하지 않는 경우는 매우 드물다.

심상 작업에서 정서적 경험을 향상시키는 두 번째 방법은 치료사가 내담자를 정서적 자각으로 보다 쉽게 이끌기 위해 목소리의 톤과 볼륨을 사용하는 것이다. 톤은 음성의 피치(높낮이)와 관련이 있지만, 볼륨은 음성의 크기 또는 부드러움과 관련이 있다. 예를 들어, 다음 세션에서 치료사는 자신의 음성을 사용하여 내담자가 학창 시절 소녀였을 때 심상의 정서적 느낌을 불러일으킨다.

치료사 (매우 부드럽고 높은 피치의 음성) 당신이 원했던 것은 어머니가 당신이 달리는 데 최선을 다하는 모습을 봐 주는 것뿐이었습니다. (잠시 멈춤) (크고 낮은 피치의 음성) 그러나 그것은 그녀가 본 것이 아닙니다. (매우 부드럽고 높은 피치의 음성으로 다시 돌아간다) 어머니의 비판은 당신이 누구인지에 대해 당신에게 무엇을 전달했습니까?

다시 말하지만, 치료사가 위에서 설명한 방식으로 자신의 음성을 조작할 때 내담자는 더 깊은 정서적 영향을 느끼게 된다. 정서적 영향은 결국 내담자를 심상과 더 잘 연결시키고 고통 감정에 대조되는 진실에 더 쉽게 접근할 수 있도록 하는 정서와 맥락을 명확하게 한다.

심상 기법의 정서적 연결과 영향을 넓히는 마지막 방법은 반복을 사용하여 고통, 이야기, 조절 진실의 중요한 요소를 더 선명하게 만드는 것이다. 특히 느린 속도와 결합한 반복을 통해 내담자와 치료사는 필수 요소를 강조하고 조직화하여 심상 실습에 많은 도움이 된다. 다음은 내담자가 느끼는 고통과의 정서적 연결을 넓히고 고통스러운 감정 작업을 명확히 하기 위해 치료사가 반복을 활용하는 방법의 예시이다.

치료사 당신은 남편과의 관계에서 부당함을 느끼신 것 같습니다. 그것은 당신이 그에게서 거의 존중을 받지 못하거나 무시당한다고 느낄 때, 거기로부터 퍼져 나온 것 같아요. 제가 이 단어들을 반복할 때 듣고 그것이 당신이 느끼는 느낌과 일치하는지 확인해 보세요. (멈춤) 부당한. 존중받지 못한. 무시당한. (잠시 멈춤) 부당한. 존중받지 못한. 무시당한.

여성 (긴 멈춤) 부당한 것인지는 잘 모르겠습니다. 저는 제가 통제당하고 중요하지 않다고 느낀다고 생각합니다.

치료사 그 두 단어를 다시 말씀해 보세요.

여성 통제당하고 중요하지 않다….

치료사 (잠시 멈춤) 통제당하고. 중요하지 않다. (잠시 멈춤) 이 단어들이 부부 관계에서 고통을 느낄 때의 느낌을 묘사합니까?

여성 네.

여기서 치료사가 마치 감정에 대한 묘사를 "시도"하는 것처럼, 반복을 사용하여 어떻게 내담자를 주요 지점으로 이끄는지 주목하라. 이것은 여성이 자신이 느끼는 고통의 이름을 매우 정확하게, 치료사보다 훨씬 더 정확하게 말하도록 이끈다. 그런 다음 치료사는 즉시 내담자의 단어를 채택하고 더 선명한 묘사와 의미를 공고히 하기 위해 다시 그녀에게 반복한다. 이러한 반복의 사용은 치료 과정 전반에 걸쳐 치료사에게 매우 유용하지만, 특히 내담자에게도 그가 고통의 감정과 그에 상응하는 진실을 묘사하는 데 도움이 된다.

더 강하고, 더 현명하고, 또는 '치유된' 자아 심상

Haley(1993)는 치료 초기 단계에서 자주 사용되었던 Milton Erickson의 기법을 묘사한다. 개입에서 치료사는 내담자에게 자신이 '나아지거나' '치유'되기까지 치료가 얼마나 걸릴지 상상해 보라고 묻는다. 내담자가 제안한 시간 프레임을 기반으로 미래에 세상이 어떤 모습일지에 대한 몇 가지 단서를 설정한 후, 치료사는 내담자가 자신에 대해 무엇이 달라질 것인지, 치유되었거나 진전이 있다는 것을 어떻게 인지할 수 있을지를 자세히 설명하게 한다. 설명에 더 구체적인 내용이 추가되면 내담자는 치료 단계에서 미래의 '치유된' 자신을 만나 조언을 받거나 방향을 지시받게 된다. 사람들의 상상력을 활용하여 변화의 가능성에 접근하게 돕는 것은 에릭슨의 독특한 능력 중 하나였다.

우리는 수년 동안 이 기법에서 영감을 받았지만, 특히 내담자가 정서적으로 자기 조절하는 진실을 상상하도록 돕는 데 활용하기 시작했다. 사람들은 언제나 자신의 정체감과 안전감에 대한 고통스러운 감정을 지니고는 있으나, 그들이 항상 고통스러운 것은 아니다. 또한, 늘 사랑과 신뢰를 남용하여 타인을 위반함으로써 고통에 대처하지도 않는다. 요컨대, 사람들이 항상 정서적으로 조절되지 않는 것은 아니다. 조절된 상태에서 우리는 종종 사람들의 타고난 은사, 재능, 돌봄, 연결하는 본성, 가장 가까운 관계에서 보이는 지극히 사랑스럽고 신뢰할 수 있는 행동들이 나타나는 것을 볼 수 있다. 우리가 즐겨 말하는 것처럼 "당신은 항상 나쁜 것이 아니라 당신이 나쁠 때만 나쁜 것이다." 다시 말해, 사람들은 감정 조절이 너무 안 되어 고통의 주기에 있을 때만 나쁘다.

이러한 예들과 믿음은 내담자가 정서적으로 조절되고 자신의 은사, 재능, 권한 부여(힘 실어 주기) 및 관계의 완전한 결실을 경험할 때 스스로와 접촉하도록 격려하는 또 다른 심상 기법 개발을 장려했다. 내담자는 일반적으로 바람직하지 않은 징후가 있거나 관계가 불만족스럽고 갈등이 있을 때 최악의 상태에서 치료를 받으러 온다. 그러나 실제로 그들은 스스로가 매우 대단한 사람이라는 것을 경험한 바 있다. 우리의 목적과 개입의 초점은 심상을 활용하여 내담자가 미래의 '치유된' 자아 또는 과거의 더 현명한 자아의 관점에서 안전을 제공할 수 있는 권력과 정체감과 관련하여 내담자에게 가능한 다른 선택을 인식하도록 돕는 것이다. 심상을 실행할 때 치료사는 타이밍, 음성, 반복의 기법을 많이 활용할 것이다. 치료사는 처음에 내담자에게 과거의 자신이 '최고의 모습'이었을 때를 생각하도록 요청하거나, 내담자가 가져온 걱정과 문제에서 벗어나게 될 미래를 투영하도록 요청한다. 두 경우 모두, 치료사는 결국 더 강하고 더 현명한 또는 '치유된' 최고의 자아가 현재 경험하고 있는 고통의 감정에 대해 감정 조절 진실을 말할 수 있는 지점까지 심상을 진행할 것이다. 다음은 18개월 동안 우울증을 겪었던 42세 남성의 치료 사례이다. 그는 현재 정신과 의사의 돌봄을 받고 있지만, 우울증에 처방

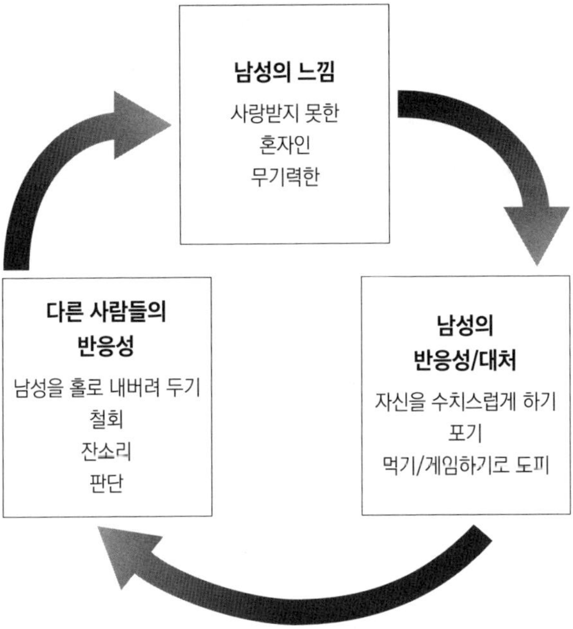

[그림 4.1] 남성의 고통의 주기

된 약물에 최소한의 반응만 보였다. 그의 고통의 주기는 7회 세션에서 나타났으며 [그림 4.1]에 나와 있다.

치료사 저는 오늘 세션을 준비하면서 당신 생각을 많이 했습니다. 당신이 오랫동안 우울증을 앓고 있다는 것을 알고 있습니다. (멈춤) 우울한 18개월은 끝이 없어 보일 수 있습니다. 하루가 한 달처럼 느껴질 수도 있죠. (멈춤) 그것이 얼마나 고통스럽고, 무기력하고, 혼자이며 사랑받지 못한다고 느껴지는지 잘 압니다.

남성 그렇습니다. 저는 정말 무기력합니다.

치료사 (멈춤) 어떤 느낌인지 이해가 갑니다. 때때로 다른 사람들은, 심지어 저조차도 당신을 정확하게 볼 수는 없겠죠. 왜냐하면 우울증이 당신의 정체감과 같다는 생각에 빠져들기 때문입니다. (멈춤) 그러나 저는 그것이 사실이 아니라는 것을 알고 있습니다. 저는 당신이 민감하고 배려하는 사람이라고 생각합니다.

남성 전 제가 항상 우울하다고 생각합니다. 저는 그저 먹거나 비디오 게임을 해서 무감각해지고 그렇게 도망갑니다.

치료사 (고개를 끄덕이고 잠시 침묵) 그렇다고 해도 당신 안에는 여전히 당신 본래의 자아가 있지요. 우울하지 않은 당신, 재능이 넘치는 당신, (잠시 멈춤) 민감하고 배려하며 사람들의 삶을 변화시키는 당신…. (잠시 멈춤) 당신에 대해 궁금한 것이 있습니다. 당신이 기억하기로 언제 당신 자아가 최고 상태였나요? 이 우울증에 눌리거나 덮여 있지 않았던 강하고 현명했던 당신 자아….

남성 (긴 침묵 후 작은 미소가 그의 얼굴에 번진다) 믿기 어렵다는 것을 알고 있지만, 실제로 저는 철인 3종 경기 선수였습니다.

치료사 (매우 놀라며) 정말요. 우와, 철인 3종 경기요?

남성 (밝게 미소 지으며) 예! 뭐, 철인 3종 경기에는 다양한 코스가 있습니다. 저는 그만두기 전에 약 1년 동안 스프린트 코스를 했었습니다. 올림픽 대회 거리의 약 절반이죠.

치료사 와, 당신이 커버하고 있던 거리는 얼마나 됩니까?

남성 800m 수영, 19㎞ 자전거 타기, 5㎞ 이상 달리기….

치료사 800m 수영. 19㎞ 자전거 타기. 5㎞ 이상 달리기. (잠시 멈춤) 정말 인상적이네요.

남성 (먼 곳을 응시하며) 옛날 일인 것 같지만 3년밖에 안 됐네요.

치료사 3년 전에 당신은 800m를 수영하고, 19㎞ 자전거를 타고, 그리고 5㎞ 이상 달렸습니다. 그 시합에 대한 기억이 남아 있습니까?

남성 네. 저는 샌디에이고에 있었습니다.

치료사 거기에 있는 자신이 보이시나요? 달리기할 때 무엇을 입고 있었나요?

남성 파란색과 회색을 좋아해서 수영할 때와 자전거 탈 때 회색 반바지와 파란색 헬멧을 썼습니다. (잠시 멈춤) 그다음 종목을 변경하면서는 파란색 반바지와 회색 탱크 윗도리와 회색 모자를 썼습니다.

치료사 (웃음) 우와. 그러면 파란색 반바지와 회색 탱크 윗도리를 입고 경주를 마쳤나요?

남성 네, 맞아요. 가슴에는 172번이 달려 있었죠.

치료사 네. (잠시 멈춤) 당신은 지금 그것을 볼 수 있습니다. 마지막 결승선을 끝냈을 때 당신의 모습은 어땠나요?

남성 제가 어떤 모습인지 정확히 알고 있죠. 제 친구가 완주한 저의 사진을 찍어 주었거든요. 저는 머리를 뒤로 젖힌 채 손을 들어 올렸습니다. 그 시합을 끝내서 매우 기뻤죠. (미소)

치료사 (일어서서) 시합을 끝냈을 때 당신의 모습이 어땠는지 보여 주세요. (남성은 일어서서 두 손을 벌린 채 팔을 벌리고 눈을 감고 머리를 뒤로 젖힌다) 그 자세를 1분 동안 유지합니다. (치료사도 같은 포즈를 취하고 남성과 함께 서 있다) (긴 멈춤) 이제 당신이 그 위치에 있을 때 완주한 것이 어땠는지 말해 보세요. 그때 당신에 대해 뭐라고 말했습니까?

남성 (멈춤) "난 '완주자'야. 나는 열심히 했고 목표를 달성했어"라고 말했죠. 그때 제가 언젠가는 완전한 철인 3종 경기를 할 수 있지 않을까 생각했던 기억이 납니다.

치료사 (잠시 침묵) 둘 다 여전히 같은 위치에 있다. 완주자. 달성. 멀리 갈 힘이 있는. 맞나요?

남성 네, 맞아요.

치료사 (잠시 멈춤) 잠시만 여기 제 옆으로 와 보세요. (남성이 치료사 옆으로 온다) 이제 몇 분 전에 당신이 있었던 소파의 공간을 보십시오. (잠시 멈춤) 거기 앉아 있는 자신을 바라보십시오. (잠시 멈춤) 그가 자신에 대해 어떻게 느끼는지 기억하시죠. (잠시 멈춤) 사랑받지 못한. 혼자인. 무력한. (더 부드럽고 높은 피치의 목소리로) 사랑받지 못한. 혼자인. 무력한. (잠시 침묵) 이제 철인 3종 경기를 마치는 포즈를 취하십시오. (남성과 치료사 모두 포즈를 취한다) 당신은-완주자이고-달성했고-멀리 갈 힘이 있는-소파에 있는 당신에게 뭐라고 말씀하시겠습니까?

남성 (긴 멈춤) 우와. 어떻게 여기까지 오게 됐지?

치료사 (잠시 멈춤) 네, 그렇죠! 그는 한 번에 당신에게서 거기까지 갈 수는 없어요. 그는 무력하고-사랑받지 못하고-혼자라고 느끼면서 그곳에 도달했습니다.

남성 (긴 멈춤) 넌 무력하지 않아. 네가 해야 할 일은 바로 정확하게 다음 단계로 나아가는 것이야. 전에도 해 봤잖아.

치료사 (멈춤) 그가 전에 그것을 해 봤다면 그는 무력합니까? 아니면 힘이 있습니까? 그에게 말하세요.

남성 넌 다음 단계로 나아갈 힘이 있어. 작은 발걸음이라도.

치료사 다시 말씀해 주세요.

남성 넌 앞으로 나아갈 힘이 있어.

치료사 그리고 사랑받지 못하고 혼자인 그의 고통은 어떻습니까?

남성 (잠시 멈춤) 사람들은 너를 위해 있고 너를 돌보고 있어. 너의 고립이 너를 혼자 남겨 두고 사랑받을 수 없다고 생각하게 하는 거야.

치료사 (잠시 멈춤) 넌 다음 단계로 나아갈 힘이 있어. 넌 사랑받고 있어. 넌 소속해 있어. (잠시 멈춤) 넌 다음 단계로 나아갈 힘이 있어. 넌 사랑받고 있어. 넌 소속해 있어. (멈추고 더 크고 더 깊은 음조로) 그에게 말하세요.

남성 넌 다음 단계로 나아갈 힘이 있어. 넌 사랑받고 있어. 넌 소속해 있어.

치료사 자, 다시 앉으세요. (남성이 앉는다) 파란색 반바지, 회색 탱크 윗도리와 회색 모자를 쓴, 완주자인 당신이 무력하고 사랑받지 못하고 혼자라고 느끼는 당신에 대해 뭐라고 말합니까?

남성 (멈춤) 넌 다음 단계로 나아갈 힘이 있어. 넌 사랑받고 있어. 넌 소속해 있어.

치료사 (더 부드럽게) 다시 말해 보세요.

남성 넌 다음 단계로 나아갈 힘이 있어. 넌 사랑받고 있어. 넌 소속해 있이.

여기서 주목해야 할 몇 가지 사항이 있다. 첫째, 세션을 시작할 때 치료사는 먼저 고통의 주기에 존재하는 느낌과 대조되는 느낌을 그린다. 이것은 치료사가 고통스러운 감정을 명확히 하고 내담자에 대한 공감을 증가시키며 우울증이 내담자의 정체감을 정의하는 특성이 아니라는 것을 명확히 하는 데 도움이 된다. 둘째, 치료사는 더 강하고, 더 현명한 자아의 감정에 관해 묻기 전에, 철인 3종 경기에 참여하는 남성의 실제적이고 생생한 이미지들을 많이 다룬다. 이것은 심상의 경험적 요소를 증가시키고 남성이 경주를 마칠 때 가졌던 조절된 감정과 접촉할 가능성을 훨씬 더 높인다. 치료사는 또한 내담자가 철인 3종 경기를 보는 자신의 눈에 분명히 지닌 체현된 자세를 취하도록 한다. 그는 이 체현된 포즈에서 우울한 감정보다 철인 3종 경기 당일의 감정을 훨씬 더 많이 기억한다. 마지막으로, 치료사가 다시 말하기와 반복을 통해 어떻게 감정 조절 진실을 명확하고 선명하게 하고, 최종적으로 통합하는지에 주목하라. 이 심상 기법 동안, 남성은 치료사 또는 자신이 자기-조절 진실을 여섯 차례 이상 말하는 것을 듣는다. 이것은 감정 조절 진실의 요점을 그의 기억 안으로 몰아넣는다. 이는 또한 그가 그 진실의 말을 거부하는 데 어떤 저항을 행사하는지 볼 기회를 제공한다.

두 스크린 심상 기법

Symington(2015)은 심상 기법으로써 두 개의 스크린 방식two screen method을 개발하였는데, 그것은 불안과 우울증을 감소시키는 마음챙김의 정보에 초점을 두어 주로 내담자를 돕기 위한 것이다. 이 기법에서 개발자는 내담자가 평온하고 편안한 단어들과 이미지들이 나오는 대형 정면 스크린과 반대로 감정 조절 곤란의 단어들이나 관련된 이미지들이 나오는 측면 스크린(또는 측면 벽에)에 동시에 노출되는 극장을 상상하도록 하는 심상에 대해 논하고 있다. 이 기법의 주요 목표는 내담자가 측면 스크린 이미지를 받아들이고, 영향을 받지 않는 방법을 학습하면서, 동시에 편안하고 차분한 정면 스크린의 이미지에 주의 깊게 집중할 수 있도록 돕는 데 있다(Symington, 2015).

우리는 고통의 주기의 가장 대표적인 단어들과 이미지들을 측면 스크린에 활용하기 위해 두 스크린 기법을 채택했다. 단어들과 이미지들을 측면 스크린에 배치하는 것은 내담자들의 고통의 주기와 그들 삶에 존재하는 영향력을 인정하는 것이다. 하지만 내담자들이 고통의 주기 측면 스크린에만 관심을 둘 것인지 아닌지에 대한 선택권을 가지고 있다는 점을 강조한다. 극장의 대형 정면 스크린에서, 치료사는 내담자가 진실과 일치하는 단어와 이미지 또는 평온과 조화의 조절 감정(보통 평온의 주기에서 생성되는 감정)을 구성하는 과정을 거치도록 돕는다. 앞서 살펴본 바와 같이 치료사는 요약, 대조 창조, 체현, 반복, 내담자의 경험에서 심상을 더 강력하게 만들기 위해 음성 사용하기 등에 있어서, 치료사 자신의 의지대로 모든 기술을 활용할 수 있다.

다음 사례에서 치료사가 먼저 장면을 설정해 고통의 주기의 감정 조절 곤란 단어들에 초점을 맞추고, 고통의 주기에 맞는 심상을 개발하고(떠올리고), 고통의 주기의 이미지를 측면 스크린으로 이동시켜 스크린 방식에 있어 어떻게 심상을 만들어 내는지 주목하라. 더 나아가, 치료사는 내담자가 감정 조절 단어나 진실을 정면 스크린에 떠올리고 그것들을 건설적이고 감정 조절적인 심상과 함께 두도록 돕는다. 내담자가 성공적으로 두 스크린 심상을 완성할 때 치료사는 내담자가 측면 스크린의 영향에서 벗어나 정면 스크린에 집중하도록 돕는다. 다음은 방치된 환경에서 자란 트라우마가 있는 50세 여성에 관한 사례이다. 그녀는 젊은 성인 자녀들에게 무슨 일이 일어날 것 같은 불안감에 휩싸이고, 남편과 자녀들을 비판하고 자주 분노가 폭발한다는 증상을 보고했다. 그녀는 초기 세션에서 치료사에게 그녀의 아이들이 그녀를 '지나치게 통제'하고 '조종적'이라고 본다고 보고했다. [그림 4.2]에서 보듯이 그녀는

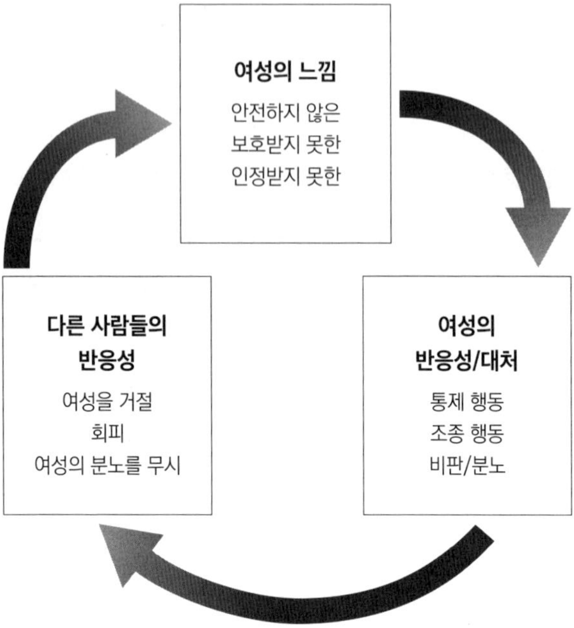

[그림 4.2] 여성의 고통의 주기

이전의 5회기 세션에서 그녀의 고통의 주기를 성공적으로 규명했다. 다음의 사례 예시 부분은 여섯 번째 세션이다.

치료사 이제까지 우리는 당신 원가족의 가정환경에 관해서 여러 번 이야기했습니다. 아버지는 부재했고 어머니는 무관심했던, 그런 가정에서 자라나서 결과적으로 안전하지 않은, 보호받지 못한, 인정받지 못한 느낌을 지속적으로 느끼게 되었습니다. (고통의 주기를 가리키면서) 당신이 안전하지 않은, 보호받지 못한, 그리고 인정받지 못한 느낌을 느낄 때 당신은 더 안전하게 느끼기 위해 상황을 통제하고 조종하는 것으로 대처하고 반응합니다. 전에 당신은 "저는 내 오리들만 줄을 세우려고 하는 것이 아니라 그 밖의 모든 사람과 그들의 오리까지도 줄을 세우려고 합니다"라고 말했습니다.

여성 (살짝 웃으면서) 맞습니다. 모든 사람을 간섭하려고도 하지요. 제가 좀 더 편안해지려고요.

치료사 (잠시 멈춤) 그리고 그들이 당신의 생각을 거절하고 당신을 회피하고 무시할 때, 그때가 당신이 가장 인정받지 못한다고 느낄 가능성이 클 때이고, 그로 인해 당신은 종종 비판적이게 되거나 화를 내게 됩니다.

여성 네, 저는 전에 그 패턴을 잘 깨닫지 못했지만, 지금 생각해 보니 저는 아주 어렸을 때부터 그 패턴을 이런저런 방식으로 하고 있었습니다.

치료사 (끄덕이며 잠시 침묵) 오늘 저는 당신과 그런 패턴에 대체할 패턴 주기에 대해 작업하고 싶습니다. 제가 벽 앞으로 의자를 옮기겠습니다. 당신이 이 의자에 앉으셨으면 합니다. (여성이 의자에 앉는다) (잠시 멈춤) 자, 이제 당신이 가장 좋아하는 극장의 중앙 열에 앉아 있다고 상상합니다. 당신 외에 아무도 없습니다. (잠시 멈춤) 당신이 앉아 있는 극장에 대해 말씀해 주세요.

여성 (긴 침묵) 조명이 어둡고 극장에는 정면 스크린의 벽과 측면에 파란색 커튼이 있습니다. 의자가 약간 뒤로 젖혀지는 경기장 형태의 극장이에요.

치료사 좋아요. (부드럽고 천천히) 텅 빈 정면 스크린에 제가 말하게 되는 단어가 나오도록 해 보십시오. (잠시 멈춤) 안전하지 않은. 보호받지 못한. 인정받지 못한. (긴 멈춤) 안전하지 않은. 보호받지 못한.

인정받지 못한. (잠시 멈춤) 단어들이 스크린에 보이시나요? (여자가 고개를 끄덕인다) 단어에 대해 말해 주세요. 어떤 폰트인지, 대문자인지 소문자인지, 색깔, 그리고 어떤 움직임이라도….

여성 (긴 침묵) 단순한 검은색 단어예요. 그것들은 테두리가 흐리고 그림자가 있어요. 움직이지는 않고요. 차례로 나타났다가 희미해져요.

치료사 네, 알겠습니다. (잠시 멈춤) 나타났다가 희미해지는 그림자가 있는 테두리가 희미한 단어들을 볼 때, 스크린의 어디에 나타나고 희미해지는지 말씀해 주세요.

여성 (잠시 멈춤) 스크린은 지금 검은색이고, 단어들은 회백색이에요. '안전하지 않은'은 왼쪽에, '보호받지 못한'은 오른쪽에, 그리고 '인정받지 못한'은 스크린 바닥에 있어요.

치료사 그 단어들이 동시에 나타났다가 희미해지기를 반복하나요? 아니면 순서대로 나타났다가 희미해지나요?

여성 순서대로요. 마치 루프 위에 있는 것처럼요.

치료사 음, 당신이 검은 스크린을 볼 때, (멈춤) '안전하지 않은' 단어는 왼쪽에 보이고, (멈춤) '안전하지 않은' 단어가 희미해지면 '보호받지 못한' 단어가 오른쪽에 나타나고, (멈춤) '보호받지 못한' 단어가 희미해지면 스크린 바닥에 '인정받지 못한' 단어가 나타나고, (멈춤) 그런 다음, '안전하지 않은' 단어가 다시 나타나면 '인정받지 못한' 단어가 희미해지는 순서로 순환되는군요. (멈춤) 그 단어들이 세 번 지나가는 것을 보십시오.

안전하지 않은. 보호받지 못한. 인정받지 못한. (멈춤)

안전하지 않은. 보호받지 못한. 인정받지 못한. (멈춤)

안전하지 않은. 보호받지 못한. 인정받지 못한. (멈춤)

여성 (치료사가 반복할 때, 각 단어에 고개를 끄덕인다)

치료사 그 단어들이 계속해서 나타났다 사라지는 가운데, 당신이 그 단어들을 봤을 때 느끼는 느낌을 나타내는 이미지, 이미지 세트, 혹은 당신 생활 속의 짧은 영상을 상상해 보셨으면 합니다. 안전하지 않은. 보호받지 못한. 인정받지 못한.

여성 (긴 멈춤) 흑백으로 보여요. 다섯 살짜리 작은 소녀인-제가-남루한 부엌 한구석에 있어요. 아파트에 불이 나서 사방에서 연기가 나요. (긴 멈춤) 전 거기 혼자 있어요. 저를 구해 줄 사람이 아무도 없다는 걸 알아요.-저는 바닥에 몸을 웅크리고 앉아 있어요. 이것이 제가 보는 이미지예요.-연기로 가득 찬 부엌 한구석 바닥에 앉아 있는 저를 봅니다.

치료사 (긴 침묵. 아주 부드러운 목소리로) 당신을 구해 줄 사람이-아무도-없습니다. (긴 멈춤)

여성 (울기 시작한다) 저를 구해 줄 사람이 아무도 없어요. 아버지는 오래전에 떠나기 바랐고, 어머니는 데이트하러 나가셨거든요.

치료사 (긴 멈춤) 자, 이제 숨을 깊이 들이쉽니다. (잠시 멈춤) 이것이 당신의 고통의 이미지입니다. 다섯-살-아이인 당신은 연기로 가득 찬 부엌 한구석 바닥에 웅크리고 앉아 있습니다. 당신은 당신이 어떻게 느끼는지 볼 수 있습니다. 안전하지 않은. 보호받지 못한. 인정받지 못한. (여성이 고개를 끄덕인다) 이제 스크린에 보이는 이미지를 볼 때, 그 극장 정면 스크린 크 기를 텔레비전 스크린 크기로 축소해 주셨으면 합니다. (잠시 멈춤) 이미지가 텔레비전 스크린 크기의 이미지로 축소됐나요? (여성이 고개를 끄덕인다)

다음, 텔레비전 스크린 크기의 이미지를 극장의 측면 벽에 붙여 주길 바랍니다. (잠시 멈춤) 측면의 이미지를 바라보세요. 전에 보았던 것처럼, 연기에 가득 찬 아파트 부엌 한구석에 웅크리고 앉아 있는 5살짜리 아이를 흑백으로 봅니다. 안전하지 않은-보호받지 못한-인정받지 못한. 단어가 나타났다가 희미해집니다.

여성 (측면을 본다) 네, 보여요.

치료사 (잠시 멈춤) 숨을 깊게 쉽니다. 그리고 정면의 빈 스크린으로 돌아갑니다. 그것은 모두 흰색이고 공백입니다. 아무것도 없습니다. 그러나 이전 이미지가 있는 스크린은 여전히 측면에서 재생되고 있습니다. 그 이미지는 항상 그곳에 있습니다. 그것은 당신의 고통의 주기 이미지이며 당신의 삶에서 계속 재생될 것입니다. 당신이 그 이미지가 있다는 것을 기억할 수 있도록 측면을 보십시오. (여성이 측면을 본다) 당신은 다섯 살짜리 당신의 이미지와 안전하지 않은, 보호받지 못한, 인정받지 못한 느낌을 봅니다. (긴 멈춤) 정면의 빈 스크린으로 다시 돌아와 볼 때, 당신이 당신과 당신의 가족과 함께 가장 평화로울 때 당신과 당신의 삶을 묘사하는 단어들을 먼저 배치하시기 바랍니다.

여성 (잠시 멈춤) '소속한'의 단어가 보입니다.

치료사 (잠시 멈춤) 좋아요. 측면 스크린을 다시 바라보고, 단어들을 보세요. 안전하지 않은. 보호받지 못한. 인정받지 못한. (여성은 측면 단어들을 본다) 자, 지금은 다시 '소속한' 단어가 있는 대형 정면 스크린을 바라보세요. 거기에 어떤 다른 단어들이 보입니까?

여성 (긴 멈춤) 돌봄을 받는. (잠시 멈춤) 안전한.

치료사 (잠시 멈춤) 소속한. 돌봄을 받는. 안전한. (잠시 멈춤) 소속한. 돌봄을 받는. 안전한 (긴 멈춤) 단어들을 저에게 묘사해 보세요.

여성 (긴 멈춤) 단어들은 모두 다른 색깔이에요. 빨강, 노랑, 주황. (잠시 멈춤) 그것들은 분수에서 나오는 것처럼 튀어나와요.

치료사 (잠시 멈춤) 빨강, 노랑, 주황의 색깔로 분수에서 튀어나오는 소속한. 돌봄을 받는. 안전한. 단어들을 봅니다. (잠시 멈춤) 소속한. 돌봄을 받는. 안전한. (긴 멈춤) 당신이 그 단어들을 볼 때, 당신의 삶에서 그 단어들에 맞는 이미지나 이미지 세트가 있습니까?

여성 (긴 멈춤) 해변에서 불 주위에 모여 있는 저와 제 가족이 보여요 약간 쌀쌀해요. 우리는 웃고 미소 짓고 노래 부르고 있어요. 옛 모닥불 노래 같은 것을….

치료사 (멈춤) 그리고 소속해 있는-돌봄을 받는-안전한-이 단어들의 영상은 어디에 있나요?

여성 그것들은 연기처럼 오르락내리락하며 불에서 나오고 있어요. (잠시 멈춘 후 갑자기 숨이 가빠진다)

치료사 무언가 보이나요?

여성 아니요. 저는 단지 두 이미지가 불과 연기와 관련이 있다는 것을 깨달았어요. (눈에서 눈물을 흘리며 깊은 한숨을 쉰다) 한 가지 불은 제가 혼자 있어서 두려웠던 가장 안 좋은 날이고-또 다른 불은 내 인생에서 가장 좋은 모든 것을 발견한 장소예요. (긴 침묵. 눈물을 흘리고 있다) 이상하지 않나요?

치료사 (멈춤) 당신이 안전하지 않은 상황에서 왔다는 것과 이제 소속해 있는 안전한 장소에서 당신 자신을 발견한다는 것이 온전히 이해됩니다.

여성 (잠시 멈춤) 놀랍네요.

치료사 (멈춤) 자, 이제 한 번 더 정면 스크린에 있는 이미지를 보세요. 그리고 그것을 저에게 묘사해 보세요.

여성 아이들과 남편이 해변에서 불 주위에서 웃고 노래를 부르고 있어요. 불빛이 우리의 얼굴을 빛나게 하고 연기 같은 단어들이 불에서 나와요. 연기는 안 나고요.

치료사 그럼 불에서 나오고 있는 단어들은?

여성 (멈춤) 나는 소속해 있다. 나는 돌봄을 받고 있다. 나는 안전하다.

치료사 이제 늘 재생되고 있는 측면 스크린을 기억해 보세요. 거기에서 당신이 보는 것을 묘사해 보세요.

여성 다섯 살인 제가 연기가 가득 찬 아파트 부엌 한 구석에 몸을 웅크리고 있어요. 모든 것이 흑백이고요. '안전하지 않은', '보호받지 못한', '인정받지 못한' 단어들이 반복해서 나왔다가 희미해져요.

치료사 아주 좋아요. 이제 두 이미지는 당신에게 남아 있을 것입니다. 하지만 평온의 이미지는 당신이 '소속해 있고, 돌봄을 받고, 안전한' 당신의 부분과 접촉을 유지하기 위해 우리가 계속 구축해 나아가야 할 이미지입니다. 그것은 당신이 고통의 주기가 다가오는 것을 느낄 때 도움이 될 것입니다.

여성 저는 정말로 평화로운 이미지에 좀 더 많은 시간을 보내고 싶어요.

위의 사례에서 우리는 치료사가 어떻게 복원치료를 통해 두 스크린 심상을 구축해 나가는지 명확하게 설명한다. 먼저 치료사는 고통의 주기로부터 감정 조절 곤란 단어를 만들고 내담자가 심상과 연관을 짓도록 돕는다. 그런 다음 치료사가 고통의 주기 이미지를 측면으로 옮기고 고통의 주기가 계속 내담자의 삶의 한 부분이 될 것이라는 현실에 주의를 환기시키면서 크기를 많이 축소한다. 더 나아가 치료사는 정면 스크린으로 돌아와 내담자가 진실과 연관되는 단어와 이미지를 개발하도록 하여 내담자가 고통의 주기에 갇혔을 때 감정 조절이 되도록 돕는다. 마지막으로 치료사가 여러 번 두 스크린을 대조하며 내담자가 진실과 평온의 관점을 명확히 하도록 돕는다.

두 스크린 심상 기법에서 재양육 심상이 더 강하고, 더 현명하고, 치유된 자아 심상만큼 강렬하지는 않다는 것을 주목하기를 바란다. 이러한 심상 기법은 트라우마를 경험하고 보통 감정적 영향이 재트라우마가 되지 않은 사람들에게 훨씬 더 적합하다. 예를 들어 고통의 주기 이미지에서 이 여성이 혼자인 이유는 그녀의 어머니가 데이트하러 외출한 동안 두 대의 실내 난방기와 함께 그녀를 집에 남겨 두었기 때문이었다. 그것은 그녀를 꾸준히 돌봐 줄 사람이 아무도 없고 대신 해로운 방법으로 방치되고 위험한 상황에 놓였던 경험을 한, 여성의 돌봄 결핍의 트라우마에 대한 단시 하나의 예시일 뿐이다. 방치된 시간을 기억하는 동안 여성은 간혹 정서적으로 충격을 받거나 조절 곤란을 일으킨다. 하지만 이제 그녀는 고통의 주기가 제공하는 대조로부터 유익을 얻으면서, 좀 더 객관적으로 그것에 대해 말할 수 있을 만큼 트라우마로부터 방치와 불안정한 사건을 제거하는 정적인 흑백 이미지를 다루고 있다. 내담자가 조절 진실에 도달하도록 경험적으로 돕기 위해 심상을 사용할 때, 강렬함의 정도를 보면 재양육 심상은 치료적으로 가장 강렬한 과정이고, 다음은 '더 강하고, 더 현명하고, 치유된 자아 심상'은 덜 강렬하며, 그다음은 두 스크린 심상이다.

진실에 접근하도록 돕는 다른 기법

위의 세 가지 기법에서 요약된 경험적 심상은 내담자가 자신의 정서적 고통을 조절할 수 있는 틀로 더 가까이 가도록 돕는다. 보통 심상과 경험이 더 강렬할수록, 더 강력하고 체현된 진실 경험을 하게 되어 내담자가 자신의 고통을 더 잘 조절하게 될 것이다. 하지만 대개 정서적 친밀함이나 믿음, 궁극적인 신념 등은 구축되는 것이다. 일부 내담자는 특히 심상에 불편함을 느끼므로 인지적 방식으로 가능한 감정 조절 진실을 규명하는 것으로 시작하는 것이 가장 유용하다. 이것은 종종 고통의 주기에서 규명된 감정의 묘사와 반대되는 단어를 인지적으로 대조하도록 돕는 것만큼 단순할 수 있다. 우리는 이러한 과정을 내담자가 자신의 고통을 자기-조절할 수 있도록 하는 진실들을 '시운전試運轉' 해 보는 것이라고 말한다. 내담자에게 제공하는 단어 목록에는 고통을 반영하는 감정들, 고통에 대한 반응성을 반영하는 대처 단어들, 내담자가 느끼는 감정 조절 곤란을 조절할 수 있는 가능성이 있는 진실 단어들이 포함되어 있다.

그런데 인지적 규명은 내담자가 진실을 정서적으로 믿게 만드는가? 아마도 그 자체로는 아닐 것이다. 하지만 내담자가 자신의 고통의 주기 맥락에서 감정 조절 단어를 실습하기 시작할 때 좀 더 건설적인 행동을 할 수 있는 마음챙김의 분위기가 만들어질 것이라고 믿는다. 내담자가 파괴적인 행동 대신 건설적인 행동을 할수록 감정 조절 진실의 경험적이고 정서적인 양상이 현실이 될 가능성이 훨씬 더 커진다. 이런 방식으로 인지적 재구조나 마음챙김과 조합된 단어에 친숙해지면 결국 평온하고 조절된 경험을 만들어 낼 수 있는 구축력을 가진다. 이러한 평온한 경험들은 더 많은 조절로 이어져 진실을 강화한다. 인지적 방법론을 사용하는 내담자는 대개 좀 더 긴 시간에 걸쳐 조금씩 조금씩 고통에 대한 자기-조절 진실을 구축해 나간다.

심상 구축에 대한 또 다른 대안은 내담자의 관계나 영적 자원을 감정 조절 진실의 숙달 과정을 시작하는 방식에 활용하는 것이다. 비록 우리가 감정 조절 진실을 규명하고 강화하는 데 있어서 자신이 가장 강력한 자원이라고 주장하지만, 내담자의 영성뿐만 아니라 내담자의 관계를 고려하는 것도 종종 이러한 진실 규명에 도움이 된다. 예를 들어, 치료사가 중독 지경까지 이르도록 매일 끊임없이 술을 마시는 38세 남성에게 질문을 했다. "당신이 알코올에 빠지기 전, 당신의 아내가 그녀의 삶에 있기를 원했던 그 무엇을 당신 안에서 보았을까요?" 이 질문에 남성은 한참을 생각하다가, 아내는 그를 열심히 일하고 매우 사려 깊은 현명한 사람으로 생각했다고 말했다. 이것은 치료사에게 남성이 현명하고, 열심히 일하고, 자신보다 다른 사람에게 더 관심을 가질 수 있는 가능성이 있다는 것을 합리적으로 고려할 수 있는 초기 근거를 제공했다. 비록 남성은 대처 메커니즘으로 자신을 수치스럽게 여기는 것을 심하게 사용하고 있지만, 그는 인지적으로 이 묘사가 정확하다는 것에 동의하기 시작했다. 그가 자신에 대해 현명하고 사려 깊은 감정을 더욱더 느끼기 시작하면서, 그의 경험은 감정 조절 진실에 대한 자신감을 구축하기 시작했다.

더 나아가, 만약 내담자가 중요한 영적 신념을 갖고 있다면 이것은 종종 진실과 인지적으로 연결하기 시작하고 그것을 최종 체현으로 구축하는 장소를 제공한다. 예를 들어, 자기 자신을 신실한 천주교 신자로 여기는 20세 여성은 자신에 대한 어떤 진실과 연결 짓는 것에 대해 어려움을 겪고 있었다. 그녀는 자주 성모 마리아와 예수님께 기도하는 것에 대해 말했다. 세션에서 치료사는 그녀에게 1분 동안 성모 마리아와 예수님께 그녀의 정체감에 대한 진실에 대해 기도한 다음, 2분 동안 그 기도 응답에 귀 기울여 보라고 말했다. 여성은 잠시 조용히 기도했고, 3분 뒤에 치료사가 여성에게 보고할 무엇이 있는지 물었다. 그녀는 "놀라웠다. 난 듣기 시작했고 볼 수 있었다. 내가 듣고 본 단어들은 나는 사랑받고 있고, 내가 소중하다는 것이다. 그것은 실제 목소리는 아니었지만, 일종의 목소리와 같았다"라고 말했다. 다시 말해, 이것은 치료사가 그녀가 참으로 사랑받고 소중하다는 생각에 익숙해지기 위해 영성으로부터 규명된 말을 활용하여 그녀와 함께 작업할 충분한 기회를 주었다. 결국 여성은 자신이 깊이 사랑받고 있고, 없어서는 안 될 존재라는 진실을 공고히 했다. 치료사가 이러한 자기-조절 진실을 북돋웠을 때 그녀는 결국 좀 더 자기-가치화와 다른 사람과 연결된 행동을 하게 되었다. 우리가 앞에서 언급했듯이 감정 조절 진실을 규명하는 복원치료의 단계는 아마도 이 치료 모델의 작업에 있어서 가장 도전적일 것이다. 방법론적으로 잘 훈련된 치료사가 이 단계를 공고히 하는데 통상적으로 5~6세션이 소요된다. 그러나 치료사가 내담자들이 자신의 정체감이나 안전감에 대한 진실을 믿도록 돕는 과정에서 더 많은 세션이 필요한 것은 드문 일이 아니다.

치료사는 감정 조절 진실에 기댈 필요성이 치료 과정에서 거듭거듭 나타난다는 것을 항상 인식해야 한다. 우리는 복원치료에서 일반적으로 거의 모든 세션에서 이런저런 방식으로 '고통의 주기 규명, 진실 규명, 평온의 주기 규명, 그리고 4단계의 실습'에 대해 반복적으로 말하고 있다고 생각한다. 어떤 면에서는 소 목장주가 자기 일에 대해 '다른 모든 일이 끝났을 때도 항상 해야 할 담장 작업이 있다'라는 요구를 받는 것과 같다. 복원치료에서 치료사는 내담자가 느끼는 고통을 이해하고 추적할 준비가 되어 있어야 하고, 내담자가 고통을 감정적으로 조절하는 데 요할 진실을 위해 작업하고, 평온의 주기에서 건설적인 행동을 규명하고 경험해야 하고, 내담자가 자기-조절할 준비가 되도록 마음챙김으로 4단계를 실행해야 한다. 복원치료에서는 이 모든 작업이 중요하지만, 그 과정에서 조절 진실이 필수적이기 때문에, 그것은 항상 관심과 작업이 필요한 우리의 '담장 작업'인 것이다.

제5장

안전감에 대한 진실

우리는 대부분 인간의 가치와 고유성에 대해 본능적인 믿음을 가지고 있다. 이것은 특히 다른 사람에 관한 생각과 일반적인 철학을 관련지어 볼 때 받아들이기 어려운 개념은 아니다. 우리는 아이들을 소중히 여기는 문화적 유산을 가지고 있다. 또한 우리 모두가 유대감, 연결감connection 및 애착의 필요성을 가지고 이 세상에 태어났다는 경험적이고 건전한 틀을 받아들이는 데는 문제가 없다. Bowlby(1988)와 그 외 연구자들이 아동이 자신의 감정적 레퍼토리, 감정적 조절 능력, 자아와 정체감, 그리고 미래의 상호 작용을 위한 토대를 발달시키기 위해 양육자와 애착 관계를 경험하는 것이 필수적이라고 말한 것은 절대적으로 옳았다. Ainsworth, Blehar, Walters, & Wall(1978)은 아동과 양육자 간의 애착 관계를 다음의 유형으로 설명하며 애착에 대한 작업을 크게 확장했다. 안정형 애착, 불안 양가형/불안정 애착, 회피형/불안정 애착. 이러한 유형에 더하여 다른 연구자들은 혼란형/불안정 애착이라고 불리는 유형을 규명했다. 이 애착 모델은 성인 유형까지 확장되는데, 자신과 타인에 대해 긍정적인 감각을 가진 성인은 안정형 애착 유형을 갖는다. 반면 자신과 타인에 대해 이러한 긍정적인 감각을 가지지 못한 사람들은 거부형dismissing, 몰입형preoccupied, 두려움형fearful의 애착 유형을 갖는다(Bartholomew & Shaver, 1998). 요점은 건강한 정체감과 관계를 형성하는 데 초기 애착이 필수적이며 이러한 초기 영향은 우리의 삶에서 매우 오랜 시간 동안 영향을 미친다는 것을 쉽게 알 수 있고, 문헌에서도 확인된다는 것이다. 이는 인간이 존재 가치와 사랑, 고유성을 인정받는 것은 타당하며, 당연한 자격이 가지고 있다는 것을 의미한다.

그러므로 치료사가 내담자들에게 정체감에 대한 감정 진실을 규명하도록 요청했을 때, 그들은 자신이 존재 가치, 사랑, 고유성을 인정받을 자격이 있다고 믿기 어려울지라도, 자신이 인류의 일부이므로 철학적으로는 자신에 대한 진실을 규명할 수 있어야 한다는 데는 일반적으로 동의한다. 다시 말해, 내담자들은 자신에 대한 건강한 정체감은 믿기 어려울 수 있지만, 치료사가 그들을 초기 애착의 결점을 극복하기 위해 자기-대화의 방향으로 이끌어 가는 것은 어려운 일이 아니다.

인간의 가치에 대한 이러한 일반적이고 철학적인 동의는 치료사가 정체감 문제에 대한 진실로 내담자를 도울 때는 사실일 수 있지만, 안전감 문제에 대해 내담자를 도울 때는 확실히 사실이 아니다. 우리는 모든 사람이 사랑받을 자격이 있고 가치가 있다는 것에 쉽게 동의할 수 있을지 모르지만, 이 세상과 인간관계가 항상 안전하다고 말할 수는 없다. 안전은 예측 가능성, 정의 또는 균형, 관계의 개방성의 세 영역에 의해 크게 좌우되기 때문이다. 제1장에서 본 바와 같이, 관계에 대한 신뢰는 개인에게 안전감이라는 의미로 해석된다. 하지만 양육자, 멘토, 그리고 개인적 트라우마와의 경험은 이러한 세 영역에서 어떻게 신뢰를 결정하느냐에 직접적인 영향을 미친다.

예측 가능성의 높은 문턱

인간관계를 신뢰할 수 있으려면 매우 높은 수준의 예측 가능성이 요구된다. Johnson(2018)이 여러 번 언급했듯이, 사람들이 관계에 관해 묻는 핵심 질문 중 하나는 "저를 위해 거기에 있어 주시겠습니까?"이다. 근본적으로, 이것은 예측 가능성을 의미한다. "당신(양육자, 배우자, 자매나 형제, 중요하거나 영향력이 있는 사람, 심지어 세상의 자연 현상까지도)은 제가 당신의 사랑, 행동 및 경험에 의지할 수 있도록 신뢰할 수 있고 예측 가능한 방식으로 당신을 제게 보여 줄 수 있나요?" 이런 현실은 50%의 확률로 승패를 기꺼이 받아들이는 게임에 돈을 걸고 하는 도박과는 다르다. 우리의 정체감과 안전감이 예측 가능성에 의존하는 관계의 맥락에서 훨씬 더 높은 수준의 신뢰성이 필요하다. 이 비율은 얼마나 높아야 할까? 우리의 임상 결과는 85~90%의 신뢰도 수치를 계속 가리킨다. 다시 말해서, 인간으로서 우리는 모든 인간과 상황이 완벽하지 않다는 것을 알기 때문에 완벽하지 않은 것을 받아들일 수는 있지만, 사람이나 상황이 10번 중 9번 정도 동일하거나 예측 가능하지 않다면 그 관계에 기대하지 않고 안전하다고 생각하지 않는다는 것이다. 하기야 우리 중 집의 80%밖에 완성시키지 못하는 건축자에게 돈을 줄 사람이 얼마나 되겠는가? 우리는 우리가 안전하다고 느낄 정도로 어떤 사람이나 상황을 신뢰하려면, 그 경험의 행동이나 결과가 매우 예측 가능하고 믿을 만해야 한다고 생각한다. 예측 가능성이 기준치보다 낮으면 사람들은 단순히 관계나 상황을 신뢰하지 않고 철회하려고 할 것이다. 만약 그들이 그런 상황에 참여하도록 강요받는다면, 그들은 항상 두려움이나 의심을 느끼고, 확실히 안전하다고 느끼지 못할 것이다.

사람들은 이 높은 수준의 믿음과 예측 가능성을 충족하지 못하는 경험을 한다. 양육자들의 배경이 안전하지 않고 신뢰할 수 없으므로 그들의 파괴적인 대처로 우리에게 필요한 것과 마땅히 줄 것을 주지 않을 수 있다. 멘토, 교사, 코치 또는 동료도 비슷한 파괴적인 배경을 가지고 있고, 일관성 있고 신뢰하는 방법을 실제로 배운 적이 없어서 예측 가능성이 낮을 수 있다. 또한 세상은 재정적 안정, 자연재해 및 우리가 통제할 수 없는 상황의 측면에서 예측할 수 없는 장소이다. 90%의 신뢰도에서도 관계와 삶의 현실은 우리에게 해를 끼칠 수 있으며 안전감을 파괴할 수 있다. 더 많은 관계와 상황이 예측할 수 없게 될수록, 우리는 자신을 돌보는 명목으로 분리하고, 철회하고, 조종하고, 또는 공격적 성향을 보일 가능성이 크다.

정의와 균형

모든 관계에는 서로 주고받는 데 최소 두 사람이 필요하다. 이것은 『나와 너와의 관계』에서 Buber(1958년)에 의해 처음으로 명시된 철학적 현실이다. 우리는 태어날 때부터 사람들이 우리에게 필요한 것을 제공하도록 요구하고, 또한 성장하며 관계를 통해 상대방이 요하는 것을 줄 수 있다는 관계적 기대에서 생성된 선천적 자질quality을 가지고 있다. 이것은 본질적으로 예측 가능한 방식으로 지속된다면, 관계의 파트너들이 서로 의존할 수 있는 신뢰를 갖게 되는 주고받기의 균형을 이루게 된다. 시간이 지날수록 이러한 신뢰는 첫째, 상대방이 내게 확실하게 돌려주리라는 것을 알기 때문에 위협, 조종 또는 두려움 없이 자유롭게 줄 수 있다는 것을 알려준다(Boszormenyi-Nagy & Krasner, 1986). 둘째, 그것이 나에게도 좋고 너에게도 좋다는 것을 알기에 관계의 성장에서 안전감을 느낄 수 있다(Hargrave & Pfitzer, 2003). 우리는 모두 상호성과 신뢰성에 의해 움직이는 균형과 정의 속에서 서로에게 필요한 것을 얻는다. 예를 들어, 친구 사이의 관계에서 서로가 들어야 할 때 듣는 것, 상처가 있을 때 돌보는 것, 기쁨이 있을 때 축하하는 것 등, 서로에게 베풀기를 마땅히 기대한다. 웃음, 슬픔, 기쁨, 공감은 우리가 모두 가장 좋은 우정을 나누며 주고받는 균형 속에서 기대하며 주는 언어의 일부다(Hargrave & Hargrave, 2015).

깊은 관계뿐만 아니라 우정에서도 우리가 관계로부터 얻는 기대나 자격entitlemen이 있다. 배우자 관계나 우정과 같은 평등한 관계의 경우, 우리가 상대방에게 주듯이 우리는 상대방에게 주는 것과 같은 배려와 경험을 받을 자격이 있다고 느낀다. 다시 말해 우리가 주는 것giving은 관계 속에서 받을 자격을 부여한다(Hargrave & Pfitzer, 2003). 이러한 감각은 어디에서 오는 것일까? 유대감과 애착에 대한 욕구가 선천적인 것처럼 이러한 관계적 균형 감각이 인간으로서 선천적이라는 것은 논리적이고 확실히 논쟁의 여지가 있다(Boszormenyi-Nagy & Krasner, 1986) 이것은 마치 우리가 관계에서 과도하게 제공했는지 또는 덜 받았는지 알 수 있도록 균형과 정의로 우리를 지시하는 내적 자이로스코프gyroscope와 같다(Hargrave & Hargrave, 2015).

모든 관계에는 이러한 주고받기의 요소와 공정하고 균형 잡힌 기대가 있다. 예를 들어, 배우자 간의 주고받기의 관계를 생각해 보자. 〈표 5.1〉에서 볼 수 있듯이 배우자는 관계에 필수적인 내재적 요소와 외재적 요소를 제공하므로 상대로부터 같은 요소 또는 최소한 유사한 요소를 받을 자격이 있다.

〈표 5.1〉 배우자 간 균형의 원장 예시

배우자에게 주어야 할 의무	배우자로부터 받거나 받을 수 있는 자격
1. 사랑	1. 사랑
2. 돌봄과 양육	2. 돌봄과 양육
3. 가사	3. 가사
4. 일이나 금전의 기여	4. 일이나 금전의 기여
5. 신뢰할 수 있고 관계에 충실	5. 신뢰할 수 있고 관계에 충실

이러한 배우자 관계가 상당 기간 지속되면 주고받는 정의와 균형이 관계에서 신뢰 또는 안전의 자원을 생성한다. 그러나 한 배우자가 주어야 할 의무를 공평하게 수행하지 않으면 다른 배우자는 억울함, 불공평함, 또는 부당함 등 부족을 느끼게 될 것이고, 이는 결과적으로 공격적인 형태로 배우자를 조종하거나 관계에서 철회하는 파괴적인 반응성을 유발할 것이다(Hargrave & Pfitzer, 2011). 신뢰와 안전감이 관계에서 자유자재로 얻어지는 경향이 있는 것처럼, 부당함이나 불균형은 파괴적인 반응성을 얻어 안전감과 신뢰를 불가능하게 만드는 경향이 있다.

위의 예시는 원장ledger의 한쪽에서 기대하는 증여giving가 원장의 다른 쪽에서 증여되어 균형을 이루는 수평 또는 대칭 관계에서 나온 것이다. 또한 세대 간에 존재하는 수직적 또는 비대칭적 관계가 있다(Hargrave & Pfitzer, 2003). 예를 들어, 부모와 자식 사이에 존재하는 관계이다. 부모의 관점에서, 때로 부모가 자녀의 신체적, 인지적, 정서적, 사회적 발달에 전적으로 책임을 져야 할 때, 어린 자녀에게 주는 것은 끝이 없고 매우 요구가 높은 것으로 보일 수가 있다. 그렇다면, 부모는 자녀로부터 무엇을 받는가?

〈표 5.2〉 부모와 자식 간 균형의 원장 예시

아이에게 줄 의무	자녀로부터 받거나 받을 수 있는 자격
1. 사랑	1. 아무것도 없음
2. 양육	
3. 시간	
4. 존중	
5. 돌봄	

〈표 5.2〉에서 볼 수 있듯이, 자녀는 관계를 위해 부모에게 돌려줄 의무가 없으므로 부모는 자녀로부터 실제로 아무것도 받지 않는다. 우리는 부모가 자녀를 통해 인간의 발달을 보는 기쁨, 부모가 주는 것에 대한 연결과 응답을 받는 특권, 그리고 결국 아이에게서 올 수 있는 흠모와 존경과 같은 양육의 일에서 무언가를 얻는다는 것에 분명히 동의할 것이다. 그러나 요점은 자녀가 부모의 이익을 위해 부모에게 이러한 것들을 줄 의무가 없다는 것이다. 부모가 자녀에게 주는 것은 비대칭적이어야 한다.

누군가는 이 원장을 보고 이것은 신뢰할 수 없는 관계에서 부모가 안전하지 않을 수 있는 무대를 설정하여 부모 쪽이 파괴적인 반응을 일으킬 가능성이 크다고 느낄지도 모른다. 하지만 압도적으로 많은 부모는 이 원장이 불공평하거나 불균형하다고 생각하지 않는다. 이러한 비대칭적인 관계 속에서 균형, 정의 및 공평성은 세대 간 방식으로 구축된다. 이 관계의 본질을 이해하기 위해서는 부모가 한때 아이였을 때를 생각해 볼 필요가 있다. 부모는 자신이 아이였을 때 양육자로부터 사랑, 양육, 시간, 존중 및 돌봄을 받았던 것과 같은 방식으로 자신의 아이에게 똑같이 준다. 이 부모는 자신의 부모에게 사랑, 양육 또는 돌봄을 되돌려 줄 필요가 없었으며, 단순히 돌봄의 이점을 자신의 정체감과 안전감으로 받아들이고 흡수하기만 하면 되었다. 그러나 부모가 이제 성인으로 성장하고 발달하고 성숙해지면서 다음 세대에게 사랑, 양육, 시간, 존중 및 돌봄을 제공하는 자리에 있다. 그것은 단지 주고받는 것의 세대 간 체계 속에서 균형을 이루고 있다(Hargrave & Pfitzer, 2011).

이러한 세대 간 정의와 균형은 건강한 가족의 유산의 기여에 잘 작용할 때 심오하고 아름답다. 그러나 이러한 비대칭 관계에 대한 신뢰가 결핍되면 낙담과 비극이 있다. 예를 들어, 가족에게 심각하게 화를 내고 위협하는 41세의 소규모 사업주 이야기를 살펴보자.

> 나는 항상 책임져야 하는 사람이었다. 어머니는 내가 8살 때 아버지와 이혼하자 약물을 과다 복용했다. 아버지는 평생 마약에 중독되어 있어서 나는 열 살이 되기 전에 여동생을 어떻게 돌봐야 할지 고민해야 했다. 한동안 난 내가 훔칠 수 있는 모든 것을 훔치곤 했다. 그러던 어느 날, 잔디를 깎고 수영장 청소를 하는 한 남성에게 붙잡혔고, 그는 내게 일을 시켰다. 나는 결국 여동생을 돌보고 아버지한테서 멀어질 수 있을 만큼의 충분한 돈을 벌 수가 있었다. 아버지는 우리에게 위험한 사람이었고, 우리가 가진 모든 것을 훔쳤다. 내가 그를 떠날 때 그에게 우리의 위치를 알리지 않았고 다시는 연락하지도 않았다. 16살이 되었을 때, 나는 조경하는 법을 배워 나와 여동생을 위한 자리를 마련할 수 있었다. 그 이후로 나는 그 일을 하고 있다. 인생을 돌아보면 내가 가진 모든 것들은 도난당하거나 내가 누군가에게 주기만 한 것뿐인데 내 아이들은 왜 항상 내가 화를 내는지 의아해한다.

이 사람이 명확히 말했듯이 그는 사랑과 양육, 돌봄을 받지 못했고,

대신에 자신과 동생을 돌볼 책임을 져야 했다. 이 신뢰할 수 없는 상황에서 그는 안전하지 않았고 자신의 삶을 관리하고 여동생을 책임지기 위해 할 수 있는 모든 일을 했다. 그러나 분명히 그는 육체적으로나 정서적으로 빼앗긴 것에 대해 깊이 분개하고 있다. 한 번도 채워진 적 없는 정당한 권리를 박탈당한 그는 파괴적으로 자신의 분노와 위협에 대한 '권리'가 있다고 느낀다. 그는 육체적으로나 경제적으로 자녀들을 돌보지만 자신의 원망과 분노를 그들에게 드러낸다. 따라서 그는 자신이 어린 시절에 강탈당했던 것처럼 자신의 자녀들에게 건강한 정체감과 안전감을 강탈한다. 세대 간 원장 또는 계승은 균형이 맞지 않고 신뢰할 수 없으며 대신 후손에게 피해와 저주를 가한다(Hargrave & Pfitzer, 2011).

어느 곳에서 성장했든, 지금의 관계가 어떤 상태든, 우리는 모두 관계의 불균형과 부당함을 경험해 본 적이 있다. 아마도 그것은 정당한 권리를 빼앗기고 있기 때문이거나, 반대로 되돌려 줄 수 없거나 되돌릴 의사가 없다고 느끼는 관계에서 과도한 이익을 얻고 있기 때문일 수 있다. 어느 쪽이든 우리는 모두 불의와 불균형의 현실로 인해 신뢰와 안전감의 부족을 경험했다. 사람들은 완벽하게 믿을 수 없고 예측할 수 없으므로 완벽하게 신뢰하지도, 균형이나 정의를 실행하지도 못한다. 결과적으로 우리의 현실은 관계와 세상이 항상 안전한 곳만은 아니라는 것이다.

정직성과 개방성

우리는 정직성과 개방성이 그 어느 때보다도 혼란스러운 시기에 살고 있는 것 같다. 대통령이 무언가에 대해 얼마나 많은 것을 잘못 말하고 있고 어떤 상황에 대해 거짓말을 하고 있는지에 대해 언론이 '부정확한 카운트'를 유지하고 있는 그런 나라에 살고 있다. 마찬가지로 정치인이나 정부에 대한 부정적인 이야기는 틀림없는 사실이더라도 즉시 부인하거나 '가짜'라고 비난한다. 정치, 연예, 직장, 또는 교육 분야에서 듣는 모든 상황에 대한 미약한 진실은 논쟁의 여지가 있는 것 같다. 그러나 현대 사회는 '정보 조작'이 현실을 반영하는 새로운 대체물이 되었고, 사실적인 현실이었던 것에 대해 '대안적인 사실'을 잠정적으로 믿어버리는 것 같다.

우리는 현재 상황이나 '현실'에 대해 포스트모던적이거나 구성주의자적인 태도를 취할 수 있지만, 사실 사람들은 개방적이고 정직하지 않은 관계에서 안전감을 느끼지 못한다. Hargrave와 Pfitzer(2011)가 지적했듯이, 우리는 모든 관계에서 진실성과 믿음성에 대한 의문을 제기한다. 관계 파트너들이 서로를 볼 때 자신들의 기술, 재능, 능력에 상관없이 어떤 면에서 결함flaws이 있다는 것을 안다. 또한 모든 사람에게는 결점faults이 있으므로 이러한 결점이 관계의 신뢰도에 영향을 미친다는 사실을 무시할 수 없다. 그러나 신뢰와 안전에 대한 의문보다도 더 중요한 것은 관계 파트너가 이러한 불완전성에 직면하여 자신을 어떻게 대변하는가이다. 파트너는 이러한 결점을 정직하고 취약하게 드러내는가? 아니면, 자신을 더 좋게 보이게 하거나 비난의 여지를 없애기 위해 '문제'를 덮어 버리려 하는가? 파트너는 자신의 문제와 잘못을 솔직하게 드러내어 용서받고 적절한 변화를 시도하는가? 이러한 질문에 대한 답변이 개방성과 정직성뿐만 아니라 변화에 대한 노력을 반영하지 않는다면 관계 파트너인 우리는 신뢰할 수 없고 안전하지 않은 장소에 남게 될 것이다. 우리가 관계를 맺고 있는 '진짜' 사람을 어떻게 알 수 있을까? 의심은 관계에 그림자를 드리우고 대개 철회나 자기 보호로 이어진다.

결혼과 가족치료의 영역에서 우리를 크게 괴롭히는 문제 중 하나는 변화와 수용에 대한 오해이다. 예를 들어, 많은 사람은 수용을 인간이 선천적으로 불완전하고 과거에 문제가 있을 수 있으므로 있는 그대로 받아들여야 한다는 처방전으로 해석한다. 이것은 사람들이 정직성, 취약성 또는 변화에 대해 아무것도 기대하지 않고 관계를 있는 그대로 받아들여야 한다는 오해를 불러일으킨다. 따라서 관계는 각각의 파트너가 각자의 분리된 편에 머물러 서서, 더 이상의 변화와 친밀감을 도모하지 않고 변하지 않는 것을 '수용'하는 개별성의 벽을 만나게 된다. 이것은 수용의 개념에 대한 심각한 오해다(Jacobson & Christensen, 1998; Gottman & Silver, 2012). 우리는 개방성, 정직성, 친밀감의 필요성보다 더 선행하는 수단으로써 수용을 장려하는 것이 아니다. 관계가 더 신뢰할 수 있게 되고 긍정적인 방향으로 움직일 수 있는 가능성의 초점으로 변화의 수단으로써 수용을 장려하는 것이다. 불완전함을 수용하는 방향으로 초점을 바꾼다고 해서 변화가 없는 것은 아니다. 실제로 이러한 맥락에서 수용은 관계적 변화를 촉진한다. 그러나 사랑이 없고 신뢰할 수 없는 관계는 개인의 성체감과 인진감을 손상시키기 때문에 용납될 수 없다. 개방성과 정직성을 통해 관계 파트너는 결함, 은사, 재능이 있는 서로를 정확하게 볼 수 있다. 그것들은 한 개인이 관계에서 숨는 것에서 벗어나 더 친밀해질 수 있도록 하고, 변화를 일으키고, 다른 사람과 더 가까워질 수 있는 곳에 초점을 맞추는 틀을 촉진한다(Hargrave & Pfitzer, 2011). 이처럼 인간관계는 결함이 없어서가 아니라 상호 성장이 추구되고 있다는 인식이 있기 때문에 더욱 안전해질 수 있다.

그러나 간혹 현실은 사람들의 거짓말과 속임수와 부정을 통해 자신을 와전(왜곡)시킨다. 완전한 개방성과 정직성은 개인의 취약한 정체감을 위태롭게 하므로 어떠한 관계 파트너에게도 쉬운 일이 아니다. 많은 사람이 자신의 행동이나 편견이 타인에게 노출되어 굴욕을 당하지 않을까 하는 두려움으로 부끄러워하거나 방어적으로 되기 때문에 위협을 느낀다. 때때로 이러한 와전이나 비밀은 파트너 간의 불성실, 사회적 집단에게 잘 보이기 위한 배신, 또는 개인적인 이익만을 위해 훔치거나 거짓말을 하는 것과 같은, 현실에서 실제로 일어나는 행동들이다. 이러한 와전과 정직성의 누락은 종종 관계 파트너가 자신이 너무 부적합하거나 사랑받지 못해서 아무에게도 수용될 수 없다고 생각하게 한다.

비밀, 개방성 부족, 부정직 등, 어느 것이든 그것은 신뢰를 위반하고, 그래서 결국 전 세계적으로 안전이 부족한 상황에 빠지게 된다. 우리에게는 관계 파트너가 개방적이거나 정직하지 않은 정도를 알 수 있는 확실하고 절대적인 방법이 없다. 다만 우리는 완전히 안전할 수 없는 상황이나 관계 속에서 생존하고 존재하려고 노력하는 어려운 현실을 안고 있다.

안전하지 않은 세상에서 사는 문제

우리는 기본적으로 안전하지 않은 세상에서 산다는 것에 대해 쉬운 답이 없다는 점을 논의했다. 모든 관계와 상황이 항상 안전하지 않거나 해를 끼치는 것은 아니지만, 모든 관계는 예측 가능성, 정의와 균형, 개방성의 측면에서 항상 신뢰할 수 있는 임계점에 미치지 못한다. 단지 우리가 이 현실이 안전하다고 말하거나 그렇게 믿고 싶다는 이유로 이 현실을 '안전'하게 만드는 문화적 · 철학적 토대나 발판은 없다. 지진, 쓰나미, 침수 같은 비극이 일어난다. 충돌, 오판, 계산 착오와 같은 오류가 발생한다. 총기 난사, 테러리즘, 질병, 기능부전으로 인해 엄청난 손실이 쌓인다. 세상이 안전하지 않다는 명확한 관점을 얻으려면 어느 때라도 지역 뉴스를 듣기만 하면 된다. 치료사는 내담자가 신뢰와 안전감에 관한 감정을 조절하는 진실에 이르도록 도울 때 이 사실을 충실히 직시해야 한다.

예를 들어, 테리 하그레이브의 아내 샤론의 이야기를 들어 보자. 그녀는 막내로 세 명의 오빠가 있었다. 남부 캘리포니아에서 태어난 아버지는 광고 분야에서 뛰어난 재능을 보였고, 어머니는 전업주부로 집에서 아이들을 키우는 사랑스러운 여성이었다. 그녀의 어린 시절의 수많은 장면을 담은 영상을 볼 때 그것은 정말 캘리포니아의 꿈처럼 보였다. 오빠들과 아빠는 야구를 하고 테니스를 친다. 그들은 디즈니랜드에 가서 우연히 유명한 배우와 스타가 된 이웃들과 어울린다. 영상의 어느 장면에서나 샤론은 오빠들과 아빠에게 사랑받고, 소중히 여겨지고, 열정적 포옹을 받으며 유모차를 타고 있다. 이 단계에서 샤론의 삶은 너무도 아름답고 사랑스럽고 안전해 보인다. 그녀의 가족이 완벽하다고는 말할 수 없겠지만, 그 가족은 확실히 누구에게나 부러워 보였다. 그런데 어느 날부터 그녀의 가족은 상황이 급변하기 시작했다.

샤론의 아버지가 조울증 환자라는 것은 가족 누구에게도 알려지지 않은 일이었다. 아버지는 자신의 인생 대부분을 경조증 단계라고 할 수 있는 상태에서 보냈지만, 두 차례의 심각한 우울증을 겪었다. 그는 조증을 완벽하게 관리할 수 있었지만, 불행하게도 우울증은 실제로 매우 힘들었다. 두 번째 주요 우울증 에피소드 기간에 그는 스스로 목숨을 끊었다. 당시 샤론은 세 살이었고 어머니에게는 혼자 키워야 할 네 명의 아이들이 있었다. 어머니는 그녀의 오빠 근처에 살기 위해 가족을 데리고 텍사스로 이사했고, 어떻게든 가족들이 정상적이었던 때로 다시 돌아가도록 할 수 있었다.

1년이 조금 넘었을 때, 샤론의 큰 오빠는 독감 같은 증상으로 몸이 좋지 않다고 학교에서 집으로 돌아왔다. 그는 침대에 누워 다음 날까지 학교에 가지 않고 집에 머물러 있었는데, 저녁이 되자 뭔가 좀 이상하다고 말했다. 샤론의 어머니는 즉시 의사에게 전화를 걸어 다음 날 아침 맨 먼저 의사를 만나기로 약속을 잡았다. 하지만 불행하게도 샤론의 오빠는 급성 백혈병으로 그날 밤에 사망했다. 그의 병세는 너무 빨리 악화되어 가족이 그의 어디가 아픈지 알기도 전에 세상을 떠났다. 한때 행복하고, 사랑스럽고, 믿음직했던 샤론의 가족은 1년 만에 비극적으로 바뀌었다.

샤론의 어머니는 여러 면에서 뛰어난 여성이었다. 그녀는 샤론과 남은 두 자녀가 상처 속에서도 행복하다고 보고할 정도로 가족을 하나로 모을 수 있는 능력이 있는 여성이었다. 그들은 생존뿐만 아니라 번영하며 삶과 함께 생동감 있게 움직이는 명확한 측면을 가지고 있었다. 그들은 멋진 가족 휴가를 보냈고 서로의 운동, 학업, 사회적 성공을 축하했다. 그러나 샤론은 삶의 슬픔과 예측 불가능이 그녀 가족의 상황을 바꾸어 놓았고 삶을 통제한다는 것이 덧없는 일이라는 것이 분명해졌다고 보고한다. 삶은 그녀에게 항상 위협적이었다. 왜냐하면 가족의 무책임 때문이 아니라, 어떤 경우에는 삶이 생존을 위협할 수 있는 타격을 줄 수 있었기 때문이다. 사실, 이 가족의 삶의 타격은 아직 끝나지 않았던 것이다.

그녀의 큰오빠가 죽은 지 9년 후, 샤론의 둘째 오빠는 오클라호마 대학의 졸업반이었다. 그는 훌륭한 청년으로 대학의 남성 우정클럽에서 사랑받았고, 그의 기술과 재능 때문에 인기가 높았다. 그런데 어느 날 샤론의 가족은 그녀의 오빠와 그의 데이트 상대가 전날 밤 데이트를 마친 뒤 집으로 돌아오지 않았다는 연락을 받았다. 가족들은 즉시 오클라호마 주 노먼으로 차를 몰고 갔지만, 그들이 도착했을 때 샤론의 오빠와 그의 데이트 상대는 살해되어 차 트렁크에 갇힌 채 발견되었다는 소식을 들었다. 삶은 이미 안전하지 않고, 비극적인 상황의 큰 그림자를 드리우고 있었고, 가족에게는 이것이 가장 큰 비극이었다. 삶과 세상은 안전하지 않을 뿐만 아니라 가장 취약한 시기에도 잔인하고 무심하다는 것을 증명했다. 이러한 이야기로부터 샤론이 [그림 5.1]에서 볼 수 있는 고통의 주기를 발전시킨 이유를 이해하는 것은 전혀 어렵지 않은 일이다.

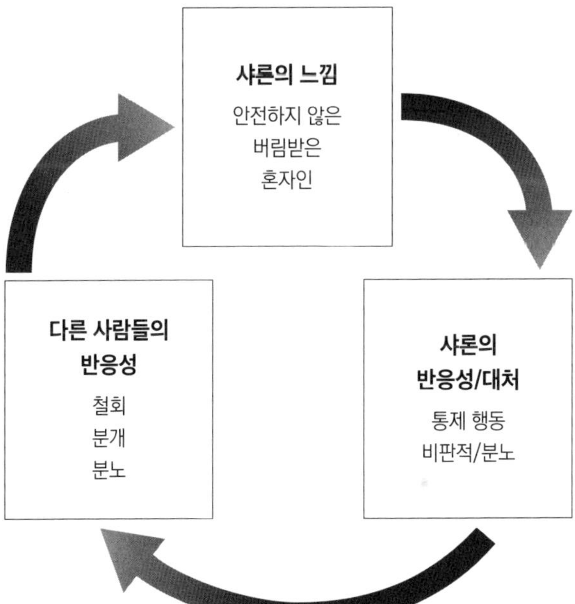

[그림 5.1] 샤론의 고통 주기

샤론의 이야기를 읽고 난 후 그녀의 고통의 주기를 이해할 수 있는 것처럼, 고통의 주기는 정서적으로 잘 조절되지 않으며 사랑스럽고 신뢰할 수 있는 방식으로 사는 노력에 도전을 제기한다. 이러한 점을 치료사로서 공감하고 이해하는 것은 어렵지 않다. 하지만 공감만으로는 감정을 조절하는 것이 충분하지 않을 것이다. 치료사는 비극적인 사건들(원가족, 멘토, 동료, 영향력 있는 타인, 또는 삶과 세상 그 자체 등의 안전 결핍으로 발생한 사건들)을 진정성을 지닌 어떤 종류의 진실로 맞서야 한다. 치료사가 '인생은 대부분 안전하다' 또는 '과거에 당신에게 해를 입혔던 사람들은 지금 당신을 해칠 수 없다'와 같은 진부한 말을 하는 것만으로는 충분하지 않을 것이다. 무모한 사람이 길을 건너려고 한다고 해서 고속도로가 인도로 바뀌는 것은 아니고, 관계를 맺는 위험을 감수하기로 선택했다고 해서 위험하고 신뢰할 수 없는 사람들이 마법처럼 사랑스럽고 신뢰할 수 있게 되는 것이 아니다. 삶, 위험, 그리고 그들이 잠재적으로 야기할 수 있는 고통은 현실이다. 치료사는 내담자가 용기와 삶의 능력으로 안전하지 않은 세계에 직면하기 위해 자기-조절할 수 있는 온전한 진실을 다루도록 도와야 한다.

사람들과 인간관계가 비극을 초래할 수 있는 안전하지 않은 세상에 살고 있으므로 합법적인 공포와 불안을 가진 사람들을 도울 수 있다는 것은 엄청난 치료상의 도전이다. 이것이 바로 많은 복원치료사가 무의식적으로 내담자의 정체감 문제를 다루는 일에 더 치우치는 이유이다. 그것은 안전감 결핍의 문제를 조절하는 데 필요한 진실보다 더 쉽고 더 확고한 답변을 제공한다. 치료사로서 우리는 이러한 안전감에 대한 심각한 위반을 볼 때, 작아지고, 무력하며, 불충분하다고 느껴서 이러한 문제들을 다루는 것을 피하고, 단지 내담자와 함께하거나 위로하는 것을 선호하는 경향이 있다. 이것은 치료에 도움이 되지만, 결국 치료사들은 엄청난 비극이거나 정신적 트라우마를 초래할 정도의 위반이라도 내담자가 감정적으로 자기-조절의 진실을 향해 나아갈 수 있도록 돕는 데 관심을 기울여야 한다. 그러한 작업을 덜 하는 것은 피해자를 피해의 잔재가 남아 있는 영구적인 장소에 남겨 두는 것이다. 안전하지 않은 상황에서 진실을 배우는 것은 피해자를 온전하고 평화로운 생존자로 옮기는 열쇠 중 하나이다. 그렇다면, 안전감 문제와 관련하여 감정 조절의 진실을 다루게 하려면 어떻게 해야 할까? 우리가 지금까지 배워온 바에 의하면, 안전감의 결핍에 직면하여 내담자가 정서적으로 조절할 수 있는 권력을 지닌 진실은 다음과 같다. 1) 내담자에게는 자신의 상황에서 무엇인가를 할 수 있는 권한이 부여되어 있다. 2) 내담자는 자신이 경험한 위반의 상태에서 혼자가 아니다. 3) 안전감의 결핍과 비극으로 인해 내담자가 경험한 고통은 결국 강인함과 덕목을 낳는다.

안전감에 대한 진실 돕기

권한 부여

우리는 우리가 '결코' 완전히 안전하지 않다는 것을 쉽게 인정할 수 있다. 그러나 우리가 '보통' 완전히 안전하지 않은 것과는 거리가 멀다. 내담자들이 관계나 세상에서 자신을 안전하게 만들 만큼 매우 강력하지 않다고 해도, 그들이 무력한 것만은 아니다. 그러므로 감정적으로 자기-조절적인 진실을 주장하는 데 있어서 첫 번째 단계는 내담자가 자신에게 가능한 권한 부여를 느끼고 행동하도록 돕는 것이다. 인간의 권한 부여는 불확실하고 안전하지 않은 장소에서 내담자가 신뢰와 안전을 안정화하도록 돕기 위해 필수적이며 가능한 것이다.

예를 들어, 제2차 세계 대전 동안 강제 수용소에 부당하고 비인간적으로 수감된 사람들에게는 다양한 이야기가 있다. 삶의 어떤 부분도 그들의 통제하에 있지 않았던 그들은 어떤 힘도 없어 보였다. 그러나 이 잔인한 행위로부터의 많은 생존자는 최후의 생존자들이 수용소에서 자신의 의복에서 작은 천 조각을 찢어 몸에 숨겼던 것과 비슷한 이야기를 한다. 그들의 완곡한 표현으로 '수프'라고 불리는 물을 조금 받았을 때, 그들은 적은 양을 제외하고 그것을 마신 다음, 천 조각을 그 물에 적셔 몸을 씻었다고 한다. 한 생존자는 사람이 씻는 것을 멈추면 그들이 희망을 포기했고 곧 죽을 것이라고 확신했다(Levi, 1986).

왜 씻었을까? 그것은 깨끗해지기 위해서가 아니라 오히려 죄수들이 권한을 갖는 주체적인 행동을 표현하기 위해서였다. 생존자들은 마치 이렇게 말하는 것 같았다. "나는 천 가지 다른 방법으로 죽거나 죽을 수 있는, 이 불가능하고 비극적인 상황 속에서, 여기에 똑바로 서서 상징적으로 내가 할 수 있는 일을 하기로 선택했다. 내가 살아남는다면 이곳에서 무슨 일이 일어났는지, 나를 황폐화시킨 비인간성에도 불구하고 우리가 어떻게 살아남았는지 이야기할 것이다." 천 조각과 상징적인 씻기는 사실, 권한을 부여하는 깊은 표현이었다. 비록 아무것도 할 수 없는 것처럼 보일지라도, 이 예시에서 볼 수 있듯이 실제 권한 부여는 우리가 안전감과 안정감, 보호를 위해 할 수 있는 일을 한다는 것을 의미한다.

안전하지 않다고 느끼는 내담자들은 무력감이나 통제 불능 또는 통제를 받고 있다는 느낌을 자주 보고한다. 그것은 마치 내담자가 이전에 특정 상황에서 자신을 보호할 수 없었으므로 자신에게 어떤 권력이 있는지 의심하기 시작했을 때, 안전하지 않은 상황이 개인의 권한 부여된 행동 능력 모두를 오염시켰던 것과 같다. 다음 이야기는 두 직장에서 잇달아 해고된 후 우울하고 무력감을 느낀 32세 남성의 이야기이다.

남성 나는 내가 일할 수 있고 성공적인 경력을 쌓을 수 있다는 자신에 대한 믿음을 잃었습니다.

치료사 (잠시 멈춤) 당신은 두 번의 일자리를 연속해서 잃었고, 그것은 당신이 일을 하고 성공할 수 있을지 의심하게 했네요. (잠시 멈춤) 내가 당신의 첫 번째 직장 상황을 이해할 수 있게 이야기해 주세요.

남성 사실 그 직장에 대해서는 별로 할 말이 없어요. 그 회사는 신생기업이었고, 경영을 지속할 수 있는 현금을 마련할 수 없었습니다. 그곳에는 아직 몇 사람이 남아 있었지만, 실제로는 마치 배가 제대로 가라앉는지 확인하는 것과 같은 것이었습니다.

치료사 첫 번째 직장은 당신의 잘못이 아니라 회사가 망한 것이었고, 그래서 당신은 다른 사람들 대부분과 함께 해고되었나요?

남성 맞아요. 사실 제가 그 일을 한 것에 대해 전혀 기분이 나쁘지는 않지만, 그런 일이 제게 일어났다는 게 너무 힘듭니다.

치료사 일리가 있는 말이군요. 두 번의 직장을 잃었다는 사실은 첫 직장이 당신의 업무 수행과는 관련이 없는데도 조금은 당신에게도 원인이 있는 것 같은 느낌을 들게 했을 것 같아요. (남성은 고개를 끄덕인다) 당신의 두 번째 직장은 어땠나요?

남성 그게 훨씬 더 어려웠습니다. (잠시 멈춤) 제가 프로젝트를 잘하고 있다고 생각될 때마다 다른 프로젝트를 하게 되었어요. 그리고 제가 다른 새 프로젝트를 진행하려고 할 때 누군가는 제가 원래 프로젝트에 참여하지 않는다고 화를 냈습니다.

치료사 그러한 상황에서 당신은 무슨 말을 들었습니까?

남성 상사는 저에게 더 효율적이고 더 빠르게 일해야 한다고 잔소리했지만, 제가 하는 일은 추적하기 어려운 수치와 분석을 실행하는 것입니다. 필요한 숫자를 얻는 것 자체가 전체 프로젝트입니다.

치료사 그래서 상사에게 잔소리를 들은 후, 어떻게 되었습니까?

남성 더 열심히 더 많은 시간을 일했지만, 마치 한 번에 세 가지, 때로는 네 가지 일을 가지고 칼로 요술을 부리는 것과 같았습니다. 나는 무엇이든 완성하는 데 어려움을 겪었고 점점 더 많은 일이 쌓여 가고 있었습니다. 저는 행복하지 않았고, 상사도 확실히 행복하지 않았습니다. 저는 다른 사람을 기쁘게 하지 못했습니다.

치료사 점점 더 많은 일을 하고 상사가 당신에게 잔소리할 때 기분이 어땠나요?

남성 절망적. 무력한. 제대로 할 수 있는 게 아무것도 없는 것 같은. (잠시 침묵) 전에는 제가 뛰어난 기술을 가지고 있다고 생각했지만, 지금은… 제가 어떤 것을 해낼 만한 능력이 있는지 모르겠어요. 너무 약하다고 느껴져요.

이 남성은 특별한 기술을 가지고 있었다. 그는 일류 대학의 훌륭한 경영학과를 졸업하고 직장을 잡는 데 아무런 어려움이 없었다. 그는 인턴 과정에서 최고의 회사에서 일했고, 팀을 관리하는 과정에서 세 가지의 다른 직책을 맡았다. 첫 직장에서 해고될 때까지 상사는 끊임없이 그의 업무를 칭찬했고, 비즈니스 데이터를 작성하고 분석하는 다재다능함에 깊은 인상을 받았다. 하지만 마지막 두 번째 직장은 매우 불만족스러웠고, 상사나 자신을 기쁘게 할 수 없었기 때문에 자신의 능력과 적성에 대한 모든 것을 의심하기 시작했다. 이와 같은 무력감과 부적합한 느낌은 해고된 첫 번째 직장으로도 전가되기 시작했기 때문에 그 직장의 창업 실패도 그에게는 자신의 실패로 여겨졌다. 그 결과, 그는 이전에 자신의 실력과 주요 역량을 발휘했음에도 자신의 수행 능력과 기술, 그리고 재능에 무력감을 느끼게 되었다. 많은 내담자는 결과가 자신의 직장, 학교, 관계에 있든지에 상관없이 자신에게 있다고 여긴다. 이러한 내담자들에 대해서 그들 스스로가 더 강력해질 수 있도록 도우려면 우리가 어떻게 해야 할까?

수용된 메시지에 도전하기

치료사로서 우리는 얼마나 많은 사람이 일관되게 기대에 부응하지 못하거나 실패자라고 느끼는지에 대해 정말 충격을 받는다. 얼핏 보기에 이것은 정체감의 문제로 보일 수 있지만, 실제로는 안전감 문제로 인해 발생하는 경우가 더 많다. 그 추론reasoning은 다음과 같다. 1) 만약 내가 기대에 부응하지 못한다면, 나는 내가 해야 할 일에 실패한 것이다. 2) 내가 해야 할 일에 실패하고 그것을 바로잡을 수 없다면, 나는 파트너 또한 실망시키고 관계에서 실패할 것이다.

이것은 성과 지향적인 사람에 대한 추론으로, 학계, 운동계, 기업이나 거의 모든 환경에서 높은 성취를 이룬 사람들 사이에서 흔히 볼 수 있다. 물론 문제는 성과 중심적인 생활 방식이 엄청난 불안과 우울을 유발한다는 것이다. 장대높이뛰기에서 개인 최고의 기록을 획득한 엘리

트 운동선수를 생각해 보라. 만약 그가 성과 중심적이라면, 마지막 성과만큼만 기분이 좋아지기 때문에 개인적으로 최선을 다한 즐거움은 극히 짧을 것이다. 다시 점프할 때가 되었을 때, 그가 개인 최고 기록에 미치지 못할 경우, 그것은 실패감을 초래할 것이고 쉽게 수치심이나 불안의 반응성으로 이어질 수 있다. 이것은 모두 자신의 역할을 항상 잘 할 수 있기를 바라는 욕망에서 비롯된 것이고, 만약 실패한다면 그것은 실망보다 훨씬 더 가혹하게 느껴질 것이다. 개인이 경쟁 중에, 혹은 스포츠에서 다른 사람과 자신을 비교할 때 어떻게 느낄지는 말할 것도 없다.

학계와 기업에서도 마찬가지이다. 우리는 이러한 성과 중심의 불안과 우울이 곧 성과 중심의 정체감으로 변하는 것을 봐 왔다. 이를 설명하기 위해, 대학에 들어갔을 때 불안과 우울에 휩싸였던 19세 여성의 사례를 살펴보자. 여기서 치료사가 어떻게 성과 수행의 메시지에 도전하는 권한 부여된 대안으로 여성을 이끄는지 주목해 보자.

여성 (거의 공황 상태) 저는 지금 모든 수업에서 저보다 더 똑똑한 학생들을 만나요. 제가 다니던 학교에서는 항상 제가 가장 똑똑하다고 생각했어요. 지금은 잘 모르겠어요.

치료사 (잠시 멈춤) 당신이 가장 똑똑하지 않다는 게 무슨 의미인가요?

여성 저도 잘 모르겠어요. (잠시 멈춤) 이러다가 제가 항상 달성할 수 있었던 기준들에 부응하지 못할까 봐 걱정돼요. 만약 제가 실패한다면, 많은 사람이 실망할 거예요. 저 자신을 더 불안하게 만들고 있다는 것을 알고 있어요. 하지만 제가 이것을 정말 잘 할 수 있을지에 관한 생각을 멈출 수가 없고, 매번 그런 의문이 들기 시작할 때마다 저는 더 불안해지고 제 일을 할 수가 없어요.

(울기 시작)

치료사 (긴 멈춤) 저는 당신이 불안을 부추기는, 기대에 부응하지 못할 것 같은 끝없는 느낌의 주기가 어떻게 시작되는지 이해가 갑니다. 그 불안은 당신이 일하는 것을 힘들게 만들거나 불가능하게 만듭니다. 그리고 당신이 그 일을 하지 않을 때, 당신은 기대에 부응할 수 없을 것이고요. 누가 당신에게 그렇게 높은 성과를 내고 자신에 대한 높은 기대를 갖도록 가르쳤나요?

여성 (침착하게) 저는 항상 저에게 기대해 왔던 것 같아요. 제 말은… (잠시 침묵) 정말 잘 모르겠어요. 부모님은 저에게 아무런 부담도 주지 않으셨어요. 제가 잘할 때 그저 기뻐하는 것 같았어요. 저는 공부를 잘한다는 생각을 제 일처럼 받아들였어요.

치료사 (긴 멈춤) 저는 여러 번 이런 일을 봤어요. 그 부모들은 자녀들에게 수행하도록 노골적인 압력을 가하지는 않았어요. 그렇다면 당신 부모님은 당신 자신과 당신의 관계에 대해 어떤 메시지를 주었나요?

여성 (조금 놀라면서) 음, 좀 이상하네요. 저 자신에 대한 메시지를 많이 받았는지 잘 모르겠어요. 우리가 얘기했던 것 중 대부분은 제가 학교에서 일어난 일들과 관계에 관한 것이었어요. 부모님은 저에게 방향을 제시하고 항상 학교 일을 처리해 주었지만, 조언과 지시 외에 많은 공개적인 메시지를 주진 않았던 것 같아요.

치료사 (잠시 멈춤) 부모님은 당신에게 부담을 주지는 않았습니다. 당신은 학교와 인간 관계에서 무슨 일이 일어나고 있는지에 대해 그들에게 이야기했고, 그들은 당신에게 방향을 제시하고, 조언해 주고, 당신의 학교 일을 처리해 주었습니다. (잠시 멈춤) 그러나 그들은 당신이 한 사람으로서 누구이고, 그들의 관계가 그들에게 어떤 의미인지에 대해 솔직하게 드러내어 이야기하지는 않았습니다. 저는 당신의 부모님이 잘못했다고 말하고 있는 게 아니에요. 하지만 그런 맥락에서 어떻게 당신이 그렇게 높은 수준의 수행을 해야 한다는 메시지를 받았는지 여전히 궁금해요.

여성 (긴 멈춤) 저는 지금 제 학교와 활동이 정말 우리가 이야기한 전부였다는 것을 깨닫고 있는 것 같아요. 제 말은, 부모님은 저를 어디에 데려다줄 때 항상 나를 사랑한다고 말하곤 했지만, 저에 대해 어떻게 생각하는지에 대해 이야기를 한 적이 없었어요.

치료사 (긴 멈춤) 그래서 당신의 행동이 당신의 존재보다 더 초점이 되거나 더 중요하다는 메시지를 받았나요?

여성 (잠시 침묵) 네, 그랬던 것 같아요. 저는 부모님이 그런 의도를 가졌던 건 아니라고 생각해요.

치료사 (긴 멈춤) 물론이죠. 하지만 항상 학교 일을 처리하고, 그런 일에 대한 방향을 제시하고, 잘했을 때 기뻐하는 것이 적어도 당신의 성과가 당신에게 가장 중요한 것이란 무거운 메시지를 남긴 것처럼 들리네요. 분명히 그들이 그 메시지를 당신에게 노골적으로 전하려고 한 것은 아니지만요.

여성 (긴 멈춤) 맞는 것 같아요. 저는 성과에 대한 이런 관심이 어디서 왔는지 스스로에게 물어본 적이 없어요. (긴 멈춤) 저는 제가 하는 일이 저 자신이라는 믿음을 항상 가지고 있었다고 생각해요.

치료사 (잠시 멈춤) 어떻게 그런 결론을 내렸는지 이해가 되네요. (잠시 멈춤) 잠시 생각해 보세요. 이 성과에 대한 초점이 당신을 그토록 많은 불안과 우울로 이끌었다는 것을 알았을 때, 그들로부터 어떤 메시지를 받았으면 좋겠나요?

여성 (긴 침묵) 저는 부모님이 제가 무슨 생각을 하는지, 부모님이 무엇을 생각하고 있는지에 대해 좀 더 많이 나누기를 바랄 것 같아요. 제 말은, 저는 부모님이 저를 사랑하신다는 것을 알고 있고 저는 그들에게 많은 의미를 부여해요. 하지만 우리는 일과 제가 어떻게 했는지에 대해 이야기하는 데 너무 많은 시간을 보내요.

치료사 (잠시 멈춤) 그래서 당신이 받고 싶었던 메시지는….

여성 (잠시 멈춤) 네가 하는 일은 별로 중요하지 않아. 네 존재가 중요해.

치료사 (긴 멈춤) 그리고 만약에 똑똑한 사람들과 함께 교실에 앉아 있는 동안 자신에게 그 메시지를 전달한다면, 당신의 불안과 우울은 어떻게 바뀔까요?

여성 (긴 멈춤) 시도해 보고 싶어요. 제 불안과 우울이 많이 바뀔 것 같아요.

보호 조치 취하기

예측 불가능성, 부정의, 또는 개방성 결핍으로 인한 신뢰의 위반으로 안전하지 않다고 느낄 때, 내담자들은 종종 안전하지 않은 상황과 가능한 보호 조치를 예상하는 데 필요한 시간을 갖는 것을 거부한다. 또는 관계, 사람, 해로운 상황이 기적적으로 변화할 것이라는 막연한 희망을 품는 수동적 자세로 자신을 무력화하기도 한다. 우리는 믿을 수 없는 상황과 안전감 부족을 경험하는 사람들 사이에서 "내가 할 수 있는 일은 아무것도 없다", "어떻게 해야 할지 모르기 때문에 더는 생각하고 싶지 않다"와 같은 말을 흔히 한다는 것을 발견한다. 이러한 유형의 무기력한 진술은 종종 도피하는 방식으로 반응성을 보이는 내담자들에게서 나온다. 즉, 주의를 기울여야 하는 책임감으로부터 도피하거나 자신을 '무감각'하게 하는 방식으로 해석될 수 있다. 통제하는 방식으로 반응성을 보이는 사람들은 종종 책임감과 보호 조치를 취하지 않고, 오히려 관계와 사람들을 너무 많이 통제하려고 시도한다. 따라서 권한 부여에 있어서 주요 이슈는 보통 다른 사람들과 그들 자신을 위해 적절한 경계를 설정하는 것이다. 도피의 반응성을 사용하는 내담자들은 대부분 소홀하거나 보호를 위해 적절한 조치를 취할 수 없다고 느끼는 사람들이다. 그렇다면 우리는 어떻게 사람들이 이러한 보호 조치를 취하도록 돕고, 따라서 안전하지 않은 세상에서 그들의 권한 부여를 증대시킬 수 있을까?

무엇보다도 내담자가 신뢰의 영역에서 위반되는 예측 가능한 시퀀스sequence를 이해하는 것이 중요하다. Hargrave와 Zasowski(2016)가 밝혔듯이, 파괴적인 시퀀스를 저지할 수 있을 만큼 내담자가 충분히 강력해질 수 있는 것은 위반이 어떻게 발생하는지에 대한 통찰을 얻는 데 달려 있다. 위반을 당하는 대부분 사람은 상대방이 무엇을 하고 그들이 어떻게 반응하는지 잘 알지 못한다. 우리는 치료에서 가장 좋은 과정은 치료사가 내담자들의 파괴적인 시퀀스를 상세히 설명하도록 도와서 그들이 미래의 해로운 행동 과정에서 자신의 권한 부여된 선택을 할 수 있다는 것을 인식할 수 있는 때라고 믿는다. 파괴적인 시퀀스에 대한 통찰과 권한 부여된 자세를 취한 내담자의 작업 및 실행의 결합은 안전하지 않은 관계에서도 감정 조절 진실이나 권한 부여의 감각을 얻을 가능성이 훨씬 커진다. 예를 들어, 다음은 세 아이의 엄마였던 38세의 여성이 12년 동안 남편과 이혼을 하고 있었던 사례이다. 이혼 절차를 밟고 있는 많은 사람처럼, 그녀는 특히 결혼생활이 끝났는지에 대해 양면성

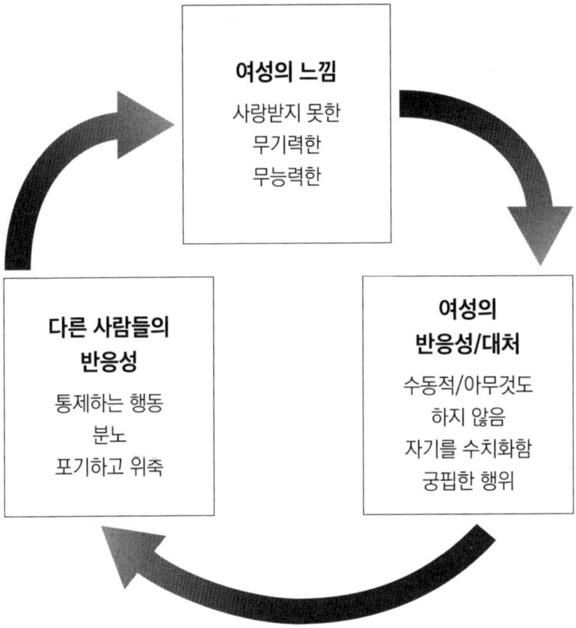

[그림 5.2] 여성의 고통의 주기

을 가지고 있었고, 화해를 시도할지 이혼할지에 대해 오락가락하는 태도를 보였다. 그 결과, 여성은 자기를 수치화하는 것뿐만 아니라 남편과의 관계와 양육 책임에도 매우 소극적으로 대처했다. 그녀의 고통의 주기는 [그림 5.2]에 나타나 있다.

치료사 (여성의 고통의 주기 그림을 보여 주면서) 최근에 당신이 다시 이 고통의 주기에 빠졌던 때를 말해 주세요.

여성 (잠시 멈춤) 이틀 전에, 아이들을 돌보느라 힘든 하루를 보내면서 이 무능력의 감정을 또 느끼기 시작했습니다. 너무 나약하고 모든 것을 제대로 하고 있지 않아서 제가 과연 좋은 엄마인지 의심하기 시작했습니다. 세 명의 아이를 가진 싱글맘인데, 제 옆에는 아무도 없다고 생각하면서 사랑받지 못한다고 느끼기 시작했죠.

치료사 당신은 능력이 없다고 느꼈고 엄마 역할에 대해 자신을 수치화하기 시작했습니다. 그때 당신은 사랑받지 못한다고 느꼈습니다. 그래서 그때 당신은 어떻게 했나요?

여성 저는 제 남편에게 전화를 걸어 이혼에 대해 확신이 없으니 우리가 대화를 해 보자고 말했습니다.

치료사 남편이 뭐라고 했나요?

여성 그는 화를 내며 “당신이 이 일을 시작했잖아. 당신은 우리의 삶을 비참하게 만들고 있어”라고 소리쳤습니다. 그리고 그는 더 결단력 있게 행동하고, 더 적극적으로 아이들을 돌보고, 아내로서 더 많이 관여해야 한다는 요구 사항들을 늘어놓기 시작했습니다. (오랫동안 운다)

치료사 당신은 어떤 느낌을 받았나요?

여성 저는 그의 말이 맞다고 생각합니다. 제가 우리를 비참하게 만들고 있는 사람이죠. 저 자신이 수치스러워요.

치료사 (긴 멈춤) 이해합니다. 하지만 제가 묻고 싶은 것은 남편의 말이 맞다고 생각하여 당신을 수치화하기 전에, 당신은 어떤 느낌이 들었는가 하는 것입니다.

여성 (잠시 멈춤) 전 사랑받지 못하고, 무기력하고, 무능력하다고 느끼고 있었습니다.

치료사 (긴 침묵 후 고통의 주기를 가리키며) 그리고 그 다음에 어떻게 하셨나요?

여성 저는 그저 아무 말도 하지 않고 그가 맞다고 혼자 생각하고 있었습니다. 그 뒤 저는 이 결혼에서 제가 얼마나 저를 싫어하고 있는지, 그가 저를 얼마나 싫어하게 만드는지를 생각하며 표류하기 시작했습니다.

치료사 네, 당신은 무능력하고 사랑받지 못한다고 느꼈고 그래서 남편에게 전화해서 이혼에 대해 확신이 없다고 말합니다. 그는 당신에게 화를 내고 당신을 비난한 다음, 당신이 바꿀 필요가 있는 모든 것을 말하기 시작합니다. 그때 당신은 사랑받지 못하고, 무기력하고, 무능력하다고 느껴져 자신을 수치화하기 시작하면서 남편의 말을 수동적으로 듣습니다. (긴 멈춤) 다음 어떤 일이 일어났나요?

여성 그는 그냥 포기하고 수화기를 쾅 내려놓으며, "난 당신을 도울 수 없어!"라고 말했습니다.

고통의 주기에서뿐만 아니라 상황과 감정에서 여성이 자신의 권한을 박탈하게 만드는 상호 작용에서 사건의 시퀀스를 인식하는 것이 중요하다. 시퀀스를 여러 번 검토하거나 순환 질문을 활용하여 교류의 상호 작용 시퀀스를 찾아내는 것이 도움이 된다. 이 경우, 치료사는 시퀀스의 그림을 활용하여 내담자의 자각을 높이고 어떻게 다른 권한 부여된 선택을 할 수 있는지 지적한다. 치료사가 그린 시퀀스는 [그림 5.3]에서 볼 수 있다.

치료사 (여성에게 시퀀스를 보여 주면서) 얼마나 자주 남편과 이런 종류의 상호 작용을 하는지 말해 주세요.

여성 많이 합니다. 어쩌면 우리 결혼생활이 전부 이렇게 되는 건지도

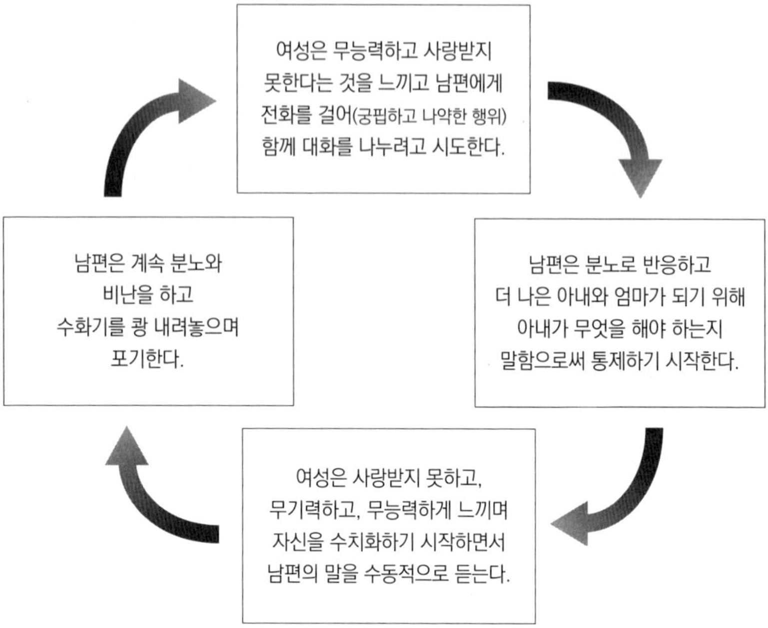

[그림 5.3] 대화의 상호 작용 시퀀스

몰라요. 저는 정말 무능력하거나, 사랑받지 못하거나, 뭐 그런 느낌이 들어요. 그러면 저는 그렇게 느끼지 않도록 그가 어떻게든 해결해 주기를 바랍니다. 저는 궁핍해지기 시작하죠.

치료사 (잠시 멈춤) 그런 다음 남편 분과 함께, 이 시퀀스가 시작되는 거네요. 왜냐하면 그는 즉시 화를 내거나, 당신에게 무엇을 해야 할지 말하거나, 또는 그 둘 다를 하기 때문이죠.

여성 가끔 그는 저에게 무엇을 해야 하는지 알려 주고 저를 고치려고 합니다. 그러면 저는 더 이상 나아지지 않고 조용하고 수동적이 되어버립니다.

치료사 저는 당신이 무기력하고 무능력하다고 느끼며, 그러한 감정들이 당신을 수동적이고, 궁핍하며, 자신을 수치화하게 한다는 것을 이해합니다. 하지만 이 시퀀스에서 다른 행동을 취할 수 있을 만큼 자신에게 권한을 부여하라고 요청한다면, 어디에서 다른 행동을 선택하시겠습니까?

여성 물론 처음 감정을 느꼈을 때 그에게 전화하지 않을 수는 있겠지만 그것이 저에게 현실적인지는 모르겠어요. (잠시 멈춤) 그가 화가 나서 나에게 무엇을 해야 할지 말하는 시점에서 제가 수동적인 관찰자가 되는 대신 뭔가 다른 것을 할 수 있다면, 그게 더 나을 것 같아요.

치료사 좋아요. 그러면 역할 놀이를 한번 해 봅시다. 당신은 당신의 남편 역할을 하고 저는 당신 역할을 할 것입니다.

세션의 이 시점에서 치료사는 내담자와 역할 놀이를 하면서 이 안전하지 않고 예측할 수 없는 관계에서 권한 있는 위치가 어떤 것인지를 처음으로 볼 수 있도록 도왔다. 역할 놀이에서 여성이 남편의 분노를 보였을 때, 치료사는 "나는 합당한 의문이 들기 때문에 우리의 관계에 관해 얘기하기 위해 전화했다", "나는 내 감정을 가다듬고 더 분명한 행동을 하고 있으므로 결국 내 책임을 어떻게 지겠는지 결정할 것이다"와 같은 권한 부여된 진술을 했다. 치료사가 권한 부여된 진술을 할 때마다, 그 여성은 남편과의 대화에서 그녀가 보통 하던 것보다 그것이 더 좋게 들렸다고 보고했다. 첫 번째 역할 놀이를 한 후, 치료사는 역할을 바꾸어 여성이 자신의 역할을 하게 하고 치료사가 남편 역할을 했다. 치료사는 그녀에게 남편이 화를 내거나 통제할 때 대화의 전략적 요점에서 가능한 한 많은 권한 부여된 진술을 하라고 요청했다. 이 역할 놀이에서 처음에는 치료사가 여성에게 권한 부여된 진술을 선명하게 코치하는 데 있어서 많은 시작과 중지를 요청했다. 나머지 세션에서 치료사는 그녀가 권한 부여된 발언들을 연습하여 자신의 행동으로 시퀀스를 방해하는 것에 익숙해지도록 도왔다.

다음 세션에서, 이 여성은 남편이 자신에게 전화를 걸었고, 몇 가지 초기 논의 후에, 그는 그녀가 무엇을 해야 하는지 말하기 시작했다고 다음과 같이 보고했다. "저는 즉시 그 권위 부여된 진술들을 떠올렸습니다. 제가 몇 가지 권한 부여된 진술을 했는데, 아마도 제가 해야 할 만큼은 아니었겠지만, 그게 대화를 바꿔 놓았습니다. 그는 일부 후퇴했고, 심지어 '나는 내가 당신을 통제하려는 것이 도움이 되지 않는다는 것은 알고 있어. 하지만 그것으로 난 기분이 좋아졌고 조금 더 힘이 났었어' 라고 말하기도 했습니다." 상담의 나머지 시간 동안, 치료사는 권한 부여된 진술들을 공고히 하고, 여성이 남편과의 경험을 바탕으로 정서적으로 자기-조절 진실을 시작하는 작업을 했다. 그녀는 성공적으로 '권한 부여된 행동을 취하는 것'과 '사랑받는'을 수동성, 궁핍성, 그리고 자기-수치화보다 더 적절한 행동을 취할 수 있도록 도와주는 필수적인 자신의 진실로 규명했다.

여기서 중요한 것은 안전하지 않은 세상에서 권한 부여를 증가시키기 위한 보호 조치를 취하는 것에 대해 배우는 것은 관계뿐만 아니라 종종 트라우마나 재난 상황에도 적용된다는 것이다. 예를 들어, 내담자들은 범죄를 두려워하기 때문에 치료를 받으러 오기도 한다. 대부분 내담자는 자신의 영역에서 범죄가 일어나고 있다는 것을 알고 있지만, 그것이 자신에게는 일어나지 않을 것이라는 '무기력한 희망'의 태도를 보일 수도 있다. 이럴 때, 치료사는 내담자가 '권한 부여'를 자기-조절 진실

중 하나로 명명하고 범죄를 저지하는 데 적절하고 효과적인 행동을 취하도록 도와 권한 부여의 진실을 강화한다. 보안 시스템 확보, 조명 개선, 외출 전 관찰, 혼자 나가는 대신 동료들과 외출, 갱단 '태그' 제거, 이웃 감시 시스템 개발 등, 이 모든 행동은 권한 부여의 경험적 진실에 기여한다. 이러한 행동들이 범죄의 피해자가 되지 않도록 확실히 보장할 수 있는가? 물론 아니다. 안전하지 않은 세상에서는 행동이 안전을 보장하지는 않는다. 그러나 이러한 권한 부여된 행동은 안전하지 않은 세상에서 내가 완전히 통제할 수 있는 것도 아니고 또한 아무것도 할 수 없는 것도 아니라는 본질적인 진실을 강화시킨다. 이러한 종류의 권한 부여된 선택, 결정, 행동은 내담자들이 지진, 허리케인, 토네이도, 심지어 지구 온난화와 같은 자연재해에 직면했을 때 그들이 할 수 있는 것을 하도록 돕는다. 우리는 한 부부가 집에 앉아 있었을 때 홍수가 그들의 집에 슬금슬금 올라왔다는 이야기를 기억한다. 그들은 옮길 수 있는 모든 가구와 물건들을 옮긴 후, 현관에 있는 작은 어선에 앉아 수리를 시작하기 위해 보험 계약자에게 전화를 걸었다. 그들은 홍수로 인해 집이 손상될 경우를 대비하여 잘 준비했지만, 이러한 권한 부여는 홍수가 일어나는 동안에도 그들이 어떤 조치를 취할 수 있게 해 주었다.

적절한 경계선 설정하기

앞서 언급했듯이, 어떤 사람들은 파괴적인 시퀀스를 인식하고 적절하고 권한 부여된 보호 조치를 취하기 위해 고심하고 있지만, 다른 사람들은 자신과 다른 사람들 주위에 적절한 경계선을 설정하는 것에 고심하고 있다. 물론, 내담자가 해로운 관계에 대해 경계선을 설정하지 않을 때, 치료사는 자신을 보호하고 자기-효능감을 증진하는 권한 부여된 경계선을 코치하는 것이 도움이 될 수 있다. 예를 들어, 27세의 한 남성은 예측할 수 없는 가족과 씨름하고 있었다.

남성 정말 힘들어요. 가족들이 그립기도 하지만 전화할 때마다 그들은 저에게 뭔가를 요구하고 있어요. 보통 돈이에요.

치료사 가족들과의 연결을 위해 전화했을 때 돈을 요구하면 어떤 느낌이 드나요?

남성 이용당하는 것 같이 느껴져서 그냥 철회하고 그들을 피하고 싶어져요. 제가 그들보다 더 많은 것을 가지고 있어서 그렇게 행동하는 것도 기분이 좋지는 않지만, 사실 제가 많이 가진 것은 제가 정말 열심히 일하기 때문이잖아요.

치료사 만약 당신이 통화할 때 다른 자세를 취한다면 어떨까요? (잠시 멈춤) 예를 들어, 통화를 시작할 때 당신이 기분이 좋지 않고 우울해서 그리워 전화했다고 말한다면요. 또는 다른 선택도 있을 수 있죠. 당신에게 무언가를 요구하면, 전화를 끊고 대화를 끝낼 그럴 만한 이유가 되는 것을 사전에 미리 준비해 두는 것입니다. 계속적으로 그들과 차단할 필요는 없고, 그날만 차단하는 거죠.

남성 (잠시 멈춤) 제가 그렇게 해도 될까요? (잠시 멈춤) 하기야, 못 할 이유도 없네요.

치료사 다시 말씀드리지만, 저는 당신에게 차단을 요구하거나 심지어 당신 자신을 위해 필요한 것을 만회하라는 것이 아닙니다. 당신의 고통을 사전에 해결하기 위한 건전한 계획을 세우면서, 더 안전하다고 느낄 수 있도록 가족 주변에 경계선을 설정하도록 당신 자신에게 권한 부여를 하라는 것입니다.

남성 그게 저를 위해 어떻게 작동할지 상상이 돼요. 제 관계에 대한 느낌이 더 나아지는 데 도움이 될 것 같아요.

이 상황에서, 남성은 가족과의 대화를 대비하며 치료사와 경계선 설정의 일부를 연습했다. 그는 치료사의 제안을 모두 잘 활용했다. 다음 세션에, 그는 가족과 통화를 시작할 때 가족에게 자신이 약간 우울해서 가족의 목소리를 들을 필요가 있다고 말했다. 그는 "모든 시간을 가족이 자신들에 관해 말하는 대신 저에 관해 묻는 데 소비했습니다"라고 보고했다.

그러나 우리가 내담자와 함께 작업하는 권한 부여된 경계선의 대부분은 내담자가 훨씬 더 통제하고 적절하지 않으며 관계 파트너에게 정당하게 속한 일에 대한 책임을 자신이 지기 위해 자신의 권력을 확장하려는 상황에 있다. 이러한 경우에, 우리는 안전하지 않은 세상에서 내담자가 무언가를 함으로써 권한 부여되는 것을 도우려는 것이 아니라, 안전하지 않은 세상에서 내남사가 오직 자신에게 속한 것만을 할 수 있는 권한 부여된 위치를 취하는 것을 돕는 것이다. 다음 사례는 부부치료 중인 52세 부부에 관한 것이다. 이 부부는 결혼한 지 26년이 되었고 두 대학생 자녀가 있다. 아내는 자녀들이 집을 나간 뒤부터 유난히 불안해지고 남편과 자녀들의 행동에 더 요구적이 되었다. 그녀는 불안정한 배경에서 자랐고 부모는 둘 다 '사회적 음주자'였기 때문에 종종 그녀가 가족에 대해 책임졌다. 부부 고통의 주기는 [그림 5.4]와 같다.

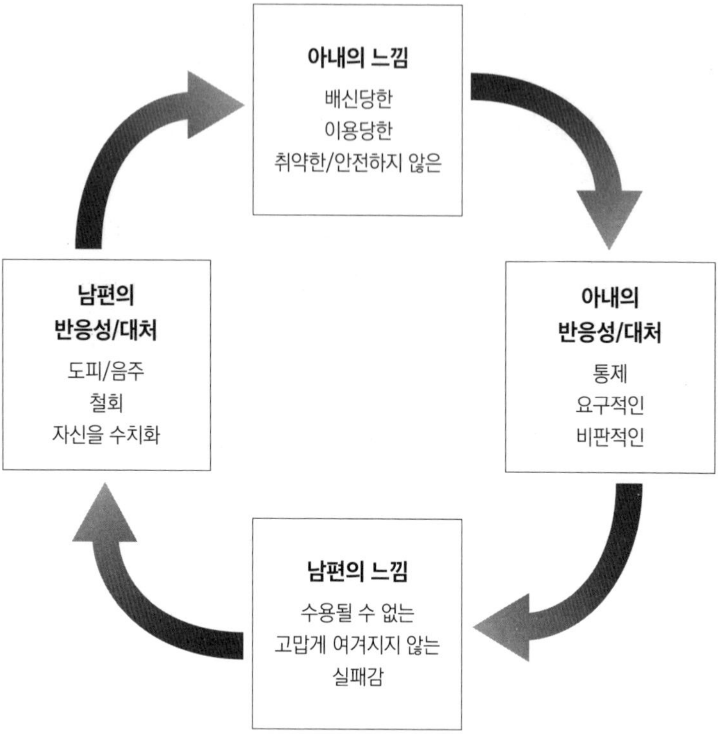

[그림 5.4] 사례의 남편과 아내 고통의 주기

치료사 당신은 남편과 자녀들이 문제를 해결하는 것뿐만 아니라 무엇을 많이 해야 하는지에 대해 말하는 것 같아요.

여성 저는 제가 그들에게 도움이 되고 있다고 생각하는데, 그들은 제가 그저 잔소리만 하고 있다고 생각해요. 전 그들 자신을 위한 것이 아닌 것은 어떤 것도 말하지 않아요.

치료사 저는 당신의 그 말이 사실이라고 확신합니다. 그들이 당신에게 응답하지 않거나 당신이 하는 말을 그냥 무시할 때, 당신은 어떤 느낌을 받으시나요?

여성 글쎄요, 처음에는 감사받지 못하는 것 같지만, 정말로 그들이 걱정돼요.

치료사 걱정된다고요…. 그것은 취약하거나 안전하지 않다는 느낌과 관련이 있나요?

여성 네. (잠시 멈춤) 저는 제 주변 사람들이 안전하기를 바라요. 그들에게 무엇을 해야 하는지 말할 수 없다면, 저 자신과 함께 살 수 있을지 모르겠어요.

치료사 (잠시 멈춤) 그래서 비록 가족들의 이익을 위해 그것을 하고 있지만, 당신이 그렇게 하는 것에는 당신의 취약성, 불안, 안전감의 부족을 막기 위해 노력하는 부분도 있나요?

여성 (긴 멈춤) 그 말이 맞는 것 같네요.

치료사 (긴 멈춤) 당신이 취약하거나 불안전하거나 불안할 때, 당신은 통제 행동으로 대처하는군요. 그것은 다소 가족을 돌보는 행동이지만, 대부분은 당신의 불안전한 느낌과 불안에 대처하는 노력에 관한 것이네요. (잠시 멈춤) 충분히 이해가 돼요. 저는 당신이 아주 어릴 때부터 가정에서 모든 것을 올바르게 만드는 책임을 지는 사람이었다는 것을 알고 있기 때문이죠. (잠시 멈춤)

여성 (잠시 멈춤) 저는 항상 모두를 안전하게 하는 것이 제 일이라고 생각해 왔어요. (잠시 멈춤) 가족이 안전하지 않을 때, 제가 안전하다고 느끼지 않기 때문에 이러한 일을 할 수도 있다는 사실을 생각해 본 적이 없는 것 같습니다.

치료사 (긴 멈춤) 지금 고려해 볼 때, 당신은 그러한 통제 행동이 당신 자신의 안전 부족과 연관되어 있는 것에 대해 어떻게 생각하나요?

여성 그들이 제가 원하는 것들에 대해 정말로 듣지 않기 때문에 많은 의미가 없습니다. 저는 남편에게 (남편을 가리키며) 술을 끊으라고 말할 수 있습니다. 왜냐하면 술은 언제나 그의 건강을 해치고 있지만, 여전히 그가 술을 끊지 않기 때문입니다. (잠시 멈춤) 그는 술을 더 마시는 것 같아요.

치료사 당신은 가족을 위해 옳은 일을 하려고 노력하지만, 정말로 제한된 권력을 가지고 있습니다. 당신은 안전하지 않은 세상에서 그들을 안전하게 지킬 수 없지만, 더 중요한 것은, 그들이 할 선택을 당신이 할 수는 없다는 것입니다.

여성 그러면 어떻게 살죠?

치료사 그것은 대부분 당신의 취약함, 불안, 그리고 안전 부족을 쫓는 것과 관련되어 있습니다. 당신은 오직 당신 자신의 감정을 다루는 데 권한 부여가 되어 있죠. 오직 당신 자신의 선택을 할 수 있는 데 권한 부여가 되어 있다는 것입니다. 그러한 현실과 평화를 이룰 때, 당신은 다른 사람들이 그들 자신의 선택을 하고 그들 자신의 행동을 취하도록 할 수 있습니다. (잠시 멈춤) 예를 들어, 이런 것입니다. 저는 저 자신의 취약성과 안전에 대해 뭔가를 할 만큼 강력하지만, 제 남편이 자신의 건강을 돌보도록 만들 만큼 강력하지는 않습니다. 제가 술을 끊게 하고 건강을 돌보게 할 권력이 없으므로 남편은 자신의 부분을 스스로 선택해야 합니다. (잠시 멈춤) 만약 그가 죽는다면 그것은 저를 더 취약하게 만들 수 있지만, 최악의 상황이 발생하더라도 저는 제 삶을 살아 낼 수 있을 만큼 충분히 강력합니다. 저는 그에게만 속하는 선택들을 통제하지 않을 것이고 통제할 수도 없습니다.

여성 그 말이 맞다는 건 알아요. 단지 그것을 어떻게 믿어야 할지 모르겠습니다.

치료사 물론입니다. 당신은 오랫동안 취약하고 안전하지 못하다고 느끼고 통제해 왔습니다. 그것은 주로 훈련과 관련이 있습니다. 제가 남편에게 했던 것처럼 말해 보세요.

여성 (긴 멈춤) 내가 당신을 통제할 수 없다는 거 알아. 당신은 스스로 선택을 할 거야. 나는 당신이 술을 끊게 할 만큼 강력하지 않아. 내가 할 수 있는 것은 내 선택에 속하는 것들을 하는 것이야.

여성은 자신에게 속한 것을 할 수 있는 권한만 부여되어 있고, 남편이나 자녀들을 위해 이 일을 할 수 없다는 것을 처음으로 고려하고 선언했다. 치료사가 그녀의 진술을 선명하게 하고 자신의 취약성과 안전의 부족에 대해 취하고 있는 권한 부여 자세를 말하는 작업을 할 때, 그녀는 조절 진실을 배우기 시작했다. 이것은 "만약 내가 그들이 스스로 선택하고 그들의 일을 처리하도록 내버려 두면, 그것은 괜찮을 것이다"와 같은 얄팍한 조절 진실이 아니고, 이것은 그녀에게 추가적인 취약성을 가져다 줄 것이라는 점을 인식했다. 그녀는 자신의 부부에서만 권한 부여를 함으로써, '잔소리'를 하거나 가족을 내몰지 않을 것이다. 설령 '최악의 일이 일어나더라도' 슬퍼할 수는 있지만, 삶의 다음 단계를 밟을 수 있을 만큼 권한 부여가 될 것이라는 현실을 통해 고통스러운 감정을 조절할 것이다.

우리는 안전하지 않은 세상에서 혼자가 아니다

결국 우리는 살아서는 삶을 떠날 수 없다. 모든 생명체를 하나로 묶고,

어떻게든 우리를 서로의 일부분으로 만드는 것은 삶의 위대한 현실 중 하나이다. 우리는 모두 죽을 것이고, 우리가 사랑하는 모든 사람도 죽을 것이다. 트라우마의 환경이든 '자연적' 원인이든 죽음에는 슬프고 비극적인 무언가가 있다. 만약 우리가 사람이 죽거나 시체를 본 적이 있다면, 한순간 그 사람이 존재하고, 참여하고, 교류할 수 있었는데, 그다음 순간 그들의 몸이 무효가 되어 버리는 슬프고 비극적인 현실을 알게 된다. 어떠한 상실이나 트라우마도 이와 같다. 한순간은 안정감, 안전감이 있을 수 있고, 그다음 순간에는, 직장이나 가정의 엄청난 금전적 손실, 증오나 범죄를 통한 잔혹한 피해가 있을 수 있으며, 또는 배우자의 불륜이나 불결 등이 발생한다. 그리고 삶은 지나간 과거에 어떤 경우가 존재했던가에 대해서는 고려하지 않는다. 이것은 세상이 안전한 장소가 아니라는 사실에 대한 증명이다. 잠시 그러한 영향을 중재할 수는 있지만, 힘들고 어려운 진실은 고통이 결국 우리 모두를 찾으리라는 것이다. 우리는 모두 슬픔과 트라우마를 어느 정도 알고 있고, 우리 중 일부는 아직 우리가 알고 있다는 것을 모르고 있을 뿐이다.

치료사로서 우리가 깨닫기 어렵고 놀라운 또 다른 사실은, 사람들이 이러한 상실과 트라우마를 경험했을 때, 종종 자신이 완전히 혼자인 것처럼 느끼고 자신이 느끼는 문제의 파괴를 아무도 이해할 수 없다고 느낀다는 것이다. 우리는 모두 이러한 상실, 고통, 트라우마의 대상이지만, 우리가 그것을 경험하고 있을 때 스스로를 고립시킨다. 그것은 실제로 손실을 경험하는 사람에게는 단순한 고립보다 더 나쁘다. 또한 감히 '이해한다'라고 말하는 사람들에 대한 실질적인 분개가 있다. 상실, 트라우마, 위로에 이런 형태의 슬픔 반응을 보이는 것은 전적으로 타당하지만, 장기간에 걸친 고립, 우울, 분노는 위반을 경험한 사람들에게는 피해를 준다. 어떤 경우에는 이러한 행동과 감정이 습관화되어 관계를 파괴할 수도 있다.

그러나 고통스러운 상실과 트라우마에도 불구하고, 현실은 많은 사람이 이전에도 이와 똑같은 상처나 상실을 통과한 적이 있다는 것이다. 많은 경우에 바람직하지도 유쾌하지도 않지만, 아직 믿을 수 없는 세상에 있는 동안 고통에 대한 우리의 이야기를 목격자들에게 들려주고 그들의 이야기를 듣는 것은 안전하지 않은 곳에서 우리의 생존을 위해 필수적이다. 왜일까? 왜냐하면 슬픔, 상실, 비극의 와중에서도 우리는 관계적으로 의지하게 되기 때문이다. 관계는 상실과 트라우마의 측면에서 세상을 더 안전하게 만드는 것이 아니라, 안전하지 않음에도 불구하고 세상을 더 다루기 쉽고 견딜 수 있게 만든다. 앞서 언급했듯이, 안전 부족으로 인한 고통을 경험할 때 다른 사람들로부터의 고립은 불가피하게 우리를 우울, 불안, 분노 또는 극단적인 도피의 반응성 대처 메커니즘으로 이끈다. 결혼한 지 18년 된 부부 중 한 명의 아이만 생존한 경우가 그랬다. 큰딸은 세균 감염으로 인한 합병증으로 사망했다. 부부는 아이가 죽은 지 7개월 후에 치료를 받으러 왔고 6개월 동안 치료사와 함께 작업하고 있었다. 이전 치료 회기의 많은 부분은 부부의 슬픔을 공감하고 안정시키고 부부가 서로 유대를 유지하도록 하는 데 초점을 두었다. 그러나 부부는 '온정의 친구들Compassionate Friends'과 같은 그룹 자원을 찾는 아이디어에 매우 저항적이었다. 여기서, 치료사가 그들의 외로움과 고립에 대한 조절 감정 진실을 향해서 부드럽게 부부를 직면하고, 어떻게 지원 그룹을 향해 이동하는지 주목하기를 바란다.

여성 (매우 무딘 감정으로) 제 생각엔, 우리는 하루하루가 그저 이 일에서 저 일로 이동하는 것뿐인 것 같아요. 일의 결과에 대한 어떤 것도 이야기하지 않아요. (잠시 멈춤) 마치 한 활동에서 다음 활동으로 표류하는 것과 같아요. 일, 요리, 심지어 딸을 돌보는 것까지, 우리는 빈껍데기 같아요.

치료사 (잠시 멈춤) 그냥 날들이 지나가는군요. 무슨 말인지 알겠어요.

여성 잠시나마 우리에게 행복한 시간이 올 수 있을지 궁금해요. 우린 아무것도 없는 껍데기 같아요.

남성 (앞을 응시하며) 그건 우리 자신이 그렇기 때문이야. 우리가 사람이긴 하지만, 그러나 단지 그림자 같은 존재지. 나는 삶이 우리에게 무엇을 할 수 있는지 너무 많이 알고 있기 때문에 행복해지기를 기대할 수 없다고 생각해.

여성 (긴 멈춤) 당신이 그렇게 느끼는 거 알아. (잠시 멈춤) 나도 그렇게 느끼고 있어. 그 애 없이 이렇게 계속 산다는 것은 너무 잔인해.

치료사 (긴 멈춤) 당신들과 똑같은 사람은 이 세상에 아무도 없습니다. 자식을 죽음으로 잃은 부모라도요. (긴 멈춤) 그 부모가 자녀가 사망한 지 13개월 후에도 당신들과 비슷한 것을 보고할지 궁금합니다.

여성 우리가 느끼는 것처럼 느낄 거라고 확신해요. 하지만 제가 이렇게 말해도, 우리가 느끼는 상처를 이해하는 사람은 없을 거예요.

치료사 (긴 멈춤) 당신과 똑같은 사람은 아무도 없고 모든 사람의 슬픔은 다르죠. (잠시 멈춤) 제가 묻고 싶은 것은 그들이 당신을 이해할 것인가가 아니라, 오히려 그들이 당신 둘 다 느끼는 것과 비슷한 것을 느낄 것인가 하는 것이었습니다.

여성 (잠시 침묵) 아마도 그렇겠죠.

남성 (여전히 앞을 응시하면서) 그들이 어떻게 느끼든 관심 없어요. 그냥 그 집단에 엮이고 싶지 않아요. 저는 어떤 책도, 또한 그들이 저를 이해한다고 하는 것도 원하지 않아요. 왜 우리에게 이런 일이 일어났는지 아무도 제게 설명하려고 노력하지 않았으면 좋겠어요. 이것에 대한 답은 없으니까요.

치료사 (긴 멈춤) 물론 답은 없어요. 당연히 이 비극을 어떻게 다룰지는 항상 당신의 선택과 결정이죠.

여성 슬픔에 잠겨 있는 다른 사람들을 알게 되는 게 우리에게 무슨 도움이 될지 모르겠어요.

치료사 (긴 멈춤) 제 친구가 들려준 이야기가 기억이 나네요. 어린 소녀가 학교에서 집으로 늦게 돌아와 엄마에게 혼났어요. "어디 있었니?"라고 엄마가 물었어요. 딸은 집에 오는 길에 망가진 인형을 가진 친구를 만났다고 설명했어요. 엄마는 "그렇다면 너는 길을 가다가 멈춰서 그 친구의 인형을 고치는 것을 도와주려고 한 거니?"라고 물었어요. 딸은 말했어요. "아니요, 나는 그 아이가 울고 있을 때 옆에 서 있었어요." (잠시 멈춤) 당신은 너무나 많은 고통을 겪었고, 그 고통에 대한 답은 없어요. 다른 사람들도 자녀를 잃은 이런 고통을 겪어 왔죠. 그들에게도 답은 없어요. (긴 멈춤) 하지만 당신이 큰 고통으로 스스로를 껍데기라 느낄 때, 상처받고 절망적인 가운데서도 혼자가 아니라는 걸 알기 위해서라도 서로의 이야기를 듣는 것이 도움이 된다고 생각해요.

남성 그게 무슨 도움이 될까요?

치료사 (잠시 멈춤) 직접적으로 도움이 되는 건 없어요. 고통을 혼자 마주하고 혼자만 간직하는 것은 어려워요. 고통의 이야기를 나누는 것이 고통을 고치는 것이 아니라, 사람들이 그 상황에 맞서 함께 느낄 수 있도록 해 줍니다. (긴 멈춤) 당신들이 저에게 이야기했던 딸의 마지막 날 이야기와 비슷해요. (긴 멈춤) 딸의 곁을 떠나지 않았다고 했죠? 물론 당신들은 딸의 바로 옆에 머물렀어요. 왜 머물렀나요?

남성 저는 딸이 혼자 있는 것을 원치 않았어요. 단 한 순간도요. (잠시 멈춤) 저는 제가 딸과 함께 있다는 것을 딸이 알기를 바랐어요. (아내가 고개를 끄덕인다)

치료사 (긴 멈춤) 나는 당신이 자녀를 얼마나 사랑하는지 알고 있지만, 그런 말을 통해서 당신이 모든 사람을 배려하고 있다는 것도 알고 있어요. (잠시 멈춤) 당신이 고통 받고 있는 다른 사람들을 보살필 때, 당신은 아무것도 고치지 않아요. 그저 고통을 직면할 만큼 강해진다는 거죠.

여성 (잠시 멈춤) 그럼 당신이 말하는 건 우리뿐만 아니라 다른 사람들도 위한 것이라는 거죠?

치료사 (잠시 멈춤) 둘 다요. (잠시 멈춤) 당신들 모두가 가지고 있는 것처럼 참을 수 없는 고통을 접촉했을 때, 당신들도 변했다는 것을 압니다. 그 고통에 직면하는 것은 언제든 힘들지만, 혼자서 해야 할 때 더 힘듭니다.

여성 (긴 침묵 후 남편에게 말한다.) 잘 모르겠어요…. 일단 한 번 가서 보는 게 좋겠어요.

치료사 (잠시 멈춤) 당신은 어떻게 슬퍼할지를 결정할 권리가 있어요. 이건 이 시점에서 그저 고려할 만한 아이디어입니다. 안전감에 대한 진실이죠.

남성 전 정말 가고 싶지는 않은데, 시도는 해 봐야 할 것 같네요. (긴 멈춤) 내가 나를 너무 많이 고립시킨다면 더 멀리 떠내려갈 거라는 걸 알아요. 그리고 그런 일이 일어나지 않길 바라요.

부부는 2주 후에 애도하는 가족들을 위한 지원 모임에 갔다. 그들 둘 다 처음에는 가고 싶어 하지 않았지만, 그들은 죽음으로 아이를 잃은 사람들과 얼마나 많은 공통점을 가졌는지 보기 시작했다고 보고했다. 처음에는 딸에 관한 이야기를 나누지 않았지만, 그 모임에 대한 분노는 크게 줄었고, 부부가 준비된 것만 할 수 있도록 해 준 모임 리더의 신중한 세심함을 느꼈다. 치료사의 예상대로, 부부는 결국 슬픔을 덜기보다는 슬픔과 고통을 조금 더 견딜 수 있게 만드는 과정을 경험하기 시작했다. 이를 통해 치료사는 딸의 죽음으로 인한 고통을 홀로 겪지 말아야 한다는 생각을 그들의 가족이 직면한 부당함과 현실에 대한 감정 조절 진실로 활용하기 시작했다. 남편은 결국 치료 중에 이렇게 보고하게 될 것이다. "딸에 대한 우리의 고통은 영원히 남아 있을 것입니다. 하지만 우리는 적어도 지금 세상을 마주할 수 있고, 우리의 육아와 남아 있는 아이에 대해 희망을 품을 수 있습니다. 우리는 예전과는 다르지만 다시 부드러운 내면을 갖기 시작했습니다."

고통과 비극은 결국 강인함과 덕목을 낳는다

인류학자들은 수년 동안 아메리카 대륙의 원주민 인구가 아시아에서 육교를 통해 현재의 베링해를 건너 이주했다고 논의해 왔다. 이 훨씬 더 추운 환경에서 이주하는 이 인구는 유라시아 대륙의 비교적 밀도 높은 인구와 따뜻한 기온에서 흔히 볼 수 있는 많은 바이러스와 잠재적인 감염에 노출되지 않았다. 여러 가지 면에서, 그것은 수 세기 동안 세계의 다른 지역에 존재했던 질병의 황폐로부터 살균된 인구와 환경이었다. 물론 이 원주민들 인구에게는 사람들 사이에 퍼지는 바이러스와 질병이 있었지만, 땅덩어리가 넓고 인구 밀도가 낮아 그 영향은 훨씬 더 적었을 것이다.

유럽인들이 아메리카 대륙에 처음 들어오기 시작했을 때, 그들은 원주민 인구에게는 매우 파괴적인 새로운 질병들을 가지고 왔다. 왜냐하면 원주민들은 단순히 이러한 새로운 종류의 바이러스에 대한 항체나 내성이 없었기 때문이다. 아마도 유럽 인구와의 첫 접촉으로 인해 원주민 인구의 90%가 멸종되었을 것이다. 유럽인들도 그들이 가져온 질병으로 죽었지만, 미국 원주민들 사이에서 흔한 압도적인 숫자만큼은 죽지 않았다. 예를 들어, 14세기 악명 높았던 흑사병bubonic plague의 인구 사망 추정치는 50~60%이다. 그것은 유럽인들이 더 강했기 때문이 아니라, 오히려 그들의 면역체계가 이전에 바이러스 주변에 있었던 경험이 있었으며 그들 중 많은 사람이 그 병에 적응된 항체를 가지고 있었기 때문이다. 그러므로, 비록 아메리카 대륙의 원주민들이 수 세기 동안 유럽인들보다 훨씬 더 건강한 환경에 존재했지만, 질병의 결과는 방문자들의 건강하지 않은 특정 바이러스에 대한 노출이 부족했기 때문에 훨씬 더 비극적이었다. Friedrich Nietzsche(1977)는 "우리를 죽이지 않는 것은 우리를 더 강하게 만든다"라고 말한 적이 있다. 이것은 적어도 우리의 신체와 질병과 싸우는 능력에 관한 한, 매우 사실인 것 같다.

Nietzsche의 말에는 감정적인 측면에서도 우리에게 적용되는 진실성이 있다. Victor Frankl(1984년)은 사람들이 고통을 삶에 대한 현실의 일부로써 받아들이는 방식이 가장 괴로운 상황에서도 삶에 대해 더 깊은 의미를 가질 기회를 제공한다고 강력하게 믿었다. 트라우마 후 성장 post-traumatic growth의 개념은 역경이나 도전의 결과로 발생하는 긍정적인 심리적 변화이며 더 높은 수준의 기능을 초래한다. 많은 연구는 트라우마를 경험하는 사람들이 그들이 경험했던 고통과 어려움의 결과로 현재 그들 자신을 더 강인하게 보고 있다는 현실을 보여 준다(Tedeschi & Calhoun, 1996; Tedeschi & Calhoun, 2004).

그러나 많은 사람이 이런 유형의 성장을 경험하지 못한다는 것도 사실이다. 많은 사람이 트라우마와 고통의 결과로 지속되는 불행, 비관, 절망감을 느끼는 것처럼 신체적인 부상이나 질병 후에 더 약하게 느낀다. 다시 말해서, Nietzsche는 부분적으로만 옳았다. 그렇다면 트라우마와 안전감의 부족을 성장으로 바꾸는 사람들과 정체되거나 약해지는 사람들은 어떤 차이를 보일까? Brooks(2015)는 그가 말하는 소위 '이력서 덕목resume virtues'과 '추도 덕목eulogy virtues'을 흥미롭게 구별한다. 이력서 덕목은 우리가 할 수 있는 것이 보고로, 이력서에 넣을 수 있는 기술과 재능과 관련이 있다. 추도 덕목은 사람들이 장례식에서 기억할 우리의 성격, 가치, 믿음을 반영한다는 점에서 훨씬 더 깊다. 용기, 겸손, 관대, 친절, 기쁨, 온화, 열정, 평화, 정직, 선량함, 자기-통제, 인내와 같은 것은 우리 대부분이 갈망하고 생각하는 덕목의 종류다. 현실은 이러한 인격의 덕목은 힘든 환경과 힘든 시기를 겪는 고통과 어려움을 통해서만 얻을 수 있다는 것이다(Brooks, 2015). 즉, 개인이 자신의 고통을 어떻게 사용하느냐가 결과적으로 자신의 인격을 강인하게 만드는 것이다. Buechner(1991)는 컨퍼런스 그룹 참석자들에게 자신의 과거에 특히 고통스러웠던 이야기와 그로 인해 배운 것들을 이야기했다고 회상했다. 그 뒤에, 콘퍼런스 자금 관리인 중 한 명이 그에게 다가와서 말했다. "당신도 다른 사람들과 마찬가지로 인생에서 상당한 고통을 겪으셨군요. 당신은 그것을 잘 관리해 오셨네요."

이것이 바로 안전감과 안전하지 않은 세상에 대한 진실을 다루어야 하는 어려운 문제에 직면하여 우리가 말하고 있는 현실이다. 우리는 비난, 수치화, 통제, 도피를 통해 더 많은 감정적 반응성을 지속하며 안전감과 신뢰감 결핍의 고통을 낭비하지 않는 것에 대해 말하고 있다. 고통의 좋은 '청지기'가 된다는 것은 내담자가 자신의 고통을 가지고 약간의 연금술을 할 수 있다는 것을 의미하며, 인생에서 가장 불쾌한 현실 중 하나를 인격과 평온이라는 보이지 않는 것으로 바꾸는 것이다. 그것은 안전하지 않은 세상에 사는 현실을 변화시키는 것이 아니라, 단지 아픔 대신에 고통을 선good으로 활용하기 위해 만들어진 태도이다.

치료사로서, 우리가 직면한 문제는 어떻게 내담자들이 그들의 삶에서 고통과 트라우마를 활용하여 보이지는 않지만, 매우 실제적인 인격을 만들 수 있도록 돕느냐 하는 것이다. 일반적으로 내담자들의 이야기와 고통에 대해 진부하고 다소 무례하게 들리지 않고는 치료사가 외상이나 고통을 겪고 있는 그들의 현재 상황에서 이 문제를 개방시킬 수 없다. 또한 내담자에게 존재하는 고통과 안전감의 부족이 너무 지배적이고 압도적이어서 개발될 수 있고 강점으로 볼 수 있는 부분이 무엇인지 가려내기도 힘들다. 결국, 고통은 고통스럽다. 그것은 우리의 관심과 정서적 공간을 소모하고 공감과 연결을 요구한다. 그러므로 치료사는 내담자들의 현재 고통이나 트라우마가 그들의 인격에서 뭔가 다른 것을 만들어 낼 수 있다는 강한 의지의 희망을 품고, 내담자를 구축하는 비계

설정 대화scaffolding conversations를 통해 자신의 고통에 대한 훌륭한 청지기가 되겠다고 결심하도록 도와야 한다.

첫째, 치료사는 고통과 트라우마가 실제로 성장과 인격을 낳았던 과거를 기억하는 것을 도울 수 있다. 둘째, 치료사는 내담자의 가족생활에서 고통스럽고 나빴지만, 보충되고 좋은 무언가를 낳았던 상황을 상기함으로써 내담자를 도울 수 있다. 마지막으로, 치료사는 비계설정을 활용하여 내담자가 현 상황에서 성장과 인격 발달에 대해 추측하고 고통의 청지기 직분에 대한 의지를 공고히 하도록 도울 수 있다. 다음 사례에서, 58세의 한 남성은 부당하게 자신의 관리직에서 해고된 후 우울증을 겪고 있었다. 이후 상황의 불의에 대한 그의 반추, 법적 대응, 심지어 보복에 관한 생각 등으로 배우자와의 고립과 문제를 초래했다. 그의 고통의 주기를 규명한 후, 치료사는 11번째 세션에서 남성과 함께 고통스러운 상황으로부터 오는 선good의 조질 진실에 대해 작업하고 있다. 이 사례에서 치료사가 내담자가 보다 안전한 감정 조절 진실의 위치로 가도록 돕기 위해 어떻게 발판 설정을 활용하는지 주목하기 바란다.

치료사 당신의 아버지가 제2차 세계 대전에 참전하셨다고 말씀하셨잖아요. 그의 이야기는 무엇이었습니까?

남성 아버지는 강인한 노인이었습니다. 1925년에 태어났기 때문에 1943년 말에 최악의 시기에 군대에 입대했습니다. 그래서 그는 공격 개시일D-Day을 위해 유럽으로 보내졌고 벌지Bulge 전투에 참전했습니다.

치료사 아버님이 힘드셨겠네요.

남성 네, 그러셨어요. 그것에 대해 많은 말을 하지 않으셨어요. 그는 실제로 독일군에 의해 포위된 집단 속에 있었고, 벌지 전투 동안 약 45분, 포로로 잡혀 있었습니다.

치료사 45분요?

남성 세 명씩 무리를 지어 있다가 붙잡혔어요. 하지만 그들을 감시하던 사람이 유탄에 맞아 부상을 입어 모두 탈출하여 미군 전선으로 돌아갈 수 있었죠.

치료사 참혹합니다. 아버님이 이 상황에 대해 많이 말씀 안 하셨다고 하신 거 이해해요. 그런데 당신에게는 뭐라고 하셨나요?

남성 (잠시 멈춤) 제가 결혼할 때 그 이야기를 해 주셨습니다. 그러고 나서 저에게 결혼에 대한 조언으로 이렇게 말씀하셨습니다. "내가 거기 잡혀 있으면서 소대원들이 얼마나 많은 희생을 당했는지 모른다. 내가 만약 이 난장판에서 벗어나게 된다면, 좋은 여자와 결혼하고, 열심히 일하며, 평생 그녀에게 충실할 것이라고 스스로 다짐했단다."

치료사 그 다짐이 그에게 어떤 도움이 되었나요?

남성 그는 세상을 떠나기 전 어머니와 47년 동안 결혼생활을 하셨습니다. 열심히 일했고 평생 꾸준하셨죠. 약속을 지키는 것이 돌아오지 못한 사람들을 기리는 그의 방식이었다고 생각합니다.

치료사 그는 그 끔찍한 상황을 결코 잊을 수 없었지만, 성실하고 충실한 사람이 되는 데 사용한 것 같습니다.

남성 전 그가 그랬다고 생각해요. 아시다시피, 저는 그와 그렇게 친밀하지는 않았어요. 왜냐하면, 그는 말을 많이 하지 않았기 때문이죠. 하지만 저는 그렇게 많은 트라우마를 겪은 후 그가 얼마나 성실한 사람이었는지에 대해 엄청난 존경심을 가지고 있었습니다.

치료사 (잠시 멈춤) 당신에게 결정적인 순간이 있었던 적이 있나요? 아버지만큼 극적인 것은 아닐지 몰라도요.

남성 (긴 멈춤) 아시다시피, 저는 형편없는 제조업 회사에서 일한 적이 있었습니다. 정말 안 좋았어요. 대학 졸업 후 처음 갖는 직업이었고 잘할 수 있을 거라고 생각했습니다. 저는 그곳에서 전혀 행복하지 않았지만, 그것은 직업이었죠. 그때 불경기가 닥쳤는데 취직한 지 1년 만에 해고당했습니다. 통지를 받은 후, 아파트로 돌아갈 때 MBA를 받기 위해 학교로 돌아가서 다시는 이런 상황에 처하지 않을 것이라고 결심했습니다. (잠시 침묵 후 미소를 띠며) 현재 상황에서 아이러니하게 들리지만, 그때가 결정적인 순간이었습니다.

치료사 어차피 당신은 마음에 들지 않는 직장에서 해고당했고, 그때 당신은 나시는 그런 상황에 처하지 않기 위해 MBA를 받기 위한 조치를 취했습니다. 그것이 당신을 어떤 방향으로 이끌었나요?

남성 오, 그건 정말 제 판도를 바꾸는 일이었어요. 제가 준비해야 할 것들을 잘 배웠고, 그것이 고위급 경영진에 취직하는 데 많은 도움이 됐습니다. 심지어 그 대학에 있는 동안 제 아내를 만났죠.

치료사 당신이 말한 것을 요약하자면 당신에게 나쁜 일이 일어났을 때 아버지와 마찬가지로, 당신은 매우 다른 일을 할 것이라고 결정합니다. 그리고 그 결정은 많은 것들을 좋게 변화시켰습니다.

남성 그건 정말 맞아요. 그때는 몰랐지만, 제 인생과는 전혀 다른 궤도에 올랐습니다. 그 제조업 회사는 파산한 지 오래입니다.

치료사 (긴 멈춤) 저는 모든 상황이 같지 않다는 것을 알아요. 당신은 정말 부당한 해고로 많은 혼란을 겪었을 겁니다. 당신이 이 시점에서 정말로 알 수 있을지는 모르겠지만, 현재 상황에서 결정적인 순간이 있습니까? 또는 만약 있다면 결정적인 순간이 될 것으로 추측하는 것은 무엇입니까?

남성 (긴 멈춤) 무슨 말씀인지 알겠습니다만, 생각해 봐야겠습니다.

남성은 이 세션 이후 자신의 상황에 대해 생각해 봤고, 아내와 그것에 대해 논의했다고 말했다. "제 결정적인 순간은 제가 과거의 일에 집중하기보다 미래에 제가 할 수 있는 일에 더 집중할 수 있다고 생각하는 순간입니다. 다음 단계가 뭔지 결정하고 제 길을 찾을 거라고 믿는 것과 같은 거죠." 관점이 바뀌었다고 해서 그 남성의 모든 의문이나 불의의 아픔이 당장 완화되는 것은 아니지만, 그것은 그에게 여전히 가능성이 있다는 사실에 더 집중하는 데 초점을 두도록 했고 과거에 집중하는 대신 미래를 향해 사는 용기라는 덕목으로 그를 불러들였다.

우리는 모두 비난, 분노, 불안, 과잉 통제나 도피의 형태로 우리의 반응성에 압도되지 않고 어떻게 살 수 있는지에 대해 어려운 질문을 던지는 위험한 세상에 살고 있다. 안전하지 않은 세상은 우리가 모두 단순한 진실이 아닌 확고한 진실로 감정적으로 스스로를 조절할 것을 요구하고 있다. 자신의 고통의 주기적 과정을 인지하고, 자신을 보호하며, 상황에서 적절한 경계선을 설정할 수 있도록 하는 권한 부여는 우리가 삶을 영위할 수 있게 해 주는 실체적인 것들이다. 또한 소속감을 활용하면 우리는 인생의 고통과 트라우마를 혼자 마주할 필요가 없다는 것을 보장한다. 마지막으로, 인격과 선의 강력한 속성이 고통과 트라우마에서 올 수 있다는 것을 인식하면, 안전하지 않은 세계와 신뢰할 수 없는 것을 활용하여 의미를 구축하고 건전한 관계를 덕목의 가장 필수적인 요소로 확장하는 여정을 시작하게 된다. 치료사로서, 우리는 내담자가 안전하지 않은 세상에서 감정적으로 조절하도록 도울 때 내담자에게 이러한 종류의 진실성을 유지해야 한다.

제6장

실습, 마음챙김, 자기-통제

지금까지 본 책을 주의 깊게 읽었다면 복원치료는 실제로 매우 단순하지만, 치료 실습 과정에서는 깊고 심오하다는 것을 발견했을 것이다. 결국, 복원치료에는 4개의 주요 표지판(목표)이 있을 뿐이다. 첫 번째는 개인이 자신의 고통의 주기를 이해하고 인식하도록 돕는 것이다. 이 단계는 치료의 합류 단계로써 치료사는 내담자의 이야기를 주의 깊게 경청하고 공감한다. 그런 다음, 내담자가 정체감과 안전감, 또는 관계적 사랑과 신뢰의 상태 측면에서 자신의 감정 조절 곤란의 핵심을 들여다 보도록 돕기 시작한다. 이야기의 맥락 안에서 일차적 감정과 이러한 근본적인 감정이 드러날 때, 치료사는 정체감과 안전감의 혼란을 초래하는 사랑과 신뢰의 위반에 대한 반응성 대처가 무엇인지를 추적한다. 그런 후 치료사는 어떻게 관계적 파트너가 내담자의 반응성에 반응하는지를 포함하는 인지 지도에 이러한 주기를 그린다. 이것은 고통의 주기에 도달하는 방식으로, 대체로 5~8회의 세션이 필요하다. 두 번째, 치료사는 내담자가 자신의 정체감과 안전감에 대한 위반의 느낌을 방해하고 이에 대응하는 감정 조절 진실을 이해하고 경험하도록 돕는다. 앞서 언급한 대로 이것은 복원치료에서 가장 어려운 측면인데, 왜냐하면 내담자가 자신의 가장 진실하고 평온한 정체감을 인식하고 안전하지 않은 세상에서 안전감의 의미로 대처할 수 있는 전략적 장소이기 때문이다. 이전의 제4장과 제5장의 내용은 내담자가 정서적으로나 경험적으로 이러한 진실을 공고히 하는 것을 치료사가 돕는 데 있어서 우리가 지금까지 알아 온 정보들을 상세히 제공한다. 일반적으로 이 작업도 5~8회의 세션이 필요하다.

세 번째, 내담자가 평온의 주기를 규명하고 이해하도록 돕기 시작한다. 이것은 치료사가 두 번째 표지판에서 규명된 감정 조절 진실을 받아들이며 내담자의 감정 조절 인지 지도가 된다. 이 인지 지도는 특정한 진실에 기반을 두고 있을 때, 반응적이고 파괴적인 것이 아니라 인력에 의해 추진되는 행동들의 관점에서 내담자가 무엇을 할 수 있는지 확인하는 데 도움이 된다. 간단히 말해서, 감정 조절 진실은 관계에서 사랑스럽고 신뢰할 수 있는 행동을 낳지만, 고통의 주기나 감정 조절 곤란은 사랑과 신뢰를 위반하는 행동을 낳는다.

평온의 주기 행동(타인 양육, 자기 가치화, 균형 있는 주고받기, 다른 사람들과 믿을 만한 연결)을 규명할 때, 내담자는 기본적으로 감정 조절 진실을 확증하는 자기-화답self-reciprocating 모델을 설정한다(Balswick, King, & Reimer, 2016). 즉, 내담자가 자신에 대한 감정 조절 진실에 참여하여 평온의 주기에서 사랑과 신뢰의 인력 행동을 취할 때, 관계 속 타인은 보통 내담자가 평온의 주기에서 시작한 바로 그 감정 조절 진실을 확인하고 그에 화답하는 인력 행위로 반응한다. 즉, 사랑과 신뢰는 사랑과 신뢰를 낳는다. 이를 통해 내담자는 자신의 정체감과 안전감에 있어서 편안함뿐만 아니라 관계에서 친밀감의 강력한 경험적 요소를 얻을 수 있다. 치료 세션에서, 내담자가 처음으로 고통의 주기의 감정 조절 곤란으로부터 평온의 주기의 감정 조절로 경험적 이동을 체험할 때, 자신이 얼마나 기분이 좋은지 거의 믿을 수 없을 정도로 강력한 순간이 될 것이다.

모든 치료사가 이와 같은 유형의 강력한 세션을 경험하는데, 내담자들의 이러한 강력한 경험이 그들이 영구히 달라지는 데 충분한 느낌과 통찰을 제공한다고 생각할 수 있다. Hargrave와 Pfitzer(2011)가 지적했듯이 통찰은 치료에서 내담자가 새로운 어떤 것을 이해하고 처음으로 변화를 경험할 때, 훌륭한 동기적 요소가 된다. 그러나 장기적인 변화에 충분한가? 연구 결과에 따르면 그렇지 않은 듯하다(Atkinson, et al., 2005; Siegel, 2007; Hanna, 2014). 뇌의 신경심리학에 대한 경험적 변화를 염두에 두고 습관화하기 위한 효과적인 실습의 틀이 필요하다. 복원치료의 첫 세 과정의 목표는 대개 내담자가 통찰을 얻도록 돕는 데 초점을 둔다. 복원치료의 네 번째 목표로 넘어갈 때, 우리는 실제로 실습의 과정으로 이동한다. 이처럼 복원치료는 통찰의 동기적인 이점과 실습의 일관성과 마음챙김의 이점을 결합하여 변화를 만드는 과정에서 효과적인 '원, 투 펀치one, two punch'를 제공한다(Hargrave & Pfitzer, 2011).

네 번째, 내담자는 4단계라고 부르는 마음챙김 전략을 통해 실습작업을 한다. 앞서 언급한 대로 4단계는 감정 조절 곤란의 내담자가 고통의 주기 상태에서 평온의 주기의 자기-조절로 이동하는 것을 가르치기 위해 고안되었다. 이러한 4단계는 다음과 같다. 1) 일차적 감정을 말하기 2) 일반적으로 하는 행동을 말하기 3) 자신에 대한 진실을 말하기 4) 다르게 할 행동을 말하기(Hargrave & Pfitzer, 2011).

복원치료의 임상적인 작업 과정에서 우리는 마음챙김 과정을 내담자에게 고착시켜 변화를 일으키는 데 필수적인 몇 가지 사항을 발견했다. 첫째, 내담자들은 준비 과정에서 어떤 종류의 양측성 활동에 의해 속도 저하에 관여할 때, 마음챙김의 네 가지 단계를 더욱 잘 활용할 수 있다. 둘째, 치료 세션에서 4단계를 실습할 때, 운동감각, 촉각, 시각, 청각, 정신, 그리고 대인관계 자극을 포함한 뇌의 가능한 많은 영역에 자극을 결합하는 것이 가장 좋다. 셋째, 반복은 감정 조절 과정을 뇌로 가져오는 핵심 요소일 뿐만 아니라, 내담자가 오래된 트리거들을 포함하는 오래된 패턴들에 대한 선호도에서 새로운 정서적 뉴런 연결을 재구성하고 재통합하는 것을 돕는다. 넷째, 참신함과 놀라움은 내담자의 뇌 실습 과정을 크게 향상시킨다. 다섯째, 실습에 초점을 맞춘 치료 세션의 강도는 새로운 뉴런 연결 및 두뇌 변화를 재통합하는 핵심 요소다. 여섯째, 변화된 행동과 감정 조절의 실습에서 관계적인 참여 수준이 높을수록, 경험하는 현실과 뉴런의 변화가 개인적으로, 가족 관계에서, 그리고 지역사회 참여에서 일어날 가능성이 더 크다. 본 장의 이후 부분에서 우리가 치료적으로 상세히 학습한 이 여섯 가지 측면에 대해 논의할 것이다.

양측성 활동으로 내담자의 속도를 늦추기

"천 리 길도 한 걸음부터"라는 속담이 있다. 물론 목표를 향한 첫 스텝은 항상 가장 중요하다. 하지만 오래된 정체감의 상처와 안전감의 문제들이 도전-도주의 반응성을 완전히 자극하여 감정 조절이 안 되는 뇌에 관해 말할 때, 첫 번째 단계는 내담자가 취하기에 가장 어려운 단계이다. 마음챙김은 훌륭한 것이다. 그것은 전전두엽 피질에 대한 자각과 분석하고, 관찰하고, 인지하고, 그리고 우리 감정의 다양한 측면을 우리의 자각에 통합할 수 있는 인지 능력을 향상시킨다(Hanna, 2014). 그것은 마치 마음챙김 자아가 우리 자신에게서 벗어나 감정, 생각, 동기, 행동에 의해 적절히 영향받지 않고 그러한 것들을 분석할 수 있는 것과 같다. 마음챙김을 하는 뇌는 관찰하고 호기심 많은 뇌로서 스스로를 기록하고 분석한다. 그러나 LeDoux(1996)가 강력하게 지적했듯이, 우리의 인지는 인간 행동의 주요 동인driver이 아니라 감정적인 뇌이며 그것은 훨씬 더 강력하다. 사실 감정과 인지 사이는 특히 감정 조절 곤란이 있을 때 감정적인 뇌가 행동의 환경을 지배하기 때문에 서로 가깝지 않다. 그것은 인지나 마음챙김 조절의 잠재성이 무력한 게 아니라, 단순히 인지가 감정 조절 곤란에 영향을 주기 위해서는 어떤 심각한 도움이 필요하다는 사실을 기억하는 것이 중요하다. 운전자가 시속 180㎞로 고속도로를 잘못된 방향으로 질주하며 비명을 지르는 것을 상상해 보라. 운전자가 곧바로 방향을 돌려 반대 방향으로 간다는 것은 상상도 할 수 없는 일이다. 운전자는 먼저 극적으로 속도를 줄이고, 고속도로에서 출구 램프를 타고, 반대 방향으로 가는 차선으로 나아가고, 천천히 속도를 높여 정상적인 차량 흐름에 진입해야 한다. 우리는 먼저, 뇌의 전전두엽 피질이 4단계를 고려할 만큼 감정에 대한 충분한 힘을 얻도록 돕기 위해 도전-도주 반응성의 생리적 과정을 늦추는 것을 도와야 한다.

우리는 감정적인 속도를 늦추기 위해 많은 방법을 시도해 봤지만, 가장 성공적이고 효과적인 것은 양측성 참여를 포함하는 1~3분짜리 활동이었다. 이것은 내담자가 한 손으로 치료사가 던진 콩 주머니 모양의 공을 잡고, 다음 다른 손을 사용하여 그것을 다시 치료사에게 던지는 것과 같이 매우 단순할 수 있다. 이것은 보통 치료사와 내담자 사이에 20~25번의 던지고 잡는 과정을 포함한다. 또 다른 간단한 활동에서, 치료사는 종이 한 장을 자신이 갖고 다른 하나는 내담자에게 건네준 뒤 자신이 시연하는 대로 내담자가 따라 하도록 한다. 치료사는 종이를 반으로 접고 양손을 번갈아 사용하여 손톱 끝으로 종이 가운데에서 양 끝으로 주름을 잡는 시연을 하고, 이를 내담자가 따라 한다. 다음 치료사는 종이를 펴서 주름 잡힌 반대 방향으로 접어 다시 주름을 잡는 방법을 시연하고, 내담자가 이를 따라 한다. 접기, 주름잡기, 펴기, 접기, 주름잡기, 펴기의 과정은 같은 종이로 여섯 번 반복되어 종이가 8개의 동등한 부분을 보여 주는 결과를 낳는다. 이 과정이 매우 단순하지만, 약 4분이 걸린다.

조금 더 관여된 활동에서, 치료사는 내담자가 어깨 넓이 정도 발을 벌리고 치료사를 마주 보고 서게 한다. 그런 다음 몸을 좌우로 이동하는 치료사의 느린 속도에 맞춰 내담자는 앞뒤로 흔들게 한다. 약 1분 후, 치료사는 내담자가 흔드는 동작을 계속 실행하면서 매우 간단하거나 좋아하는 노래를 함께 부르도록 한다. 내담자가 선택하는 노래는 '반짝 반짝 작은 별'부터 좋아하는 자장가, 엘튼 존의 노래에 이르기까지 다양하다. 여기서 요점은 감정 조절 곤란 자아의 속도 늦추기는 3~4분 동안의 양측성 활동을 통해 일어난다는 것이다. 이것은 왜 효과적일까? 내담자의 초점이 극적으로 바뀌고 수정되면, 대부분의 경우 내담자는 생리적 반응을 유지하기 위해 감정 트리거를 잃어버려 감속이 작동하게 된다. 또한, 양측성 자극의 성질은 특히 중뇌 영역에 진정 효과가 있을 수 있다(Shapiro, 2017). 이 기법을 설명하기 위해, 다음의 부부 사례를 살펴보기로 한다. 이 세션에서 남편은 아내로부터 자신의 몫을 하지 않았다는 비난을 받고 화가 났다. 부부는 4단계 실습 단계에서 치료를 받고 있었기 때문에, 치료사는 처음에는 아내와 함께 4단계를 거치도록 하여 비난을 부채질한 그녀의 억울한 감정을 조절하는 작업을 했다. 치료사가 이 과정을 남편과 했을 때 그는 매우 흥분했다.

치료사 아내 분과 마찬가지로, 제가 당신이 4단계를 거치도록 돕겠습니다. 당신의 몫을 하지 않았다고 비난받을 때, 당신은 어떤 느낌을 받으셨습니까?

남편 (매우 화를 내며) 상관없어요! 저는 아무것도 하고 싶지 않아요.

치료사 아내의 비난에 너무 화가 나서 이 과정을 하고 싶지 않다고요?

남편 전 아무것도 안 할 겁니다. 희망이 없어요. 우리는 상황이 무엇이든 간에 다시 같은 이야기로 되돌아갈 뿐입니다.

치료사 (평소 목소리보다 더 큰 목소리로) 당신의 말을 잘 알아들었어요. 당신은 정말 화가 났군요. (잠시 침묵 후, 좀 더 섬세되고 부드러운 목소리로) 이 종이를 받으시기를 바랍니다. 이 종이로 어떻게 해야 할지 제가 알려드릴게요. (남편은 깊은 한숨을 쉬며 치료사가 건네는 종이를 받는다) 제가 하는 것처럼 반으로 종이를 접으세요. (남편이 종이를 반으로 접는다) 이제 종이를 손끝으로 세게 주름 잡으십시오. (치료사가 양손을 번갈아 사용하여 손톱 끝으로 종이 가운데에서 양 끝으로 주름 잡는다. 남편이 따라 한다) 자, 이제 종이를 펴고 주름의 반대 방향으로 접습니다. (치료사가 종이를 펴서 반대로 접는다. 남편이 따라 한다) 이제 방금 접은 부분을 다시 주름 잡으세요. (치료사는 이와 같은 방식으로 남자와 함께 종이를 여섯 번 접고, 주름 잡고, 펴기를 계속한다)

치료사 (그에게서 종이를 가져와 옆에 둔다) 자, 편안하게 숨을 깊게 들이마시고 내쉽니다. (남편의 고통의 주기에 주의를 기울이며) 당신의 몫을 하지 않았다는 비난을 받았을 때, 어떻게 느꼈나요?

남편 (잠시 멈춤) 기대에 부응하기 위해서 할 수 있는 일이 아무것도 없다고 느꼈어요.

우리는 종이접기, 공 던지기, 흔들며 노래하기, 또는 번갈아 손으로 공을 드리블하기 등으로 치료에서 이러한 초점의 변화와 진정 효과의 변화를 반복해서 목격했다. 그러한 활동은 과정을 늦추고 생리적 자극을 극적으로 감소시킨다. 이를 통해 내담자는 고통의 주기 고속도로를 빠져나와 반대 방향으로 향하는 평온의 주기 고속도로에서 추진력과 속도를 얻기 위해 4단계를 이용하여 전환을 실행한다. 여기서, 치료사가 남편과 그것을 실행하기 전에 그 활동에 관해서 설명하지 않는다는 것을 주목하라. 우리는 압도적으로 내담자들이 감정적으로 조절되지 않고 생리적으로 흥분될 때, 설명하는 대신 단순히 활동을 시작하는 것이 더 낫다는 것을 발견했다. 만일 치료사가 설명해야 한다고 믿는다면, "나는 집중하는 능력을 돕기 위해 당신과 함께 활동을 하고 싶다"와 같이 짧고 간단하게 한다. 또한 치료사가 분노나 활동을 프로세스하는 대신 4단계의 치료 과정을 즉시 선택하는 것을 주목하라. 치료사는 그 과정에 숙련되어 있으며 그 남편이 왜 화가 나고 생리적으로 흥분되었는지 이미 알고 이해하고 있다. 치료사는 4단계를 통해 평온의 주기가 가동되어 온전한 감정 조절에 대한 더 나은 기회를 만들 것을 선택한다. 여기서 활동이나 분노를 프로세스하는 것은 변화를 촉진하기 위해 초점을 바꾸는 것의 이점을 훨씬 더 많이 잃게 만든다. 치료사가 이러한 실습의 초점으로 돌아가야 한다고 생각한다.

여기서 언급한 양극성 활동은 안구운동 둔감화 및 재처리Eye Movement Desensitization and Reprocessing[EMDR] 치료(Shapiro, 2017)와는 다소 다르나, 그 과정의 일부 목표는 같다. EMDR이 트라우마를 입은 개인에게 정확히 어떻게 작용하는지는 수수께끼 같지만, 정신 약리학의 영향에서 신경 가소성에 이르기까지 다양한 주제에 대해서도 뇌가 어떻게 작용하는지 정확히 이해하지 못하는 경우가 종종 있다. EMDR이 다양한 상황과 트라우마 배경을 가지고 있는 사람들을 돕는다는 것은 연구에서 확실히 나타났다. EMDR은 복원치료에서 하는 일의 많은 부분을 보완하며 여기에 설명된 대로 하는 것뿐만 아니라 내담자가 혜택을 받을 수 있는 다른 상황에서도 이러한 방법들을 모두 사용해야 한다는 것을 알게 되었다. 우리는 내담자가 감정을 자기-조절하는 방법을 배우도록 돕는 탐구를 믿는다. EMDR은 복원 치료의 실행을 훌륭하게 향상시킬 수 있으며 또한 그 반대도 마찬가지이다.

뇌의 여러 영역에 대한 관여

우리는 내담자가 진실과 경험적인 연결을 하도록 돕는 심상 기법에 관해 이야기하면서 치료사의 음성을 사용하고 정신적 심상을 강력한 방식으로 설정하는 많은 틀을 논의하고 시연했다. 이러한 틀은 언어의 한계에 갇혀 있는 대신 감정 조절 진실을 실제 경험하는 데 있어서 내담자를 크게 지원한다. 같은 방식으로, 고통의 주기, 감정 조절 진실, 평온의 주기, 그리고 4단계를 습관화할 때 가능한 한 뇌의 서로 다른 영역에 많이 관여하는 것에 대해서는 할 말이 많다. 복원치료의 실습 단계의 최종 목표는 이러한 요소와 기술을 내담자의 경험에 도입하여 내담자가 감정 조절 곤란을 경험할 때 사용할 수 있도록 하는 것이다. 그러므로, 이 목표를 향해 작업할 때 가능한 한 많은 뇌의 영역을 활용하는 것이 합리적이다.

이를 위해 복원치료의 4단계 실행 과정에서 임상적으로 시도된 실제적 방법들이 있다. 첫째, 치료사가 고통과 평온의 주기에 대한 더 명확한 아이디어를 갖기 시작할 때 종종 이 주기를 그림으로 그리는데, 일부 치료사는 내담자와의 세션 중 화이트보드, 또는 대형 포스터 크기의 종이에 이 그림 작업을 수행하는 것을 좋아한다. 다른 치료사들은 내담자 파일에 쉽게 들어갈 수 있는 인쇄용지에 그린다. 고통과 평온의 주기 인지 지도가 어디에 그려지든지 두 가지 이유로 이것은 모든 후속 세션에서 활용하는 데 도움이 된다. 1) 내담자와 치료사 모두에게 최근, 또는 현재 순간에 일어난 사건, 느낌, 반응성을 해석하고 치료를 체계적으로 유지하는 데 큰 도움을 준다. 2) 세션마다 고통과 평온의 주기를 갖는 익숙함은 자료를 깊은 기억으로 만들 수 있는 내담자의 능력을 활용한다(Hargrave & Pfitzer, 2011). 치료사는 고통과 평온의 주기가 사용될 세션의 맥락에 이르기 전에는 완벽하게 그릴 필요가 없다. 고통과 평온의 주기는 출발점으로써 사용되는 '살아 있는 지도'로 치료사와 내담자 모두에게 유의하며, 내담자의 시각적 통찰에 도움이 되는 틀을 공동으로 구성하면서 여러 번 수정된다. 많은 내담자는 치료사가 그들의 작업을 위해 세션 중에 그리는 이러한 주기의 사진을 찍거나 주기의 사본을 집에서 눈에 잘 띄는 장소에 놓아 두고, 정서적으로 조절이 안 될 때 시각적으로 접촉할 수 있도록 한다. 부부의 경우, 배우자가 주기를 완료한 다음 함께 연결할 수 있는 메리지스트롱marriage strong이라고 불리는 스마트폰 응용 프로그램도 있다. 요점은 이러한 시각적 지도가 시각적 및 전전두엽 피질을 크게 향상시키고 참여시켜 결국 기억 도구가 된다는 것이다.

복원치료사가 사용하는 또 다른 실제적 방법은 뇌의 청각 피질 영역을 자극하는 것이다. 특히 4단계를 학습하는 과정에서 내담자에게 이 4단계를 고통과 평온의 주기에 적용하면서 크게 소리 내어 말하도록 격려한다. 크게 소리 내어 말해야 하는 데는 몇 가지 이유가 있다. 첫째, 뇌는 정보를 매우 빠르게 처리한다. 뇌가 정보를 얼마나 빨리 처리하는지에 대한 추정치는 가장 빠른 마이크로프로세서 칩보다 최소 9,000배 더 빠르다(Lewis, 2014). 이것이 연습이나 훈련 없이 인간에게서 일어난다는 것은 매우 놀라운 일이다. 하지만 뇌에 거의 10억 개의 뉴런이 있고, 각각의 뉴런은 다른 신뉴런과 천 개를 연결할 수 있게 하고, 또한 각각의 뉴런은 초당 여러 번 메시지를 발사할 수 있다는 사실과 결합할 때, 뇌는 우리가 이해할 수 없을 정도로 빠르다는 것을 알 수 있다(Bollow, 2015).

그러나 이러한 속도가 중요한 정보를 처리하거나 처리를 마음챙김하고 싶을 때 항상 좋은 영향을 미치는 것은 아니다. 만약 우리가 내담자가 자신의 고통이나 평온의 주기를 기억하고 실천할 수 있도록 돕고자 한다면, 사고와 처리의 순전한 속도는 내담자의 관심을 끌기 위해 경쟁한다. 많은 경우 내담자는 고통의 주기가 실제로 발생하고 있다는 것을 알기 전에 고통의 주기에 빠지게 된다. 예를 들어, 뇌가 매 초마다 카드 한 벌을 훑어본다면, 한 장의 카드가 뇌에 기억력이나 정서적 충격을 줄 가능성은 매우 낮다. 그러므로 특히 청각 처리를 통해 뇌의 속도를 늦추는 것이 타당하다.

내담자가 4단계를 소리 내어 크게 말할 때, 내담자는 먼저 전전두엽 피질에서 그 단어를 마음속으로 잉태해야conceive 한다. "나는 외롭고 사랑받지 못한다고 느낀다"와 같은 말을 하려는 의도는 청각피질, 베르니케Wernicke 및 브로카Broca 영역, 그리고 내담자 자각에 있어서 전전두엽 피질에서 처리되고 조직되어야 한다. 다음, 언어가 움직임과 의도로 조직되는 운동피질로 전달되어 단어들이 내담자의 입에서 "나는 외롭고 사랑받지 못한다고 느낀다"라고 말할 수 있게 된다. 그런 다음, 이 정보는 내담자가 방금 말한 것을 듣는 내담자의 청력과 청각피질 및 감각피질에 의해 처리되고, 다음 전전두엽 피질에서 더 깊은 수준에서 이해되는 것을 기대할 수 있다.

뇌에서 빠르게 일어나는 모든 작업은 실제로 참신함으로 인해 처리 속도가 느려지고 내담자의 초점을 변경하여 자신이 말한 것에 더 잘 집중할 수 있다. 그러나 이것은 내담자가 자신이 느끼는 것에 관해 단순히 생각만 하는 것으로는 되지 않는다. 일반적으로 감정의 메시지와 4단계는 사고, 감정 및 경쟁 과정의 압도적인 환경에서 길을 잃을 가능성이 크다. 내담자가 이러한 것들을 큰 소리로 말하도록 하는 것이 4단계에 큰 영향을 미친다는 것을 보장하지는 않지만, 정보의 처리 속도가 느려질 것은 보장한다. 또한, 뇌의 청각 처리 부분의 자극은 자료의 더 깊은 처리를 보장하고 더 많은 내담자 변화에 대한 문을 연다(Hargrave & Hargrave, 2015).

촉각과 운동감각 활동을 결합해서 뇌의 다양한 부분에 자극을 주는 또 다른 방법들이 있다. 예를 들어, 다음 사례의 경우에서 한 남성이 사랑받지 못하고 혼자라고 느끼는 자신의 고통과 그것이 어떻게 그의 수치심과 비참함에 기여했는지를 토론하고 있었다. 여기서 치료사는 4단계를 진행하면서 남성 뇌의 촉각과 운동감각 자극을 모두 사용하기 위해 에어컨이 가동되어 추운 사무실에서 사용하기 위해 가지고 있었던 두 개의 담요를 활용하게 된다.

남성 (잠시 멈춤) 전 어려움이 있는데 설명하기가 어려워요. 마치 혼자이고 사랑받지 못하는 고통에 뒤덮여 사로잡혀 있어서 꼼짝할 수가 없는 것 같아요.

치료사 (잠시 멈춤) 자, 여기 고통의 주기가 있는 것을 아시죠. 그것은 당신을 덮어 버리고 무언가 다른 것을 고려하기 어려울 정도로 당신을 소모한다는 말이죠?

남성 맞아요. 전 압도되어 어느 것도 하기가 힘들어요.

치료사 (일어선다) 잠시 저와 함께 일어서 주세요. (일어서서 얼굴을 마주 보고, 치료사가 가진 두 개의 담요 중 하나를 남성에게 건네준다) 당신이 사랑받지 못하고 혼자라고 느낄 때, 그것은 정말로 당신을 덮어 버리고 소모합니다. (치료사는 담요를 자신의 머리 위에 덮는다) 그리고 당신이 이렇게 덮일 때, (잠시 멈춤) 무언가 다른 것을 고려하기 어렵습니다. 왜냐하면 진짜 당신은 사라지기 때문입니다. 제 머리를 덮었듯이 당신의 담요로 머리를 덮으세요. (남성이 담요로 자신의 머리를 덮는다) (긴 멈춤) 진짜 당신이 소모하는 먹구름 밑에 있는 느낌이 어떠십니까?

남성 사랑받지 못하고 혼자라는 느낌에 압도됩니다. (긴 멈춤) 다른 건 아무것도 안 보입니다.

치료사 물론, 그것은 당신을 덮습니다. (잠시 멈춤) 저도 느껴집니다. (잠시 멈춤) 그리고 사랑받지 못하고 혼자라는 느낌에 압도되고 덮여 버릴 때, 당신은 무엇을 합니까?

남성 (잠시 멈춤) 그냥 제 속으로 사라집니다. 제가 얼마나 절망적이고 쓸모없는 사람인지 자신을 구박하면서 수치화하기 시작합니다. 아무도 제 곁에 있고 싶어 하지 않는 것처럼….

치료사 (잠시 멈춤) 이해합니다. 그들이 당신을 볼 수 없으므로 아무도 당신 곁에 있을 시간을 가지지 못합니다. 여기서 진정한 노력이 필요합니다. 왜냐하면 당신만이 당신이 원하는 만큼 오랫동안 그 감정들에 덮여 있는 것을 선택할 수 있기 때문입니다. 그러나 당신은 당신이 누구인지에 대한 진실을 말하는 것을 선택할 수 있습니다. (잠시 멈춤) 그것은 당신의 결정입니다.

남성 (긴 멈춤) 제 머리 위에 담요를 덮고 여기서 있는 것은 어리석은 일이네요.

치료사 (긴 멈춤) 당신은 당신에 대한 진실로 담요를 벗을 수 있는 선택권이 있습니다. 사랑받지 못하고 혼자라는 느낌이 당신에게 너무 강력하다면, 그 느낌에 압도당하고 소모되는 자신을 떠나기로 선택해야 할 것입니다. 그건 당신 선택이죠.

남성 (긴 침묵. 그의 머리에서 담요를 벗으며) 저는 많은 사람에게 사랑받고 있습니다. 제 아이들, 부모님, 그리고 두 명의 친구들…. 항상 그 사람들을 방문할 수 있고 혼자 있을 필요가 없죠. (빙그레 웃으면서 치료사에게) 아직 머리에 담요를 덮고 계시네요.

치료사 (잠시 멈춤) 물론이에요. 다시 한번 진실을 말하고 자신을 구박하면서 수치화하지 않고 무엇을 할 것인지 말해 주세요.

남성 (잠시 멈춤) 저는 제 아이들, 부모님, 그리고 친구들을 포함해서 많은 사랑을 받고 있습니다. 그들은 저와 함께 있고 저는 혼자가 아닙니다. (긴 멈춤) 그리고 저는 자기-수치화를 하는 대신에, 저를 돌보는 사람들과 연결할 것입니다. (내담자는 치료사의 머리에서 담요를 제거한다)

치료사 (잠시 멈춤) 아, 좋습니다. 저는 이제 당신을 볼 수 있고 당신과 접촉할 수 있네요. (잠시 멈춤) 저와 접촉해 주셔서 감사합니다.

남성 (미소를 지으며 부드러운 목소리로) 언제든지요.

치료사 (앉는다) 당신은 자신의 진실을 말하고 관계를 맺기로 선택했네요. 당신은 사랑받지 못하고 혼자라는 느낌에 압도당하는 감정을 극복할 수 있을 만큼 강력합니다.

남성 (긴 멈춤) 현실은 제가 존재한다는 것입니다. 제가 이런 느낌들을 물리적인 담요로 보았을 때 당신이 저를 볼 수 없게 되었고 심지어 저 자신을 볼 수 없게 되었습니다. 그것은 저 자신이 저를 덮어 버렸다는 것을 알게 해 주었습니다. (잠시 멈춤) 그것을 물리적으로 설명한 것이 도움이 되었습니다.

이 사례에서, 치료사는 일어서서 담요를 머리에 덮는 활동을 사전에 특별히 계획하지 않았다. 그는 단지 내담자가 '덮여 있다'라고 말하는 것을 듣고, 담요를 활용할 수 있는 아이디어를 생각해 냈다. 거기서, 그는 시각, 청각, 촉각, 운동감각, 대인 관계적 뇌 자극을 결합한 다층적 영향의 맥락에서 4단계를 사용할 수 있다는 자신의 생각을 단순히 믿었다. 치료사는 그가 내담자를 도울 방법을 찾을 것이라고 믿었다. 우리는 종종 치료사 훈련에서 "진정한 용기는 당신이 내담자에게 무엇을 하라고 할 것인지에 대한 명확함 없이 세션에서 내담자와 함께 일어서는 것입니다"라고 말한다. 이 특별한 치료사는 용기를 냈고, 그가 단순히 4단계의 청각 실습을 혼자 했을 때보다 더 넓고 깊은 영향을 주기 위한 자신의 방법을 내담자와 함께 찾았다.

복원치료에서, 치료사는 종종 이러한 유형의 시각, 촉각, 운동 감각적 관여를 사용하여 뇌의 다양한 부분에 자극을 주어 특정한 지점을 절실히 깨닫게 한다. 예를 들어, 어떤 치료사는 부부가 치료실의 소파를 옮기도록 해서 그것을 관계의 장벽으로 사용했다. 치료의 다른 부분에서는, 부부가 서로에게서 철회했을 때의 어려움을 이해하는 데 도움을 주기 위해 서로에게서 '숨는' 것을 지시했다. 또 다른 치료사는 부부가 상대 배우자를 통제하는 자세를 취할 때마다 의자 위에 서게 하여 서로 간의 힘겨루기를 더욱 염두에 두도록 했다. 시각, 촉각, 운동감각, 대인관계적 작업의 유형은 뇌의 여러 부분에 정보를 배치하는 치료사의 창의력에 국한되어 있다.

반복의 중요성

정서적 기억은 매우 강력하다. 이러한 기억에는 의미가 배치된다. "난 어리석어", "나는 실패자야", "아무도 나를 돌보지 않아", 나의 부모는 나를 미워해"와 같은 진술의 예들은 극복하기가 극도로 어려운 이미지와 함께 배치되는 정서적 총체들summations이다(Ecker, Ticic, & Hulley, 2012). 사실상, 이러한 정서적 기억의 대부분은 지울 수 없거나 바꿀 수 없는 것으로 간주되어 왔다. 이 의미는 개인이 정서기억과 경쟁적인 생각을 뇌에 입력할 수는 있지만, 정서 기억을 지우거나 잃을 수는 없다는 것이다(LeDoux, 1996). 그러나 최근 몇 년 동안 흥미로운 연구 결과에 의하면 이런 유형의 기억은 사람들이 한때 생각했던 것처럼 지워지지 않는 것이 아니고 지워질 수도 있다는 것이 밝혀졌다. 이러한 선상의 첫 번째 발견은 어떤 사례에서, 상당한 뉴런 연결의 손실을 보여주는 전기경련 치료[ECT] 또는 약리학의 방식에서 나왔다. 이러한 손실 후에, 대부분의 기존 뉴런 연결은 재구성되지 않았거나 재통합되지 않아서 정서적 기억의 손실을 초래하였다. 여기서 재통합reconsolidation이란 뉴런이 시냅스 연결을 만들고 이 연결들이 특정 암호화된 기억을 나타내며 잠기는locked 과정을 의미한다. 많은 신경과학 연구자들은 깊은 정서적 작업이 실제로 새로운 암호화된 정서적 기억의 재통합을 위한 기준을 충족시킬 수 있다고 추론했다(Ecker, Ticic, & Hulley, 2012). 다시 말해, 심상, 대인관계 교류, 촉각, 운동감각 관여 경험과 같은 깊은 정서적 작업은 새로운 정서적 기억의 재통합을 생성할 수 있다. 복원치료는 확실히 새로운 징시적 기억을 개인과 관계에 통합할 수 있는 정서적 작업의 유형이라 할 수 있다. 이 작업의 처리를 더 강력하고 두뇌에 더 친숙하게 만들기 위해서는 새로운 정서적 기억 또는 뉴런 연결을 반복하고 실습할 수 있다. 예를 들어, 평소와는 달리 반대쪽 손으로 치아를 닦는다면 익숙하지 않은 새로운 행동의 어색함을 관찰하고 느낄 것이다. 그것은 순탄치 않을 것이고 다소 고통스러울 것이다. 그러나 만일 반대 손으로 치아를 계속 닦는다면, 뇌가 새로운 절차적 기억에 적응하며 그 과정이 매일 개선되고 확고해지는 것을 알게 될 것이다. 이는 뇌가 중요한 새로운 시냅스 및 뉴런 연결을 만들고 인식하고 이를 효과적으로 활용할 수 있는 신경 가소성의 놀라운 선물의 일부이기 때문이다(Siegel, 2007).

이러한 사실은 정체감과 안전감에 관한 자기-조절 진실을 통합하는 것을 목표로 할 때 매우 기쁜 소식이다. 그것은 우리가 자신이 느끼는 방식의 오래된 정서적 메시지에만 얽매이지 않을 수도 있다는 것을 말해 준다. 개인은 이러한 정서적 메시지를 염두에 두고 자신, 관계, 상황에 관한 새롭고 깊은 정서적 기억을 만드는 것에 대해 의도적이고 마음챙김을 기울일 수 있다. 또한, 실습과 반복으로, 뇌의 신경 가소성을 활용하여 단지 반응하기보다는 개인이 하기로 선택한 이러한 새로운 감정과 행동을 인식하고 친숙해질 수 있다. 우리는 새로운 선호 행동을 포함하기 위해 우리 뇌 속의 연결을 재통합할 수 있다. Ecker, Ticic, & Hulley(2012, p. 20)는 "진화의 영겁 위에 세워진 정서 기억의 감옥에는 열쇠가 있고, 그 열쇠는 이제 발견되었다. 시냅스 잠금은 해제될 수 있다. 변연계 종신형은 감형될 수 있다"라고 말한다. 오래되고 강력한 정서적 기억은 지워질 수 있을까? 우리의 정서적 반응성의 지배력grip은 깊은 정서적 연결을 통해 자제될 수 있으며 치료와 마음챙김을 통해 작업될 수 있음이 분명하다. 또한 우리의 뇌는 정체감과 안전감 처리에 대해 선호된 모델이 되는 새로운 정서적 기억을 재통합할 때 우리와 협력

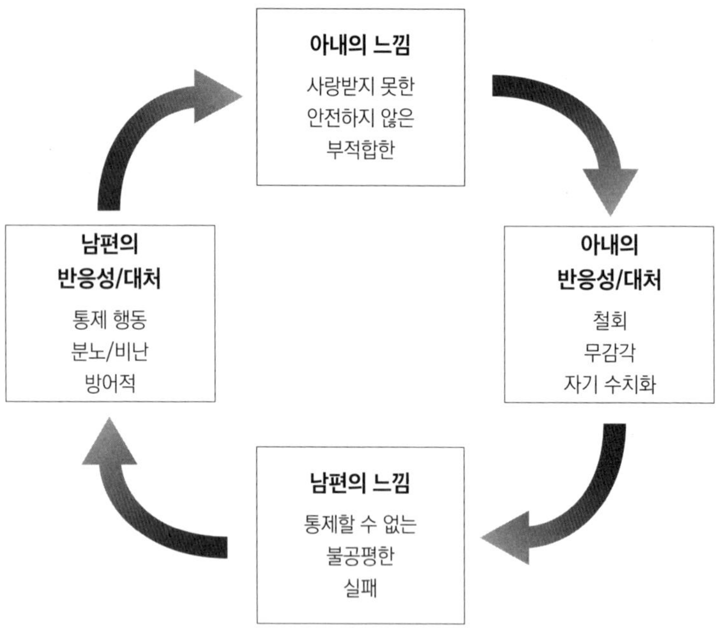

[그림 6.1] 부부 고통의 주기

할 수 있을 것이다. 그것은 의도, 작업 및 반복 연결이 감정 조절 진실의 장소에서 마음챙김으로 다시 만들어지는 것을 의미한다.

다음 사례에서, 치료사는 반복을 사용하여 4단계를 거쳐 부부를 평온의 주기의 더 깊은 경험으로 이동시킨다. 부부는 결혼한 지 19년이 되었고 12살짜리 아들이 있다. 부부는 남편이 지배적이고 통제적이며 아내가 이에 대처하기 위해 철회하는 갈등 유형의 결혼생활을 해 왔다. 이들은 모두 중독자 가정의 배경을 가지고 있었는데, 남편의 아버지는 기능이 저하된 알코올 중독자였고 아내의 어머니는 심한 흡연으로 결국 메스meth에 중독되었다. 부부 역시 결혼 전 중독자들이었지만, 결혼 과정을 통해 정신을 차리게 되었다고 보고했다. 이들 고통의 주기는 [그

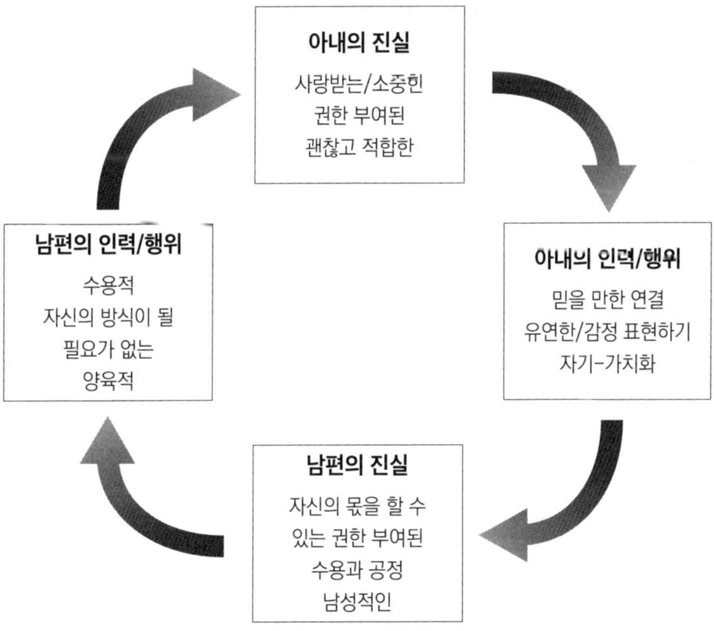

[그림 6.2] 부부 평온의 주기

림 6.1]에서 볼 수 있다.

부부는 고통의 주기를 규명할 수 있었고, 평온의 주기에서 감정 조절 진실과 대체 행동을 규명하는 데 좋은 진전을 이루었다. 이들은 주중에 발생한 갈등을 조절하기 위해 4단계를 실습하는 과정에서 치료사와 몇 주 동안 작업했다. 부부 평온의 주기는 [그림 6.2]에서 발견할 수 있다. 치료사는 이 사례에 대해 슈퍼바이저에게 자문을 받은 후, 부부가 특히 4단계의 마지막 단계, 즉 서로가 다르게 행동할 것을 요청받는 부분에서, 조절 진실의 정서적 영향을 실습하고 심화시키는 것을 돕기 위해 많은 반복을 실행하도록 도왔다.

치료사 (잠시 멈춤) 이번 주에도 역시 서로가 충돌할 때 일어나는 똑같은 패턴이네요. 당신(아내)은 저녁 식사 준비로 요리하고 있었고, 당신(남편)은 집에 들어와 그 요리를 할 수 있는 더 좋은 방법이라고 생각한 것을 제안했습니다. 당신(아내)은 그가 말한 것에 대해 정말로 화가 나서 그를 무시하는 것처럼 행동했습니다. 당신(남편)은 무시당하고 있다는 사실에 화가 났고, "나는 당신의 무반응이 지긋지긋해"라고 말했죠. 그때, 당신(아내)은 들고 있던 요리 숟가락을 쾅 내려놓고 방으로 들어가 문을 닫았고, 당신(남편)은 요리를 끝내고 혼자 식사했습니다. 제가 정확히 들었나요?
(남편과 아내는 둘 다 고개를 끄덕이지만, 서로를 쳐다보지는 않는다)

아내 그가 제가 하는 요리에 불쑥 끼어들었을 때, 전 그저 제 부분을 하고 있었을 뿐이에요.

남편 (앞을 응시하며) 전 그냥 제안했을 뿐이에요.

치료사 (긴 멈춤) (아내에게 고통의 주기를 가리키며) 남편 분이 부엌에 들어와서 제안했을 때 어떻게 느끼셨나요?

아내 (고통의 주기를 바라보며) 당연히 부적합함이죠.

치료사 (긴 멈춤) 남편이 "당신의 무반응이 지긋지긋해"라고 말했을 때는 어떻게 느끼셨나요?

아내 사랑받지 못하고 안전하지 않은 느낌이었어요.

치료사 (잠시 멈춤) 그래서 모든 일반적인 방아쇠가 눌렸죠. 사랑받지 못한. 안전하지 않은. 부적합한. (잠시 침묵. 고통의 주기를 가리키며) 그래서 당신의 고통에 대처하기 위해서 무엇을 했나요?

아내 그를 무시하면서 철회했어요. 전 부엌을 나가 버렸죠. 제가 거기에 있을 때 아무것도 제대로 할 수 없다고 스스로에게 말하고 있었어요.

치료사 (잠시 멈춤) 당신은 사랑받지 못하고 안전하지 않으며 부적합하다고 느꼈습니다. 당신은 철회했고, 자신을 수치화하기 시작했습니다. 그렇다면 당신의 진실은 무엇인가요? (그녀의 평온의 주기를 가리키며)

아내 진실은 저는 사랑받고 소중하며 이 관계에서 제 몫을 할 수 있는 권한 부여가 되어 있죠. 저는 제가 하는 일에 있어서 충분히 괜찮고 적합해요.

치료사 (잠시 멈춤) 좋습니다. (잠시 침묵. 남편에게 고통의 주기를 가리키며) 아내 분이 당신이 제안한 후에 당신을 무시했을 때 어떤 느낌을 받으셨나요?

남편 (잠시 멈춤) 저는 그녀에게 어떻게 하는지 알려 줘야 할 것 같은 느낌이었는데, 그녀가 저를 그냥 무시하고 떠난 상황이 통제할 수 없고 불공평하다고 느꼈습니다.

치료사 (잠시 멈춤) 당신이 통제할 수 없고 불공평하다고 느꼈을 때, 그 느낌에 어떻게 대처했나요?

남편 그녀에게 무엇을 해야 할지에 대해 통제하는 말을 했고, 그런 다음 화가 나서 비난했습니다.

치료사 (잠시 멈춤) 당신이 지금 느끼고 있는 것처럼요. (잠시 침묵. 남편에게 평온의 주기를 가리키며) 당신에 대한 진실은 무엇입니까?

남편 (잠시 멈춤) 저는 제 몫만을 할 수 있는 권한이 부여되었고, 수용적이며 공정한 사람입니다.

치료사 (잠시 침묵. 계속 평온의 주기를 가리키며) 그리고 자신에 대한 그 진실과 접촉했을 때, 당신은 무엇을 다르게 했을까요?

남편 (긴 멈춤) 어렵네요. (긴 멈춤) 저는 제 몫을 다할 수 있는 권한을 부여받았으며, 수용적이고 공정한 사람입니다. (긴 멈춤) 만약 제가 그녀의 몫을 하도록 내버려 둔다면, 그녀가 하고 있는 일에 대해 그냥 괜찮았어야 했고, 그녀에게 저녁을 준비해 줘서 얼마나 고마운지 말해 주었어야 했습니다. (잠시 침묵. 아내를 바라보며) 그건 사실이야. 당신은 훌륭한 요리사이고, 요리는 훌륭했을 거야.

치료사 (잠시 멈춤) 그리고 당신은 또한 아내에게 감사했을 것이라고 말했습니다. 당신은 저녁 식사가 훌륭하다고 말하기 시작했는데, 감사하는 것에 대해 직접 아내에게 양육적인 방식으로 말할 수 있습니까?

남편 (잠시 침묵한 다음 아내를 바라보며) 당신에게 감사해. 나는 당신이 잘 해내는 일에 대해서는 감사의 말을 거의 하지 않는 것 같아. 내가 그런 경향이 많아.

치료사 (잠시 멈춤) 지금, 아내에게 당신이 고마워하는 그런 것들에 대해 말해 보세요.

남편 (잠시 멈춤) 나는 당신이 나만큼 열심히 일한다는 것을 알고 있고, 집에서 대부분의 요리를 당신이 한다는 것도 알고 있어. 당신한테 그것에 대해 감사해. 그건 우리 가족생활에 정말 큰 영향을 끼치고 있어. 당신은 훌륭한 엄마이고 열심히 일하는 사람이야.

치료사 (잠시 멈춤) 좋습니다. (잠시 멈춤) 이번에는 당신이 아내 분 옆으로 가서 어떤 종류의 신체 접촉을 하기를 바랍니다. (그는 그녀 옆으로 이동하고 그녀의 손을 잡는다)

남편 (긴 침묵 후 부드러운 목소리로) 정말 고마워. 당신은 우리 가족에게 헌신하고 열심히 일하는 사람이야. 우리 아들을 잘 보살피고 정말로 나를 잘 돌보아 주고 있어. (잠시 멈춤) 그리고 당신은 훌륭한 요리사야.

치료사 (긴 침묵 후 아내를 바라보며) 평온의 주기에서 당신의 진실들을 기억하세요. "사랑받고 소중하다. 내 부분을 할 수 있는 권한을 부여받았다. 나는 괜찮고 적합하다"를 소리 내어 큰 소리로 말해 보세요.

아내 저는 사랑받고 소중합니다. 저는 제 부분을 할 수 있는 권한이 부여되었고, 일을 적합하게 합니다.

치료사 (긴 멈춤) 그래서 만약 당신이 자신에 대한 진실에 머물러 있을 수 있었다면, 그가 들어와서 당신에게 무엇을 해야 하는지 말했을 때 당신은 어떻게 다르게 행동했을 것 같아요?

아내 잘 모르겠어요.

치료사 (잠시 멈춤) 기억나세요? 당신은 당신의 몫을 하는 데 권한 부여되어 있다는 것….

아내 (잠시 침묵한 후에 남편을 바라보며) 저는 그에게 제가 이 요리를 어떻게 하는지 알고 있으니 괜찮을 것이라고 말했어야 했어요. 저는 요리를 잘할 수 있다고요.

치료사 (잠시 멈춤) 남편을 똑바로 보시고 다시 말해 주세요.

아내 (남편을 바라보며) 내가 당신한테 말했어야 했는데, 난 이 요리를 어떻게 하는지 알고 있으니 잘 할 수 있다고 말이야.

치료사 (잠시 멈춤) 좋아요. 지금 당신은 저와 함께 당신이 요리하는 것처럼 여기에 일어섭니다. 그리고 남편이 들어와서 (남편이 일어서서 들어오는 행동을 취한다) 당신에게 자신의 제안을 말합니다. (남편에게 제안을 말하라고 지시한다)

남편 기름이 충분히 뜨겁지 않아.

치료사 (잠시 멈춘 후 아내에게 말한다) 당신에 대한 진실은?

아내 나는 내 부분을 할 수 있는 권한이 있다. 나는 사랑받고 소중하고 적합하다.

치료사 (긴 멈춤) 네, 좋습니다. 이제 남편과 신체적인 접촉을 하고 당신이 다르게 할 일을 그에게 말하세요.

아내 (남편의 손을 잡는다) 난 이 요리를 어떻게 하는지 알고 있으니 요리를 잘 할 수 있어.

치료사 (잠시 침묵. 남편에게 말한다) 당신의 진실은?

남편 저는 제 몫만을 할 수 있는 권한을 부여받았고, 수용적이고 공정한 사람입니다.

치료사 (잠시 멈춤) 그래서 당신이 다르게 말했어야 할 것을 말하세요.

남편 (여전히 손을 잡고) 당신은 괜찮고 당신 방식대로 일을 완벽하게 할 수 있는 사람이야. 당신이 열심히 일하고, 이 저녁을 준비하고,

좋은 아내와 엄마가 되어줘서 정말 고마워.

치료사 (잠시 멈춤) 그래서, 당신들이 지금처럼 감정 조절을 할 수 있었다면 그날 저녁을 함께 먹었을까요? (부부가 웃는다)

이 사례에서 치료사가 한 마지막 질문은 부부가 긴장을 풀고 이 질문에 관해 토론할 수 있도록 하게 한 중요한 질문이었다. 남편은 아내의 손을 붙잡고 말했다. "알다시피, 내가 혼자 저녁 식사를 하고 거기에 앉아 있을 때, 나는 내가 잘못한 것을 알고 있었어. 하지만 내가 이미 화를 냈기 때문에 실패한 것 같은 느낌이 들었어. 그래서 내가 알고 있는 것을 하는 대신에 방어적으로 되어 당신에게 말한 것을 정당화하게 되었어." 치료사는 약 5분 동안 이러한 과정을 진행한 후, 다시 한번 부부가 4단계를 수행하는 것을 반복하게 했다. 확실히 부부는 이 작업을 하기 위해 추가적인 실습을 했지만, 반복과 함께한 이 세션은 여전히 그들이 고통의 주기에 있다고 느끼는 맥락에서 그들이 스스로 더 많은 작업을 할 수 있도록 그들에게 깊은 영향을 주었다. 그들의 보고에 따르면, 그들은 적어도 절반의 논쟁이 주방에서 일어났다고 했기 때문에 고통과 평온의 주기를 냉장고 위에 붙여 놓도록 했다.

실습작업에서 참신함과 놀라움의 사용

마음챙김은 사고, 감정, 경험과 같은 정상적인 의식 밖의 사물들을 알아차리고 정보를 받아들이면서, 새로운 변화의 가능성에 대해 정보에 입각한 선택을 할 수 있게 하는 알아차림의 실천이다. 앞서 언급했듯이 특히 변화에 관한 실습을 하는 과정에서, 마음챙김이 효과를 거두기 위해서는 뇌의 속도를 늦추는 것이 필수적이다. 이것은 감정 조절 곤란의 맥락에서 특별한 시도이다. 정확히 어떤 사람이 마음챙김으로부터 가장 많은 혜택을 받을 때는 정체감과 안전감의 도전으로 인해 반자동 반응의 반응성에 노출되는 바로 그 시점이다. 따라서 마음챙김, 변화, 실습이 실질적인 가능성이 될 수 있도록 반자동처리를 늦추는 작업에서 가능한 모든 요소를 포함하는 것이 필수적이다.

참신함novelty과 놀라움surprise은 둘 다 관심을 불러일으키고 탐색적 행동에 동기를 부여하는 데 영향을 미친다는 점에서 밀접한 관련이 있다. 우리가 독특하거나, 다르거나, 충격적인 것을 만났을 때, 그러한 것을 이해하기 위해 속도를 늦추고 더 신중한 관찰하는 경향이 있다. 그러나 참신함과 놀라움 사이에는 차이가 있다. 참신함은 일반적으로 경험하는 것과 다르거나 독특한 성질quality을 가리키지만, 놀라움은 갑작스럽거나 예기치 않게 새롭거나 독특한 성질과 마주치는 것이다. 참신함과 놀라움 모두 내담자의 관심을 끌고 대개 뇌의 다양한 피질 영역을 포함하는 추가 혜택을 제공한다(Barto, Mirolli, & Baldassarre, 2013).

참신함과 놀라움은 종종 은유, 묘사, 이야기 및 기회에 관한 사고에 있어서 치료사의 창의성에만 국한된다. 우리는 이 실습 단계에서 치료사들이 개발하는 기발하고 놀라운 일들에 대해 꾸준히 감탄하고 있다. 예를 들어, 특별한 예술적 재능을 가진 치료사는 한 부부가 그들의 고통과 평온의 주기를 따로따로 그리거나 콜라주를 만들게 하는 참신함의 접근법을 가지고 있다. 때로는 이러한 것들이 꽤 단순하고 때로는 상당히 정교하다. 부부 각자에게 그림이나 콜라주를 할 수 있는 기회를 준 후, 치료사는 그 작업을 그들의 고통과 평온의 주기에 통합하게 한다.

부부가 그려내는 표현은 고통과 평온의 주기 그림만큼 강력해지며, 변화를 실천하는 데 더 깊은 관심과 이해를 집중시키는 역할을 한다.

참신함에 대한 또 다른 접근 방식은 치료사가 레고나 놀이 모바일 피겨와 같은 종류의 어린이 놀이 피겨를 활용하는 것이다. 이 두 가지 유형의 피겨에는 다양한 모자, 장비, 액세서리가 있어 심상 놀이에서 피겨의 모양과 테마가 다를 수 있다. 많은 치료사는 고통과 평온의 주기를 설명하는 데 개인과 부부 모두에게 참신한 방식으로 작업하기 위해 이러한 유형의 피겨와 부속품 상자를 개발한다. 예를 들어, 다음은 부부 상담 사례로, 부부는 관계를 개선하는 데 상당히 노력했고 그들 자신을 조절하는 4단계를 거의 숙달하고 있었다. 그러나 두 사람 모두 이전의 두 세션 동안 작업에 정체되어 있었다. 그 결과, 치료사는 그들이 작업을 끝낼 수 있는 새로운 동기 부여 요소를 찾고 있었다. 치료사가 어떻게 놀이 아이템을 사용하여 부부의 고통과 평온의 주기 모두에 대해 새롭고 참신한 방식으로 부부를 참여시키는지 주목하기를 바란다.

치료사 저는 두 분의 고통과 평온의 주기에 대해 새로운 작업을 하고 싶습니다. (다양한 피겨와 액세서리가 들어있는 신발 상자를 꺼낸다)

아내 오, 우리가 오늘 놀이를 할 건가요?

남편 (미소 지으며) 놀이를 해 본 지 꽤 오래되었네.

치료사 사실, 우리는 몇 가지 게임을 할 것이지만, 한 가지 포인트를 가지고 놀 것입니다. (부부의 고통과 평온의 주기를 꺼낸다) 저는 당신들이 각자 자신의 고통의 주기에 있는 각 느낌과 그에 대해 어떻게 대처하는지를 살펴보았으면 합니다. 그런 다음 감정 조절이 되지 않을 때 느끼는 느낌을 나타내는 피겨를 찾아서 모자, 조끼,

옷을 입히세요. (이 커플은 아이템을 찾기 위해 상자를 뒤지기 시작한다) (약 5분 후) 다 완성된 피겨를 보여 주고 그것을 저에게 설명해 주세요.

아내 제가 이런 징기스칸 캐릭터를 선택한 이유는 항상 싸우는 상황에 있어서 실제로 약하고 통제된 느낌이 들기 때문입니다. 또한 아무도 저를 보거나 존중하지 않는다고 느끼기 때문에 수염을 기르고 크고 두꺼운 헬멧을 쓰고 있습니다.

남편 저는 이 해적 캐릭터를 선택했어요. 저는 선장이 아니라 제가 무능력하다고 느끼기 때문에, 단지 한 손만 가지고 있고 그 손으로 한 가지 일만 하는 사람입니다. 저는 검이 아니라 작은 칼을 가지고 있어요. 왜냐하면 안전하지 않고 두려움을 느끼기 때문입니다.

치료사 좋습니다. 이제 피겨에 있는 것을 바꾸지 말고 손이나 그 주위에 물건을 추가하여 당신들이 하는 대처 행동을 설명해 주세요. (약 5분 후)

아내 저는 사람들을 통제하고 명령하기 시작했기 때문에 이 두루마리를 손에 쥐었습니다. 다른 손에는 이 활을 들고 있는데, 제 말대로 정확하게 하지 않으면 이 결정적인 화살을 쏘기 때문입니다.

남편 제 것은 꽤 단순합니다. 저는 대포알이 하나밖에 없는 이 대포를 손에 가지고 있습니다. 화를 내고 재빨리 툭툭 털고 나면 끝이죠. 그리고 철회하고 제 자신을 수치화하며 가슴 깊이 숨어버렸죠.

치료사 (잠시 멈춤) 자, 지금은 지난주에 당신들이 고통의 주기에 빠졌을 때를 생각해 보세요. 피겨를 사용해서 무슨 일이 일어났었는지 설명해 주세요.

아내 (부부는 처음에는 딸의 대학 진학 상황을 논의한다) 저는 제 딸이 대학을 신청할 준비가 되어 있는 것에 대해 많이 불안하고, 결국 그녀가 어디론가 갈 것에 대해 매우 위협받고 있었습니다. 저는 그녀에게 필요한 모든 것들을 말하면서 큰 두루마리를 읽기 시작했죠. (치료사는 소녀와 여성 피겨를 테이블에 놓는다)

치료사 (남편에게) 이 상황에서 당신은 어디에 있나요?

남편 전 제 일을 했습니다. 무슨 일이 일어나고 있는지 볼 수 있었고, 아내의 통제가 딸을 몰고 가는 것처럼 느껴졌기 때문에 제 대포를 쏘고 딸에게 "넌 그냥 물러나 있어"라고 말했습니다.

치료사 (잠시 멈춤) 그런 다음에는요?

아내 저는 그에게 화살 몇 개를 쏘았죠. 저는 이렇게 말했습니다. "우리가 함께 일을 처리해야 할 때 당신은 나를 지지해 주지 않아. 당신은 쓸모가 없어."

치료사 (잠시 멈춤) 그런 다음에는요.

남편 저는 제 가슴 안으로 뛰어들어가 버렸죠. 바로 방을 나갔고, 우리는 그날 밤 내내 아무 말도 하지 않았습니다.

치료사 네, 알겠습니다. 자, 이번에는 그 이야기를 다시 말하면서 지난주에 일어났던 것처럼 피겨를 움직여 주시고, 제가 잠깐만 기다리라고 하면 피겨를 손에서 떼세요. 왜냐하면 이 놀이 장면을 사진 찍으려고요.

아내 (잠시 멈춤) 사진을 찍어요?

치료사 몇 분 후에 당신들에게 드릴 것입니다. (격려와 함께 부부는 치료사가 15장의 사진을 찍는 동안 다시 한번 장면을 연기한다)

(약 5분간 치료사가 사진을 조립한 후, 부부에게 부부의 묘사로 고통의 주

기를 연기하는 피겨들의 정지-액션 영상을 보여 준다)

아내 우…. 보기가 힘드네요.

남편 놀랍네요. 피겨로 우리가 하는 행동을 보니 정말 어리석은 일이네요. 왜 우리는 평온의 주기를 시작하지 않는 걸까요?

비슷한 방식으로 치료사는 이 부부가 자신들 평온의 주기에 따라 피겨를 창작하고 어떻게 다르게 행동했을지 보여 주는 딸에 관련된 이야기를 연기하도록 했다. 부부는 고통의 주기 피겨를 감정 조절 진실과 인력의 행동을 나타내는 피겨로 대체한 다음, 이 새로운 피겨를 사용하여 평온의 주기를 설명하고 연기했다. 다시, 치료사는 새로운 사진들의 매우 짧은 정지-액션 영상을 만들어서 이제 그들은 고통의 주기와 평온의 주기 모두에 관한 영상을 가지게 되었다. 치료사는 "이번 주에 고통의 주기에 다시 빠질 때, 당신들의 고통과 평온의 주기에 대한 이 두 개의 25초짜리 영상을 보고 그것이 4단계를 수행하는 데 영향을 주는지 확인해 주시기 바랍니다"라고 격려했다. 다음 세션에 부부는 매우 활력에 차서 왔다. 아내는 "우리는 아주 다른 한 주를 보냈습니다. 돈과 청구서에 대해 고통의 주기에 다시 빠지려고 해서 이 두 개의 영상을 보았습니다. 우리는 서로를 바라보았고, 그 뒤 그는 4단계를 수행했고 저도 4단계를 수행했습니다"라고 말했다. 남편은 "우리는 영상을 본 후에 '급회전'을 할 수 있었고, 고통의 어리석음을 그냥 지나치게 되었다"라고 말했다. 아내는 "제 마음의 눈으로는 일주일 내내 그 영상을 보고 있었어요. 우리가 4단계를 실습한 지 일주일도 안 된 것 같아요"라고 덧붙였다. 남편도 이 말에 동의했다. 이것은 단순히 이 부부를 도울 수 있었던 참신하고 놀라운 창조성을 나타낸다. 치료사는 실제로 테크놀로지를 사용하는 기술이 다양하지 않았고 단순히 치료 세션에서 비디오를 함께 사용하기 위해 쉽게 사용되는 응용 프로그램을 가지고 있었다. 그 결과, 부부는 4단계의 실습작업에 대해 마음챙김 접근 방식을 낳는 방식으로 참신함을 활용할 수 있었다. 이 창의성은 내담자를 '속이는' 것이 아니라 다른 도구를 사용하여 관심과 마음챙김을 포착하는 것이다. 참신함과 놀라움의 사용은 다양한 형태를 취할 수 있다. 우리가 정기적으로 자문하는 한 치료사는 부부의 고통과 평온의 주기를 위해 랩rap을 만들었다. 치료사는 남편과 아내를 위해 리듬과 운율로 그들의 고통과 평온을 요약했다.

남편 나는 종종 사랑받지 못하고 실패하는 것처럼 느껴져.
그래서 수치화하기 시작하고 수행하는 것을 놓치지.
하지만 아침이 되면 내가 사랑받고 있고 난 네 마음을 양육해 주기에,
충분한 사람이며 너와 연결할 수 있다는 것을 알게 되지.

아내 나는 내가 혼자이고 안전하지 않다고 느끼는 것을 잘 알아.
난 종종 미끼를 물고 비판하기 시작하지.
난 그런 거짓말들을 믿지 않아. 왜냐하면 난 안전하고 소속되어 있기 때문이지.
난 네가 너 자신이 되게 하고 내 사랑의 노래를 불러줄 거야.

치료사는 랩을 연주하며 부부에게 랩을 가르쳤다. 50대 후반의 이 부부가 함께 랩을 하는 것을 상상해 보라. 부부는 그 랩이 놀랍고 참신하다고 생각했고, 그것이 자신들에게 완벽하게 들어맞는다고 재미있어

했다. 치료사는 그들이 세션 중에 랩을 반복적으로 작업하도록 하여 고통의 주기로 가고 있는 첫 번째 신호로 랩을 하도록 지시했고, 그 랩으로 순간의 긴장을 깨는 '연결 유머'를 만들었다. 그 후 그들은 4단계를 방해받지 않고 할 수 있었고, 결혼생활 동안 실습을 통합하는 데 훨씬 더 성공적이었다. 언뜻 보기에는 치료 과정에서 농담처럼 보이는 것이 실제로 부부가 훨씬 더 정서적으로 조절된 상태로 옮겨가게 하는 연결 유머라는 의미를 갖게 되었다. 치료사가 함께 노래를 만들어 주는 것뿐만 아니라, 어떤 경우에는 고통의 주기와 평온의 주기에 대한 시poem를 만들어 주기도 한다. 요점은 치료사는 치료의 실행 단계에서 참신함과 놀라움을 사용할 수 있도록 창의력과 재능을 사용해야 한다는 것이다. 치료에서 이러한 유형의 창조성을 실행할 수 있는 용기가 필요하다. 세션 중에 내담자를 일어서게 하는 것과 같이, 치료사는 내담자의 학습에 관여하고 개입하는 것이 얼마나 건설적일 수 있는지 스스로 놀라게 된다.

치료 세션의 강도

몇 년 전, 우리는 복원치료사가 치료 과정의 마지막 단계나 목표를 치료를 마무리하기 시작하는 기회로 여긴다는 것을 인식하기 시작했다. 물론 개인이나 부부가 처음 세 가지 목표를 달성하기 위해서 많은 세션(평균 약 14회) 동안 치료를 받았으므로 여러 면에서 이것은 자연스러워 보인다. 치료의 실습 단계에서 개인과 부부는 이미 고통의 주기, 자기-조절하는 감정 진실, 그리고 평온의 주기의 인력 행위를 잘 알고 있어서 나머지 치료는 아주 쉬워야 한다. 그러나 우리가 논의한 바와 같이, 이러한 실습 단계는 복원치료에서 내담자들이 정서적으로 자기-조절하는 방법을 배우고 변화를 사용하는 데 필요한 습관화된 마음챙김 실습을 위해 필수적이다. Hargrave와 Hargrave(2015)는 변화가 습관화되기 위해서 내담자가 이 4단계 과정을 얼마나 많이 실습해야 하는지를 추정했다. 그 추정은 만일 내담자가 4단계를 12일 동안 약 10번을 실습하면 고통과 평온의 주기를 모두 암기할 것이고, 20일 동안 15번 실습한다면 보통 자신이 고통의 주기에 빠졌을 때를 볼 수 있고, 되돌아 보았을 때 고통의 주기에서 무슨 일이 일어나고 있었는지, 어떤 대안이 평온의 주기에 있어야 했는지를 명확하게 설명할 수 있다는 것이다. 그러나 내담자가 한 달 안에 23~25번 4단계를 실습한다면, 보통 지금-여기에서 일어나는 순간에도 고통의 주기를 인지하고 평온의 주기를 사용하여 감정을 조절할 수 있을 것이다. 다시 말해, 내담자들은 4단계에 대해 강도 있는 의지적 실습을 할 때 그들이 느꼈던 고통과 그에 따른 반응적 대처의 파괴적인 궤도에서 사랑과 신뢰의 인력 행동을 초래하는 자기 조절된 평온의 주기로 스스로 이동하는 데 성공할 가능성이 높다(Hargrave & Hargrave, 2015).

그러나 내담자가 일관성이 없고 강도가 없는 4단계 실습을 전개한다면, 감정적으로 자기-조절 행동을 통합하는 데는 상당히 시간이 오래 걸릴 것이다. 이러한 비-실습 내담자는 변화에 대한 실질적인 진전을 통합하지 않으면서 이러한 마지막 단계에서 1년 이상 동안 치료를 수행하는 것이 통상적이다. 이러한 유형의 내담자는 통찰은 있지만, 변화를 일으키기 위한 기술은 부족한 것이다.

복원치료 모델은 집중 결혼 치료intensive marital therapy라고 불리는 형식으로 사용됐다. 이 집중 모델에서 부부들은 보통 3~4쌍의 부부와 함께 격리된 장소에 가서 4일간 하루에 약 8시간 동안 두 명의 공동 치료사와 함께 그룹을 이룬다. 이 모델의 첫날, 부부들은 자신들의 이야기를 하고 고통의 주기를 규명한다. 둘째 날에는 감정 조절 진실을 규명하는 작업과 평온의 주기를 완성한다. 작업은 그룹 형식으로 이루어지기 때문에 각 부부는 자신들의 고통과 평온의 주기뿐만 아니라 다른 사람들의 고통과 평온의 주기에도 노출된다. 이 모델에서 마지막 이틀은 실습을 하게 되는데 셋째 날, 부부들은 두 치료사 사이에서 나뉘어 그들이 치료를 받게 된 문제들에 대해 작업하면서 고통의 주기로부터 평온의 주기까지 주로 자기-조절 감정에 초점을 두고 작업한다. 대부분 부부는 다른 부부와 함께 한 명의 치료사와 작업한다. 넷째 날, 같은 부부와 같은 치료사가 평온의 주기에 따라 자기-조절 행동을 작업하면서 부부가 서로 다른 관점이나 의견을 가지고 있는 갈등의 이슈를 해결하는 문제에 대해 작업한다. 4일 연속 이 과정에 전념하기 때문에, 이러한 집중 모델에 참석하는 부부의 4분의 3은 종종 자신들을 매우 고통스러운 부부의 범주로 분류한다. 이러한 강도 있는 형태의 치료법으로 도출할 수 있는 결과는 매우 놀랍다. 2년의 추적 조사 끝에 부부의 83%가 결혼생활을 유지하고 있었으며, 결혼 만족도, 신뢰성 및 우울증 측면에서 통계적으로 유의미한 점수를 보였다(Sonnekalb, 2012). 짧은 기간에 걸쳐 많은 시간의 실습을 결합한 집중 치료는 결혼 치료로 효과적이다. 그러나 이것이 전부는 아니다. 부부가 2년 동안 복원치료 기술과 4단계를 사용하여 계속 실습할 때, 실습하지 않거나 거의 실습하지 않는 부부에 비해 결혼 만족도, 우울증 수준 및 신뢰성에서 유의한 차이를 보였다(Alquist, 2018).

매주 치료를 받으러 오는 내담자들에게 통합하기 위해 이런 강도의 실습을 결혼 집중 모델의 발견을 근거로 추론하는 것은 합당한 것 같다. 즉, 복원치료의 실습 단계에서 완전 종료를 위해 '단계적으로 축소'하는 대신, 치료사는 짧은 기간 동안 치료 강도를 조정하여 내담자에게 호의를 베풀 수 있다. 이는 치료가 계획된 것보다 더 많은 세션을 하는 것을 의미하는 것이 아니라, 이러한 세션들이 강도 있는 방식으로 계획된다는 것을 의미한다. 예를 들어, 이러한 실습 단계에 대한 정상적인 시간의 추정치는 대략 5세션 또는 6세션이다. 이 세션들을 전통적 치료에서처럼 6주에 걸쳐 진행하는 대신, 치료사는 3주 동안 일주일에 두 번 세션을 작업하거나, 또는 하루에 두 번의 세션으로 3주 연속 작업할 수 있을 것이다. 이러한 강도의 주요 목적은 내담자가 뇌의 새로운 행동을 가능한 한 많이 재통합하고 단기간에 실현할 수 있도록 돕는 것이다. 이러한 수준의 강도는 치료의 끝자락에 있는 내담자가 고통과 평온의 주기를 암기하고, 또한 감정 조절 곤란을 겪고 있는 상황에서 고통의 결과를 명확히 인식하고 평온의 주기를 선택할 수 있는 능력을 제공하도록 뇌의 재포맷을 굳힐 수 있다. 임상적 관찰은 강도의 효과성에 대한 이러한 믿음을 뒷받침하는 경향이 있다. 우리는 치료의 실습 단계에서 강도를 이용한 임상 결과를 계속 수집할 것이지만, 치료에는 부인할 수 없는 사실이 있다. 그것은 내담자가 4단계를 통해 고통의 주기에서 평온의 주기로 이동할 때, 감정 조절의 기술 세트를 많이 실습할수록 더욱 건설적인 행동 변화가 가능하다는 것이다.

관계적/대인 간 실습

복원치료는 우선 무엇보다도 일종의 체계 치료이다. 이것은 우리가 1차와 2차 변화, 둘 모두에 대한 패턴의 수준에서 작업하기 때문이다. 우리는 내담자의 내러티브의 이야기를 신중하게 듣고, 깊은 정서적 고통과 감정 조절 진실에서 잠재적인 치유 메시지를 규명한다. 복원치료는 또한 근본적으로 경험적이기 때문에 체계적이다. 4단계의 마지막 요소(무엇을 다르게 할 것인지 말하는 것)를 적용하여 상대에게 실제로 다르게 행동하는 것만큼 치료의 실습 단계를 생생하게 만들어 주는 것은 없다. 이러한 생생한 경험은 감정 조절하는 진실로부터 솟아 나오는 사랑과 신뢰의 행동이 진실 자체를 행동적으로 강화하는 역할을 하므로 개인에게 많은 좋은 일을 한다. 한 개인이 다른 사람을 양육하거나 자기-가치를 실행할 때, 그것은 그 사람이 사랑스럽고 사랑받을 가치가 있다는 경험을 강화한다. 게다가, 참여는 다른 사람들과의 관계를 강화하여 자신이 진정으로 소속되어 있다는 것을 알게 한다. 마찬가지로, 개인이 다른 사람과 주고받는 균형을 공유하고 믿을 만한 연결을 실행할 때, 단절이나 조종 대신 친밀감의 과정에 자신의 권한 부여를 사용할 수 있다는 개인에 대한 진실을 강화한다. 대인 간의 사랑과 신뢰를 실행하는 과정에서 개인은 자신의 내면에 진실을 확인하고 더 깊은 차원에서 진실을 느낄 가능성이 훨씬 더 커진다(Hargrave & Pfitzer, 2011).

종종 사람들은 인간관계로 인해 상처받고 인간관계를 통해 치유된다(Hargrave & Zasowski, 2016). 관계가 정체감과 안전감을 형성하는 초기 애착의 손상, 동료나 멘토, 교사 및 코치로부터의 사랑과 신뢰의 결핍, 그리고 안전하지 않은 세상에서의 비극과 트라우마로 인해 특히 해를 끼칠 수 있다는 것은 의문의 여지가 없다. 베스트 셀러인 『아직도 가야 할 길』의 저자 Scott Peck(1987)은 인터뷰에서 익명의 알코올 중독자 모임Alcoholics Anonymous이 20세기의 가장 심오한 치료 운동이라고 말했다. 왜 그럴까? 그는 이 운동이 한 사람에서 다음 사람과의 관계의 상호 작용으로 치유를 촉진했기 때문이라고 말했다. 관계적 상호 작용의 필요성은 세계 역사의 모든 전환 속에서도 살아 남았다는 것에서 주목할 만하다(Small, 2011). 설령 우리가 노인들이 사회적 고립에 더 치우치는 것이 자연스러운 현상이라고 여긴다 해도, 그들의 장애 위험은 사회활동이 증가할수록 낮아진다(James, Boyle, Buchman, & Bennett, 2011). 인간관계는 뇌에 유익하며, 애착 상처를 치유하는 데 사용되는 상호 작용은 더 안정적이고 균형 잡힌 탄력적인 행동을 생성하는 건전한 뉴런 변화를 만든다(Hanna, 2014).

물론, 치료사가 경험적으로 내담자와 함께 작업하는 데 도움이 될 수 있는 다양한 관계가 있다. 치료실에는 종종 배우자와 가족이 포함된다. 많은 치료사가 친구, 동료 혹은 직장 사람들과의 관계, 때로는 심지어 이웃과의 관계에 대해 작업하기도 한다. 내담자가 경험적으로 정서 조절을 할 수 있는 가능성을 지닌 모든 관계는 치유와 변화를 위한 작업을 할 수 있는 유효한 관계이다. 우리가 이것이 사실이라고 느끼는 영역 중 하나는 치료사와 내담자 사이의 치료 관계의 맥락이다. 개인이 치료사에 의해 정서적으로 조절되지 않는 것은 드문 일이 아니다. 우리는 종종 우리가 하는 치료뿐만 아니라 수련 감독이나 자문하는 곳에서도 이러한 것을 목격한다. 이에 대한 한 예는 다음과 같은 경우이다. 한 부부는 치료의 실습 단계에 있었고 상당한 진전을 이루었다. 그러나 그중 한 세션에서 아내는 "나는 여기서 내가 문제인 것 같고, 항상 내가 치료의

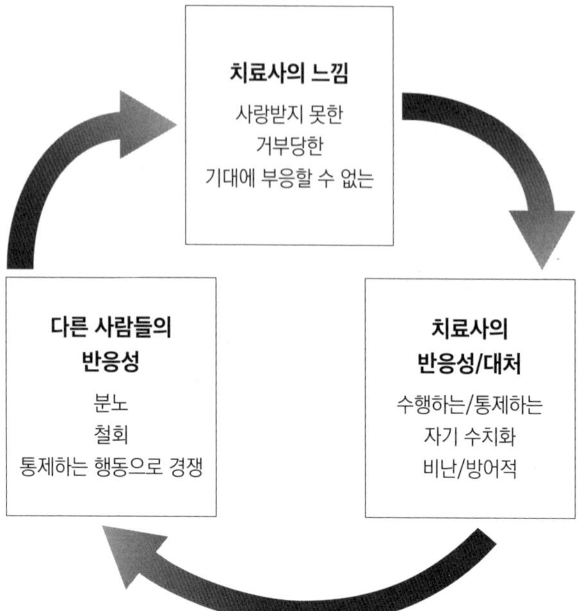

[그림 6.3] 치료사의 고통의 주기

초점이 되는 것 같다"라고 진술했다. 치료사는 남편과 아내와 함께 부부의 개별적인 고통의 주기와 감정 조절에 관해 작업한 것을 잘 알고 있었기 때문에 아내의 이러한 비난은 부당하다고 강하게 느꼈다. 치료사는 "당신이 무슨 말을 하는지는 잘 알겠지만, 이 과정에서 균형을 잡기 위해 내가 무엇을 할 수 있을지 모르겠다"라고 대답했다. 이 세션은 수련 감독의 목적으로 관찰되고 있었는데, 치료사는 자문을 위해 잠시 휴식을 취하도록 지시받았다. 치료사의 고통의 주기는 [그림 6.3]에서 볼 수 있다. 슈퍼바이저가 치료사에게 어떤 느낌을 받았냐고 물었을 때, 치료사는 그가 거부당한 것 같고 기대에 부응할 수 없다고 느껴서 아내의 말에 방어적으로 답하고 다소 여성을 비난하는 것으로 반응했다는 것을 재빨리 알아차렸다. 그는 신속히 감정적으로 자신을 조절했고, 다음의 두 가지 목적을 가지고 세션에 돌아가라는 요청을 받았다. 1) 그의 마지막 진술이 자신의 고통에 근거한다는 것을 여성에게 드러낼 것. 그런 다음 2) 여성의 고통으로 되돌아갈 것.

치료사 저는 제 감독에게 자문을 받았는데, 그것이 매우 도움이 되었습니다. 제가 당신의 진술로 제 고통의 주기에 빠진 것을 깨달았습니다. 제가 무엇을 더 균형 있게 할 수 있을지 모르겠다고 말한 마지막 말은 방어적인 태도였습니다. 당신은 그 과정에 대해 질문할 완벽한 권리가 있고, 지금 저는 저를 조절하고 있기 때문에 당신의 말을 다시 듣고 싶습니다.

여성 (잠시 멈춤) 먼저, 그렇게 말해 주셔서 감사합니다. (잠시 멈춤) 저는 관계에서 제가 문제인 것 같고, 항상 제가 치료의 초점이 되는 것 같다고 말했습니다.

치료사 (잠시 멈춤) 당신이 치료의 문제이고 진정한 초점이라고 느낀다는 말이죠.

여성 (고개를 끄덕인다) 저는 제 배경이 훨씬 더 복잡하고 상처가 많은 것 같다는 느낌이 들어요. (잠시 멈춤) 저는 이러한 모든 깊은 정서적 고통을 가지고 (남편을 가리키며) 남편을 다루고 있어요. 전 모두 잘리고 말라 버렸습니다. 제가 보통 그에게 고통을 주는 사람이에요.

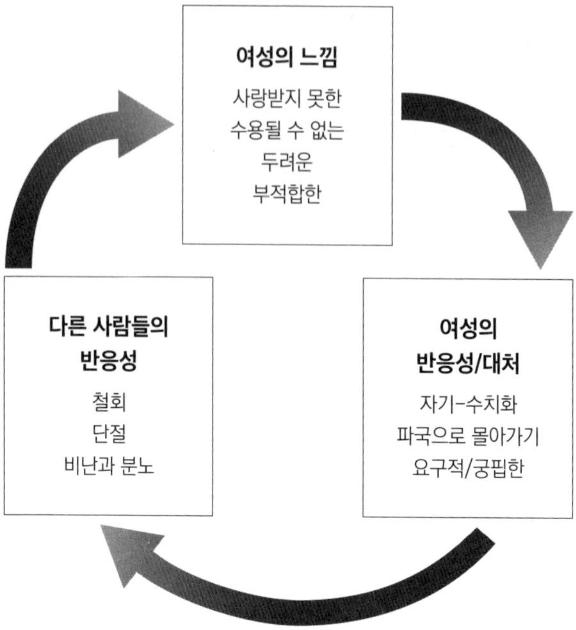

[그림 6.4] 여성의 고통의 주기

여기서 치료사는 방어적 진술이 그녀 때문이 아니라 치료사 자신의 고통의 주기에서 나온 것임을 밝혀 치료적 관계를 회복하는 진술을 한다. 이 여성은 이런 회복을 인정하고 자신의 감정 조절 곤란의 자세를 다시 시작할 수 있게 되었다. 그녀는 남편의 고통의 주기에 비해, 그녀 자신의 고통의 주기가 과거로부터 훨씬 더 많은 상처를 안고 있으며, 남편 고통의 대부분에 대해 책임감을 느낀다고 말한다. 여성의 고통의 주기는 [그림 6.4]에서 볼 수 있다.

치료사 (잠시 멈춤) 남편과 비교해 당신의 배경과 고통이 훨씬 더 복잡하고, 당신이 그의 고통의 원인이 되는 사람이라고 느낀다는 말이네요. (잠시 멈춤) 그것에 대해 조금 생각해 보면, 제 진술이 당신에게 어떤 영향을 끼쳤을 것 같아요. 제가 휴식하기 전에 그 말을 했을 때 어떤 느낌이 드셨나요?

여성 "또 시작이구나. 아무 말도 하지 말았어야 했는데, 내가 또 문제구나"라고 생각했죠.

치료사 (잠시 멈춤) 네, 이해돼요. 그래서 당신의 고통의 주기를 보면, 제 말이 당신을 어떻게 느끼게 했나요?

여성 (긴 멈춤) 수용될 수 없고 부적합한 느낌이요.

치료사 (긴 멈춤) 네, 정말 이해가 됩니다. (잠시 멈춤) 그럼 다시 당신의 진술로 돌아가 보죠. "내가 문제인 것 같고, 항상 내가 치료의 초점이 되는 것 같다." (잠시 멈춤) 제가 그 진술을 이해할 수 있도록 진술의 맥락을 좀 알려 주시겠습니까?

여성 (잠시 멈춤) 저는 4단계를 작업하면서 일주일 내내 저 자신에게 몰두해 있었던 것 같아요. 저는 진정으로 평온의 주기에 도달하기 위해 정서적으로 투쟁하고 있는데 남편은 그것을 아무 문제가 없다는 듯이 해냅니다. (긴 멈춤) 그는 45kg 정도를 짊어지고 있고, 저는 450kg을 짊어지고 있는 것 같은 느낌이 들어요.

치료사 (긴 멈춤) 제가 당신의 말을 제대로 이해했는지 확인해 보죠. '당신은 4단계 작업을 일주일 내내 계속하고 있다. 남편은 당신만큼이 작업에 있어서 정서적으로 다룰 필요가 없는 것 같다. 당신은 정말로 이 작업을 하는 데 정서적으로 어려움을 겪고 있다'.

여성 (긴 멈춤) 맞아요. 당신이 저에게 다시 말씀해 주시니 어디서 그런 말이 나왔는지 알 것 같아요. 지난주에 여기서 집으로 가는 차 안에서 발생했던 갈등에 대해 말하면서 그가 어떻게 4단계를 사용하여 정상 궤도에 올랐는지에 대해 말했습니다. (잠시 멈춤) 그 때 당신이 무슨 말을 하면서 둘 다 낄낄거리며 웃었죠.

치료사 (잠시 멈춤) 맞습니다. 제가 "항상 차 안에서 일이 일어나는군요" 라고 말했습니다. 그러면서 남편 분과 제가 함께 웃었죠. (잠시 멈춤) 잘 알겠어요. 그 시점에서 어떤 느낌이었습니까? (고통의 주기를 가리키며)

여성 수용될 수 없고 부적합한 느낌이요. 어쩌면 당신이 나를 놀리고 그의 편을 든다는 생각에 다소 두려웠을지도 모릅니다.

치료사 그 말이 어떻게 그런 감정을 불러왔는지 알 것 같아요. 그래서 당신이 "내가 문제인 것 같고, 항상 내가 치료의 초점이 되는 것 같다"라고 말했을 때 당신은 어떻게 대처했나요?

여성 (잠시 멈춤) 저를 수치화하고, 제가 남편보다 못하다고 생각하는 저 자신이 정말 안쓰러웠죠. (긴 멈춤) 그러고 나서 저는 어떤 확언을 얻기를 바라며 궁핍한 진술을 했던 거예요. (긴 멈춤)

치료사 (잠시 멈춤) 그리고 제가 고통의 주기에 빠졌기 때문에 당신이 제게서 얻은 것은 방어적이고 일종의 비난이었죠. 남편은 어떻게 하는 것처럼 보이셨나요?

여성 (긴 멈춤) 저는 당신이 (남편에게 말한다) 철회하고 다소 단절한 것처럼 느꼈습니다. (남편이 끄덕임)

치료사 (긴 멈춤) 남편께서 철회하고 다소 단절한 것처럼 느꼈을 때 어떤 느낌이 들었나요?

여성 (긴 멈춤) 사랑받지 못하고, 수용될 수 없고, 부적합한 느낌이요. 다시 고통의 주기로 돌아간 거죠.

치료사 (잠시 멈춤) 그러니 이제 남편과 함께 마지막 두 단계를 시도해 봅시다. 당신의 진실은 무엇이고 당신은 무엇을 다르게 했을까요?

여성 (남편을 바라보며) 나는 당신과 많은 사람에게 사랑받고 인정받고 있다는 것을 알아요. 나는 완벽하지는 않지만, 온전히 적합하며 당신이 생각하는 것, 치료사가 생각하는 것, 또는 내가 때때로 생각하는 것을 두려워할 필요는 없지요. 나는 나이기 때문입니다. 나는 사랑받고, 수용될 수 있고, 온전히 적합합니다.

치료사 (긴 멈춤) 그리고 당신은 무엇을 다르게 했을까요?

여성 (잠시 멈춤) 저는 이렇게 말했어야 했어요. "당신 고통에 대해 당신 부분을 작업해 줘서 고마워." 저는 제 울타리를 유지하고 제 고통에 대한 작업을 계속해야 합니다.

남성 (잠시 멈춤) 나도 당신만큼 해야 할 작업이 많아. 당신에게 감사해. 우리는 이 작업을 점점 더 잘하고 있어.

여성 (긴 멈춤) 알아요. 제가 비교에 빠지지 말고 계속 당신과 파트너 관계를 맺어야 한다는 걸 기억해야겠어요.

정서적으로 조설되지 않는 감정이 존재하는 순간, 대인관계 실습을 대신할 수 있는 것은 아무것도 없다. 이것은 또한 내담자와 치료사 사이의 관계를 포함한다. 여성의 초기 진술은 치료사의 부적합한 감정을 불러일으켰고, 그 결과 그의 방어를 촉발시켰다. 치료사는 그의 방어를 계속 정당화하지 않고 자신의 고통의 주기 반응성에 대한 책임을 지면서 치료의 정상 궤도에 복귀했다. 그리고 자신에게 많은 시간이나 세부 사항을 투자하지는 않았지만, 여성의 고통의 주기 반응성을 이해하기 위해 상호 작용의 일부를 사용할 수 있었다. 일단 관계가 정상 궤도로 복귀하면 치료사는 4단계 중 첫 두 단계(그녀가 무엇을 느끼는지, 그녀가 보통 무엇을 하는지)를 명확히 할 수 있도록 도울 수 있고, 남편과의 관계 맥락에서 그녀의 네 단계를 끝내게 한다. 가장 중요한 것은, 치료실에서 바로 이러한 실습을 다루었다는 점이다.

우리는 종종 우리가 좋아하는 격언을 말하면서 치료사를 훈련시킨다. "당신 앞에 있는 작업에 충실해라." 이 경우에 치료사가 여성과의 상호 작용에서 그의 문제 부분을 계속 무시하고 그것을 정당화했다면, 여성이 자신의 고통의 주기 핵심에까지 도달했을지는 의문이다. 그러나 몇 분 동안의 치료 과정에서 여성은 자신의 고통을 직면하여 다룰 수 있었고, 부부는 정상 궤도로 돌아왔다. 세션이 끝날 무렵 여성은 치료사에게 말했다. "아시다시피, 저는 일주일 내내 부적합하고 수용될 수 없는 감정을 지니고 있었지만, 여기서는 마침내 제가 하고 있는 작업이 분명해졌습니다. 저는 정말 이 작업을 점점 더 잘 수행하고 있어요."

감정 조절, 자기-통제, 덕목

자기-통제와 감정 조절은 쉽게 분리될 수 없는 방식으로 서로 연결되어 있다. 정의에 의하면, 감정 조절이란 개인이 바람직하지 않고 불쾌한 감정을 느껴 인지와 감정적인 과정에 대해 통제력을 행사하는 제어 과정이다(Koole & Aldao, 2016). 우리가 여기서 지적했듯이, 일차적 감정으로 불리는 것에 곤란을 겪게 되는 것은 정상적이다. 왜냐하면 이러한 감정들은 다른 사람들과의 상호 작용을 통해 형성된 애착과 관계적 안전감에서 형성된 정체감의 기본적인 형태와 관련되기 때문이다(Hargrave & Pfitzer, 2011). 이러한 초기 애착과 관계는 사람들이 본성적으로 불완전하여 완벽하게 이루어지거나 실행되지 않으므로 사랑과 신뢰와 관련된 일차적 감정은 종종 조절되지 않는다. 이 일차적 감정들은 뇌(대개 중뇌)가 스트레스를 받고 반응성적인 방식으로 반응하게 한다. 이러한 현상이 발생하면, 비난, 분노, 자기혐오, 수치심, 과잉 통제, 방어, 완벽주의, 철회, 무감각, 충동과 같은 반응성적 감정들이 반자동적으로 발생한다. 심리학자들은 보통 일차적 감정(기본 감정)을 분노, 혐오, 두려움, 행복, 슬픔, 그리고 놀람의 여섯 가지(일부 목록에는 기본 감정으로 다섯 가지, 일곱 가지, 여덟 가지를 포함하기도 한다) 감정을 말한다(Ekman, Friesen, & Ellsworth, 1982). 이러한 감정들이 일차적인 것이라는 추론은 대개 그들 중 많은 것들이 동물들과 함께 존재하며 감정의 진화적 기초와 잘 연관되어 있다는 관찰에서 비롯된다. 그러나 그들이 기본 감정이라고 불리는 가장 실질적인 이유는 이러한 감정적 상태들에 동반되는 보편적 경험과 표정이 있다는 점이다. 이러한 감정들에 대해 보편성이 있다는 사실을 문제로 삼지는 않겠지만, 우리는 이러한 감정의 대부분이 사실 본성적으로 반응성적이지 일차적 감정은 아니라는 의견을 유지할 것이다. 다시 말해, 일차적 감정은 정체감과 관계적인 안전감과 관련이 있는 반면, 이차적인 감정은 반응성적인 감정과 관련이 있다(Hargrave & Pfitzer, 2011). 그러므로 우리는 감정 조절에 대해 말할 때 일차적 감정을 목표로 하는데, 왜냐하면 그것들이 반응성적인 감정이나 이차적인 감정에 연료를 제공하는 감정 곤란이기 때문이다. 만일 일차적 감정을 조절할 수 있다면, 반응성 감정도 조절된다. 단지 반응성적이거나 이차적인 감정을 조절하는 것만으로도 일차적 감정을 조절할 수 있다는 것은 사실이 아니다. 그것은 체계 치료사가 일차적 변화와 이차적 변화의 차이를 고려하는 것과 같다. 일차적 변화는 단순히 흰개미가 있는 집에서 가구를 재배치하는 것처럼 행동을 바꾸는 것을 말한다. 이차적 변화는 깊고 정서적이며 일차적인 진짜 문제를 뒤쫓는다. 이것이 바로 자기-통제를 애원하고 간청하는 감정의 난제crux이다.

가장 중요한 것은 이러한 일차적 감정의 감정 조절이 훈련과 실습으로 분명히 학습될 수 있다는 것이다. 불쾌하거나 부정적인 감정을 조절하거나 하향 조절down-regulating하는 데 있어서, 훈련을 하는 사람들은 훈련하지 않는 다른 사람들과 비교해 자기-통제를 더 잘 수행하고 또한 일상생활에서 더 많은 기술을 사용한다고 보고하고 있다(Christou-Champi, Farrow, & Webb, 2015; Baumeister, Gailliot, DeWall, & Oaten, 2006). 밝혀진 바와 같이, 자기-통제는 사람들이 어떻게 살고 생활하는가에 대해 매우 큰 영향을 미친다. 대학생들의 성적과 같은 문제에 대해 가장 중요한 영향을 미칠 수 있는 것을 볼 때, 연구에 따르면 자기-통제가 수십 개의 성격 특성 중 유일하게 성적 점수 평균에 대한 예측 능력을 가지고 있는 것으로 나타났다. 이 자기-통제의 현실은 SAT나 학생들의 IQ 점수가 포함되는 경우에도 마찬가지이다(Wolfe & Johnson, 1995; Duckworth & Seligman, 2005). 자기-통제가 뛰어난 사람들은 동료들에게 더 좋게 간주되고, 다른 사람들과 안전한 관계를 형성하고 유지하며, 타인을 더 공감할 수 있다. 그들은 또한 불안, 우울증, 음주 문제가 적어 심리적으로 더 안정적이며 덜 분노하고 덜 공격적이다(Baumeister & Tierney, 2011).

자기-통제는 그 자체로 많은 이점을 가지고 있다. 그것은 감정 조절을 하는 데 중요하다. 연구는 그것이 훈련되고 배울 수 있는 기술이라는 점을 분명히 보여 준다. Baumeister, Heatherton, & Tice(1994)가 지적했듯이, 자기-통제의 결여는 사회의 주요 심리적 병리가 될 수 있고 다양한 관계의 종말과 불행을 유발한다고 말한다. 그렇다면 왜 자기-통제의 필요성에 대해 의문이 있는 것일까? 첫째, 자기-통제는 자연스럽게 이루어지지 않는다. 우리가 개인적인 선호, 습관 및 감정 조절 곤란과 관련해 알고 있는 대부분은 초기 발달 단계에서 오거나 우리의 반응성으로부터 자연적으로 발달한다. 변화는 본질적으로 주의력, 능력, 의도성을 필요로 한다(Bandura, 1997). 간단히 말해서, 실습을 통해 자기-통제를 기르기 위해서는 많은 노력이 필요하며, 사람들은 이를 반드시 즐기지는 않는다. 둘째, 자기-통제는 서구 사회에서 그다지 대중적이지 않다. 이에 대한 선호도의 변화가 오락가락 하기도 했지만, 현재 서구 문화들은 감정이 우리 자신에 대한 가장 진실하고 중요한 표현을 나타낸다는 사고방식을 채택하고 있는 것 같다(Hargrave, 2011). 다시 말해서, 인간으로서 내가 느끼는 것을 표현하거나 행동하지 않는다면, 나는 접촉을 잃었거나 나 자신에게 진실하지 않다고 느낀다. 물론, 감정은 뇌에서 매우 강력하지만(LeDoux, 1996), 확실히 인지나 동기보다 더 우리의 진정한 또는 가장 중요한 자아를 대표하지는 않는다. 사실 우리는 복잡하고 놀라운 뇌를 가진 온전한 인간이다. 한 부분이 우리의 정체감 전체를 대표할 수는 없고, 대표해서도 안 된다.

자기-통제는 사실 우리가 덕목virtue이라고 부르는 것의 더 큰 그림의 일부분이다. 현대 사회에서 덕목이 어떻게 유행에서 벗어났는지는 매우 흥미롭다. 아마도 위에서 논의된 감정에 대한 분명한 선호에 대한 반응 때문일 것이다. 덕목은 일반적으로 도덕성, 옳음 또는 선good의 기준에 순응conformity하는 것으로 정의된다. 여기서 '도덕성' '옳음' '순응'이라는 단어를 주목하라. 우리가 어떤 진리 기준으로 '선'을 정의하는 것이 아니라 우리 자신의 구조 기준으로 '선'을 정의하는 시대, 즉 포스트모던과 구성주의 시대에서는 이 단어들이 유행하지 않는다. 이것이 바로 덕목이 이렇게 시대에 뒤떨어진 것 같이 보이는 이유다. 그러나 Brooks(2015)가 지적한 바와 같이 덕목은 사실상 가치 있는 것이다. 덕목은 실제로 인간으로서 우리를 선하게 하고 우리의 관계를 확실히 좋게 하는 가치 있는 길이다. 덕목은 건전하고 현명한 성품의 핵심이다. 우리가 사랑스럽고, 충실하고, 희망적인 것과 같은 특성을 정의할 때, 실제로 아무도 이러한 속성들이 나쁘다고 믿지 않는다는 것을 발견하게 된다. 용기, 관대함, 평화로움, 열정, 온화, 인내와 같은 덕목도 마찬가지다. 선함, 정직, 자기-통제 같은 덕목의 본론으로 들어갈 때 사람들은 약간 주저하지만, 그럼에도 우리는 이러한 덕목들이 바람직하다는 것에 압도적으로 동의한다. 왜 그럴까? 왜냐하면 이러한 덕목에서 흘러나오는 행동들은 천성적으로 자기-화답을 하고 있으므로 일반적으로 그것을 실천하는 사람 자신과 관계에 좋기 때문이다(Balswick, King, & Reimer, 2016). 그런데 우리는 어떻게 이러한 덕목을 학습할까? 우리는 덕목을 정체감과 안전감으로부터 흘러나오는 의지적(지향적/의도적) 행동의 실습과 삶의 경험으로부터 학습한다. 그것은 성취하기 쉬운 일은 아니지만, 가치 있는 일이다. Erikson(1985)의 심리 사회적 발달 단계를 상기해 보자. 그는 발달적 도전challenges의 각 단계에서 그 단계가 협상될 때 개인에게 발달된 '적응력adaptive strength' 또는 덕목을 언급했다. 이 인생의 각 8단계에 해당하는 덕목은 의지, 목적, 능력, 충실(성실), 사랑, 돌봄, 지혜이다. 그가 규명한 덕목이나 적응력은 인생의 힘든 과정을 통해 학습되는 것이다. 마찬가지로, 우리가 가장 소중하게 생각하는 대부분의 덕목이나 특성들은 지난 장章에서 언급한 소위 '추도사 덕목'이라는 것에서 발견하게 되는데(Brooks, 2015), 이는 우리가 의도적으로, 대부분이 힘들거나 도전적이거나 불편하거나, 노력하는 경험을 통해 배운다는 것이다. 우리는 친구 중 한 명이 해병대에서 기초 훈련을 했던 시간에 대해 말했던 것이 떠오른다. 그는 "나는 그 훈련을 매 순간 정말 싫어했지만, 그 어떠한 것도 그 체험과 바꾸지 않을 것이다. 훈련이 너무 힘들었지만, 결국에는 누가 신임을 얻을 것인지에 대해 신경을 쓰지 않는다면 성취할 수 없는 것이 없다는 것을 배웠다"라고 말했다.

위대한 작가이자 시인인 Angelo(1993)는 "용기는 모든 덕목 중 가장 중요하다. 왜냐하면 용기 없이는 어떤 다른 덕목도 일관되게 실천할 수 없기 때문이다. 어떤 덕목이든 불규칙하게는 실천할 수 있겠지만, 용기 없이는 아무것도 일관되게 실천할 수는 없다"라고 말한다. 우리는 이에 동의하면서, 여기에 자기-통제의 덕목도 추가할 것이다. 자기-통제와 용기는 우리가 삶을 떠맡고 실천과 배움의 힘든 과정을 통해 선함, 돌봄, 사랑, 신뢰를 만들어 낼 수 있게 해 준다. 덕목은 감정 조절 곤란에서 나오는 것이 아니라 감정적으로 조절된 진실과 평온에서 비롯된다.

제3부

복원치료에 대한 고려 사항

제7장

특수 집단과 상황에 대한 복원치료의 적용

임상 실무에서 복원치료 모델을 사용하는 임상가들의 공동체가 확대되었다. 이 흥미로운 결과는 모델의 핵심 틀이 다수의 다른 임상 집단에 효과적으로 적용되는 방식에 있다. 본 장에서는 이러한 특수 집단special populations에 대해 논의하고, 복원치료 모델이 이러한 다양한 임상 장면에서 변화와 치유를 가져오는 데 어떻게 사용될 수 있는지에 대해 제안을 할 것이다. 우선, 우리는 치료사가 효과적으로 복원치료를 실행하여 긍정적인 치료 결과를 거눌 수 있기 위해 존재해야만 하는 몇 가지 핵심 조건을 강조하고자 한다.

첫 번째 조건은, 내담자는 자신의 과거와 현재의 고통스러운 경험을 회상하고 일관되게 이야기할 수 있어야 한다. 고통을 규명하는 작업은 이 모델에서 가장 기본적인 첫걸음이고 나머지는 바로 이 작업 위에 구축된다. 두 번째 조건은 내담자의 통찰 능력인데, 이것은 고통의 경험을 회상하는 첫 번째 조건과 관련이 있다. 내담자는 과거와 현재의 정서적 고통의 경험을 회상할 수 있을 뿐만 아니라 이러한 경험에서 의미를 도출한 다음 그 경험을 현재의 도전에 연결할 수 있어야 한다. 마지막으로, 일단 내담자들이 4단계를 알게 되면, 확립된 치료적 이득이 더 오랫동안 지속될 수 있도록 도구를 사용해야 한다. 4단계와 마음챙김을 지속하려는 동기는 물론, 실습 효과의 이점에 대한 믿음은 장기적이고 이차적 변화를 유지하는 데 필수적이다.

탄력성 복원: 아동과 작업하기

위의 조건에 따라, 복원치료 모델이 발달 연령으로 인해 제한된 능력을 가진 내담자에게도 사용될 수 있는지에 대한 중요한 논의가 있었다. 우리는 개입에 대한 다소의 수정을 통해 일부 13세 이하의 아동이 이 모델에서 상당한 이익을 얻을 수 있고 그 치료 효과가 지속될 수 있다는 것을 발견했다. 우리가 직접 관찰하고 아동과 작업하는 임상가들의 보고에 의하면, 8세 정도의 어린 아동이 다소 단순화된 형태로 모델을 파악해 생활에 적용할 수 있었다는 것이다.

그러나 아동을 대상으로 하는 작업은 반드시 신중하게 진행해야 한다. 왜냐하면 감정 조절의 진실을 규명하는 데는 인지 발달과 추상적인 사고 능력이 필수적인 요소이기 때문이다. 감정 조절 진실에 관해서는 또 다른 중요한 문제가 있다. 우리는 성인은 정서적 고통에 대한 자기-조절 책임이 있지만, 이것이 아동, 특히 사춘기 이전 아동에게 해당되는 것은 아니라고 생각한다. 아동은 양육자와 애착 대상과의 애착 관계를 통해 궁극적인 정서 조절을 배울 것이다(Ainsworth & Bowlby, 1991). 다시 말해, 아동은 애착 대상의 공동-조절을 통해 궁극적인 자기-조절을 배운다. 아동은 성인과 다른 인지 발달 수준을 가지고 있을 뿐만 아니라 성인과 다른 윤리적 책임도 가지고 있다(Boszormenyi-Nagy & Krasner, 1986). 아동은 양육자로부터 사랑, 양육, 돌봄, 신뢰, 그리고 정서적인 학습을 받을 권리가 있다. 또한 아동은 양육자 또는 애착대상의 삶에서 안정적이고 정서적으로 조절하는 세력의 역할을 할 책임을 지지 않는다. 아동에게 정서적으로 아동 자신이나 양육자를 돌보도록 요구하는 것은 절대적이고 노골적인 부모화parentification로 아동의 발달에 치명적인 영향을 주고 세대 간 가족에 파괴적인 결과를 초래할 수 있다(Hargrave & Pfitzer, 2003; Goldenthal, 1996). 따라서 복원치료사는 아동에게 이 모델을 사용할 때 신중을 기해야 한다.

복원치료 모델의 상당 부분은 기본적으로 매우 구체적이다. 우리는 흔히 아동 치료를 예방작업이라고 부른다. 왜냐하면 언어와 도구를 이용하여 아동이 자신의 정서적 경험을 조율하고 친구나 가족 관계에서 인지-정서-행동 패턴을 인식할 수 있도록 하기 때문이다. 사실, 이러한 패턴들은 아동이 어른들보다 더 유연한 경향이 있으므로 고착될 가능성이 적다. 게다가, 아동들이 종종 감정 단어와 대처 행동을 더 쉽게 소환할 수 있다는 점을 발견하는데, 이것은 그들이 자신들의 감정에 관한 문제에 대해 덜 경계하고 덜 자의식을 갖는 경향이 있다는 사실에 기인한다. 따라서 아동에게 복원치료를 사용하는 것은 건강한 개인 내 및 개인 간 관계 증진을 위해 새로운 패턴을 추적하는 데 도움이 되는 고무적인 기회를 제공한다.

치료 장면에서 아동에게 장벽이 될 수 있는 것은 아동이 감정 언어가 부족하거나 아동의 삶에서 성인의 모델링에 의해 감정 표현을 적게 경험한 경우이다. 복원치료는 이러한 관점에서 아동들과 그들을 돌보는 성인들이 성장할 기회를 제공한다. 아동에게 복원치료를 사용할 때,

아동의 발달상 느낌과 감정에 대한 아동의 이해는 처음에는 일차적 감정이 아니라 이차적 감정과 관련이 있다는 것을 기억하면서 유연하고 개방적인 과정을 유지해야 한다. 일차적 감정과 이차적 감정의 구별은 성인도 이해하기에 어렵고 아동에게는 훨씬 더 어려울 수 있지만, 때로는 아동이 이 구별을 파악하고 고통에 대한 진정한 통찰을 얻을 수도 있다는 것을 발견했다. 일차적 감정은 정체감과 안전감의 핵심적이고 기본적인 수준을 의미하므로 아동이 이차적 감정을 처음에 규명할 수 있도록 있도록 돕는 것이 첫 번째 단계가 될 수 있다. 발달상 아동은 아직 정체감 형성 과업에 대해 협상하고 있지 않고 있다(Erikson, 1963년). 그러나 그들이 경험한 정체감에 대한 위반은 이미 효력을 발휘하고 있다. 우리의 과업은 아동이 주기적 패턴에서 고통이 어떻게 작동하는지 규명하기 시작할 때, 그들이 경험하고 있는 것에 도움이 되는 언어를 붙이도록 돕는 것이다.

아동의 고통의 주기를 규명하기 위한 작업을 할 때, 우리는 단계적으로 처음에는 거의 항상 이차적 감정을 얻어 내고 그다음에는 그 감정 단어와 표현을 일차적 감정에 도달하기 위한 발판으로 사용한다. 특히 이러한 작업에 사용하는 효과적인 두 가지 도구는 은유와 조절 영역이다(Kuypers, 2011).

은유의 사용은 치료에서 강력할 수 있으며 아동과 작업할 때 매우

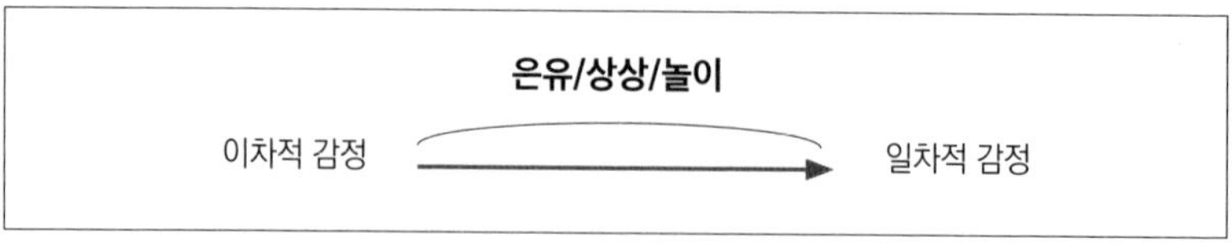

[그림 7.1] 은유/상상/놀이에 대한 평행 연상

효과적이다. 놀이나 스토리텔링을 통해서, 은유는 내담자가 처음에 거리를 두고 치료 작업에 참여할 수 있게 해 주고 평행 연상parallel associations을 만들어 내어 [그림 7.1]과 같이 영향력 있는 방식으로 상상력을 활용하도록 한다. 청소년뿐만 아니라 아동도 상상의 영역으로 쉽게 이동하는 경향이 있다. 왜냐하면 상상 놀이와 상징적 사고가 학령기의 인지 발달에 규범적normative이기 때문이다(Kail & Cavanaugh, 2015). 이것은 종종 아동이 심각한 외상을 경험했거나 자원의 빈곤으로 인해 상상력을 자유롭게 펼치며 놀 수 있는 자유가 금지된 환경에서 살고 있는 경우 제한될 수 있다. 그러나 대부분 아동은 감정 언어에 접근하고 발전시키기 위해 은유와 상상력을 사용할 수 있다.

은유와 상징을 사용하는 과정에서 아동이 강하게 동일시하는 이야기, 영화나 쇼의 캐릭터를 사용하는 것이 특히 유용할 수 있다. 캐릭터는 여러 가지 방식으로 활용할 수 있다. 그것들은 아동의 이야기의 한 측면을 드러낼 수도 있고, 자신의 정체감을 발견하고 그 발견을 사용해 고통을 극복하기 위한 역할 모델이 될 수도 있다. 예를 들어, 디즈니 영화 '라푼젤Tangled'의 주인공 라푼젤은 왕과 왕비의 딸로서 자신의 진정한 정체감이 무엇인지 찾고 있으며, 결국 그녀가 자신이 되고자 하는 사람으로 더욱 충분히 발전할 수 있게 되었다. 라푼젤이 발견한 정체감의 유형은 탑에 포로로 잡힌 시골뜨기가 아닌, 공주 지위와 관련되어 있지만, 우리는 그녀의 공주 지위의 폭로가 그녀가 사랑받고, 바람직하며, 혼자가 아니며 소속되어 있는 사람으로서 자신의 정체감을 더욱 온전히 깨닫게 한다는 것을 알 수 있다. 이 이야기와 아동이 쉽게 연결할 수 있는 라푼젤의 캐릭터를 활용하면 더 깊은 일차적 감정의 진입점이 될 수 있다. 우리는 특히 이 예를 사용하는데, 이는 내담자들에 의해 사용되어 강력한 통찰과 변화를 가져온 예이기 때문이다. 상징과 놀이 매체는 이차적 감정과 일차적 감정 사이의 연결을 만들 수 있으므로 은유로써 아동에게 효과적으로 사용할 수 있다. 사려 깊은 질문과 성찰적인 관찰은 종종 아동이 효과적이고 의미 있게 이러한 연결성을 탐색할 수 있도록 한다.

아동 작업에서 또 다른 효과적인 도구는 조절 존zones of regulation의 개념이다(Kuypers, 2011). Kuypers는 다양한 상황에서 아동이 자신의 감정에 대한 자각과 Kuyper가 언급한 각성 상태state of alertness를 증가시키는 데 도움이 되는 인지-행동 관리 개입으로 존 프레임워크zones framework를 만든 직업치료사이다. 이 프레임워크는 자폐증 스펙트럼과 주의력 결핍 과잉행동 장애[ADHD] 진단을 받은 아동을 대상으로 하는 임상 맥락에서 발전되었다. 학교에서 시행된 이 프레임워크는 치료적 맥락에서도 아동의 감정에 대한 자각을 높이는 데 유용한 도구가 되었다. 이는 각 색상이 감정의 범주를 나타내는 색상 기반 프레임워크로 아동이 자신이 느끼고 있는 감정을 인지하게 되면 어떻게 반응해야 하는지에 대한 신호를 보낸다. 예를 들어, 적색 존은 분노, 격노, 고조된 각성 상태와 같은 강렬한 감정을 나타낸다. 적색 존은 또한 아동에게 자신이 하고 있는 일을 중단하고, 조절되지 않는 적색 존에서 벗어나 평온하다고 느끼는 녹색 존의 조절로 이동하는 전략을 사용하라는 신호를 보낸다. 우리는 존 프레임워크가 사용되도록 설계된 정도까지는 사용하지 않고 중심적 개입보다는 촉진적 도구로 사용해 왔다. 이 도구는 초기 이차적 감정 상태를 인지하고 아동 내담자가 공유하고 있는 상황에 대해서 어떻게 느꼈는지 또는 치료실에서 현재 어떻게 느끼고 있는지를 반영할 수 있는 유용한 도구가 되었다. 일단 아동이 이차적 감정을 규명할 수 있다면, 아동은 다음 사례와 같이 일차적 감정으로 이끌기 위한 질문을 할 것이다.

치료사 지난주 적색 존에 있었을 때에 대해서 좀 더 말해 주겠니?

아동 저는 어제 동생이 제게 묻지도 않고 제 레고 세트를 가지고 놀았을 때 적색 존에 있었죠. 부모님은 제가 동생을 화나게 했다고 나무라셨지만, 동생이 제 허락도 없이 레고 세트를 가지고 노는 것에 대해서는 동생에게 아무 말도 하지 않았어요. 그건 정말 말도 안 돼요!

치료사 그때 너의 감정이 어땠니?

아동 저는 화가 났고 좌절감을 느꼈어요.

치료사 누구에게 화가 났고 좌절감을 느꼈니?

아동 몰라요. 아마도 동생? 부모님? 잘 몰라요. 아마도 둘 다겠죠.

치료사 왜 화가 났고 좌절감을 느꼈니?

아동 글쎄요. 동생은 묻지도 않고 제 물건들을 가지고 놀아서는 안 돼요. 동생은 그걸 잘 알고 있어요. 그런데 아마도 일부러 제 성질을 건드려 제가 문제를 일으키게 하려고 그랬던 것 같아요. 결국 부모님이 제가 문제를 일으켰다고 저만 혼냈고, 동생은 혼내지 않으신 건 정말 불공평해요. 동생은 모든 것을 모면하고 도망친 거죠.

치료사 그래서 네가 적색 존에서 분노와 좌절감을 느낄 때, 너 자신에 대해 어떤 메시지를 들었니?

아동 누가 보낸 메시지를 말하는 거죠?

치료사 음…. 네가 분노와 좌절감을 느낀 것은 네 동생이 해서는 안 될 일을 했는데, 너만 혼났기 때문이야. 나는 그 분노와 좌절감 아래에 네가 너에 대해 뭔가를 생각하고 있는지, 그리고 그 상황이 너에 대해 뭔가를 말하고 있는지 궁금해 하고 있어. 이해되니?

아동 음, 네. 제 생각엔 동생이 제가 하는 것보다 훨씬 더 많이 도망치는 것 같아요. 그리고 때때로 저는 동생의 실수에 대해 제가 비난을 받기도 해요. 마치 부모님이 저를 사랑하는 것보다 동생을 더 사랑하는 것처럼, 저보다 동생을 더 잘 대하는 것 같아요. 그것이 사실이 아니라는 건 알지만, 그렇게 느껴져요. 그 애가 태어난 후로 저는 부모님에게 덜 중요해졌고, 부모님에게는 그 애만큼 좋은 사람이 될 수 없었어요.

일단 아동이 자신의 일차적 감정의 언어를 이해하고 구성할 수 있게 되면, 우리는 아동의 고통의 주기를 그리기 시작한다. 이 아동이 규명한 일차적 감정은 '중요하지 않다'였다.

치료사 그래서 내가 보기에는 네가 자신이 '중요하지 않다'라고 느낄 때 화가 나고 좌절하는 것 같아. (적색으로 고통의 주기를 그린다) 이것이 네게 어떻게 보이니?

아동 (고통의 주기를 보며 조용히 고개를 끄덕인다)

고통의 주기는 단순히 고통에 대한 인지 지도의 구체적이고 시각적인 표현이다. 이러한 시각적 이미지는 단순하고 명확하게 아동 자신의 고통을 깊고 의미 있게 이해하도록 돕기 때문에 아동에게 울림을 주는 경향이 있다. 적색으로 고통의 주기를 그리는 것은 아동이 고통의 주기에 있을 때, 자신이 조절되지 않아 자신과 관계에 파괴적인 영역에 있다는 사실을 강화하는 데 도움이 된다. 특히 어린 아동에게는 중요한 것이 있는데, 우리는 레고와 같은 놀이 기구나 놀이 모바일 기구를 사용하여 반드시 고통의 주기를 그릴 필요 없이 아동의 적색 존 감정을 표현할 수 있다는 것이다. 결국 우리가 진실을 규명하고 평온의 주기를 개발하기 시작한 지점에 도달할 때, 우리는 조절되고 차분한 상태를 나타내는 녹색 존과 평행하게 녹색을 사용한다. 4단계는 녹색으로 쓰여 있으며, 아동 내담자에게 4단계를 사용하는 목적은 자신의 감정을 적색 존에서 녹색 존으로 조절하는 데 있다는 추가 신호도 적혀 있다. 서로 다른 색상의 의도성과 우리가 일차적 감정과 이차적 감정 간에 만든 연결성은 아동 내담자들이 사고, 감정, 행동 간의 연결성에 대한 이해를 강화하는 데 도움이 된다.

지속적인 변화의 복원: 가족 체계와 작업하기

전통적인 지혜는 우리가 아동과 작업할 때, 가족과 함께 치료실에 있는 관계 체계와 함께 작업하면 치료가 훨씬 더 효과적이라고 말하고 있다. 가족치료는 가족 구성원의 다양한 가족 내 위치constellations of family로 구성될 수 있으며, 호소 문제의 본질에 비추어 볼 때 발달 연령에 근거하여 누가 치료실에 와야 하는지의 적절성에 대한 임상적 조율이 필요하다. 가족 작업에 대한 모든 고려 사항과 금기 사항이 검토되고, 임상적으로 치료실에 다수의 가족 구성원을 참여시키는 것이 최적인 것으로 결정되면, 복원치료는 치료 과정의 구조와 조직을 촉진하여 치료실의 여러 관점과 내용을 더욱더 잘 관리할 수 있다. 더 중요한 것은 치료사가 가족과 함께 작업하면 호소 문제가 포함한 체계와 직접 협력하여 지속적인 변화를 가져오는 목표를 달성할 수 있다는 것이다.

복원치료는 가족에 대해서 모든 가족 구성원이 고통을 함께 나누고 자신들의 고통이 관계의 어려움에 어떻게 영향을 주었는지를 인식하는 과정을 목격할 기회를 제공한다는 점에서 강력하다. 매번 고통에 관한 이야기를 할 때마다 서로 상처를 입거나 배신당할 위험이 있다. 통상적으로 정체감과 안전감을 위반하는 행위는 가정 내에서 먼저 발생하는데, 만약 가해자가 치료실에 있다면 피해자가 이런 이야기를 하는 것은 큰 용기가 필요할 것이다. 여기서 치료사의 다측면 편파성(Boszormenyi-Nagy & Krasner, 1986)은 치료실의 정서적 안전감을 보존하는 데 중요하다. 치료사가 한 사람 한 사람의 이야기를 공평하게 경청하고, 치료실에서 가족 구성원 사이에 발생한 위반 사항을 인식시키기 위해서는 경청, 보류hold, 재지시하는 치료사의 능력이 동시에 필요하다. 성인 가족 구성원은 자신의 고통과 평온의 주기를 구성하는데, 아동은 종종 성인의 감정 조절 과정을 관찰한 다음 감정 조절의 수정 과정을 스스로 배울 수 있다. 결국, 고통의 상호 작용적이고 대인 관계적인 성격이 드러나기 위해 다수의 고통과 평온의 주기가 결합될 수 있다. 그렇게 하면 각 사람의 주기 간의 구별을 유지하는 데 있어서 더 쉬워진다. 그러나 더 중요한 것은 처음에는 각 사람의 주기를 분리하여 유지하는 것이 각 구성원이 이해하고 조절해야 하는 각자의 고통을 가지고 있다는 현실을 보여 준다. 따라서 치료사는 각각의 개별 주기를 그리기 위해 치료실에 다수의 화이트보드를 구비해 둘 필요가 있다.

가족 구성원 고통의 주기를 결합하는 것은 그들이 고통을 견뎌 낼 때 그들의 행동과 감정이 궁극적으로 다른 사람들에게 어떠한 영향을 미치는지를 이해하도록 돕는 중요한 작업이다. 상호 작용하는 고통의 주기를 그릴 때, 치료사는 공동-의존이나 공동-조절의 역동성을 전달하지 않고 호혜성, 회귀recursion, 공유된 책임성에 대한 기본 가족 체계 개념을 예증하는 데 주의를 기울여야 한다(Becvar & Becvar, 1996). 여기서, 가족은 각 사람이 다른 사람에게 영향을 미치고 가족의 패턴은 관계 상호 작용에서 나타난다는 것이다. 우리는 권력과 책임의 상호 작용이 있고, 부모-자녀의 이자dyad 관계와 같은 일부 관계에서의 상호성이 동료 관계에서 기대되는 것과 같은 방식으로 상호적이고 완벽하게 평등하지 않다는 것을 명심한다. 사실, 가족 체계 내의 하위 체계에 관한 구조적 관점(Minuchin & Fishman, 1981)을 유지하는 것이 도움이 되며, 부모와 형제 하위 체계 사이의 경계선을 염두에 두고 있다. 각 사람이 다른 사람에게 영향을 미친다는 생각은 모든 관계에서 사실이다.

다음은 네 명의 자녀를 둔 여성의 사례이다. 그녀의 두 딸은 멀리 있는 대학에 갔고 남편과는 4개월 전 별거하기 시작했다. 현재 여성은 15세의 셋째 딸과 12세 막내아들과 함께 살고 있는데 최근 이 딸이 집과 학교에서 문제를 일으키기 시작했다. 세션에서 딸은 치료사에게는 반응하지만, 어머니와는 최소한의 눈만 마주치고, 신체적인 거리를 유지한다. 말을 할 때는 눈동자를 굴리며 자신에 대해 매우 냉소적이고 눈에 띄게 짜증을 낸다.

딸 우리 엄마는 말도 안 돼요. 엄마가 학교에 오면 너무 창피해요. 친구들 부모님들은 엄마처럼 학교에 와서 아이들을 당혹스럽게 하지는 않아요.

엄마 모든 부모가 행동을 함부로 하고 결정도 맘대로 하고 신뢰할 수 없는 행동을 하는 아이를 가지고 있는 건 아니지.

딸 신뢰할 수 없다고요? 엄마가 그렇게 말하면 안 되죠. 아빠와 관계를 망쳐 놓은 건 엄마잖아요.

엄마 오, 그건 끔찍한 말이고 사실이 아니라는 걸 너도 알고 있을 텐데….

치료사 자, 여기서 멈추시기를 바랍니다. 저는 지금 이 치료실에서, 많은 감정을 보고 들을 수 있습니다, 이해합니다. (딸에게) 엄마가 너를 신뢰할 수 없다고 말씀하실 때 네가 어떤 느낌이 드는지 궁금하구나.

딸 무척 짜증이 나고 화가 나요. 우리 가족은 완전히 찢어져 무너졌고 엄마는 그저 일이 잘 풀리기를 바라면서 아무 일도 없었던 것처럼 행동하고 있어요! 정말 짜증나요.

치료사 이해해. 네 말은 가족의 생활과 엄마의 행동 사이에는 큰 차이가 있는 것 같다는 거지. 그렇다면 엄마는 어떻게 행동해야 한다고 생각하니?

딸 글쎄요…. 저는 엄마가 오빠, 나, 그리고 직장에 대해 많은 책임을 지고 있다는 건 알고 있어요. 엄마가 완전히 우울하지 않은 것은 좋은 일이지만, 우리에게 실제로 일어난 일에 대해서 말하지 않고 엄마가 단지 모든 사람이 항상 행복하기를 바라고 있다는 것이 너무 당황스러워요. 그건 불가능하잖아요!

치료사 무슨 일이 일어났었니?

딸 엄마와 아빠가 이혼한 결과로 우리 가족에게 일어난 모든 일들….

엄마 우린 아직 법적으로 이혼하지 않았어.

딸 똑같은 거지. 뭐가 달라. 별거나 이혼, 결국엔 다 같은 기분이야.

치료사 나는 네가 부모님의 별거에 대해 많은 생각과 감정을 가지고 있다고 생각해. 무슨 일이 일어나고 있는지에 대한 대화가 없고 항상 행복하게 행동해야 하는 것처럼 느낄 때, 어떤 메시지를 받니?

딸 무슨 일이 일어나고 있는지에 대해 어떠한 감정도 가져서는 안 된다는 메시지를 받아요.

치료사 너는 감정이 있지만?

딸 물론이죠, 우리 가족은 갈라졌고, 더 이상 어느 것도 정상이 아니에요.

치료사 그러니까, 네가 지금 일어나고 있는 일에 대해 감정이 있으면서도 그런 것들을 느끼거나 적어도 그것들에 대해 이야기해서는 안 된다는 것이, 너 자신에 대해 무엇을 말해 주고 있니?

딸 그것은 제가 혼자라는 거죠. 저는 혼자라고 느끼고 있고, 제 감정을 혼자 견뎌야 해요. 그것은 마치 갈라져 다스리는 것과 같아요. 우리 가족은 많은 조각으로 찢어져 갈라졌고, 모두 각자 스스로를 지키고 다스려야 해요. 우리는 함께 할 수 없어요.

치료사 혼자라고 느낀다고?

딸 네. 철저히 혼자인 거죠.

치료사 네가 혼자라고 느낄 때, 너는 무엇을 하니?

딸 잘 모르겠어요. 전 제가 계속 혼자만 있는 것 같아요. 다른 사람들도 그냥 제가 혼자만 있게 내버려 뒀으면 좋겠어요.

딸이 고통을 받기 시작한 것은 의도적으로 본인이 자처한 것이었고, 이에 대한 메타-메시지는 부모가 자녀의 고통을 듣고 품을 수 있어야 한다는 것이다. 딸의 고통의 일부는 부모의 별거에 대한 부정적인 감정을 표현하는 것이 허용되지 않은 사실 때문이다. 부모는 자녀의 아픔을 함께하고 자각하며 자녀를 돌보는 포용력과 연민을 가져야 한다. 부모가 자신의 고통을 의미 있게 규명하고 고통을 이해하는 가치를 확인하기 위해서 개방성과 취약성을 모델화하는 것이 유익할 때가 있다. 그러나 이는 자녀의 발달 연령, 호소 문제, 안전감 문제, 부모 위계에 대한 문화적 가치, 부모가 개방하려고 하는 내용의 적절성 등의 요인에 기초하여 주의 깊게 식별되어야 한다. 부모의 개방과 관련하여, 부모와 사전 대화를 진행하는 것이 도움이 될 것이다. 또한 부모의 고통의 주기를 자녀와 공유하는 주된 목적은 각 구성원이 고통에서 반응할 때 상호 작용의 힘든 패턴이 어떻게 발달하는지에 대한 통찰력을 얻는 것이라고 설명해야 한다. 부모가 자녀가 듣기에 적절하지 않은 깊은 외상을 경험하여 자녀에게 대리 외상을 유발할 수 있는 경우, 치료사는 부모와의 개별적인 세션을 주선하고, 가족 세션에서 개방하기에 적절한지에 대한 안내를 제공할 수 있다. 이 사례에서는 딸이 엄마의 고통의 주기를 아는 것이 적절했다. 엄마는 성장하면서 가족 역기능에 대한 중요한 이야기를 지니고 있었지만, 딸이 아는 것이 부적절할 수 있는 외상 사건이라서 전에는 말하지 않았던 것을 개방하기 시작한다. 15세의 딸은 그녀의 성숙함과 통찰력으로 엄마의 고통을 듣고 그 고통에 의미 있게 참여할 수 있었다.

치료사 따님은 남편 분과의 별거 문제에 관해 말하는 데 제약을 느끼는 것과 따님이 겪고 있는 모든 일을 다스릴 수 있는 능력에 미치는 영향에 관해 이야기했습니다. 그녀의 설명은 당신의 경험과 어떻게 맞습니까?

엄마 아이가 하는 말이 너무 놀랍지는 않아요. 그러나 저는 아이들에게 그것에 대해 이야기하는 것이 허용되지 않는다고 말하는 것이 아닙니다. 다만, 앉아서 감정에 관해 이야기하는 것은 물론이고, 우리의 일상을 헤쳐 나가는 데 시간이 충분하지 않다는 것입니다. 마치 제가 마술사 같은 사람이고, 움직이는 공에서 눈을 떼지 말아야 하는 것과 같아요. 제가 시선을 떼는 순간, 공은 떨어져 버릴 것입니다.

치료사 당신이 생존 모드에 있는 것 같군요.

엄마 네, 그렇게 말할 수 있을 것 같아요. 전 오랫동안 그랬던 것 같아요. 남편이 집을 떠나기 전에도, 저는 늘 공을 움직여야 하는 사람이었습니다. 지금은 아이들에게는 저밖에 없으니 생활을 유지하기 위해서 제가 해야 하는 모든 일을 해내고 있는 것뿐이죠.

치료사 그래서 당신은 생존 모드에 있을 뿐만 아니라, 가족들이 앞으로 나아가게 할 막중한 책임을 전적으로 부담하고 있다는 거지요?

엄마 네, 그런데 제가 말씀드린 대로 상황이 계속 이렇습니다. 설령 남편이 집에 있다 하더라도 우리를 계속 전진하게 하는 건 저예요. 저는 일꾼이자 동시에 운전기사 같아요. 정말 힘들고 외롭지만, 어쨌든 누군가는 해야 하는 거죠!

치료사 일꾼이자 동시에 운전기사가 되는 일을 맡았던 가장 초기 기억은 언제입니까?

엄마 제가 11살이었을 때 부모님은 이혼하셨고, 여동생과 저는 어머니와 함께 지냈죠. 저는 정확히 무슨 일이 일어나고 있었는지는 몰랐지만, 몇 년 후에 어머니가 심하게 우울하다는 것을 알게 되었어요. 때때로 그녀는 며칠 동안 침대에서 일어나지 못했죠. 그 일이 일어났을 때, 저는 저 자신과 여동생을 돌봐야 했습니다. 아무도 할 사람이 없어서 제가 그것을 해야 했죠.

치료사 네, 정말 용감하시네요. 비록 당신이 해야 해서 한 것이지만, 자신과 여동생을 돌보는 것은 여전히 용기가 필요하죠. 그리고 당신은 그 이후로 멈추지 않은 것 같네요.

엄마 네! 그렇다고 할 수 있어요. 전 평생 일꾼이자 운전기사였어요.

치료사 정말 당신의 감정을 위한 시간이 없었군요.

엄마 어머니는 매사에 너무 깊이 생각하고 있었어요. 어머니의 그와 같은 생각들이 저와 동생으로부터 어머니를 빼앗아 간 셈이죠. 그러니 우리가 앉아서 어떻게 해야 하는지에 관해 이야기하는 것이 무슨 소용이 있을까요?

치료사 인생에서 정말 고통스러웠던 시간을 헤쳐 나갔던 당신의 용기와 끈기에 박수를 보냅니다. 하지만 당신이 그렇게 열심히 일하고 있을 때 어떤 느낌이었는지 잠시 생각해 보았으면 좋겠어요. 앞에 해야 할 일들은 쌓여 있고, 아무도 할 사람이 없으니 당신이 해야 합니다. 그러니 당신은 참고 열심히 합니다. 매사 열심히 임하고 추진력이 있는 사람, 이것이 세상이 당신을 보는 시선입니다. 외부 층에서는 우리가 일꾼과 운전기사라고 부르는 것이죠. 하지만 그 외부 층 이면에는 더 많은 것들이 있습니다. 당신의 생각, 감정, 경험들이 있는데, 우리는 그것을 볼 수 없습니다. 우리가 볼 수 있는 것은 당신이 하고 있는 것들뿐이죠. 만일 우리가 외부 층을 벗겨낸다면, 당신의 어떤 감정을 볼 수 있을까요?

엄마 (잠시 멈춤) 저는 피곤하고, 지쳤어요. 이 모든 일에 저 혼자뿐이죠. 모든 것이 저에게 달려 있고, 아무도 저를 돕기 위해 나서지 않아서 스트레스를 받아요. 그런데 저는 이런 상황이 당연하게 여겨지기도 해요. (그녀의 눈에 눈물이 흐르기 시작한다)

[그림 7.2] 엄마와 딸의 고통의 주기

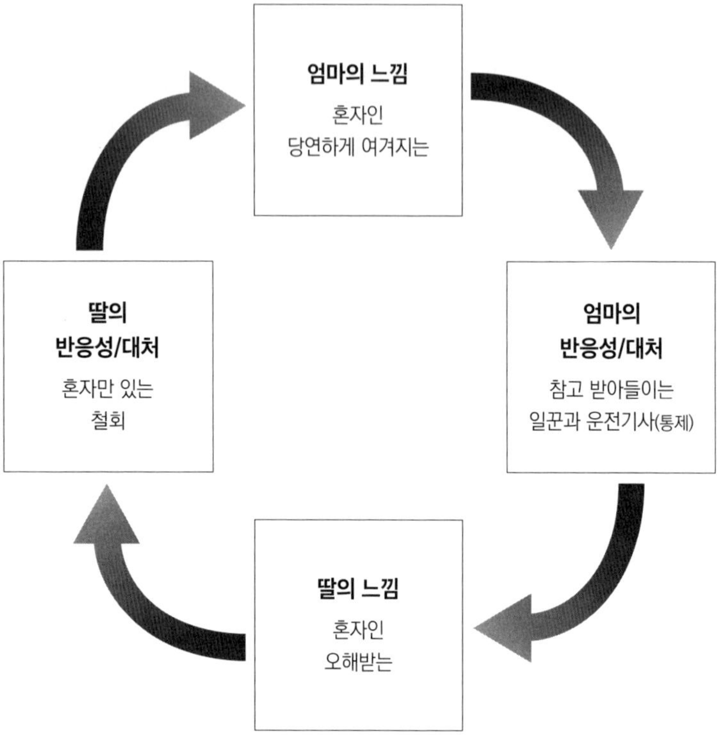

[그림 7.3] 엄마와 딸의 상호 작용적인 고통의 주기

여기서부터 치료사는 혼자이고 당연시 여겨지는 중요한 감정을 분리하여 이러한 것들을 느꼈던 엄마의 초기 기억으로 되돌아간다. 엄마는 처음으로 딸이 전에 보지 못했던 부드러움과 취약성을 보여 준다. 딸이 엄마의 고통과 상심의 표현을 목격함으로써 엄마를 향해 부드러워지는 것이 보인다. 부드러워지는 것은 치료사가 중요시해야 하는 공감과 연민의 신호이다. 물론 엄마를 힘들게 한 것에 대한 죄책감이나 엄마를 돌보는 것에 대한 책임감을 느끼는 반응을 지켜보고 다루는 것도 중요하다. 이것은 이해할 수 있는 반응이지만, 핵심 교훈은 엄마의 고통과 반응이 어디에서 왔는지 이해하는 것이지 엄마에 대한 책임을 질 의무가 있다고 느껴야 하는 것은 아니다. [그림 7.2]와 같이 모녀 고통의 주기를 각각 완성한 후, 그들이 둘 다 자신들의 고통의 주기를 이해하고 인지할 때 치료사는 모녀가 자신들 고통의 주기에 빠져 고통으로 인해 영향을 받으면 그들 관계에서 얼마나 많은 어려움이 발생하게 되는지를 이해하도록 돕기 시작한다.

효과적인 전환 방법은 내담자가 이전 세션에서 이미 공유한 이야기를 사용하는 것이다. 따라서 치료사는 [그림 7.3]과 같이, 이전 세션에서 제기되었던 상호 작용을 상기하고, 상호 작용적인 고통의 주기를 가리키면서 모녀 사이에 펼쳐지는 고통이 어떻게 상호 작용을 이끌었는지를 묘사한다.

치료사 (엄마를 바라보면서) 저는 몇 주 전에 당신이 말했던 상황, 즉 학교로부터 따님이 허락 없이 학교를 떠나가 버린다는 전화를 받은 것에 대해 생각하고 있습니다.

엄마 맞아요, 그건 정말 나쁜 짓이죠.

치료사 제가 기억하기로는, 당신은 직장에 있을 때 그 전화를 받았죠. 당신이 이미 직장에서 상당한 스트레스를 받고 있었을 때입니다. 그 순간, 당신은 "오, 이런! 이 애와 또 시작되는구나!"라고 생각했죠. 그리고 당신은 즉시 이 상황을 도울 수 있는 다른 사람이 없다는 마음이 들어 자신이 혼자라고 느낍니다. 그리고 혼자라고 느낄 때 참고, 받아들이고, 그것을 처리해야 한다고 결정합니다. 그런 다음, 당신이 집에 돌아왔을 때, 딸과 마주쳤죠. (딸을 바라보며) 너도 학교에서 힘든 하루를 보냈기 때문에 이미 기분이 안 좋았다고 말했잖아. 네가 엄마와 마주쳤을 때, 너는 엄마가 네 이야기를 듣는 것에 별로 관심이 없는 것처럼 느꼈는데, 네가 허락도 없이 학교를 떠난 데는 이유가 있었던 거지. 그래서 너는 혼자이고 오해받았다고 느꼈지만, 그것을 헤쳐나가려고 하는 대신에 철회하고 혼자 있는 것을 유지했어. 네가 혼자 있는 것을 유지하면서 엄마를 멀리할 때, (엄마를 바라보며) 당신은 그것이 당연시 여겨지는 느낌이 듭니다. 제가 기억하기로는, 당신이 아무리 열심히 아이를 돌보고, 그들이 생활 속에서 올바른 선택을 하도록 도와주어도, 그들은 개의치 않는 것 같다고 말했습니다. 따라서 딸이 그렇게 하는 것이 당연시 여겨지는 느낌이 들 때, 딸이 얼마나 고통스러운지 알지 못하고 휴대전화를 빼앗으며 한 달 동안 외출 금지로 고삐를 졸라매어 비행을 멈추게 함으로써 상황을 통제하기로 합니다. 그렇게 했을 때 따님은 훨씬 더 철회하는 것으로 응답합니다.

고통의 대인관계 영향력을 설명하기 위해 고통의 주기를 결합하는 이 단계는 치료사가 부부와 함께 작업할 때 취하는 단계와 같다. 그것은 각 개인의 고통을 탐색하고 이해한 다음, 이것이 관계에서 어떻게 상호작용하는지에 대한 통찰을 얻는 것으로 시작된다. 가능하면 내담자들의 실제 시나리오를 사용하여 상호 작용하는 고통의 주기를 거치는 것이 좋다. 그들은 이미 경험과 정서적 연관성을 가지고 있으므로 정서적 수준에서 연결될 수 있을 것이다.

치료실에 있는 가족 체계의 여러 구성원과 함께 작업할 때, 진실과 평온의 주기를 규명하는 것은 가족 구성원이 서로에게 진실의 연설자가 되는 기회를 제공한다. 부모, 배우자, 형제자매가 항상 진실을 말하는 것은 아니지만, 치료사는 그 가능성에 개방되어 있어야 하며 치료실에 있는 진실의 연설자가 진실을 말하게 할 수 있는 특별한 기회를 포착해야 한다. 또한 부모와 자녀들과 함께 작업할 때, 치료사는 자녀가 부모의 삶에 진실을 말하기 위해 배치되는 것에 특별한 주의를 기울여야 한다. 예를 들어, 나이가 많은 청소년과 성인 자녀가 아동 초등학생보다 진실을 말하기에 더 적절할 것이다. 아동 자녀는 부모에 대해 긍정적으로 이야기하고 격려자가 되도록 지지받을 수는 있겠지만, 부모가 기대하는 방식으로 진실을 말하는 사람이 되는 것에 대한 책임을 느껴서는 안 된다. 이 모녀의 경우, 딸은 엄마의 삶에 진실을 말할 수 있는 권한이 부여될 수 있지만, 이것은 엄마가 딸의 말을 경청하고 딸의 삶에 진실을 말한 후에만 일어날 것이라고 제안할 것이다. 딸이 아직 엄마의 말을 듣고 이해하지 못했을 때 엄마에게 빚지고 있다고 느끼지 않는 것이 중요하다.

치료사 지난 두 달 동안 우리는 당신의 가족, 더 구체적으로는 따님과의 관계에서 집에서 일어나고 있는 어려움에 대해 많은 이야기를 나누었죠. 두 사람의 관계가 항상 어려웠던 건 아니겠죠. 따님과의 관계에서 갈등이 적었던 때를 기억하세요?

엄마 물론이죠. 불과 몇 년 전만 해도 우리 관계가 요즘보다 훨씬 더 부드러웠어요. 우리는 저녁 식사를 준비하거나 가족들을 위해 케이크를 구우며 함께 이야기했어요. 우리 둘 다 함께 시간을 보내는 것을 즐겼다고 생각합니다.

치료사 따님에 대해 특별히 즐거웠던 것이 무엇이었나요?

엄마 그 애는 창의적이고 유머 감각이 뛰어납니다. 두뇌 회전이 빠르고 친절할 줄 아는 애죠. 관심의 대상이 되는 것을 좋아한 적은 없지만, 수줍어하지도 않습니다. 그 애는 내가 정말 감탄하는 조용한 자신감을 지니고 있습니다. 그 애는 어렸을 때부터 그랬어요.

치료사 따님에 대한 묘사가 정말 놀랍군요. 당신이 진정으로 따님을 사랑하고 있고 실제로 그녀의 자질을 잘 알고 있다는 생각이 듭니다. 요즘 따님과 많이 충돌하고 있다는 사실을 어떻게 생각합니까?

엄마 잘 모르겠어요. 저는 그 애가 십 대가 되었다고 생각하며, 아마도 애 아빠와 내가 집 안에서 했던 많은 싸움에 영향을 받았을 것입니다. 저는 남편과 별거한 이후로 그와 더는 싸우지 않지요. 저는 지금 저를 집 안의 유일한 부모로 만드는 것이 이 상황에 대한 진정한 적응이라고 생각합니다.

치료사 (딸을 바라보며) 요즘 엄마와 많은 충돌을 하고 있다는 사실에 대해 너는 어떻게 생각하니?

여기서부터 딸은 지난 1년 동안 겪은 고통을 엄마와 함께 나눌 수 있도록 격려를 받는다. 이 대화 중에 모녀 사이는 부드러워졌는데, 이러한 부드러움은 엄마가 딸에게서 관찰되는 긍정적인 속성들을 성찰하는 시간을 가졌을 때 시작되었다. 그들의 대화가 계속되면서, 관계에 긍정적인 교류를 경험하고 이것은 그들의 진실에 관한 대화로 이어진다.

핵심 진실 복원: 성격장애 내담자와 작업하기

성격장애personality disorder 내담자의 치료 작업은 종종 느리고 깊어서 내담자와 치료사 모두의 체력과 인내가 필요하므로 어려울 수가 있다. 또한 성격장애 내담자는 치료사와의 관계에서 격렬해질 수 있고, 치료사가 관리하기 힘든 개인적 수준의 도전을 제기하기도 한다. DSM에 따르면, 성격장애 내담자는 보편적이고 엄격한 부적응적인 인지적, 정서적, 행동 패턴의 영향을 받지만, 자신은 종종 이것이 문제가 되고 있다는 것을 모르고, 대인관계 어려움을 다른 사람들의 잘못에서 찾는다. 현재, 성격장애 내담자에 대한 치료 선택은 심리치료이다. 이 치료 작업에서 내담자가 자신의 어려움에서 자신이 하는 역할을 인식하거나 이해하지 못하므로 치료사는 매우 당혹스러울 때가 많다.

성격장애 내담자는 복잡하고 치료에 참여하기가 힘들며, 일단 치료가 시작되어도 유지하기가 어렵다(Wampler et al., 2018; Martino, Menchetti, Pozzi, & Berardi, 2012; McMurran, Huband, & Overton, 2010). 따라서 치료 작업의 중요한 부분은 의도적으로 이 유지 문제를 다루는 것이다. 이를 위한 한 가지 방법은 내담자에게 로드맵road map을 투명하고 명확하게 하는 것이다. 내담자는 이러한 지도를 보고, 자신이 어디에서 어디로 가고 있는지를 분명하게 알 기회를 얻게 된 것에 대해 감사한다. 우리는 치료를 위한 목적지나 목표를 공동으로 결정하지만, 치료실에 있는 전문가들의 마음속에는 그 목표에 어떻게 도달하는지에 대한 로드맵이 있다. 내담자들로 하여금 이러한 지도를 보도록 이끌어 주는 것은 치료 과정에 대한 그들의 헌신을 촉진하고, 실제로 그들이 목적지에 도달할 수 있다는 확신을 심어준다. 로드맵의 가장 큰 장점 중 하나는 치료사에게 치료 작업의 거시적 관점뿐만 아니라 각 세션을 조직하는 데 도움이 된다는 사실을 상기시켜 준다(Hargrave & Pfitzer, 2011). 치료 모델을 설명하고 작업이 어떻게 전개될지에 대해 기대하게 하는 것은 치료 작업에 대한 예측 가능성을 높이고 내담자들이 자신들의 시간과 노력을 쏟도록 돕는다. 특히 이것은 다른 내담자들에 비해 더 많은 예측 불가능성과 혼돈을 나타내는 성격장애 내담자들과 작업할 때 유익하다.

복원치료 모델은 치료 과정에 대한 명확하고 식별 가능한 로드맵을 가지고 있다. 본 책의 앞부분에서 설명한 4단계는 내담자가 파악할 수 있는 방식으로 설명될 수 있어서 성격장애 내담자에게 특히 유용하다는 것을 발견했다. 우리가 함께 작업한 어떤 여성은 경계성 성격장애 borderline personality disorder 진단을 받았으며 그뿐만 아니라 주요 우울증과 몇 가지 다른 정신건강 및 의학적 상태를 포함한 다면적인 진단을 다루기 위해 수년간 치료를 받았다. 이 여성은 경계성 성격장애에 관한 책을 많이 읽었고, 진단에 대해 폭넓은 지식을 가지고 있는 남편과 함께 부부 상담을 받으러 왔다. 그러나 남편은 경계성 성격장애에 대한 다양한 지식에도 불구하고 아내에 대한 정서적 · 대인 관계적 반응의 범위가 현저히 제한되어 있었고(아내는 남편이 그녀를 사랑하지도 않고 관심도 없다고 느낀다), 이것은 부부 관계에 있어서 주된 긴장 요인 중 하나였다. 시간이 지나가면서 남편은 아내를 화나게 할 가능성을 최대한 줄이기 위해 자신의 감정 표현으로 자신을 측정하는 일이 많아졌다. 그는 치료에 있어서 안전하다고 느끼기 위해 가능한 한 치료 과정에 대한 많은 예측 가능성과 투명성이 필요하다고 느꼈다. 따라서 길고 느리게 움직이는 치료 작업 전반에 걸쳐 로드맵을 다시 언급한 것은 치료사와 신뢰를 구축하고, 그가 아내의 장애에 대한 혼란과 예측 불가능성을 경험할 때 치료 작업을 유지하는 데 특히 도움이 되었다. 결국 남편은 아내와 깊은 생각과 감정을 공유할 수 있었고, 남편이 치료에 참여하는 것에 대한 그녀의 만족에 대해 상당한 우여곡절이 있었음에도 이러한 투명성의 수준은 아내가 치료 작업에 계속 참여하는 데 도움이 되는 것으로 판명되었다.

우리는 성격장애 내담자의 고통을 개인 내 또는 개인 간 불화를 초래하는 자신과 타인에 관한 잘못된 사고, 감정, 행동에 기름을 붓는 연료로 개념화한다. 이러한 개념화는 다른 내담자의 고통의 기능을 어떻게 고려하는가와 크게 다르지 않지만, 성격장애 내담자들의 인지적 · 정서적 과정은 그들의 기질과 세계에 대한 핵심 신념에 깊이 각인되어 있어서 이러한 핵심 스키마로부터 고통을 풀어내는 것은 특히 도전적이다. 따라서 성격장애 내담자의 복원치료는 이러한 장애가 없는 내담자보다 훨씬 더 오래 걸린다는 것을 알 수 있다. 트레이너나 슈퍼바이저로서, 우리는 종종 성격장애와 관련된 작업에 대해 다음과 같이 말한다. "건강과 평온으로 가는 길은 누구에게나 동일하다." 다시 말해, 복원치료의 로드맵은 장애에 상관없이 동일하다. 그러나 우리는 복원치료의 4가지 목표에서 이 로드맵의 실행이 훨씬 더 느리다는 점을 인정한다. 대략 평균적인 내담자의 통상적인 세션의 3배 정도의 세션이 더 필요하다. 복원치료사로서 우리는 정체감과 안전감에 대한 위반과 고통을 이해하는데 시간을 극적으로 연장하고 그 고통의 이야기를 다시 다른 사람들에 대한 사랑과 신뢰를 위반할 수 있는 행위의 가능성에 조심스럽게 연결한다. 이것은 또한 세션의 양을 획기적으로 증가시키는 느린 과정이다. 마지막으로, 복원치료사는 이러한 유형의 사례에서 극도의 인내심을 발휘해야 한다. 치료사가 내담자의 정체감과 안전감 혼란의 고통을 이해하는 것이 더 극적이고 더 깊어야 하며, 내담자의 책임감, 통찰, 그리고 변화가 모두 훨씬 더 느린 속도로 일어난다는 것을 이해해야 한다.

인력과 친교의 복원: 만성 질환 내담자와 작업하기

"나는 내 몸을 통제할 수 없게 된 것 같아요." 이것은 급성 및 만성 질환, 또는 장애를 지닌 내담자들이 흔히 하는 말이다. 그들에게는 전반적인 통제력 상실의 인식을 초래하는 신체로부터의 배신감과 단절의 경험이 만연하게 되는데, 이것은 질환에 이차적으로 발생하는 우울증과 불안증의 주요 전조 중 하나이다. 질환으로 인해 가족, 직업, 관심 있는 활동 등에서 과업과 책임을 계속할 수 없을 때, 상실은 마치 회복할 수 없는 것처럼 느껴지면서 그들의 정체감을 깊게 파고들 수 있다. 예를 들어, 치료사는 스포츠 관련 뇌진탕을 겪는 청소년들과 작업할 때, 대부분 그들의 주된 사회적 네트워크는 팀을 중심으로 조직되어 있고 정체감의 핵심 측면은 운동선수로서의 성과에 기초한다는 것을 인식해야 한다. 우리가 성취도가 높은 학생 운동선수라고 부르는 이 내담자들은 뇌진탕에서 회복하기 위해 다른 일상적인 활동뿐만 아니라 스포츠에서 일시적 또는 장기적인 휴식을 취해야 할 때 어려움을 겪고 괴로워할 수 있다. 내담자는 결국 재활을 통해 재개할 수 있지만, 자신이 가장 중요한 사회적 시스템 중 하나로부터 제거되고, 가정과 학교에서 일상생활에 대한 구조 및 만족을 제공하는 많은 일상적 활동에 참여하는 것이 금지된다. 회복 기간의 불확실성과 함께 이러한 고립은 우울증, 불안, 그리고 통제력 감소에 대한 전반적인 인식의 결과가 되는 정신적 고통을 초래할 수 있다. 이러한 의원성 효과iatrogenic effect(의도되지 않은 치료의 결과로 발생하는 병)는 뇌진탕 환자들에게 공통적이고, 또한 그들에게 흔한 2차 진단은 뇌진탕 증후군post-concussion syndrome인데, 이는 뇌가 치유되었다는 증거가 있는데도 증상은 지속되는 현상을 말한다(Broshek, De Marco, & Freeman, 2015). 뇌진탕 증후군 내담자가 심리치료에 연계되었을 때, 치료의 초기 단계에서 중요한 과제는 팀원들과의 사회적 연결의 상실과 운동선수로서의 정체감 상실을 인정하고 애도할 수 있도록 돕는 것이다.

급성 질환이나 부상이 만성적인 상황으로 전환되는 뇌진탕 증후군과 같은 상태는 내담자가 의학적 상태로 인한 정서적 고통뿐만 아니라 초기 의학적 사건 이전에 존재했을 수도 있는 정서적 고통을 다룰 기회를 제공한다. 사실 우리는 신체직 고통을 '정서적 고통으로 가는 경로'라고 생각한다. 왜냐하면 우리는 병에 걸렸거나 신체적 능력이 저하된 경험이 사람들로 하여금 자신의 한계에 직면하게 한다는 것을 보았기 때문이다. 이러한 현실은 특히 예상치 못한 상황에서 받아들이기 어려울 수 있다. 인간으로서 우리는 항상 자신의 경험에 대해 의미를 부여한다. 경험이 우리가 이미 알고 있고 세상에 대해 믿고 있는 것과 부합할 때, 우리는 그런 경험을 어떻게 이해하고 있는지에 대해 잘 인지하지 못한다. 삶과 세상에 대한 가정assumptions과 생생한 경험 사이에 불협화음이 발생할 때 우리는 고통스러워하게 된다. 그리고 이 고통을 해결하기 위해 발생한 일에 의미를 부여해 경험을 이해하려고 노력한다. 질환은 일반적으로 삶과 세상에 대한 우리의 기대에 부합하지 않는 경험의 한 예이다. 내담자들이 질환에 직면했을 때 그것을 이해하려고 노력하면서 질환을 효과적으로 다루는 능력을 제한하거나 아니면 촉진하는 의미를 부여하게 될 것이다(Wright & Bell, 2009). 내담자를 구속하고 치유로 나아가지 못하게 하는 질환과 관련된 정체감과 안전감에 대한 신념을 규명할 때, 우리는 이러한 신념을 다루어 성장과 치유를 촉진하는 신념의 회복으로 나아가도록 도울 수 있다. 이러한 제한적인 신념 중 일부는 질환 이전에 내담자 내부에 존재했던 고통이며 일부는 질환 경험 내에서 새로 출몰한 고통이다. 통제력 상실로 인해 경험하는 이러한 고통은 내담자가 자신의 정체감과 안전감의 위반으로써 경험할 수 있다. 그 안전감 위반은 예측할 수 없는 질병의 특성 때문일 수도 있다. 예측 불가능성은 증상의 갑작스러운 발병, 또는 결국 진단으로 이어질 수 있는 설명할 수 없는 증상의 지속적인 경험을 말한다. 진단이 질환의 시작에서 오든 나중에 오든, 신체에 대한 통제력의 상실과 단절의 느낌은 보편적이다. 신체의 분리 혹은 외재화는 내담자들이 항상 그들의 신체적 건강을 통제할 수 없다는 혼란스러운 현실에 대처하는 방식이 될 수도 있다.

우리는 내담자가 자신의 신체와의 관계를 묘사할 때 "나는 더 이상 내 몸을 신뢰할 수 없다" 또는 "나는 내 몸에 배신감을 느낀다"라는 표현을 사용하는 것을 목격하기도 한다. 신체가 그들을 침해한 외부 실체가 된 것처럼, 여기에는 질환으로 발생하는 안전감과 신뢰의 위반에 대한 합병증이 있다. 내담자는 신체적 존재를 외재화함으로써 자신 스스로를 가해자와 피해자로 분열시키고 있다. 누가 자신에게 고의로 질환이나 장애가 야기하는 종류의 혼란과 고통을 일으킬 것인가? 질환이나 장애가 그들에게 일어났고 심지어 전염병이나 다른 사람에 의해 입은 부상과 같은 명백한 외부적인 원인이 있는 경우에도, 취약성에 대한 비난과 배신감은 여전히 자신의 몸에, 자아의 분열된 부분에 자리 잡고 있다.

안전감 위반을 다루는 내담자와 어떻게 작업하는지 논의하기 전에, 우리는 질환이 있는 내담자가 종종 정체감 위반의 경험도 한다는 것을 이해해야 한다 이것은 특히 직업이나 여가 활동을 수행할 수 있는 내담자의 능력이 질환이나 질환 치료로 인해 손상되는 경우이다. 많은 면에서, 우리는 우리의 능력과 우리가 할 수 있는 것에 의해 정의된다. 우리가 처음으로 누군가를 만났을 때 질문하는 것 중의 하나는 "무슨 일을 하시나요?"라는 사실을 생각해 보자. 직관적으로, 우리는 그들이 무엇을 하는지, 그들이 시간과 정력을 어떻게 바치는지, 그들의 관심사나 직업이 무엇인지에 따라 그들에 대한 우리의 인식을 조직하기 시작한다. 우리는 이와 같은 방식으로 우리 자신을 정의한다. 우리의 정체감은 우리의 직업, 여가, 직장, 가족 등에서 수행하는 역할을 통해 무엇을 하고 있는가로 표현된다. 우리는 자신이 하는 일을 중요하게 여기기 때문에 때로는 우리가 인정받는 측면에서 자신의 통제력을 잃게 되면 고통스럽다. 만성 질환에 직면했을 때, 우리는 자신이 할 수 있는 변화를 탐색하고, 자신이 누구인지에 대한 새로운 현실을 협상해야 한다. 이것은 질환이 외부 세계에 보이지 않을 때 특히 도전적일 수 있다. Rolland(1994)는 질환의 심리사회 유형학psychosocial typology을 제시하고 질환의 가시도를 환자의 질환 경험에 영향을 주는 한 요소로 규명했다. 한편, 화학 치료를 받고 있는 환자의 탈모나 다발성 경화증 환자의 휠체어 사용과 같은 눈에 보이는 지표들은 외부 세계에 내담자가 신체적으로 건강하지 않으며, 단순히 '아프다'라는 것으로써 그 사람의 정체성을 너무 빠르고 좁게 정의할 수 있다는 신호를 보낸다. 그러나 질환의 증상이 보이지 않을 때 취약성에 대한 연민, 공감 및 공유 연결은 외부 세계에서 얻기 어려울 수 있으며, 질환 경험에 대한 인정은 질환의 증상만큼이나 파악하기 어려울 수 있다. 증상이 보이지 않을 때 질환 경험을 숨기고 격리하는 것은 쉽지만, 적어도 내담자는 다른 사람들이 자신의 질환 경험에 관여하는 방식을 어느 정도 통제할 수 있다. 반면 증상이 보이는 사람들은 이 점에 대한 통제력이 떨어진다. 여기에서 질환의 가시성은 환자가 병든 사람으로서 정체감에 미치는 질환의 영향과 그 정체감과 함께 오는 타고난 다양한 가치감과 가치 자격에 대해 내담자가 얼마나 많은 통제력을 가지는지를 결정짓는 중요한 결정 요인이 될 수 있다.

지금까지 우리는 만성 질환이 있는 내담자가 정체감과 안전감의 위반을 경험하는 몇 가지 일반적인 방식에 관해 확인했다. 확실히, 정서적인 고통은 복잡하다. 그러한 고통은 종종 개인의 정신 내면에 수년 동안 존재해 온 고통과 질환의 이야기에서부터 최근에 나타난 고통과 뒤섞인 채 가득 차 있다. 질환의 영향을 받는 내담자들을 치료하는 초기 단계에서, 우리가 하는 작업의 중요한 부분은 그들의 질환과 관련된 정서적 고통을 이해하고, 의학적 상황에 의해 촉발되는 질환의 고통을 경청하는 것이다. 질환은 내담자 자신의 신체적 한계에 직면하도록 강요하고 미래에 대한 두려움과 불안을 초래할 뿐만 아니라 삶에 관한 결정에 의문을 제기하게도 한다. 위에서 언급한 바와 같이, 질환의 이야기가 질환 이전에 존재했던 정서적인 고통을 더 깊게 파고들 수 있는 통로 역할을 하는 것은 드문 일이 아니다. 내담자들은 이러한 불확실성의 시기에 다른 상황에서 고통에 대처하는 것과 같은 방식으로 대처할 것이다.

우리는 각 내담자의 특수한 복잡성과 질환과 관련이 있을 수도 있고 그렇지 않을 수도 있는 더 큰 고통의 내러티브에 포함된 질환 이야기를 숙고하면서, 질환의 영향을 받는 내담자들에게 정체감과 안전감을 복원하는 것이 어떤 의미를 가지는지 폭넓게 고려하고 있다. 정체감을 복원하는 작업에는 두 부분이 있다. 첫째 부분은 내담자가 환자 이상인 '사람'이라는 관점에서 자신의 정체감 부분들을 복원하는 데 도움을 주는 것이다. 예를 들어, "당신은 신체적 연결과 친밀감을 바라는 배우자입니다. 당신은 무역 기술과 전문 지식을 소유한 기술자입니다. 당신은 친구들과 멋진 식사를 즐길 수 있는 사람입니다"와 같은 것이다. 그러나 이보다 더 중요한 것은 두 번째 부분으로, 내담자가 일차적 감정의 관점에서 자신의 정체감을 복원하도록 돕는 것이다. 내담자의 가치성, 고유성, 그리고 질환에도 불구하고 자신이 누군가에게 알려질 수 있다는 믿음과 같은 것이다. 우리가 환자라는 정체감 속에서 누군가에게 알려지지 않고 자신이 혼자라는 그들의 경험을 경청하고 공감할 때, 질환을 초월하는 진실과 질환 이야기의 도중에 나타날 수 있는 진실에 대한 증거에 귀를 기울인다. 우리는 일반적으로 질환으로 인해 자신의 정체감에 대한 통제력 상실의 경험과 정체감이 함몰된 것처럼 느끼므로, 질병을 적절한 관점에 두기 위해서 "질병을 제자리에 놓는다". 우리는 질환이 내담자의 삶에 중대한 영향을 미친다는 사실을 인정하면서도, 단시 질환만으로는 정의되지 않는 정체감의 충만함을 복원하기 위해 노력한다. 이는 장기간에 걸쳐 만성 질환을 앓고 있는 내담자가 만성 질환과 함께 '새로운 일상new normal'을 사는 것이 무엇을 의미하는지 끊임없이 협상하는 데 특히 중요하다. 그들에게는 그들의 경험 내내 곁에 있었던 사랑하는 사람들이 있다. 그들에게는 그 누구도 빼앗아 갈 수 없는 직업에 대한 노하우와 전문성이 있다. 그들의 가치는 그들이 할 수 있는 것에 국한되지 않는다. 그들에 대한 진실은 그들이 새로운 일상에서 다르게 보일지라도 가치가 있고, 누구에겐가 제공할 수 있는 재능을 가지고 있다는 것이다.

안전감 복원은 인력 및 친교communion를 촉진함으로써 통제력의 문제를 해결하는 데 초점을 맞춘다. 이는 주로 질환의 영향을 받는 내담자와 작업하는 가족치료사들 사이에서 치료의 주요 목적이 된다. 건강에 대한 통제력이 약화하면 내담자는 통제력 상실이 전반적인 것처럼 느껴질 수 있다. 따라서 작업의 중요한 부분은, 우리가 예측할 수 없는 질환의 본성, 내담자들 및 간병인들의 통제감과 안전감의 인식에 미치는 영향을 인지하고 있기 때문에, 질환을 적절한 제자리에 놓는 것이다. 내담자들이 질환을 적절한 장소에 놓을 수 있을 때, 그들은 자신들의 삶 속에서 질환이 어디에 속하는지를 효과적으로 선택해 인력을 행사한다. 여기서 안전감을 복원하는 작업이 정체감 복원과 함께 시작된다.

인력의 증진과 더불어 우리는 친교를 촉진하고 내담자가 자신의 신체를 파편화하지 않도록 돕기 시작한다. 그들이 그들의 체화된 정체감의 일관성과 일치성을 복원하는 것을 선택하여 그들의 몸을 받아들이고 재연결하면서 질환을 방해할 때, 이러한 움직임은 지향과 통제력을 통해 이루어진다. 우리는 증상을 더 예측할 수 있게 만들어 질병의 경과를 바꿀 수는 없다. 그러나 치료사는 내담자들이 자신의 건강이 불확실한 상황 속에서도 심리적, 관계적, 영적 경험을 어떻게 관리할지에 대해 통제할 수 있다는 것을 이해하고 믿도록 도울 수 있다.

세대 간 유대 복원
: 이민자 부모의 이중문화 아동과 작업하기

한국계 미국인 2세인 나(미영)는 이민자 가정에서 자라나는 도전과 동시

에 그 아름다움에 대해 많은 생각을 했다. 내가 거주했던 지역사회는 민족과 인종이 다양했지만, 나는 내가 다니던 학교에서 몇 안 되는 한국계 미국인 중 한 명이었다. 어렸을 때, 주위 사람들과 내가 얼마나 다른지 일찍 알게 되면서 나는 학교에서 내 또래들처럼 보이고 싶고, 그들처럼 되고 싶고, 그들과 같은 가족을 갖고 싶다는 열망과 씨름하기 시작했다. 내가 적응하고 속할 수 있도록 다른 사람들과 같이 되고 싶었던 기억만큼 내 문화에 대해 수치감을 느꼈던 적은 다시없었다. 그와 동시에 우리 가족은 1960~70년대 한국전쟁을 겪고 이민을 온 부모 세대의 교인들이 세운 한국교회에 다녔다. 세계의 또 다른 나라에서 온 그들 세대의 많은 이민자처럼, 그들은 자신과 자녀들을 위해 안전하고 안정적이며 희망적인 삶을 찾아 미국으로 왔다. 어떤 사람은 고국에서 가져온 문화적 가치와 전통이 새로운 나라에서 정지된 상태로 남아 있어서 1세대 이민자 그룹을 '얼어붙은' 세대라고 부른다. 그들의 한국 동료들은 1900년대 말에 서방의 영향력이 증가하면서 많이 변화했지만, 이민자들의 문화적 가치는 미국에서의 동화와 용광로 같은 압력을 견뎌냈다. 부모님은 종종 나와 나의 형제에게 한국은 서쪽에서는 중국으로부터, 동쪽에서는 일본으로부터 식민지화의 위협 속에서 그들의 정체감을 지키기 위해 항상 노력해야만 하는 사람들의 나라라고 말했다. 그러므로 그들은 미국에 사는 것의 혜택을 최대한 활용함으로써 자녀들이 성공할 것이라는 큰 희망을 품고 있는 한편, 우리가 강력한 한국인의 정체감을 유지할 것이라는 강한 기대를 하고 있었으며, 이 가치가 강력하게 강화된 곳 중 하나가 한국교회였다. 한국교회는 우리 가족의 문화적 중심지였다. 이곳은 우리가 다른 다세대 한인 가족들과 합류하여 언어, 음식, 예술, 음악 및 사회적 관계를 통해 한국적인 연대를 공유한 곳이었다. 따라서 나는 학교에서는 다수문화에 속하려고 노력했고, 교회에서는 소수 민족 문화에 속하려고 노력했다. 이러한 서로 다른 맥락에서 우리 각자는 각 상황에서 다른 사회적 규범과 기대를 파악하기 위해 자신의 정체감을 바꿀 수 있는 능력을 갖춰야 했다.

1세대와 2세대 모두에 대한 이 두 가지 기대의 본질적인 도전(살지 않는 나라의 전통문화에 충실하면서 지금 사는 나라에서 성공하는 것)은 충성심, 소속감 및 수용과 관련된 정체감의 문제가 지속적인 딜레마가 될 수 있다. 제1세대(고국에서 태어나고 성인이 된 후 미국으로 이주한 사람들)의 경우, 그것은 그들의 마음을 두 나라에 두고 사는 초국가주의적 현실과 씨름하는 문제이다(Falicov, 2005). 그리고 많은 면에서 더 이상 어느 한 나라에 온전히 속하지 않는다. 제2세대(미국에서 1세대 부모 세대에서 태어난 사람들)의 경우, 그들이 직면하고 있는 긴장은 종종 경험상 단지 하나의 문화를 알고 있으나 경험상 아는 것이 거의 없는 부모의 나라인 두 번째 문화를 소중히 여기고 우선순위로 결정할 것을 기대받고 있다. 이중문화에 대한 그들의 경험은 부모들이 직면하고 있는 것과 같은 도전을 제시한다. 그들은 어느 나라에도 온전히 속해 있지 않거나 어느 문화에도 들어맞지 않는다. 따라서 이러한 긴장을 탐색하는 내담자와는 그들이 누구인지, 누구에게 속해 있는지에 대한 명확성이 적을 때 정체감을 복

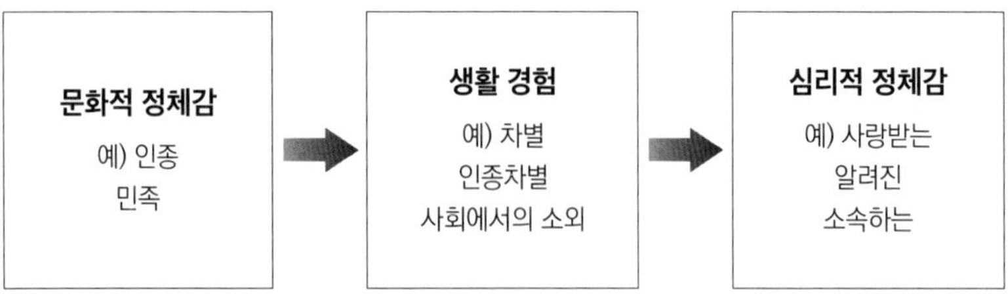

[그림 7.4] 문화, 경험, 정체감 간의 연결

원한다는 것이 무엇을 의미하는지도 파악해야 한다.

문화와 관련된 정체감의 이러한 측면은 우리의 일차적 감정과 직접적으로 연관된다. 문화적 정체감, 특히 민족성과 인종에 기초하여 우리가 어떻게 보이고, 인식되고, 알려지는가는 우리가 살고 있는 세계를 어떻게 경험하는가에 크게 영향을 미칠 수 있다. 우리가 다수 집단에 속하지 않는다는 점을 강조할 때 소속감이 주는 정체감 개념은 특별한 도전을 받을 수 있다. 소속감이 우리의 가치와 소중함의 감각에 연결되는 방식은 [그림 7.4]에서 볼 수 있듯이 깊을 수 있다.

이 소속감의 문제를 복잡하게 만드는 것은 개인이 어디에도 온전히 속하지 않을 때이다. 예를 들어, 한국계 미국인으로서 나(미영)는 미국 시민으로 모든 미국 시민의 권리를 공유하지만, 유색인으로서는 우리 사회의 큰 틀 안에서 다수의 그룹에 속하지 않는다는 사실을 알고 있다. 가끔 낯선 사람들과 새로운 지인들이 나의 인상적인 영어의 유창성을 언급하거나 외국 억양으로 말하지 않는다고 말하는 것을 듣는다. 이것은 내가 나의 인종 때문에 영원한 이방인이며, 내가 이 나라에 속하는지 아닌지에 대한 다른 사람들의 가정을 끊임없이 다루고 있다는 것을 상기시켜 준다. 동시에 내가 한국을 방문했을 때 나는 거기에도 속하지 않는다. 내가 한국어를 읽을 수 있고, 나 자신을 탐색할 수 있을 만큼 충분한 한국 언어의 능력을 갖추고 있지만, 의심할 여지없이 나는 외국인이다. 그것은 나의 매너리즘과 유창하지 않은 한국어의 부족함에 반영되어 있다. 한국에 있으면서 친근감과 유대감을 느끼는 것만큼 나는 한국에 속해 있지 않고 한국도 내 조국이 아니라는 것을 인식한다. 그래서 우리가 소속감에 관해 이야기할 때, 그것은 시민권과 관련된 법적 · 기술적 의미가 아니라 심리적인 유대감과 장소나 집단에 대한 애착을 뜻

한다.

"내가 여기에도, 거기에도 온전히 속해 있지 않다면, 나는 어디에 속해 있는가?" 이것은 내가 나에게 수십 번 물어본 질문이고, 나의 일부 내담자에게서도 종종 듣는 질문이다. 그들이 정체감에 관한 질문을 호소 문제로 가지고 치료실에 오지는 않지만, 자신들의 좌절과 실패의 고통을 풀어나가면서 소속감에 대한 문제가 그들 삶에서 중요한 주제로 떠오른다. 그들이 중간에서 존재하기 위해 고군분투할 때 그들은 자신을 알기 위해, 그리고 자신에게 속하기 위해서 투쟁한다. 자신을 안다는 것은 가족, 또는 더 넓은 공동체를 개인의 정체성 중심에 두는 전통문화의 핵심에 도전적일 수 있다. 개인은 더 큰 집단의 반영과 표현이며, 자기가 그 집단의 정체감과 매우 밀접하게 연관되어 있다는 이 관점은 그 자체로는 반드시 문제가 되지 않는다. 그러나 개인의 정신적 건강이 자신을 집단과 구별할 수 있는 능력에 의해 측정된다는 문화적 규범과 교차 할 때 개인 내, 또는 개인 간에 긴장이 발생할 수 있다. 이중문화 속의 개인은 하나를 선택하는 것과는 대조적으로 두 가지 관점을 모두 유지하는 경향이 있으며, 그들이 처한 상황에 따라 관점을 바꿀 수 있다. 이것은 어려운 상황에 대한 적응적인 반응이며, 이중문화의 개인들 사이에서 일반적이다. 맥락에 맞게 전환하고 적응하는 것은 탄력성 일부이며 때로는 생존에 필수적이지만, 또한 맥락을 초월하는 핵심 정체감을 개발하는 것을 어렵게 만들 수도 있다. 나는 사회적 맥락이 변화함에 따라 나에 대한 진실이 혼란 속에서도 안정적으로 유지될 수 있도록, 한 맥락에서 다음 맥락에 이르기까지 그 진실을 붙잡고 고수하기 위해 고군분투했다. 소속감의 불확실성 속에서 내가 가치가 있다고 믿는 측면은 서로 다른 맥락에서의 경험에 따라 다양했으므로 나는 맥락을 초월하는 나의 핵심 정체감의 진실을 규명하는 데 오랜 시간이 걸렸다.

나는 이중문화 내담자들, 특히 아시아계 미국인 내담자들과의 작업에서 내 경험을 토대로 그들의 이중문화 신원에 대해 가정하지 않도록 주의해야 한다. 동시에 나 자신의 경험에 대한 인식은 이민 1세대 부모와 관계를 맺기 위해 고군분투하는 2세대 자녀로서 이러한 긴장을 극복하고 있는 소수 인종 내담자와 민족 간에 쉽게 간과될 수 있는 정체감 문제에 대해 더 잘 조율하고 호기심을 갖도록 도와주었다. 복원치료 모델은 정체감 문제가 이 모델의 핵심 부분이므로 이러한 내담자와 작업하는 데 특히 유용하다. 명심해야 할 중요한 것은 문화적 정체감과 심리적 정체감의 관계를 이해하는 동시에 둘 사이의 차이를 유지하는 것이다. 신체적 고통이 심리적 고통을 이해하는 경로로 작용하는 만성 질환 내담자와의 작업을 설명한 방식과 마찬가지로, 내담자의 문화적 정체감에 대한 설명을 탐색하는 것은 그들의 심리적 정체감을 이해하는 데 중요한 부분이 될 수 있다. 우리는 한 걸음 더 나아가 그들의 문화적 정체감에 대한 고통의 이야기가 그들의 심리적 정체감에 대해 그들이 경험하는 고통을 밝혀 줄 것이라고 말할 것이다. 또한 문화적 정체감에서 나타날 수 있는 진실을 고려하는 것도 중요하다. 비록 내담자들이 그들의 문화적 정체감에 대해 갈등을 느낄 수도 있지만, 그 문화에는 긍정적이고 그들이 연관되어 있다고 느끼는 측면들이 있을 것이다.

사례

47세의 일본계 미국인 남성이 7년 전에 아버지의 죽음에 대한 슬픔을 해결하기 위해 치료실에 왔다. 가족들과 친구들은 그가 아버지가 돌아가신 직후에 겪었던 것과 같이 아직도 '펑크funk' 상태에 있다는 것을 알아챘고, 이에 대해 몇몇 사람들이 그에게 치료를 권하여 오게 된 것이다. 이는 남성의 첫 치료 경험이었는데, 치료 초기에는 마음을 여는 과정이 매우 느렸다. 치료 과정에 대해 편안하게 느끼는 전환점이 되었던 것은, 그가 가계도를 작업하는 중 가족의 이야기를 나누었을 때였다. 그는 일본계 미국인 3세로 두 형제 중 형이고 친조부모는 1900년대 초에 일본에서 이민을 와서 1938년, 그의 아버지가 태어난 워싱턴 주에 정착했다. 1942년, 아버지의 가족은 강제 수용소로 보내졌고, 그곳에서 3년 동안 지냈다. 1945년 고향으로 돌아왔을 때 그의 아버지는 일곱 살이었고, 그 내용에 대한 아버지의 회상은 희미했지만, 조부모가 직장을 구하기 위해 애썼고 아버지는 학교 적응에 어려움을 겪었기 때문에 가족들이 상당한 스트레스를 받았다는 것을 기억했다. 남성은 아버지가 살아 있을 때, 그의 어린 시절에 대해 많은 것을 말하지는 않았지만, 가족생활의 어려움이 자신의 가족 인생의 성공으로 보상받을 수 있다는 것을 종종 보여 주었다고 말했다. 이 발언들로부터 그가 받은 메시지는 부모 세대의 고통과 수난을 보상하는 것은 그의 세대에게 달렸다는 것이었다. 그는 이 과업을 부담이 아닌 명예로운 의무라고 표현했지만, 이 과업에 대한 책임의 무게를 인정했고 이러한 과업과 관련된 자신의 고통에 관한 대화의 문을 열었다.

남성은 결혼하여 두 명의 고등학생 자녀를 두었다. 그는 법률 보조원paralegal으로 일하고 있고, 일본계 미국인 아내는 카이로프랙틱 의사로서 자신의 병원을 소유하고 있었다. 그는 법대를 나와 자신의 법률 사무소를 열거나 대기업에 입사하기를 희망했지만 사법시험에 합격하지 못했고, 세 번의 시도 끝에 포기했다. 그는 아버지가 돌아가실 때까지 특별한 문제없이 평범하게 살았다고 느꼈다. 하지만 아버지가 위암 말기 진단을 받은 지 몇 달 만에 사망했을 때, 자신의 삶이 뒤바뀌었고 그 후 불안과 불확실성의 상태에 빠졌다고 묘사했다. 그는 자신의 이런 반응에 스스로 매우 놀라워했다.

남성 저는 아버지의 죽음이 저를 매우 힘들게 해서 놀랐어요. 그의 부재는 제 가족의 일상생활을 아무것도 바꾸지 않았는데 제가 왜 거꾸로 매달려 있는 것처럼 느끼는지 모르겠어요. 7년이 지났는데 왜 아직도 갇혀 있는지 정말 모르겠어요.

그는 이런 생각을 탐색하면서 아버지와의 관계에 대해 자신이 느끼는 후회를 표현하기 시작했다.

남성 아버지와 함께하고 싶었던 일들이 아직도 너무 많아요. 아버지는 말씀이 많은 편은 아니셨지만, 가족과 함께 시간을 보내셨어요. 여러 해 동안 우리는 부모님과 가족들이 휴가를 위해 어딘가로 여행을 가는 것에 관해 이야기했지만, 학교 친구들과 여름 동안 캠프로 바빴기 때문에, 그것은 절대로 이뤄지지 않았어요. 저도 부모님을 모시고 여행을 가서 잘 대접할 수 있도록 돈을 저축하고 싶었죠. 제가 할 수 있는 최소한의 일은 부모님을 여행에 모셔가서 자녀들의 성공을 즐기도록 하는 것이었어요. 내가 좀 더 성공했더라면요.

치료사 좀 더 성공했더라면요?

남성 네, 저는 부모님의 기대에 부응하지 못했어요. 적어도 제 경력은

요. 제가 그들에게 너무 실망스러운 존재였던 것 같아요.

치료사 무엇이 그들을 실망시켰다고 느끼게 합니까?

남성 음, 부모님은 결코 그들이 실망했다고 말한 적은 없지만, 자녀들에 대한 소망과 희망, 그리고 자녀가 어떻게 그들의 더 나은 미래에 대한 희망이었는지에 관해 이따금 이야기하곤 했죠. 물론 부모님을 기쁘게 하고 싶었고, 동생과 나를 자랑스럽게 여기게 하고 싶었지만, 부모님의 소원을 성취하고 부모님이 마땅히 받아야 할 것을 드렸다는 느낌은 들지 않아요.

남성은 자신의 성취감이 부모의 행복과 얽혀 있다고 표현했다. 그것은 부모와의 관계보다는 가족에 대한 개인의 책임에 대한 문화적 가치와 기대에 관한 것으로 보였다. 이러한 세대 간 의무는 많은 전통적 아시아 문화에서 규범화된 것으로 모든 관계 체계 내에서 균형과 조화를 추구해야 한다는 개념에서 비롯된다. 수평적(동료) 관계와 수직적(세대 간) 관계 모두에서 조화가 중시되어 개인으로부터 개인들 사이의 관계 공간으로 강조점이 이동한다. 개인이 가족의 명예와 관계의 조화에 관심을 두기를 기대하는 것은 아시아계 미국인 가정에서 흔히 볼 수 있는 모습이지만, 이 전통적인 문화적 가치로 조직된 사회에서 자라지 않은 2세대 구성원에게는 불협화음을 초래할 수 있다. 내적 불협화음은 대인관계의 불협화음과 갈등으로 이어질 수 있다. 이 남성의 경우에 불협화음을 명시적으로 표현하지는 않았지만, 아버지가 돌아가신 후에 부모의 기대에 대한 양가감정이 있으면서도 '성공적인' 삶으로 그들을 명예롭게 해야 한다는 더 깊은 의무감을 인정하기 시작했다.

치료사 부모님이 바라시는 게 뭐라고 생각하세요?

남성 글쎄요. 그들은 제가 행복하기를 원했고, 제가 행복할 수 있는 가장 좋은 방법은 가족과 좋은 관계를 맺고 재정적 안정 속에서 제가 추구하는 모든 것에서 성공하는 것이라고 믿었지요.

치료사 네. 부모님이 당신을 위해 원했던 것은, 다른 부모들이 그들 자녀를 위해 원하는 것과 크게 다르지 않은 것 같네요. 하지만 저는 당신이 이런 기대를 어떻게 경험했는지에 대해서는 뭔가 다른 점이 있었는지 궁금합니다.

남성 그래요. 물론 그들은 제가 행복하길 바랐고, 그런 것들은 우리가 행복해지는 분명한 방법이죠. 그러나 때로는 몸부림칠 여지가 거의 없거나 제 미래에 대해 불확실한 것처럼 느껴지기도 했어요. 부모님은 제가 어떤 양가감정을 표현할 때마다, 그것이 큰 문제인 것처럼 매우 걱정했죠. 종종 자신들이 겪었던 고난과 저에게 그런 종류의 고난을 덜어주고 싶다는 열망에 관해 이야기했어요. 하지만 저는 저의 고난을 부모님의 고난과 비교하지는 않아요. 고난을 겪는 것은 그들에게는 뭔가 다른 것을 의미하는 것 같았어요.

치료사 그 고난들은 무엇이었나요?

남성 미국에서 일본인이 되는 것은 그 나름의 짐이 있는 것 같아요. 예를 들어, 아버지는 어렸을 때 3년 동안 강제 수용소에서 살았어요. 우리 가족은 그것에 대해 이야기하지 않았지만, 그것은 분명히 아버지의 가족과 우리 가족에게 영향을 미쳤죠. 그런 일이 일어났다는 것을 알면서도 그것에 관해 이야기하지 않는 그 자체도 영향을 미치는 거죠. 저는 도대체 무슨 일이 있었던 건지 매우 궁금해요. 수용소 생활이 끝난 후, 그들은 미국 생활에 정착하는 데 많은 어려움을 겪었습니다.

치료사 고난에 대해 알고 있지만, 그것에 대해 이야기할 수 없는 것은 매우 어려운 일입니다. 아버지의 가족이 겪은 일과 그것에 대해 이야기할 수 없는 것에 대해 영향을 받았다는 말씀이시지요.

남성 네. 저는 당시에는 그것을 알아차리지 못했다고 생각해요. 하지만 몇 년 후 대학에 가서 전문적인 진로를 시작한 후, 아버지가 일본계 미국인이라는 것에 대해 생각하기 시작했습니다. 그리고 그들 경험이 제 경험과 비슷한지 궁금했습니다. 저는 수용소에서 살지 않았지만, 제가 아시아인이기 때문에 차별을 받았다고 자주 확신했거든요. 하지만 저는 부모님께 이 문제에 관해 이야기할 수 있다고 생각해 본 적이 한 번도 없었어요. 만약 제가 그들이 고군분투한 방식대로 고군분투했다면, 제 삶은 그들의 삶보다 나을 게 없는 것이고, 그들의 희생은 헛수고가 되었을 거니까요.

치료사 당신의 삶에서 고군분투한 적이 있습니까?

남성 뭐, 그렇죠. 말씀드렸듯이, 저는 인종 때문에 차별을 당했다는 것을 알고 있습니다.

치료사 당신이 아시아계 미국인이라는 이유로 차별 대우를 받은 것을 처음 기억한 것은 언제입니까?

이 사례에서 남성은 두 가지 중요한 통찰을 표현하였다. 첫째는, 남성이 아시아계 미국인으로서 경험한 차별을 묘사하고 있고 둘째는, 부모에게 자신의 그 어떠한 고군분투도 표현하는 것에 대해 제한을 느꼈던 것을 묘사하고 있다. 민족과 인종 소수 내담자가 인종 차별과 외국인 혐오증의 경험과 관련된 고통을 분명히 표현할 기회가 제한되어 있다는 것은 드문 일이 아니다. 이 시점까지는, 남성이 이러한 연결을 암시했지만, 고통스러운 경험을 명시적으로 명명할 수 있는 것은 그의 고통을 인정하는 중요한 단계이다. 그는 어린 시절 '가라테karate 아이'나 '스시sushi 소년'으로 장난을 했던 친구들과의 경험을 묘사했다. 그는 그것을 친구들과 그저 재미있게 지낸 것이라고 설명하면서도, 또한 자신이 그들에게 전형적인 동양인으로 비치는 것에 대해 당혹스러움을 느꼈다고 말했다. 학교 친구들 대부분은 아시아인이 아니었고, 그는 그들에게 자신이 받아들여진다고 느꼈지만, 그들과의 차이점을 잘 알고 있었고 그 차이점이 그를 열등하게 만들었다는 것을 느꼈다고 말했다. 그는 자라면서 자신이 부적합하다는 느낌으로 계속해서 고군분투하고 있었다.

치료사 처음 자신에 대해 부적합감을 느꼈던 때는 언제인가요?

남성 처음 느꼈던 때인지는 확실하지 않지만, 지금 두드러지게 생각나는 것은 고등학교 때입니다. 그때 저는 학생회 직책인 재무직에 출마하고 있었습니다. 저는 친구들이 많았고 그들이 저를 지지하리라는 것을 알았기 때문에, 제가 이길 것이라고 거의 확신했죠. 그런데 어느 날 경쟁자가 막대사탕과 함께 모두가 사물함에 붙일 수 있는 멋진 자석을 들고 나타났어요. 그의 부모가 그의 캠페인에 투자해서 그는 자신의 사진이 붙어 있는 수백 개의 자석을 살 여유가 있었던 거죠. 우리 부모님은 제가 학생회에 출마하는 줄도 몰랐죠. 그들이 그것을 소중하게 여기거나 이해하는 것이 아니었기 때문에 저는 그냥 혼자서 그 일을 했죠. 평소에도 저 혼자서 많은 일을 했지만, 그때에는 부모님이 관여하는 것이 정말 중요했던 거예요. 저는 경쟁자를 물리치고 이기기 위해 제가 할 수 있는 일이 별로 없다는 것을 알고 그냥 포기해 버렸어요.

치료사 '포기'했다고요?

남성 네. 저는 경쟁에서 사퇴했어요. 어쨌든 그렇게 중요한 일도 아니었으니까요. 제가 대통령 당선을 위해 뛰고 있는 것도 아니잖아요!

이것이 남성의 고통의 주기를 보여 주는 첫 번째 표시였다. 다음 몇 세션의 초점은 그의 고통의 주기를 규명하는 작업이었는데, 가장 두드러지게 나타난 것은 그가 자신이 '부적합하다'라고 느낄 때 '포기'하는 패턴이었다. 이 패턴은 그가 학생이 되고 자신의 커리어를 추구하는 것에 관해 이야기할 때도 적용될 수 있었다. 그는 승진이나 사법시험에 합격하지 못했을 때 부적합하다고 느꼈고, 패배한 상태에서 포기했다. 남성은 이것이 포기이자 자기 보호라는 것을 깨달았다. 부모와의 관계에서 특히 나타나는 패턴은 '오해를 받았을 때' 철회하는 것이었다. 그는 학교에서 적응하고 싶은 자신의 욕구와 정상적인 기분을 느끼기 위해 노력하는 것을 이해하지 못하는 그의 부모에 관한 이야기를 되풀이했다. 그러나 그들을 무시하거나 그들과 의견이 다르기를 원하지 않았기 때문에 스스로 철회하고 자신의 감정을 억제했다. 그는 자라면서 이것이 아마도 자신의 감정을 다루는 건강한 방법은 아니라는 것을 알고 있긴 했지만, 어떻게 다르게 반응해야 할지 몰랐다고 말했다.

이 남성의 주요 대처 반응성은 모두 도주 반응이다. 힘든 감정에 직면할 때, 그는 관계를 끊고 거리를 두는 경향이 있다. 치료사가 이 점을 직면시켰을 때, 남성은 삶에서 얼마나 자주 자신의 목소리를 낼 수 없다고 느끼는지를 이야기하기 시작했고, 그는 항상 자신이 변화에 어떠한 영향도 미칠 수 있다고 믿지 않았다. 그는 자신이 부적합하고 비효과적이라는 느낌을 받은 경험을 나누면서, 이러한 경험을 부모에게서 관찰되는 '조용히 다른 사람들의 학대를 받아들이는' 모습과 연관 짓기 시작했다. 이것은 또한 그와 그의 부모가 차별에 대한 경험을 공통적으로 느끼기 때문에 부모에 대한 공감을 발전시킬 기회가 되었다.

남성 저는 부모님이 항상 차별을 받는다고 느꼈지만, 그들은 그것에 대해 아무것도 하지 않았어요. 부모님이 다른 사람들이 부당하게 대하도록 내버려 두는 것을 보고 정말 좌절했죠. 하지만 지금 저도 부당한 대우를 받는 많은 상황에 대해 아무것도 하지 않고 있습니다. 그 모든 것에 맞서는 게 얼마나 힘든 것인지 깨닫는 것 같아요.

처음으로, 남성은 두 가지 매우 중요한 점을 인정하면서 활기차게 표현했다. 첫 번째는 그가 아시아계 미국인으로서의 문화적 정체감 때문에 부정적인 대우를 받았고, 두 번째는 그러한 차별에 대한 경험은 부모와 그렇게 다르지 않다는 것이다. 두 가지 모두 그의 고통과 관련이 있지만 두 번째는 남성이 부모, 특히 아버지와의 관계에서 겪었던 고통을 극복할 수 있는 기회를 열어 주었다. 그는 부모의 고통을 보상해야 한다는 압박감, 부모에게 실망감을 안겨 주는 것에 대한 불안감, 차별에 대한 공통된 경험, 그리고 수년 동안 감정을 참고 억제했던 것 같은 느

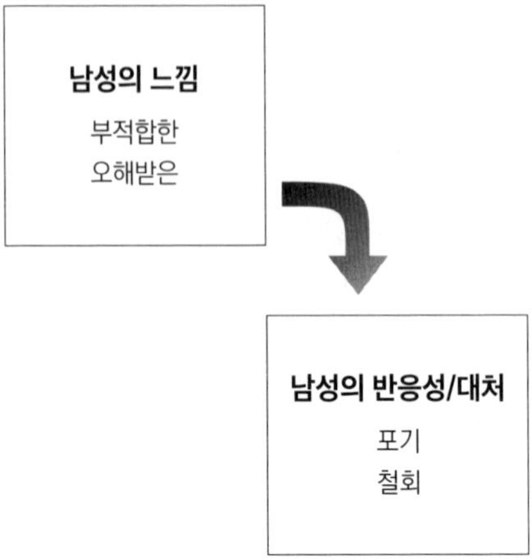

[그림 7.5] 일본계 미국인 남성 고통의 주기

낌 사이의 연결고리를 만들기 시작했다. 전반적으로 남성은 고통을 탐색하는 과정에 더 개방적이고 반응적이게 되었다. 특히 그의 부모의 고난에 대한 자신과의 연결고리의 복잡성과 그가 자기 자신에 대해 고통을 받았을 때 그들 고난을 보상하는 책임이 그에게 있다는 것이 무엇을 의미하는지 처음으로 이해하는 것 같았다.

치료 과정에서 먼저 인종 차별 및 차별의 경험에서 비롯된 자신의 고통과 부모와의 관계에서 오는 고통을 인정하고 이해할 기회를 제공하는 것이 매우 중요해 보였다. 계속 그의 고통을 탐색하면서 그는 부모와 직접적으로 관련된 고통의 주기에 새로운 부분을 추가했다. 부모에게 자신의 감정을 표현하거나 자신의 고군분투에 관해 이야기할 수 없었을 때, 그는 혼자라고 느끼고, 결과적으로 자신의 감정을 자신 안으로 '쑤셔 넣는' 것으로 대처했다. [그림 7.5]는 남성의 부분적인 고통의 주기이다.

남성의 대처 반응은 조화를 유지하기 위한 아시아의 전통적인 문화적 가치와 효孝를 통한 어른 공경의 덕목과 일치하는 도주-반응이었다. 따라서 문화적으로 인정되고 가치 있는 반응으로 간주되는 것은 고통에 대한 대처 반응으로 규명되었다. 이 점은 동일한 반응의 상충되는 함축적 의미 때문에 복잡한 것이다. 한 문화의 가치에 따르면 감정을 양보하고, 철회하고, 감정을 억제하는 이러한 도주-반응은 집단의 이익을 위한 명예로운 반응으로 인식될 수 있다. 그러나 또 다른 문화 가치에 따르면 이러한 동일한 반응은 개인에게 해로운 것으로 인식될 수 있다. 이 작업의 시점에서 마치 치료사가 치료실에 여러 명의 내담자가 있는 것처럼 두 문화적 가치를 다 방향적 편파성multi-directional partiality으로 유지하는 것이 중요하다(Hargrave & Pfitzer, 2003). 문화적 가치는 인간의 삶에서 사람들을 나타내기 때문에 가치들이 서로 대립되지 않는 것이 중요하다. 오히려 겉보기에 이분법적인 가치들의 복잡성을 유지하는 일은 이 남성이 서로 다른 것들 중 하나를 선택하지 않고도 그의 문화적 정체감의 두 부분을 완전히 탐색할 수 있는 자유를 허락하는 치료사에 의해 모델링되었다. 이러한 선택을 위한 투쟁은 이중문화, 2세대들의 핵심이다. 그들은 주변의 문화를 가정에서 더 많이 느낄 수 있지만, 부모의 문화에 대한 의무감을 느낀다. 따라서, 이중문화가 되는 도전은 다른 하나를 선택하지 않고도 두 부분을 모두 보유할 수 있다는 것이다.

남성의 고통을 인정하고 이해한 후, 치료사는 그가 자신의 고통을 적절한 관계적 맥락에 둘 수 있도록 그의 부모에 대한 공감을 발전시키는 것으로 치료의 초점을 옮겼다. 공감을 통해 그는 자신의 고통에서 부모의 역할을 용서하고 어머니와 다른 관계를 상상할 수 있는 정서적 자유를 얻을 수 있다. 이 부분의 작업도 복원치료의 일부인데(Hargrave & Zasowski, 2016), 이것은 개인의 위반을 고통의 행위로 이해하며 그 위반을 이해하고, 공감하고, 재인간화하는 기회를 만든다. 이해는 위반을 변명하거나 그 영향력을 무시하는 것과 같지 않다. 그러나 이해는 피해자를 위반에 대한 책임에서 해방시켜 주고, 고통을 적절한 위치에 두며 위반자와 다시 연결할 수 있는 선택과 인력의 감각을 복원한다. 이 남성의 경우 부모의 고군분투와 이민자로서 그들이 평생 느꼈다고 상상했던 외로움을 이해하는 것이 그가 외로움의 고통을 새로운 방식으로 구성하는 데 도움을 주었다. 그는 처음으로 자신의 이야기와 외로움의 감정이 부모와 공유된 것들이라고 간주했다. 그것은 여전히 그의 고통의 주기의 일부였지만, 더는 예전처럼 그를 붙잡지 못했고, 이때부터 그가 진실을 발견하는 능력이 나타나기 시작했다. 겉보기에 상충하는 것처럼 보이는 가치 체계의 복잡성을 유지하는 것이 중요했던 것처럼, 치료사가 일본계 미국인으로서의 문화적 정체감의 두 측면에 내재된 진실을 확인하도록 남성을 돕는 것이 중요했다. 이러한 복잡성을 안고 그의 이중문화 정체감의 정상성normalcy과 그 아름다움을 받아들이는 것은 이 남성이 둘 중 하나를 선택해야 하는 대신 둘 다 다소의 긴장 속에서 가질 수 있다는 것을 알았을 때 긍정적인 영향을 끼쳤다. 이 새로운 현실은 그에게 자신에 대한 진실을 규명하고 그 진실 속에 살 수 있는 자유를 주었다. 그것은 자신의 어머니와 가족과 지역사회의 다른 어른들과 세대 간의 역동성을 헤쳐나갈 새로운 가능성을 창출해 냈다.

사회적 연결의 힘 복원: 그룹 작업하기

복원치료 모델의 초창기부터 다양한 응용 프로그램에 그룹 설정이 사용되었다. 복원치료가 특히 그룹에 적용 가능한 중요한 세 가지 이유가 있다. 첫째, 모델 자체가 설명, 목표, 자료 면에서 단순하고 잘 함축되어 있다. 그 결과, 복원치료는 효과적으로 가르칠 수 있고 경험될 수 있다. 둘째, 대부분의 그룹 작업과 마찬가지로 그룹 구성원 간의 상호 작용은 실제로 고통의 주기, 진실, 평온의 주기, 4단계 실행에 대한 아이디어를 촉진하고 명확하게 한다. 다른 사람이 복원치료의 개념을 가지고 작업하는 것을 볼 때, 개인은 자료를 더욱더 자신에게 적용할 수 있다. 또한, 그룹이 상호 작용할 때 구성원은 자료에 대한 관점을 명확히 하는 경향이 있으며, 이는 다른 사람들이 더 빠르게 개념을 이해하는 데 도움이 된다. 마지막으로, 복원치료의 경험적 특성은 그룹 구성원이 실제적이고 역동적인 관계의 맥락에서 경험을 시도하고 처리할 수 있게 한다. 새로운 행위나 행동을 이해하고 '시도'할 때, 그룹 설정은 구성원들이 그들의 평온의 주기에서 흘러나오는 인력 행동을 실천할 훌륭한 기회를 제공한다.

결혼 인텐시브

복원치료의 가장 흥미로운 적용 중 하나는 결혼 인텐시브intensives이다. 결혼 인텐시브는 보통 4일간의 일정으로, 4~5쌍의 부부가 결혼생활을 작업하기 위해 격리된 환경으로 가는 것이다. 제6장에서 언급했듯이, 이 부부 중 많은 수가 매우 괴로운 결혼생활을 하고 있고 전통적인 치료에서 거의 또는 전혀 진전이 없었다. 4일 동안, 부부는 두 명의 고도로 숙련된 치료사와 함께 그룹에서 작업한다. 첫째 날, 그룹의 각 개인은 자신의 정체감과 안전감 형성의 경험에 관해 이야기하고 자신의 반응성과 대처 행동을 규명한다. 첫째 날이 끝날 무렵이면 치료사들은 각각 부부의 상호 작용적인 고통의 주기를 프로세싱하고 완료할 수 있다. 둘째 날, 개인들은 고통의 주기에 머물러 있는 것의 무의미함을 깨닫고 자신의 고통의 주기를 위해 감정 조절 진실에 접근하는 방법을 배운다. 이것은 개인 치료에서는 심오하고 어려운 작업이지만, 구성원들이 서로 배우고 격려하는 그룹 환경에서는 그 과정이 극적인 영향을 미치고 놀라울 정도로 효율적이다. 둘째 날이 끝날 무렵 치료사들은 각각의 부부들을 위한 평온의 주기를 그리고 완성할 수 있다.

셋째 날, 치료사들은 그룹을 둘로 나누어 각각의 치료사가 둘 또는 세 쌍의 부부와 작업하도록 한다. 하루 동안, 치료사는 각 부부와 함께 고통과 평온의 주기의 감정 조절 과정을 통해 구성원들을 움직이고 배우자와 함께 인력 행동을 하는 경험적 실습에 참여한다. 일반적으로, 각 부부는 치료사가 관찰하고 제안하는 세 가지 시나리오를 통해 작업한다. 가장 중요한 것은, 각 부부가 고통의 주기를 조절하는 다른 부부들의 작업을 경험적으로 연결하고 인력의 행동을 규명하는 것을 목격한다는 것이다. 마지막으로, 넷째 날에는, 부부가 해결에 실패한 문제를 한 번 더 실습하고 결혼 인텐시브가 완료된 후 작업 계획을 통합한다.

이전에 언급한 바와 같이, 이러한 그룹의 결혼 인텐시브의 결과들은 상당히 고무적이다. 2년간 추후 조사에서 그룹의 부부 중 83%가 결혼생활을 유지하고 있었다. 결혼/관계 만족도, 우울증 수준 및 신뢰도 수준은 사전-집중 테스트보다 유의하게 개선되었다. 가장 고무적인 것은, 결혼 인텐시브에서 학습한 감정 조절 기술을 계속 실습하는 부부들이 측정에서 가장 높은 수준의 개선을 보인다는 점이다. Framo(1992)는 결혼치료에서 그룹 형식을 적용한 최초의 사람 중 하나였는데, 우리는 치료실에서 한 쌍 이상의 부부와 작업하려고 시도하는 것이 약간 도전적이었음을 인정해야 한다. 그러나 12년 동안 집중적인 부부치료를 한 후, 우리는 Framo가 치료에서 한 커플 이상과 작업하는 것이 정말 옳았다는 것을 보고할 수 있다. 특히 복원치료 모델은 명확하고, 이전할 수 있고transferable, 간편하게 적용할 수 있기 때문에 인텐시브 모델을 더욱 효과적으로 만든다.

심리교육 그룹

복원치료는 소그룹 활동과 결합될 때 교훈적인 모델에 적합하다. 심리교육 접근법에서의 복원치료의 첫 번째 적용 중 하나는 릴레이트스트롱relatestrong과 메리지스트롱marriagestrong이라고 불리는 커리큘럼을 사용하는 것이었다. 이 두 프로그램에서 기혼자와 미혼자는 각각 6~9주 동안 약 90분 진행되는 프로그램에 참여한다. 그들은 팀에서 자신의 이야기를 하며 자신의 고통과 평온의 주기를 규명하고 4단계를 통해 감정 조절을 연습한다. 이 자료는 또한 수정하여 부부를 위한 새로운 결혼 5일, 개인을 위한 새로운 자아 5일이라는 교회 커리큘럼으로 사용되었다(Hargrave & Stoever, 2010; Hargrave & Hargrave, 2015).

복원치료는 또한 자녀 양육을 개선하기 위한 심리교육 과정으로 활용되었다. 이 그룹에서는 자녀와의 관계가 어떻게 감정 조절 곤란을 불러일으키는지를 인식하도록 돕는데 중점을 둔다. 부모는 자신의 고통의 주기를 규명하고 그룹 맥락에서 도출한 진실로 감정을 조절하는 방법을 배운다. 그런 다음 부모가 평온의 주기를 작업할 때, 그들은 자녀와 사랑과 신뢰의 관계를 형성하는 데 있어서 인력을 가능하게 하는 좋은 양육 기법을 그룹에서 탐색하도록 격려받는다. 부모들은 감정 조절의 복원치료 전략을 활용하여 파괴적인 행동을 통제하는 법을 배운다. 그들은 가장 중요한 실천의 장소에서 자신들의 '최고 자아'의 버전이 되어 다음 세대를 양육하게 되는 것이다.

특수한 도움이 필요한 아이들의 부모들에게도 결혼과 자녀 양육 자료의 수정이 이루어졌다. 이러한 가족들은 매일, 매 시각 잠재적으로 높은 욕구 상황을 대처하기 때문에 특별한 스트레스 상황에 놓이게 된다. 이러한 상황은 감정 조절 곤란의 순간을 낳을 뿐만 아니라 사회적 고립에도 영향을 준다. 이 모델의 적용에서, 특별한 도움이 필요한 4명의 부모는 복원의 원리, 감정 조절, 결혼 및 자녀 양육에 대해 논의하기 위해 인터넷을 통해 격주로 만난다.

현시점에서 복원치료의 작업과 적용은 확실히 다양하지만, 여러 가지 면에서 그 작업은 이제 막 시작되었다. 특정 장애, 상황 및 설정에 대한 더 많은 응용 프로그램이 있을 것이고, 이러한 응용 프로그램은 모델을 적용하는 데 필요한 창의성과 관심을 가진 치료사를 기다리고 있다. 본 장은 복원치료의 처음 10~12년 동안 활용된 적용 프로그램의 몇 가지를 나열했다. 앞으로 10년 동안 더 많은 보고가 있을 것이라는 데는 의심의 여지가 없다.

제8장

복원치료에 대한 질의응답

복원치료 모델에서 지난 10년 간 학생과 치료사를 양성하는 가운데 모델의 개념적 토대와 임상적 적용에 대한 많은 질문이 나왔다. 그것은 이 모델의 미묘한 차이와 뚜렷한 측면들에 대해 서로 발굴하고 대화할 좋은 기회를 제공했다. 우리는 그러한 질문과 그에 대한 답변 및 개입한 내용을 본 책의 독자들과 공유하며 대화를 확장하기로 했다. 독자들은 본 장의 일부가 본 책의 순서에 따라 다양한 각도로 다루어진 임상 개념과 이슈의 반복이라는 것을 발견하게 될 것이다. 우리는 이것을 학생 및 복원치료사의 양성 과정에서 종종 질문으로 떠오르던 개념 중 일부를 다시 살펴보고 이러한 주제에 대해 더 미묘한 관점을 공유할 기회로 본다. 우리의 희망은 본 장이 복원치료 모델에 대한 이해를 명확히 하는 동시에 더 많은 질문을 자극하는 것이다.

고통에 관한 질문

내담자가 분노와 같은 이차적 감정(대처 행동)을 넘어 고통에 접근하도록 하려면 어떻게 해야 하는가?

종종, 내담자들은 그들이 어떻게 느끼는지에 관한 질문을 받을 때, 일차적 감정 대신 분노나 우울과 같은 이차적 감정으로 응답한다. 우리가 내담자들을 일차적 감정으로 이끌 수 있는 가장 좋은 방법 중 하나는 좀 더 구체적인 질문으로 그들의 고통을 추적하는 것이다. 복원치료사는 항상 내담자들의 이야기와 느낌을 그들의 정체감과 안전감에 대한 관점에서 이해하려고 한다는 것을 기억해야 한다. “그 말이 당신에 대해 뭐라고 말하고 있나요?” 또는 “그 상황이, 또는 그 관계가 당신에 대해 어떤 메시지를 주나요?”와 같은 질문들은 내담자가 자신의 정체감과 안전감에 대해 어떻게 느끼는지에 대한 더 많은 정보를 제공해 줄 것이다.

그러나 종종 내담자가 이차적 감정이나 대처 행동으로 응답할 때가 있을 것이다. 이때, 치료사는 계속해서 고통을 추적하고 정체감과 안전감에 관한 일차적 감정을 규명할 기회를 찾도록 한다. 예를 들어, 만일 내담자가 상대방의 상처 주는 말 때문에 화가 났다고 주장한다면, 치료사가 간단하게 “분노에 대해 말해 보세요”라고 말하는 것이 도움이 될 수 있다. 내담자는 자신이나 자신의 상황에 대해 어떻게 느꼈는지에 대해 자세히 설명하고 더 많은 단서를 제공할 것이다. 어떤 경우에는 내담자가 고통에 빠졌을 때 자신이 어떻게 대처하는지를 보고하기도 하는데, 이는 대부분 대처 행동을 규명하기가 더 쉽기 때문이다. 이러한 경우에는 치료사가 역작업을 하여 어떤 감정이 행동을 움직이는지 물어

볼 기회를 얻도록 한다.

한 개인의 고통과 평온의 주기에는 일반적으로 몇 가지 느낌과 대처 행동이 포함되는가?

인간은 평생 광범위한 감정을 경험한다. 하지만 흔히 우리는 고통스러운 상황을 경험할 때마다 2~4개의 같은 감정을 느낀다. 두 사람이 똑같은 상황을 경험했더라도 그들 자신의 이야기와 이전의 상처를 바탕으로 매우 다른 감정을 느낄 수 있다. 고통의 주기는 내담자가 고통을 경험할 때 느끼는 2~4개의 감정과 그 감정을 느낄 때 사용하는 2~4개의 대처 행동을 나타내야 한다.

결과적으로, 내담자의 평온의 주기는 고통의 감정을 직접적으로 다루는 2~4개의 진실과 대처 행동 대신 자신이 하고자 하는 2~4개의 인력 행동을 가질 것이다. 고통과 평온의 주기가 가능한 한 간단하고 정확하게 유지된다면 치료가 진행됨에 따라 그것들을 참조하고 작업하는 데 훨씬 유용할 것이다.

고통의 주기는 일차적인 감정에서 시작되지만, 고통을 규명할 때 일차적인 감정과는 반대로 대처 행동부터 시작해도 괜찮은가?

대처 행동에서부터 시작하는 것은 괜찮으며, 사실은 종종 우리가 실제로 그렇게 하고 있다. 대처 행동은 우리가 볼 수 있는 고통의 증상으로 일차적 감정을 파악하고 이해하도록 돕는다. 그러므로 "아내가 사촌 결혼식에 늦은 것이 제 잘못이라고 말하면, 저는 너무 화가 나서 소리를 질러요!"라고 말하는 내담자에게 우리는 "아내가 당신의 잘못이라고 말했을 때 어떤 메시지를 받았습니까?" 또는 "당신이 소리를 지를 때, 어떤 느낌이 드나요?"라고 질문한다. 우리는 이 질문에 대한 두 응답 모두에서 분노와 소리 지르는 대처 행동 기저의 깊은 이면에서는 무슨 일이 일어나고 있는지에 초점을 맞춘다. 그렇게 함으로써, 내담자는 자신의 일차적 감정과 그에 따른 자신의 대처 행동을 인식하게 될 것이다. 우리는 또한 이러한 행동들을 언어적으로 일차적 감정과 관련지어 올바른 위치에 놓는다.

고통을 추적한다는 것은 무엇을 의미하는가?

고통을 추적하는 것은 치료사와 내담자가 내담자의 고통에 대한 이해를 명확히 하고, 처리하고, 심화시키기 위해 사용하는 기법이다. 고통의 주기를 개발하는 것은 때때로 치료가 진행되며 내담자가 더 명확해지거나 더 혼란해질 수 있으므로 반복적인 과정이 될 수 있다. 그 결과, 내담자의 일차적 감정을 보다 정밀하고 온전히 포착하기 위해서, 감정의 단어가 추가, 삭제, 또는 변경 등으로 수정되는 고통의 주기가 발생할 수 있다. 우리는 완벽한 고통의 주기가 아니라 올바른 고통의 주기를 추구한다. 때때로 내담자들은 그들의 감정을 표현하기 위해 단어들을 규명하는 데 도움을 요하지만, 우리는 가능한 한 그들이 자신과 공명을 가질 가능성이 높은 단어들을 사용한다. 그리고 명확한 고통의 주기를 개발하는 것은 의미 있는 평온의 주기를 만드는 것으로 이어진다. 만약 내담자가 자신의 고통의 주기와 관련지을 수 없다면, 의미 있는 변화를 가져올 평온의 주기를 만들기가 어려울 것이다.

| 고통을 추적할 때가 언제인지 어떻게 알 수 있는가?

내담자가 자신의 고통을 이해하거나 규명하는 데 조금 더 많은 시간과 도움이 필요하다는 것이 명백할 때, 치료 진행 과정 전반에 걸쳐 어느 지점에서나 고통을 추적할 수 있다. 예를 들어, 고통의 주기가 구성된 후, 내담자가 고통에 대한 통찰을 얻지 못하거나 고통과 일상 경험을 연결하지 못하고 그 주기를 계속 반복한다는 것을 발견할 때가 있다. 마치 영화 그라운드호그 데이Groundhog Day처럼, 내담자들이 그들의 관계 상호 작용이나 생활 환경에 대해 같은 좌절과 어려움으로 세션에 오고 그 경험을 자신의 고통의 주기와 연결하지 못하는 것이다. 이때는 치료사가 내용과 과정 수준 모두에서 발생할 수 있는 것들에 주의를 기울여야 한다. 내담자의 통찰 능력에 제한이 있는가? 고통의 주기가 너무 일찍 구성되었는가? 치료사와 내담자 사이의 관계에 어려움이 있는가? 내담자가 치료 과정을 편안하게 느끼지 않는가? 임상 문제가 더 복잡한 상황(예: 트라우마, 성격 장애)과 관련이 있으며, 내담자를 조직하는 데 더 많은 시간이 필요한가? 이러한 것들은 치료 과정에 다소 수정이 필요한 과정 문제의 예시들이다. 내용과 과정의 문제는 상호 연관되어 있으며 고통을 쫓을 때 우리는 둘 다, 특히 내용에 주의를 기울이고 있다. 고통의 주기에 올바른 일차적 감정을 가지고 있는가? 더 탐색할 필요가 있는 고통의 이야기가 있는가? 우리가 아직 다루지 못한 고통의 이야기가 있는가? 이런 종류의 질문에 귀를 기울이면 고통을 추적하는 과정이 제대로 속도를 낼 것이다.

부부와 작업할 때 배우자 고통의 주기를 규명하는 데 각 개인의 역할은 무엇인가?

배우자 고통의 주기에 기여하거나 교정하는 것은 각 개인의 역할이 아니다. 각 개인은 자신의 고통과 평온의 주기를 분명하게 표현해야 그 과정이 효과적일 수 있다. 그러나 만약 치료사가 한 배우자가 다른 배우자의 고통의 주기에 기여하거나 교정하려는 것을 파악한다면 이 자체는 치료사에게 중요한 정보를 제공할 것이다. 또한 그것은 본 책에서 설명한 다른 개입에 활용할 수 있고 치료실에서 감정과 대처 행동을 규명할 때 살아 있는 상호 작용을 하는 데 사용할 수 있다.

내담자가 치료받지 않는 파트너에게 복원치료 모델, 특히 고통과 평온의 주기에 대해 가르치는 것이 적절한가?

위의 질문과 매우 유사한 이 질문을 여기에 포함한 것은 두 질문 사이에 정당화할 수 있는 충분한 차이가 있다고 생각했고, 또한 이 질문은 자주 등장하는 질문이기 때문이다. 이에 대한 답변의 요점은, 우리가 내담자들과 함께하지 않는 동안 그들이 하는 일에 대해서 통제할 수가 없다는 것이다. 내담자들이 긍정적인 결과를 얻기 시작하고 치료의 이점을 느끼기 시작할 때, 그들은 다른 사람들에게 그것에 대해 더 많이 말하게 될 것이다. 또한 내담자들의 삶 속에 있는 사람들은 그들의 변화를 알아차릴 것이다. 그러므로 내담자들이 그들 삶 속에서 다른 사람들과 함께 치료에서 배우고 있는 것을 탐구하기 시작하는 것은 드문 일이 아니다. 내담자가 파트너에게 파트너의 고통의 주기에 대해 가르친다는 것은 내담자가 치료에서 무슨 일이 일어나고 있는지를 이해하고 있다는 좋은 신호이다. 그러나 내담자들에게 다른 사람을 "고치는" 것이 그들의 책임이 아니라, 자신에게 적응하고, 자신의 고통을 이해하고, 자신의 감정을 조절하는 데 초점을 맞추는 것의 중요성을 상기시키는 것은 중요하다. 그렇게 함으로써, 우리는 그들이 관계 상호 작용을 변화시키는 데 자신의 역할을 하고 있으며, 파트너가 그 변화로 무엇을 하는지는 파트너 자신에게 달려 있다는 것을 상기시킨다. 내담자들은 오직 그들 자신이 하는 일만을 통제할 수 있다. 우리는 이것을 내담자에게 부부치료를 위해 파트너를 초대하고 싶은지 물어보는 기회로도 사용한다.

평온에 대한 질문

> 내담자가 고통의 주기에서 진실을 규명하는 것으로
> 이동할 준비가 되었는지 어떻게 알 수 있는가?

물론, 우리는 고통의 주기에 대해 작업하는 것을 끝내 멈추지는 않을 것이다. 첫 번째 세션에서 내담자들의 고통에 귀를 기울이고 일단 그들의 고통의 주기를 구성하기 시작하면, 그것은 대화와 일종의 시각 보조 장치의 형태로 치료실에 항상 존재하게 될 것이다. 라포를 형성하고 치료적 동맹을 맺은 후, 고통을 이해하는 것이 치료 작업의 첫 번째 기본 구성 요소가 된다. 치료사와 내담자 모두, 행동 패턴에 대한 통찰을 얻고 변화를 향한 진전을 이루기 위해 내담자의 고통을 진심으로 이해할 필요가 있다. 평온의 주기를 개발하기 위해 진실 규명을 시작할 때가 오면 치료 작업에 중요한 시점이 온다. 진실을 규명하는 것은 치료의 두 번째 주요 구성 요소이다. 고통의 주기에서 평온의 주기로 이동을 시작할 적절한 시기를 결정하는 것은 정확한 과학은 아니지만, 그러한 이동을 시작할 준비가 되었다는 것을 알리는 몇 가지 지표가 있다.

한 가지 지표는 내담자가 세션에 와서 지난 일주일 내내 고통의 주기를 인식하고 고통에 대한 구체적인 이야기를 나누기 시작할 때이다. "이번 주에 고통스러웠던 때를 말해 주시겠어요?"라는 간단한 질문이 이러한 이야기들을 끌어낼 것이다. 그러나 때때로 내담자들은 치료사의 권유 없이도 이야기하게 될 것이다. 그것은 특히 내담자가 치료사의 아무런 권유 없이도 그러한 이야기를 치료사에게 말할 때이다. 더욱이, 이 작업의 초기 시점에서 그들이 고통에 대한 인식을 어떻게 조절할 수 있는지 보는 것은 매우 흥미롭다. 비록 아직 4단계를 거치지 않았지만, 그들은 본질적으로 첫 두 단계를 리허설하고 있고, 자신의 고통에 대해 새로 발견한 인식은 이러한 치료의 초기 단계에서 긍정적인 영향을 미칠 수 있다. 우리는 그러한 인식에서 그들이 자신의 고통의 주기에 충분히 익숙해지고 있고, 우리의 촉진 없이도 자신을 '볼 수 있다'는 것을 유추할 수 있다. 우리는 내담자들이 치료실 밖에서 그들의 고통을 인식하기 시작한 후, 일반적으로 다음 몇 세션에 걸쳐 그들 스스로 고통을 인지하고 있다는 빈도가 정기적으로 증가하는 것을 관찰할 수 있다. 이것은 또한 그들이 자신의 고통에 대한 인식을 발전시키고 있다는 증거이다. 이는 매우 중요한 사실인데, 그 이유는 우리가 알지 못하는 것을 바꿀 수는 없기 때문이다. 그래서 그들이 고통을 알기 전에 평온의 주기를 알게 되었을 때, 그들은 고통 대신 진실을 선택할 수 있는 위치에 있지 않게 될 것이다.

내담자들이 진실을 규명하는 쪽으로 이동하기 시작할 준비가 되었다는 또 다른 지표는 그들이 고통은 항상 그들 삶의 일부가 되리라는 것을 이해할 때이다. 이러한 이해는 진실을 향해 나아가기 위한 전제 조건은 아니지만, 그것은 내담자들이 고통에 대해 복잡한 이해를 하고 있다는 것을 암시한다. 고통이 어떻게 항상 존재할 것인가에 대한 대화는 평온의 주기를 배우고 지속적인 고통 경험에 실망한 후에 발생한다. 이러한 현실은 고통이 없는 것과 동일시되는, 고침에 대한 일반적인 기대 때문에 내담자가 받아들이기 어려울 수가 있다. 그러나 때때로 내담자들은 치료 초기에 고통의 복잡성을 이해할 수 있고 이러한 이해는 진실에 대한 더 큰 개방성을 촉진할 수 있다.

내담자가 진실을 선언할 수 있도록 돕기 위해 치료사가 어떤 개입을 할 것인지 결정하는 데 도움이 되는 것은 무엇인가?

어떤 특정 개입이 목표를 달성하는 데 반드시 효과적일 것이라는 보장은 없다. 그러므로 내담자가 자신의 진실을 경험하고 실현하도록 돕기 위해 어떠한 개입을 선택한다는 것이 치료사에게는 도전적인 일이 될 것이다. 만약 원하는 결과를 얻지 못한다면, 다른 개입의 기회가 항상 있다는 것을 격려하도록 한다. 그러나 내담자들이 자신들의 이야기를 할 때, 종종 그들은 어떤 개입이 효과적일 수 있는지에 대한 단서를 제공할 것이다. 예를 들어, 내담자가 자녀가 있거나 자녀와 친밀할 경우, 재양육 개입의 첫 번째 대상으로서 자신의 자녀를 시각화하는 것이 도움이 될 수 있다. 또한 내담자가 이전 세션에서 자신의 어린 시절의 가슴 아픈 순간을 생생하게 묘사했다면, 치료사는 어린 시절의 내담자를 재양육의 첫 번째 대상으로 설정하는 것이 쉬울 것이다. 또 다른 경우는, 내담자가 마라톤과 같은 자신이 자랑스러워하는 순간이나 성취를 공유했을 때, 이것은 더 강하고 더 현명한 자기-개입을 설정하는 데 많은 도움이 될 수 있다.

| 치료에서 인력의 개념을 어떻게 명시적으로 사용할 수 있는가?

복원치료 모델에서 인력agency은 매우 중요한 개념이다. 왜냐하면 그것은 행동과 신경학적 수준, 둘 모두에서 지속성을 촉진하는 데 중요한 역할을 하기 때문이다. 예를 들어, 내담자는 자신의 유익을 경험하기 위해 4단계를 지속적이고 일관성 있게 실습하는 선택을 해야 한다. 실습은 진실에 대한 메시지를 강화하고 보강하며 뇌에 새로운 신경 경로neuropathways를 설정하고 확립하도록 돕는다. 실습은 오래된 패턴을 중지하고 새로운 패턴을 강화하려는 결정이 요구된다.

복원치료에서 인력이 중요한 경우의 또 다른 예는 내담자가 내면화하고 믿기 위해 고군분투하는 진실을 규명할 때이다. 고통은 쉽게 규명되고 믿게 되는 경향이 있지만, 진실은 훨씬 더 파악하기 어려울 수 있다. 내담자는 인지적 수준에서는 자신의 진실을 알 수 있지만, 정서적 수준에서는 받아들이기 힘들어한다. 우리는 내담자가 자신에 대한 진실을 받아들이도록 돕기 위해 다양한 전략을 시도해 볼 수 있다. 결국 내담자가 의지적으로 그것을 받아들이기로 선택한다면 그 진실은 유지될 것이다.

그런데, 인력은 단순히 선택의 문제는 아니다. 선택을 하는 것은 권력 행위이며, 이러한 행위가 자신이나 타인에 대한 이익이나 배려가 없을 때, 그것은 반응성적 착취가 될 것이다. 일차적 인력은 우리가 온전한 인지적 · 정서적 헌신이 확립되기 전에 행동을 선택했는데도 그 행동이 선을 위한 것일 때 발생한다고 말할 수 있다. 이차적 인력은 행위와

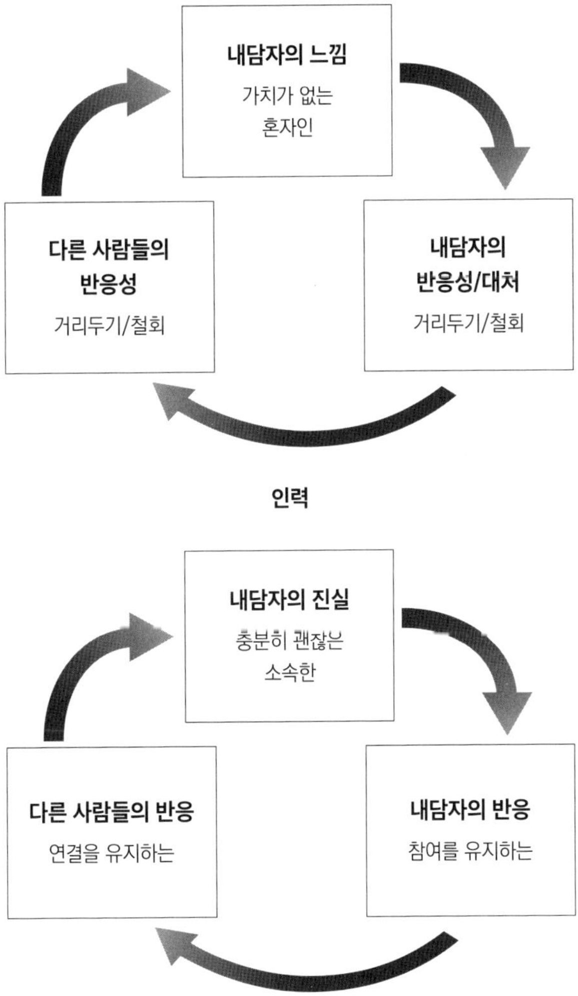

[그림 8.1] 시각적인 보조 자료의 전환으로 '인력' 단어의 사용

결정이 행위에 대해 온전히 통합되고 조절된 인지적 · 정서적 이해와 그것이 어째서 긍정적인 결과를 제공하는지에 대한 이해에서 비롯된다. 사실 인력은 선을 위한 권력의 사용이며(Hargrave & Pfitzer, 2011) 희망에 연결되어 있다. 희망은… 원하는 목표에 대한 경로를 도출하고 그러한 경로를 사용하기 위해 인력의 사고를 통해 스스로에게 동기를 부여하는 인식된 능력이다(Snyder, 2002). 치료사로서 우리가 하는 일의 대부분은 변화, 치유, 성장을 위해 우리뿐만 아니라 내담자들의 희망에 의존한다. 어떤 의미에서, 인력을 촉진하는 것은 우리가 내담자들이 희망을 갖고 활력을 찾도록 격려하는 방법이다. 그러므로 그들이 희망을 실현할 수 있게 인력의 틀을 만드는 것은 내담자들에게 힘을 실어 줄 수 있다.

인력의 개념을 효과적으로 논의하여 적용한 몇 가지 방법이 있다. 첫째, 평온의 주기 개발과 4단계를 가르치는 사이처럼, 치료 전반에 걸쳐 주요한 시점에서 인력과 긍정적인 선택의 이점을 명백하게 설명하는 것이다. 둘째, 시각적인 보조 자료에 단어를 포함하는 것과 같이 세션에서 인력을 명시적으로 설명하는 것도 도움이 될 수 있다. 우리는 치료사들이 고통과 평온의 주기 사이에 인력의 단어를 배치하는 것을 보았다. 고통에 직면하는 모든 순간마다 내담자들은 [그림 8.1]과 같이 그들의 고통에서 벗어나 살기 위해 선택할 수 있는 인력, 또는 진실을 가지고 있다.

개념 및 개입에 관한 질문

복원치료와 함께 사용할 수 있는 다른 치료 모델의 기법과 개입은 무엇인가?

어떤 일들은 조직을 재구성할 필요가 없다. 효과가 입증되고 복원치료와 잘 작동하는 다른 치료 모델의 훌륭한 기법들과 개입들이 있다. 다음은 복원치료와 특별히 효과적인 것으로 밝혀진 기법들과 개입들의 예이다.

심리교육 내담자에게 치료 로드맵을 공개하고 모델에 대해 가르치는 것은 치료 과정에 이득이 될 수 있다. 이것은 특히 과정이 어려울 때 내담자의 지지를 얻을 수 있는 효과적인 방법이며, 나아가 내담자가 치료의 진행 방향을 알 수 있게 하여 치료 과정에 인내심을 가지도록 할 수 있다. 예를 들어, 내담자는 고통의 주기를 배우고 자신 고통의 만연한 본성을 발견하는 과정에 낙담할 수 있다. 치료사는 고통의 주기에 대한 해독제, 즉 진실의 희망과 새로운 가능성이 실현될 수 있는 평온이 있다는 것을 공유함으로써 내담자가 앞으로 나아가도록 격려할 수 있다. 또한 치료사가 4단계에 대해 내담자에게 가르칠 때 신경생물학적 수준에서 일어나는 변화의 현상을 설명함으로써 실습의 중요성을 강화할 수 있다. 심리교육 접근법은 내담자가 인내하고, 참여하고, 기대하며, 격려하는 데 동기를 부여하면서 복원치료 모델을 강화하고 긍정화하며, 정상화 및 명확히 하는 데 도움을 줄 수 있다.

체현된 개입: 구조화, 조각, 양측성 자극 치료실을 활용하라. 일어나서 이리저리 돌아다녀라. 이동과 변화를 촉진하거나 치료 과정을 심화시키기 위해 세션의 일반적인 작업 방식을 중단하라. 이러한 방법들은 복원치료사가 내담자를 인지적 · 정서적 · 신체적으로 참여시켜 개념적으로나 실용적으로 통합하기 위한 것이다. 신체적 참여 수준은 우리가 지금-여기에 초점을 두고 집중하는 것을 의미한다. 내담자들 경험의 모든 측면을 포함하고 그들의 사고, 느낌, 신체적인 현존 사이에서 조화를 촉진하는 것은 매우 큰 가치가 있다. 우리는 신체가 어떻게 트라우마와 고통을 보유하고 있는지에 대해 배우고 이해하는 것을 끊임없이 계속하고 있다(van der Kolk, 2014). 이는 내담자가 감정과 신체적 경험을 연결하여 통합하는 것이 치료 변화에 큰 영향을 미칠 수 있기 때문이다.

체현된embodied 개입을 활용하려면 치료사는 인지할 수 있는 능력과 치료실의 의자 밖에서 치료 과정에 기꺼이 참여할 수 있는 의지가 있어야 한다. 그것은 치료사가 자신의 틀 밖에서 사고하고 창의력을 발휘할 수 있는 개방성을 가져야 한다는 것을 의미한다. 이는 예술 치료사만큼 창조적이어야 한다는 것이 아니라, 통찰을 증진하고 변화를 고무하기 위한 수단으로 언어와 비언어적 표현과 함께 물리적인 공간을 기꺼이 활용할 수 있어야 한다는 것이다.

첫 번째 체현된 개입으로 치료실의 물리적 공간과 좌석 배치를 구조화 또는 재구조화하는 기본적인 구조적 치료 개입(Minuchin & Fishmain, 1981) 방법이 있는데, 이는 치료실에서 상호 작용을 집중시키거나 풍부하게 할 때 유용하다. 이것은 부부들이 '고통에 대한 그들의 이야기를 서로 나누거나 설명하면서 상대를 더 잘 볼 수 있도록' 의자를 조작해 좌석 배치를 재구조화하는 것을 의미한다. 또한 배우자의 고통을 듣기가 힘든 내담자를 의도적으로 배우자의 주의를 덜 산만하게 하면서도 고통을 탐색하는 과정을 목격할 수 있는 자리에 배치할 수도 있다. 이러한 자리의 이동은 치료사와 배우자의 이야기에 주의를 기울이는 것이 중요하며 그들의 공유 행위를 목격하기 위해 내담자가 치료실에 남아 있는 것이 가치가 있음을 배우자에게 전달한다. 또한 비록 그들이 그 시간에 내담자에게 의견을 제공하도록 초대하지는 않겠지만, 치료실에 남아서 사랑하는 배우자가 용감하게 자신의 이야기를 치료사와 공유하는 것을 경청하고 목격하는 것이 중요함을 내담자에게 전달하기도 한다.

치료실을 활용하고 체현된 경험을 격려하는 두 번째 방법은 조각 기법을 사용하는 것이다. 예를 들어, 조각은 현재 자신에 대해 느끼는 것과 자신에 대해 이상적으로 느끼고 믿을 수 있는 것에 대한 체현된 표현을 제공하도록 이끌어 줌으로써 내담자의 진실에 대한 감정과 아이디어를 생성하는 데 사용할 수 있다. 내담자는 1분 동안 자신의 포즈로, 지금까지 말로 표현해 왔넌 일차적 감정을 몸으로 표현하며 더 깊은 의미를 가질 수 있다. 부부와 작업할 때, 우리는 내담자가 조각하든 관찰을 하든, 구성된 이미지는 종종 치료 기간의 주요 포인트가 된다는 것을 발견했다. 예를 들어, 특정 부부와 작업할 때, 주된 고통의 단어가 '혼자인' 여성은 남편을 문 바로 바깥에 두고 얼굴을 가슴에 파묻은 채 무릎을 가슴까지 받치고 홀로 바닥에 앉아 있는 자신을 조각했다. 그녀가 '알려진'을 조각했을 때는, 남편을 치료실로 데려와 두 사람이 서로 마주 보고, 서로의 눈을 응시하도록 했다. 서로의 눈을 바라보는 어색함과 불편함을 해소하고 나니 여인의 눈시울이 뜨거워졌다. 그 순간, 그 조각은 그녀가 다른 사람에게 보이고 알려지는 것을 자각할 수 있도록 실질적이고 강력한 희망의 은유를 제공했다. 그때까지만 해도 그녀는 자신이 얼마나 깊은 외로움을 느꼈는지 다른 사람에게 보이거나 알려지는 것을 상상할 수 없었다. 이 조각은 여성이 자신의 진실에 대해 이야기하고 그녀를 보고, 알고 있다고 믿는 사람들을 기억하는 시작점을 제공했다.

마지막으로 세 번째 체현된 개입은 양측성 자극bilateral stimulation[BLS]의 방법이다. 이 기법은 EMDReye movement desensitization and reprocessing의 핵심적인 치료 요소로, 뇌가 좌우로 번갈아 자극을 받으면 불안과 고통의 경험을 덜 고통스럽게 이야기할 수 있다는 점에서 효과적이다. 리듬 있는 양측성 자극은 물체가 좌우로 움직이는 것을 보는 것과 같은 시각적인 것, 좌우로 진동하는 소리를 듣는 것과 같은 청각적인 것, 또는 양손 사이를 왔다 갔다 하며 공을 던지거나 무릎을 좌우로 두드리는 것과 같은 촉각적인 것 등이 있을 수 있다. 복원치료에서 이 기법은 내담자가 고통에 대해 고군분투할 때, 즉 내담자가 계속 고통에 갇혀서 진행할 수 없거나 차단되어서 마음을 열 수 없을 경우에 특히 도움이 될 수 있다.

상상력 끌어내기: 두 스크린 방식, 심상, 빈 의자 체현된 개입처럼 상상력 끌어내기는 내담자가 새로운 가능성을 창조하기 위해 자신의 상상력을 사용하도록 초대함으로써 일반적인 치료 과정에서 벗어나는 또 다른 방법이다. 감정 조절로 인력의 개념을 강화하고 진실을 규명하는 데 특히 효과적인 개입은 Symington(2015)이 개발한 두 스크린 방식two screen method이다. 그는 부정적인 생각과 불안을 관리하고 긍정적인 행위로 방향을 바꾸는 내담자의 능력을 증가시키기 위해 이타적

행동뿐만 아니라 마음챙김과 인지적 재방향의 도구를 채용하는 방식으로 이 이미지 방식을 개발했다. 이 아이디어는 긍정적인 생각과 부정적인 생각을 나타내는 두 스크린을 시각화하고 마음챙김을 사용하여 긍정적인 스크린을 전경에, 부정적인 스크린을 측면에 유지하는 것이다. 우리는 복원치료에서 스크린이 고통과 평온을 나타내도록 한 다음, 평온 스크린을 전경에 두도록 작업하여 이 방법을 적용했다. 이 기법은 내담자가 자신의 진실을 확인하고 고통과 평온의 주기와 의미 있게 상호작용할 수 있는 시각적 도구를 개발하는 데 효과적이었다. 부정적 스크린이 사라지지 않고 측면에 놓인다는 것은 고통이 사라지지 않고 고통 대신 진실을 선택할 수 있을 때 치유가 일어난다는 '복원치료의 원리'와 일치한다.

심상의 사용은 복원치료, 특히 재양육을 통해 진실을 규명할 때 유용하다. 심상 실습에서 가장 중요한 부분은 심상을 설정하는 것이다. 이를 위해서 세션의 속도와 톤을 늦추고 치료사의 음성 자질과 신체 자세에 의존하여 도움이 되는 환경을 조성해야 한다. 재양육에 심상을 사용할 때, 세션에서 이 작업을 위한 충분한 시간을 할애하는 것이 중요하다. 느린 속도로 실습을 진행할 수 있는 시간을 주고 그 후에 프로세스할 시간을 남겨 두기 위해 전체 세션을 여기에 할애하는 계획을 세우는 것이 현명하며, 처음에 그 효율성을 보장하기 위해서는 가능한 한 모든 일을 해야 한다. 심상 실습의 영향은 그 이후의 시도마다 줄어들며, 치료사는 내담자에게 3번 이상 시도하지 말 것을 권고한다.

마지막으로 형태치료의 빈 의자 기법은 다양한 방법으로 사용될 수 있다. 내담자는 건강하고 복원된 상태에 있는 자신을 상상할 수 있으며, 재양육 기법을 통해 진실을 끌어내는 수단으로 빈 의자에 앉아 현재 자신과 자기-대화하는 것을 상상한다. 치료사는 내담자가 "당신의 미래 자아가 현재 자아를 위해 어떤 메시지를 가지고 있습니까?"라고 묻도록 격려할 수 있다. 빈 의자는 또한 작업실에 삼 세대에 걸쳐 역할을 수행할 사람이 충분하지 않은 경우, '위아래 세대 작업하기' 개입 중 개인을 나타내는 용도로도 사용할 수 있다.

내담자가 감정, 대처 행동, 진실, 행위를 규명하는 것을 도울 때 추측을 사용하는 것이 적절한가?

종종 내담자들은 대부분 그들이 내면에 품고 있는 감정을 정확하게 설명하는 단어를 생성하는 데 어려움을 겪을 것이다. 이 경우, 치료사는 내담자가 감정에 이름을 명명하는 것을 도울 수 있다. 하지만 치료사는 추측conjecture과 단순한 짐작guess을 사용하는 것에 주의해야 한다, 예를 들어, 만약 내담자가 "나는 꽉 막힌 느낌이다" 또는 "내 상황을 더 낫게 하거나 다르게 만들기 위해 내가 할 수 있는 것이 아무것도 없다"와 같은 문구를 사용한다면, 치료사는 다음과 같이 말할 수 있다. "제가 당신의 말을 들을 때, 저는 당신이 무력함을 느끼고 있는 것이 아닌가 궁금합니다." 이때 치료사는 특정한 감정에 대해 문의하기에 충분한 정보를 가지고 있다. 치료사는 내담자가 느끼는 느낌을 말하지 않고, 그것이 맞는지 확인할 기회를 준다는 것을 주목하라. 이것은 짐작하는 것과는 매우 다르다. 내담자가 특정 관계 진술이나 상황으로 인해 기분이 '나쁘다'라고 말하는 경우, 치료사는 다음과 같이 짐작하고 싶은 유혹을 받을 수 있다. "당신이 부족하다고 느끼나요?" 또는 "당신이 안전하지 않다고 느끼나요?" 이 경우 치료사는 내담자로부터 어떤 단서도 얻지 못하는데, 이는 도움이 되지 않고 잠재적으로 그 과정에 해가 된다.

| 세션 중 단계 4를 수행할 수 있도록 도우려면 어떻게 해야 하는가?

치료의 실습 단계 동안, 내담자들은 그들 삶의 다양한 영역에서 감정 조절을 작업하면서 4단계를 실습할 충분한 기회를 갖게 될 것이다. 이 단계에서 치료사가 할 수 있는 가장 도움이 되는 일 중 하나는 내담자가 세션 중 4단계의 단계 4(새로운 행동)를 계속하도록 돕는 것이다. 예를 들어, 내담자의 단계 4가 다른 사람과 연결하고 연락하는 것이라면, 내담자가 세션에서 바로 전화를 들고 친구에게 한두 개의 문자를 보내 다음 주에 만날 시간을 정하도록 하는 것이 적절할 수 있다.

만일 치료사가 부부를 만나고 있다면, 그리고 그들이 치료실에서 단계 4를 끝까지 따라갈 수 있다면, 그것은 매우 강력한 효과가 될 수 있다. 예를 들어, 내담자의 단계 4가 '다정한' 것이라면 치료사는 내담자가 바로 그 자리에서 상대 배우자에게 어떻게 다정하게 하고 싶은지 물어볼 수 있다. 여기에서 치료사는 내담자가 배우자와 다정한 방식으로 연결되도록 돕기 위해 단어뿐만 아니라 신체 언어를 사용할 기회를 얻는다. 기본적으로, 치료사가 단계 4를 지금-여기에서 실현하기 위해 사용할 모든 기회는 취할 가치가 있다.

| 비서구 문화권의 내담자에게 복원치료 모델을 사용할 수 있는가?

복원치료 모델은 다양한 문화적 · 인종적 배경을 가진 내담자들에게 효과적이라는 것을 발견했다. 임상 및 심리교육 그룹 설정 모두에서 복원치료 모델과 그 기본 개념은 라틴계 미국인, 아시아계 미국인, 흑인 또는 아프리카계 미국인의 내담자들과 참가자들에게 공감을 얻었다. 우리는 또한 1세대 이민자, 혼혈 인종, 그리고 이중문화의 내담자와 작업할 때 이 모델이 효과적이라는 것을 발견했다. 복원치료 모델이 문화 환경 전반에 걸쳐 내담자에게 효과적인 이유는 복원치료의 목표가 인간이 되기 위한 두 가지 기본적 측면과 욕구 사항인 정체감과 안전감을 복원하는 것이기 때문이다. 내담자의 문화적 배경에 따라 정체감과 안전감의 표현은 문화마다 독특한 뉘앙스를 가질 수 있으며 약간의 맥락화가 필요할 수 있다. 그러나 우리는 모든 치료사가 치료에서 사용하는 이론적인 틀과 관계없이 치료사 자신뿐만 아니라 내담자의 문화적 내러티브에 민감하게 반응하고 인식하는 방식에 주의를 기울여야 한다고 믿고 있다. 복원치료사로서 우리는 내담자와 협력하여 문화적 가치와 관습에 깊이 공명하는 언어와 표현을 사용한다. 그렇게 함으로써 우리는 그들의 문화적 내러티브를 공유하고 그 이야기에서 고통과 평온의 경험을 들을 수 있는 공간을 만들고 있다.

| 치료사로서 자신의 고통과 평온의 주기를 아는 것이 얼마나 중요한가?

치료사가 자신의 고통과 평온의 주기를 아는 것이 유익한 이유는 두 가지이다. 첫째, 치료사가 자신의 고통과 평온의 주기를 내담자와 논의하는 것은 적절하지 않지만, 세션에서 자신의 반응성을 관리하기 위해 고통의 촉발 요인을 인지하여 4단계를 사용하는 것이 중요하기 때문이다. 복원치료 모델이 내담자가 경험하고 있는 고통을 조직하는 데 도움이 되는 것처럼, 치료사가 내담자의 고통을 듣고 담아내고 프로세스하며 자신의 고통에 취약한 시간을 보낼 때도 동일하게 도움이 된다.

치료사가 스스로 복원치료 모델을 알고 사용하는 것이 유익한 또 다른 이유는 그것이 내담자와의 작업에서 자신의 효능을 향상시킬 수 있기 때문이다. 모델에 대한 개인적인 경험은 치료사에게 프로세스 내의 뉘앙스와 잠재적인 문제에 대해 친숙함을 제공하고 내담자가 자신의 고통과 평온의 주기를 규명하고 모델을 통해 이동하는 과정에 더 잘 적응하도록 도울 수 있다. 치료사는 일반적으로 내담자가 치료 영역을 파악하도록 도울 때 치료사 스스로 치료의 길을 여행하여 그 과정에 어느 정도 친숙해지는 것이 많은 도움이 된다.

참고문헌

Ainsworth, M. D. S., Blehar, M. C.,Walters, E., & Wall, S. (1978). *Patterns of attachment.* Hillsdale, NJ: Erlbaum.

Ainsworth, M. D. S., & Bowlby, J. (1991). An ethological approach to personality development. *American Psychologist, 46*, 331–341.

Alquist, L. (2018). *Consolidating change in the brain: Effectiveness of brief intensive restoration therapy and the power of practice.* Unpublished dissertation.

Angelo, M. (1993). Plenary speech given at the 17th annual family therapy net- worker symposium.Washington, DC.

Atkins, A. (2013). *Tag archives: How many words in the average person's vocabulary?* https://atkinsbookshelf.wordpress.com/tag/how-many-words-in-the-average- persons-vocabulary/

Atkinson, B. J., Atkinson, L., Kutz, P., Lata, J., Lata, K.W., Szekely, J., & Weiss, P. (2005). Rewiring neural states in couples therapy: Advances from affective neuroscience. *Journal of Systemic Therapies, 24*, 3–16.

Balswick, J. O., King, P., & Reimer, K. (2016). *The reciprocating self: Human development in theological perspective (2nd Ed.).* Downers Grove, IL: InterVarsity Press.

Bandura, A. (1997). *Self-efficacy:The exercise of control.* New York: Freeman.

Bartholomew, K., & Shaver, P. (1998). Methods of assessing adult attachment: Do they converge? In J.A. Simpson & W. S. Rholes (Eds.), *Attachment Theory and Close Relationships*, pp. 25–45. New York: Guilford.

Barto, A., Mirolli, M., & Baldassarre, G. (2013). Novelty or surprise? *Frontiers in Psychology, 4*, 907. www.ncbi.nlm.nih.gov/pmc/articles/PMC3858647/

Baumeister, R. F., Gailliot, M., DeWall, C. N., & Oaten, M. (2006). Self-regulation and personality: How interventions increase regulatory success, and how deple- tion moderates the effects of traits on behavior. *Journal of Personality, 74*(6), 1773–1801.

Baumeister, R. F., Heatherton, R. F., & Tice, D. M. (1994). *Losing control: How and why people fail at self-regulation.* San Diego, CA: Academic Press.

Baumeister, R. F., & Tierney, J. (2011). *Willpower: Rediscovering the greatest human strength.* New York: Penguin.

Becvar, D. S., & Becvar, R. J. (1996). *Family therapy: A systemic integration (3rd Ed.)*. Boston, MA: Allyn and Bacon.

Buechner, F. (1991). *The stewardship of pain*. www.30goodminutes.org/index.php/ archives/23-member-archives/229-frederick-buechner-program-3416

Bollow, J. (2015). *How fast is your brain?* http://thephenomenalexperience.com/con- tent/ how-fast-is-your-brain

Boszormenyi-Nagy, I., & Krasner, B. (1986). *Between give and take: A clinical guide to contextual therapy*. New York: Brunner/Mazel.

Bowlby, J. (1988). *A secure base: Parent-child attachment and healthy human development*. New York: Basic Books.

Brooks, D. (2015). *The road to character*. New York: Random House.

Broshek, D. K., De Marco,A. P., & Freeman, J. R. (2015).A review of post-concussion syndrome and psychological factors associated with concussion. *Brain Injury*, *29*(2), 228–237. http://dx.doi.org.fuller.idm.oclc.org/10.3109/02699052/ 2014/974674

Buber, M. (1958). *I and thou*. New York: Charles Scribner and Sons.

Burrows, G. D., Stanley, R. O., & Bloom, P. B. (2009). *International handbook of clinical hypnosis*. London:Wiley-Blackwell.

Christou-Champi, S., Farrow, T. F. D., & Webb, T. L. (2015). Automatic control of negative emotions: Evidence that structured practice increases the efficiency of emotion regulation. *Cognition and Emotion*, *29*(2), 319–331.

Doherty, W. J. (1996). *Soul searching: Why psychotherapy must promote moral responsibility*. New York: Basic Books.

Duckworth, A. L., & Seligman, M. E. P. (2005). Self-discipline out-does IQ in predicting academic performance of adolescents. *Psychological Science*, *16*, 939–944.

Ecker, B., Ticic, R., & Hulley, L. (2012). *Unlocking the emotional brain: Eliminating symptoms at their roots using memory consolidation*. New York: Routledge.

Ekman, P., Friesen, W. V., & Ellsworth, P. (1982). What emotion categories or dimensions can observers judge from facial behavior? In P. Ekman (Ed.), *Emotion in the Human Face*, pp. 39–55. New York: Cambridge University Press.

Erikson, E. H. (1963). *Childhood and society (2nd Ed.)*. New York: Norton.

Erikson, E. H. (1985). *The life cycle completed: A review*. New York: Norton.

Falicov, C. J. (2005). Emotional transnationalism and family identities. *Family Process, 44*, 399–406.

Framo, J. (1992). *Family of origin therapy: An intergenerational approach*. New York: Brunner/Mazel.

Frankl, V. E. (1984). *Man's search for meaning: An introduction to logotherapy (3rd Ed.)*. New York:Touchstone.

Goldenthal, P. (1996). *Doing contextual therapy:An integrated model for working with indi- viduals, couples, and families*. New York: Norton & Company.

Gottman, M., & Silver, N. (2012). *What makes love last?* New York: Simon & Schuster.

Haley, J. (1993). *Uncommon therapy: The psychiatric techniques of Milton H. Erickson, M.D.* San Francisco, CA: Jossey-Bass.

Hanna, S. M.(2014). *The transparent brain in couple and family therapy: Mindful integrations with neuroscience*. New York, NY: Routledge.

Hanson, R. (2014). *Overcoming the negativity bias*. www.rickhanson.net/overcoming-negativity-bias/

Hargrave, T. D. (1994). *Families and forgiveness: Healing wounds in the intergenerational family*. New York: Brunner/Mazel.

Hargrave, T. D. (2000). *The essential humility of marriage: Honoring the third identity in couple therapy*. Phoenix, AZ: Zeig,Tucker & Theisen.

Hargrave, T. D. (2001). *Forgiving the devil: Coming to terms with damaged relationships*. Phoenix, AZ: Zeig,Tucker and Theisen.

Hargrave, T. D. (2010). Restoration therapy: A couple therapy case study. *Journal of Psychology and Christianity, 29*(3), 272–277.

Hargrave, T. D. (2011). Saving oneself: Forgiving the poisonous parents as an act of kindness to oneself and future generations. In S. Dunham, S. Dermer, & J. Carlson (Eds.), *Poisonous Parenting: Toxic Relationships Between Parents and Their Adult Children*, pp. 199–216. New York: Routledge.

Hargrave, T. D., & Hargrave, S. A. (2015). *5 days to a new self.* Amarillo, TX: The Hideaway Foundation.

Hargrave,T. D., & Pfitzer, F. (2003). *The new contextual therapy: Guiding the power of give and take.* New York: Routledge.

Hargrave, T. D., & Pfitzer, F. (2011). *Restoration therapy: Understanding and guiding healing in marriage and family therapy.* New York: Routledge.

Hargrave,T., & Stoever, S. (2010). *Five days to a new marriage.* Amarillo,TX: Hideaway Foundation.

Hargrave, T. D., & Zasowski, N. (2016). *Families and forgiveness: Healing wounds in the intergenerational family (2nd Ed.).* New York: Routledge.

Jacobson, N. S., & Christensen, A. (1998). *Acceptance and change in couple therapy: A therapist's guide to transforming relationships.* New York: Norton.

James, B. D., Boyle, P. A., Buchman, A. S., & Bennett, D. A. (2011). Relation of later life social activity with incident disability among community-dwelling older adults. *The Journals of Gerontology Series A: Biological Sciences and Medical Sciences, 66A*(4), 467–473.

Johnson, S. M. (2004). *The practice of emotionally focused marital therapy: Creating connection (2nd Ed.).* New York: Brunner/Routledge.

Johnson, S. (2018). *Created for connection.* www.youtube.com/watch?v=EVhcbUqxKYI

Jung, C. G., & Long, C. E. (Translator) (2018). *Collected papers on analytical psychology: Included glossary of Jungian terms.* Seattle,WA: CreateSpace Independent Publishing Platform.

Kail, R.V., & Cavanaugh, J. C. (2015). *Human development: A life-span view (7th Ed.).* Boston, MA: Cengage Learning.

Kieffer, C. (1977). New depths in intimacy. In R. W. Libby & R. N. Whitehurst (Eds.), *Marriage and Alternatives: Exploring Intimate Relationships*, pp. 267–293. Glenview, IL: Scott, Foresman.

Koole, S. L., & Aldao, A. (2016). The self-regulation of emotions: Theoretical and empirical advances. In K. D. Vohs & R. R. Baumeister (Eds.), *Handbook of Self- regulation: Research, Theory*, and *Applications (3rd Ed.)*, pp. 24–41. New York: Guilford.

Kuypers, L. (2011). *Zones of regulation*. Santa Clara, CA:Think Social Publishing.

LeDoux, J. E. (1996). *The emotional brain:The mysterious underpinnings of emotional life*. New York: Touchstone.

Levi, P. (1986). *Survival in Auschwitz: The Nazi assault on humanity*. New York: Touchstone.

Lewis,T. (2014). *Human brain microchip is 9000 times faster than a PC*. www.livescience.com/45304-human-brain- microchip-9000-times-faster-than-pc.html

Martino, F., Menchetti, M., Pozzi, E., & Berardi, D. (2012). Predictors of dropout among personality disorders in a specialist outpatients psychosocial treatment: A preliminary study. *Psychiatry and Clinical Neurosicences, 66*, 180–186. http://dx.doi.org/10.1111/j.1440-1819.2012.02329.x

McGoldrick, M., Gerson, R., & Petry, S. (2008). *Genograms: Assessment and interven- tion (3rd Ed.)*. New York: Norton.

McMurran, M., Huband, N., & Overton, E. (2010). Non-completion of person- ality disorder treatments: A systematic review of correlates, consequences, and interventions. *Clinical Psychology Review, 30*, 277–287. http://dx.doi.org/ 10.1016/j.cpr.2009.12.002

Merriam-Webster. www.merriam-webster.com/dictionary

Minuchin, S., & Fishman, C. (1981). *Family therapy techniques*. Cambridge, MA: Harvard University Press.

Nietzsche,W. (1977). *The portable Nietzsche: Edited and translated by Walter Kaufmann*. New York: Penguin Books.

Peck, S. (1987). Personal interview with Scott Peck. Fort Worth,TX.

Perls, F., Hefferline, R. F., & Goodman, P. (1951). *Gestalt therapy: Excitement and growth in the human personality*. New York: Gestalt Journal Press.

Rogers, C. (1961). *On becoming a person*. Boston, MA: Houghton Mifflin.

Rolland, J. (1994). *Families, illness and disabilities: An integrated approach*. New York:

Basic.

Shapiro, F. (2017). *Eye movement desensitization and reprocessing: Basic principles, protocols and procedures (3rd Ed.).* New York: Guilford.

Siegel, D. J. (2007). *The mindful brain: Reflection and attunement in the cultivation of well- being.* New York: Norton.

Singer, D. G., & Revenson,T. A. (1996). *A Piaget primer: How a child thinks (2nd Ed.).* New York: Plume.

Small, M. F. (2011).The anthropology of marriage and family. *American Association of Marriage and Family Therapy annual conference:The science of relationships.* Alexandria, VA: American Association of Marriage and Family Therapy.

Sonnekalb, A. P. (2012). *Effectiveness of the restoration model: An intensive marital therapy.* Unpublished dissertation.

Symington, S. (2015). *Two-Screen Method® for anxious worry, addictive urges & bad moods.* www.youtube.com/watch?v=H3FEMbMXv6Q

Snyder, C. R. (2002). Hope theory: Rainbows in the mind. *Psychological Inquiry, 13*(4), 249–275.

Tedeschi R. G., & Calhoun, L. G. (1996). The Posttraumatic Growth Inventory: Measuring the positive legacy of trauma. *Journal of Traumatic Stress, 9*, 455–471.

Tedeschi, R., & Calhoun, L. (2004). Posttraumatic growth: Conceptual foundations and empirical evidence. *Psychological Inquiry, 15*, 1–18.

van der Kolk, B. (2014). *The body keeps score: Brain, mind, and body in the healing of trauma.* New York: Penguin Books.

Walsh, F. (2009). Integrating spirituality in family therapy: Wellsprings for health, healing and resilience. In F. Walsh (Ed.), *Spiritual Resources in Family Therapy (2nd Ed.),* pp. 31–65. New York: Guilford.

Wampler, M., Pola, C.,Verhaest,Y.,Vandeneede, B., Demyttenaere, K.,Vermote, R., & Lowyck, B. (2018). Predictors of dropout from a psychodynamic hospitalization- based treatment for personality disorders. *Psychoanalytic Psychology, 35*(2), 217–223. http://dx.doi.org/10.1037/pap0000160

White, M. (1997). *Narrative of therapist's lives.* Adelaide, Australia: Dulwich Centre Publications.

White, M., & Epston, D. (1990). *Narrative means to therapeutic ends.* New York: Norton.

Wolfe, R. N., & Johnson, S. D. (1995). Personality as a predictor of college perform-ance. *Educational and Psychological Measurement, 55*, 177–185.

Wright, L. M., & Bell, J. M. (2009). *Beliefs and illness: A model for healing.* Calgary, Alberta: 4th Floor Press.

Yoon Hammer, M., & Hargrave, T. D. (2016). Cognitive maps and couples. In J. Carlson & S. Dermer (Eds.). *The SAGE Encyclopedia of Marriage, Family, and Couples Counseling.* Thousand Oaks, CA: SAGE Publications, Inc.

찾아보기

ㄱ

가계도 64, 356
가족 체계 26, 43-44, 327, 329, 338
각성 상태 324
감정 조절 17, 20, 29-31, 75-76, 91-92, 94-95, 155, 170-172, 192, 229, 268-270, 274, 301-302, 310-312, 328, 370, 386
감정 조절 곤란 30, 33, 77, 85, 88, 117-118, 198, 206, 267-269, 271-272, 292, 301, 306, 313, 315, 369-370
감정 조절 진실 85, 87-88, 92, 95, 156, 192, 198, 208-210, 238, 261, 267-268, 275, 285, 296, 300, 320, 368
개방성 40, 157, 214, 221-224, 237, 332, 379, 384
개입에서 핵심적인 역할 93
개입의 필수적 요소 92
거부형 애착 유형 214
격려 104-105, 187, 295-296, 340, 368, 370, 382-383, 385, 388
결혼 인텐시브 18, 22, 25, 367-368
경계성 성격장애 342
경청 53, 55, 57, 73, 104-105, 110, 126-127, 140, 267, 328, 339, 348-349, 385
경험적 개입 91
고통을 규명 26-27, 53-54, 57, 73, 85, 319, 373
고통을 추적 74, 186, 372, 374-375
고통의 내러티브 30, 49, 348
고통의 전조 35
고통의 주기 28-33, 69-73, 115-119, 145-148, 171-173, 182-184, 227-228, 284-287, 326-329, 374-378
고통의 주기 이해 52
공동-의존 329
공동-조절 29, 47, 162-163, 320, 329
관계의 선 40
구조화 142-143
권한 부여 78-79, 87-88, 109, 192, 229-231, 234, 238, 241, 243-247, 250-251, 264, 285, 287, 289, 302
권한이 부여된 자세 89, 107

ㄴ

낭만적인 사랑 37
놀라움 291-292, 297-298
뇌진탕 증후군 345

ㄷ

다 방향적 편파성 365
다가가는 자-거리두는 자 패턴 52
다측면 편파성 328
대안적 내러티브 30, 49
대처 반응 59, 111, 362, 364-365
대처 행동 43-44, 75-76, 131, 140, 143, 186, 294, 321, 368, 372-374, 376, 388
덕목 310, 313-315
도전 반응성 36
도전-도주 반응성 35, 271
도주-반응 36, 362, 365
도주 반응성 36
도피 47, 102, 110-112, 186, 193, 238, 248, 253, 260, 264
도피/혼란 35-36, 46-47, 157
두 스크린 심상 198-199, 206-207
두려움형 애착 유형 214

ㄹ

릴레이트스트롱 369

ㅁ

마음챙김 17-21, 29, 32-33, 64, 115, 117-119, 163, 198, 208, 269-271, 284-285, 291-292, 320, 387
마음챙김 과정 32, 118, 269
만성 질환 344, 347-349, 355
멀리하기 57, 59-60, 70, 72
메리지스트롱 276, 369
메타-메시지 331
몰입형 애착 유형 214
무력감 65-66, 72, 107, 230-231, 233
믿음성 39, 112, 157, 222

ㅂ

발달된 적응력 314
발달적 도전 314
부모화 321
불안 양가형/불안정 애착 213
비계설정 대화 260-261
비특정 언어 128
빈 의자 기법 172, 387

ㅅ

4단계 마음챙김 32, 118-120
사회적 · 생물학적 구성 요소 46
상상 놀이 322-323
상실감 57
상징적 사고 323
상호 작용적 고통의 주기 71-72
성격장애 내담자 341-343
수신된 메시지 47
수용 106, 187, 223, 285, 352

수치심 35-36, 46-47, 102, 106-107, 234, 311
수치자 107
순서화 134-139
순응 313
슈퍼바이저 286, 304, 343
승인 106
시퀀스 238, 241-245
신경 가소성 51, 275, 283
심리교육 383
심리사회 유형학 347
심상 95, 172, 175-176, 179-183, 186-192, 197-199, 206-209, 275, 283, 386-387

ㅇ

아동 치료 321
안전감 27-31, 39-42, 85-91, 101-103, 131-134, 163-168, 170 173, 213 216, 283-284, 346-348, 390
안전감 복원 350
안전감 위반 21, 43, 45, 47, 347
안전감의 평온 94
안정형 애착 213
애착이론 27-28, 160-161
양측성 자극 272, 384, 386
양측성 활동 270, 272
연결감 144, 213
영적 자원 87-88
예측 가능성 39-40, 111, 157, 214-216, 224, 342
요약 139
우애적 사랑 38
원가족 단기 치료법 73
유대감 27, 38, 179, 213, 217, 353
은유 292, 322-324, 386
의원성 효과 345
EMDR 275, 386
이중문화 350, 354-355, 365, 390
이중문화 정체감 366
이차적 변화 28, 49, 311
이타적 사랑 37
인력 31-32, 49, 51, 71, 80-81, 84-85, 101-102, 117-119, 142, 268, 285, 344, 350, 366-369, 380-382, 386
인지 지도 30-31, 43, 115, 117, 143, 267-268, 276, 326
인지-정서-행동 패턴 321
인지-행동 관리 324
일차적 감정 27-28, 47-49, 90, 106, 127-128, 131-134, 156, 269, 310-312, 322-327, 372-375, 385
일차적 변화 311
임상적 조율 327

ㅈ

자기-가치 302
자기-가치화 102-104, 106-108, 115, 210, 285
자기-개입 380

자기-대화 214, 388
자기-반응성 13, 33, 157
자기-수치화 36, 106-107, 112, 146, 157, 184, 280, 306
자기-의존 108
자기-자각 104
자기-조절 47, 49-50, 90, 154, 274, 299
자기-조절 감정 162-163, 300
자기-조절 진실 32, 198, 209-210, 244, 283
자기-조절 행동 299-300
자기-조절된 방식 49
자기-통제 259, 267, 310-315
자기-해석 30
자기-화답 268, 314
자기-효능감 246
자신 88-90
자폐증 스펙트럼 324
재양육 심상 172-191
재통합 270, 283-284, 301
적응적 생물 사회적 과정 46
적절한 경계선 245, 264
전기 경련 치료 282
전전두엽 피질 101, 157, 270-271, 276-278
정서적 공동-조절 29
정서적 반응성의 지배력 284
정서적 자기-조절 29
정서중심치료 139, 178, 188
정체감 27-31, 34-39, 41-45, 84-91, 125-128, 157-161, 197, 213-215, 267-268, 302, 322-323, 343-355
정체감 위반 44-45, 47, 56, 59, 347
정체감과 안전감의 전경 80
정체감의 평온 94
조절 존 324
조절 진실 31, 93, 175, 186-187, 190, 207, 211, 251, 261, 286
조직화 126-132
존 프레임워크 324
주고-받기의 균형 108-110
주의력 결핍 과잉행동 장애 324
진실 체현 91
진실의 원천 85
진정한 평온 101
짐작 133, 388
집중 결혼 치료 299

ㅊ

참신함 291-293, 297-298
체현 198-199, 209
체현된 개입 384-386
추동 35, 46
추측 132-133
치료사의 역할 93-94
치료적 관계 54, 306
치유된 자아 심상 191-192, 207
친교 344, 350

ㅌ

타인 양육 104-106
탄력성 320, 354
통제 35, 46-47, 63, 102, 157, 199, 260, 295, 335-336
통제 불능 230
트라우마 35-36, 124, 160-161, 187, 199, 207, 214, 229, 244, 252-253, 259-262, 264, 275, 320, 375
트라우마 후 성장 259
특수 집단 319

ㅍ

파괴적 반응성 75, 85
파괴적인 시퀀스 238, 245
평온의 주기 29, 31-33, 75-76, 101, 112, 115-118, 152-154, 210-211, 274-277, 285-289, 327-328, 376-378
평온의 주기 구조화 149-154
평온의 주기 인지 지도 115, 117, 276
평행 연상 322-323
플래시백 187

ㅎ

하향 조절 312
형식적 조작기 164-165
형태 치료 172
혼란형/불안정 애착 213
화이트 80
회피형/불안정 애착 213

인명

A

Ainsworth 213, 320
Angelo 315

B

Baumeister 29, 312
Blehar 213
Boszormenyi-Nagy 25, 40, 170, 216-217, 321, 328
Bowlby 27, 160, 213, 320
Brooks 259, 314
Buber 91, 170, 216
Buechner 259

E

Ecker 282-284
Erikson 314, 322

F

Framo 368-369
Friedrich Nietzsche 258

H

Haley 191
Hargrave 25, 73, 101, 118-119, 171, 220-222, 238, 278, 302, 321, 342, 369, 382
Heatherton 312
Hulley 282-284

J

Johnson 29, 139, 162, 178, 188, 215, 312

K

Krasner 25, 40, 170, 216-217, 321, 328
Kuypers 322, 324

L

LeDoux 271, 282, 313

M

Milton Erickson 191

P

Pfitzer 28, 31, 33, 73, 101, 118-119, 161, 217-218, 220-223, 269, 302, 310-311, 321, 342, 365, 382

R

Rolland 347

S

Scott Peck 303
Symington 198, 386

T

Tice 312
Ticic 282-284

V

Victor Frankl 259

W

Wall 213
Walters 213

Z

Zasowski 40, 87, 103, 160, 238, 302, 365

저자 소개

테리 하그레이브(Terry D. Hargrave, Ph.D, LMFT)

테리 하그레이브는 캘리포니아주 패서디나 시에 있는 풀러 신학교의 결혼 및 가족치료 학과 교수이다. 하그레이브 박사는 복원치료 분야의 공동 창시자이며 세대 간 가족 연구에 선구적인 업적으로 미국 전역에서 널리 인정받고 있다. 그는 『복원치료: 결혼과 가족치료의 이해와 가이드』를 포함하여 14권의 책과 30여 편이 넘는 전문적인 연구논문을 저술하였다. 그의 작업은 'ABC 뉴스 20/20', '굿모닝 아메리카', 'CBS 이른 아침'뿐만 아니라 미국 내 여러 잡지와 신문에도 소개되었다.

니콜 자소브스키(Nicole E. Zasowski, MSMFT, LMFT)

니콜 자소브스키는 결혼 및 가족 치료사 면허(licensed marriage and family therapist)를 소지하고 있고, 미국 코네티컷주에서 개인 상담소를 운영하고 있다. 그녀는 여러 출판물에 기고했으며 지역 세미나에서 정기적으로 강연하고 있고, 최근에는 하그레이브 박사와 함께 『가족과 용서: 세대 간 가족의 상처 치유(2판)』를 공동 저술하였다.

미영 해머(Miyoung Yoon Hammer, PhD, LMFT)

미영 해머는 캘리포니아주 패서디나 시에 있는 풀러 신학교의 결혼 및 가족치료 학과 부교수이자 학과장이다. 의료 가족 치료사인 해머 박사는 질병이나 장애가 있는 개인, 부부, 가족과 소수 민족을 대상으로 복원치료 모델의 개념과 기법을 적용하는 데 특히 관심을 두고 있다.

역자 소개

명화숙

University of North Carolina at Greensboro, 상담학 석사

대전대학교 아동교육 · 상담학과 박사수료

대전대학교 아동교육 · 상담학과 강의전담 교수

현) 미 National Certified Counselor[NCC]

현) 미 Licensed Mental Health Counselor[LMHC]

현) 미 Certified Restoration Therapy

현) 대전대학교 아동교육 · 상담학과 객원교수

복원치료의 발전과 기법

초판 1쇄 인쇄 2023년 1월 11일
초판 1쇄 발행 2023년 1월 18일

지은이 | 테리 D. 하그레이브, 니콜 E. 자소브스키, 미영 해머
옮긴이 | 명화숙
펴낸이 | 소정영

펴낸곳 | 도서출판 하나의학사
출판신고 | 1988년 4월 1일 제2022-000082호

주소 | 서울특별시 송파구 동남로 159, 302호(한홍빌딩)
전화 | 02-730-2555, 2556 **팩스** | 02-730-2557
이메일 | hanampc1@naver.com
홈페이지 | www.hanampc.co.kr

ISBN 979-11-91658-24-8 93180